가네코 후미코

가네코 후미코

식민지 조선을 사랑한 일본제국의 아나키스트

金子文子

야마다 쇼지 지음 — 정선태 옮김

산처럼

가네코 후미코
식민지 조선을 사랑한 일본제국의 아나키스트

지은이 야마다 쇼지
옮긴이 정선태
펴낸이 윤양미
펴낸곳 도서출판 산처럼

등 록 2002년 1월 10일 제1-2979호
주 소 서울시 종로구 사직로8길 34 경희궁의 아침 3단지 오피스텔 412호
전 화 725-7414
팩 스 725-7404
홈페이지 www.sanbooks.com
E-mail sanbooks@hanmail.net

제1판 제1쇄 2003년 3월 15일
제2판 제1쇄 2017년 9월 1일

ISBN 978-89-90062-79-6 03910

값 20,000원

책을 펴내며

나는 박열을 알고 있다. 박열을 사랑하고 있다. 그가 갖고 있는 모든 과실과 모든 결점을 넘어 나는 그를 사랑한다. 나는 지금 그가 나에게 저지른 모든 과오를 무조건 받아들인다. 먼저 박열의 동료들에게 말해두고자 한다. 이 사건이 우습게 보인다면 뭐든 우리 두 사람을 비웃어달라고. 이것은 두 사람의 일이다. 다음으로 재판관들에게 말해두고자 한다. 부디 우리 둘을 함께 단두대에 세워달라고. 박열과 함께 죽는다면 나는 만족스러울 것이다. 그리고 박열에게 말해두고자 한다. 설령 재판관의 선고가 우리 두 사람을 나눠놓는다 해도 나는 결코 당신을 혼자 죽게 하지는 않을 것이라고.(재심준비회 편, 『박열 · 가네코 후미코 재판기록』, 748쪽. 이하 『재판기록』)

이것은 남편인 박열과 함께 형법 제73조(대역죄) 및 폭발물단속벌칙위반 혐의로 기소된 가네코 후미코가 대심원 공판 둘째 날인 1926년 2월 27일에 법정에서 낭독한 「26일 밤」이라는 제목의 수기에 나오는 한 구절이다.

후미코에 대한 예심과정에서 예심판사 다테마쓰 가이세이立松懷淸

는 천황제를 철저하게 비판하는 후미코를 전향시키려고 일곱 차례나 설득을 시도했다.

첫 번째는 1924년 1월 25일, 도쿄지방재판소에서 열린 예심 때였다. 후미코는 이날, 박열이 김중한에게 폭탄입수를 위해 상하이로 갈 것을 의뢰했다는 진술을 했는데, 다테마쓰는 "피고가 품고 있는 그런 생각을 파기할 수는 없는가"라고 말했다. 이에 대해 후미코는 "현재로서는 지금 갖고 있는 생각을 바꿀 뜻이 없다"(『재판기록』, 28쪽)고 대답했다.

두 번째는 5월 14일 이치가야형무소에서 있었던 예심 때였다. 이 자리에서 후미코는 철저하게 천황제를 비판했는데, 다테마쓰는 이날의 예심 막바지에 "피고는 개심하는 게 어떤가"라고 물었다. 후미코는 "나는 개전改悛의 정을 표하는 일 따위는 결코 하지 않는다"(『재판기록』, 62쪽)라며 전향을 거부했다.

세 번째는 1925년 5월 4일, 이치가야형무소에서 열린 예심 석상에서였다. 다테마쓰는 후미코의 소행은 사형을 규정한 형법 제73조에 해당할 것으로 생각한다고 말하고 나서, "피고는 뭔가 반성할 생각이 없는가"라고 물었다. 후미코는 "나의 입장은 이미 선언한 바와 같다. 나는 당신들이 말하는 반성이니 개전이니 하는 것에는 전혀 관심이 없다"라고 말하면서 변함없이 전향을 거부했다.(『재판기록』, 100쪽)

네 번째는 그다음 날인 5월 5일 같은 장소에서 있었던 예심에서였다. 다테마쓰는 "피고인은 박열처럼 민족적 사상에서 출발한 것도 아닌데, 뭐든 반성할 생각은 없는가"라고 민족이 다르다는 것을 이유로 후미코를 박열과 떼어놓으려 했다. 그러나 후미코는 "전부터 판사님에게서 주의를 받은 것도 있고 해서 생각을 해보기는 했지만, 도저히 반성의 여지가 없다"라며 한마디로 거절했다. 그러자 다테마쓰는

"피고는 박열에 대한 의리나 피고의 입장에서 생각한 명예 또는 의지 때문에 그런 말을 하는 것은 아닌가"라며 후미코 사상의 주체성을 전혀 이해하지 못하는 질문을 했는데, 당연하게도 후미코는 "그런 건 없다"고 말하고 "장래의 일을 지금부터 미리 생각하고 싶지는 않다"며 일축했다.(『재판기록』, 101쪽)

다섯 번째는 같은 달 9일 이치가야형무소에서 열린 예심 때였다. 다테마쓰는 "피고는 현재의 생활방식을 완전히 바꾸어 자연과학 같은 것을 연구해볼 생각은 없는가"라고 말했다. 그러자 후미코는 "만약 내가 생을 긍정할 수 있게 된다면 당신이 얘기한 것처럼 자연과학을 연구하는 게 나의 성격에 가장 가까운 삶의 방식일 것이다"라고 대답했다.(『재판기록』, 102쪽)

여섯 번째는 6월 6일 도쿄지방재판소에서 열린 예심에서였다. 다테마쓰는 "유서 깊은 일본 땅에서 태어난 피고에게는 특별히 천황제에 적대적인 태도를 반성할 기회를 주고 싶은데 어떤가"라고 말하자 후미코는 "유서 깊은 일본 땅에 태어났기 때문에 내가 지금까지 생각하고 있는 것 그리고 방법으로 삼고 있는 것이 더욱 필요하고 옳다는 것을 믿는다"라며 역습했다.(『재판기록』, 112쪽)

일곱 번째는 9월 22일 도쿄지방재판소에서 열린 예심에서였다. 1925년 7월 17일 박열과 후미코가 형법 제73조 및 폭발물단속벌칙위반 혐의로 기소되자, 예심 겸 도쿄항소원 판사가 된 다테마쓰는 "피고는 어떤 일이 있어도 반성할 수 없다는 것인가"라며 최후의 생각을 전했다. 이에 대해 후미코는 "반성할 여지는 없다"라고 간결하게 대답했다.(『재판기록』, 272쪽)

다테마쓰는 민족이 다르다는 이유를 들어 후미코와 박열의 사이를 갈라놓으려 하면서, 형법 제73조의 적용 운운하며 협박도 하고 후미코의 관심을 비정치적인 영역으로 돌려놓으려는 의도의 발언을 하면서, 그녀의 전향을 설득, 유도하려 했지만 모두 실패했다. 관헌 측에서는 자신이 범한 간토대지진 당시 조선인 대량학살 구실을 찾기 위해 무엇보다 박열을 대역죄인으로 삼아 법정에 세우고 싶었을 것이다. 그러나 후미코가 '불령일본인'이 되어 박열과 행동을 함께하는 것은 '국체'를 손상하는 일이 되며 따라서 결코 좋을 게 없는 것이었다. 1923년 12월 27일에 일어난 난바 다이스케難波大助의 황태자 저격사건으로 '국체'가 막 손상당한 참이었다. 앞에서 본 수기 즉 대심원 법정에서 낭독한 후미코의 '선언'은, 전향 공작을 뿌리치고 박열 개인에 대한 사랑을 선언한 것임과 동시에 일본 민중을 억압하면서 조선을 식민지화하여 지배하는 천황제에 대한 조선 민족과의 공동투쟁을 선언한 것이기도 했다.

형법 제73조의 적용을 받을 경우 행위의 기수既遂, 미수를 불문하고 형벌은 사형밖에 없다. 후미코도 죽음을 눈앞에 두고 깊은 고민에 빠졌다. 그러나 그럼에도 불구하고 비전향을 관철한 후미코의 강인한 주체성은 도대체 어디에서 나온 것이었을까. 그것은 후미코 자신이 말한 바와 같이 그 사상 형성 과정 속에서 생겨난 것이었다.

> 지금 생각해보면 나의 이런 사상은 책이나 다른 길을 통해서 나온 것이 아니라, 마음의 눈에 비추어볼 때 내 자신이 체험해온 여러 가지 슬프고 괴로웠던 일들이 나를 다그쳐 단숨에 오늘 이러한 사상으로 밀어올렸던 것 같습니다. 결국 내가 지금 갖고 있는 이러한 사상은 다른 사람이 내게 심어준 것이 아니라 내 자신의 체험에서 생겨난 것이라고 생각합니다.(『재판기록』, 256, 257쪽)

사회의 밑바닥에서 살았던 여성의 생활 속에서 고투하는 것, 바로 그것이 그녀의 사상형성사였다. 지금부터 그녀가 살아간 생활의 발자취를 더듬어 사상형성의 과정을 명확하게 하고자 한다.

가네코 후미코

식민지 조선을 사랑한 일본제국의 아나키스트

차 례

일러두기

1. 이 책은 야마다 쇼지(山田昭次)의 『가네코 후미코(金子文子: 自己 · 天皇制國家 · 朝鮮人)』(1996)를 완역한 것으로, 2003년에 출간한 책의 개정판이다.
2. 일본의 인 · 지명은 모두 외래어표기법에 따라 표기했으며 해당 고유명사가 처음 나올 때는 한자를 병기했다.
3. 그 밖의 외래어 인 · 지명 및 고유명사는 모두 외래어표기법에 맞추어 표기했다.
4. 본문에 설명이 필요한 부분에는 괄호 처리하여 옮긴이 주를 달았다.

제1장

어린 시절 가네코 후미코의 일본 체험

가네코 후미코의 부모

가네코 후미코金子文子는 예심 석상에서 "내가 이러한 생각을 갖게 된 것은 나의 부모와 국가사회가 현재의 나를 낳았기 때문"이라고 술회한 바 있다.(『재판기록』, 28쪽) 따라서 우리는 우선 성장기 그녀의 부모 체험을 복원할 필요가 있다. 왜냐하면 그녀의 양친 체험은 그녀의 사상을 형성하는 데 기초가 된 가장 기본적인 원체험이었기 때문이다. 양친의 생활방식은 당시 일본인의 일반적인 모습이기도 해서 결과적으로 그녀는 양친 특히 아버지와의 대결을 통하여 근대 일본과 맞서게 된다.

부모의 증언에 따르면 후미코가 태어난 것은 1903년 1월 25일이다.(『재판기록』, 227, 229쪽) 후미코의 자서전에 의하면 출생지는 요코하마시였다. 네 살 무렵에는 같은 도시의 슈쵸壽町에 살고 있었다.(『무엇이 나를 이렇게 만들었는가』, 흑색전선사 증보결정판, 10쪽. 이하 『자서전』)

아버지는 사에키 분이치佐伯文一. 1875년 11월 11일, 히로시마현 아키군 온도쵸 하타미에서 사에키 시게나오佐伯重直와 무쓰 부부의 장남으로 태어났다.(『재판기록』, 224, 482쪽) 하타미에 사는 미야모토 가즈미宮本一實 씨의 말에 따르면, 사에키가는 주조업을 하면서 대대로 촌장직을 역임했다고 한다. 말하자면 지방의 명망가였던 셈이다. 바다 쪽을 향한 언덕 위에 있는, 사에키가의 조상 묘지는 대단히 훌륭하게 꾸며져 있어 이 집안이 한때 번성했음을 추측케 한다. 후미코가 전하는 바에 따르면 아버지 분이치는 "그 무렵까지는 꽤 부유하게 살고 있던 조부 밑에서 응석받이 젊은이로 자랐다"고 한다.(『자서전』, 11쪽) 분이치는 1894년경, 열아홉 살에 도쿄 쓰키지에 있던 중학교를 졸업했다.(『재판기록』, 224쪽) 당시 상당한 자산이 없으면 히로시마현에서 도쿄의 중학교에 진학시킬 수가 없었다. 분이치는 "어떤 씨족(태정대신 후지와라노藤原家 집안—인용자)의 말단에 해당하는 유서 깊은 가정의 장남으로 태어났다고 믿었으며", "노동자의 생활과 습속을 몹시 경멸"하고 있었다.(『자서전』, 11, 33쪽) 1922년 5월 후미코가 박열朴烈과 동거하자, 분이치는 후미코에게 "비루한 조선인과 동거하는 것은 광휘로운 사에키 가문의 가계를 더럽히는 짓이다. 오늘 이후로는 아버지라고 생각하지도 말"라는 내용의 편지를 보냈다.(『재판기록』, 13쪽) 이처럼 분이치는 천황–귀족–노동자–조선인이라는 천황제를 지탱하는 차별적인 가치 서열 안에서 격이 높은 자신의 가계를 과시하고자 한 인간이었다.

그러나 후미코가 태어났을 때 분이치는 그다지 풍요롭지 않았다. 중학교를 졸업한 후 분이치는 일단 고향으로 돌아왔는데, 그로부터 3년 후인 1897년경에 요코하마시로 와서 가나가와현의 항만매립공사장의 사무원이 되었다. 분이치가 고향에 머무르지 않았던 이유는 무엇이었을까. 분이치 아버지는 그가 아홉 살 되던 해 사망했다. 형제는 넷이었는데 둘은 죽고 분이치와 누이 가메만 남았다. 분이치는 어머니 무쓰와 누이를 두고 집을 뛰쳐나왔던 것이다. 그런데 분이치가 집을 뛰쳐나온 다음 해인 1898년에 누이는 조선에서 철도 보선주임保線主任 일을 하고 있던 이와시타 게이자부로岩下敬三郎와 결혼했다. 어머니 무쓰도 이와시타 부부와 함께 살았다.(『재판기록』, 224, 482쪽; 『자서전』, 88, 89쪽) 결국 하타미의 사에키 일가는 1897년과 1898년 사이에 이산가족이 되고 말았다. 그 이유는 경제적으로 이미 몰락했기 때문일 것이다. 분이치가 지나치다 싶을 정도로 자신의 가문을 자랑한 것은 경제적 몰락에 따른 열등감을 보상하려는 의미인지도 모른다.

분이치는 가나가와현을 떠난 이후 여러 직업을 전전했다. 본인의 기억에 따르면 1900년 또는 1901년경, 도쿄감옥(이치가야형무소 전신) 바로 앞에서 차입용 물품 상점과 여관을 겸하고 있던 오노야大野屋의 심부름꾼을 했다. 그리고 그곳에 숙박하고 있던 광산기사와 만나 공동으로 광산시굴권鑛山試掘權을 매매할 계획을 세우고 야마나시현 히가시야마나시군 스와촌(현재의 마키오카쵸牧丘町) 소마구치에 있는 엔코지圓光寺에 머물면서 텅스텐 광석 시굴작업에 종사했다.(『재판기록』, 224쪽) 분이치가 후미코의 어머니와 안 것은 이 무렵의 일이다.

후미코 어머니의 통명通名은 가네코 기쿠노金子きくの이며 호적상의 이름은 기리이다. 1877년 9월 24일, 스와촌 소마구치에서 가네코 도미타로金子富太郎와 세이 부부의 장녀로 태어났다. 세이의 증언에 의하면, 그녀가 스물두 살의 나이에 도미타로와 결혼했을 무렵 가네코가의 전지田地는 1,800평쯤이어서 마을에서는 중간 정도였다고 하는데, 1925년에 이르러서는 그 반 정도로 줄어 있었다. 1921년 도미타로가 사망하자 차남 교지가 호주를 승계했는데, 1925년 현재 그의 직업은 고물상 겸 농업이었다.(『재판기록』, 239, 240쪽) 교지는 신체가 허약한 데다 농사일을 그다지 좋아하지 않았다.(『자서전』, 204쪽) 이렇듯 평범한 서민층에 속한 가네코 집안은 풍요롭지는 않았다. 그러나 분이치와 그의 어머니 무쓰를 비롯한 사에키 집안사람들처럼 권위주의적이지 않은, 서민적 애정을 간직한 집안이었던 듯하다. 다만 기쿠노는 남자에게 기대지 않고서는 살아갈 수 없는 여자였다. 남자에게서 자립할 수 없는 여자였던 어머니는 걸핏하면 천황제적 가족주의의 권위를 내세웠던 아버지와 함께 후미코에게는 반면교사가 되었던 셈이다.

엔코지에 머무르고 있던 분이치가 기쿠노를 만난 것은 그녀가 24세 되던 해였다. 엔코지는 지금도 도로를 사이에 두고 가네코가의 바로 북쪽에 있다. 기쿠노는 분이치와 육체관계를 가진 후 임신했다는 생각에 빠진 데다가 두 사람의 관계가 마을 사람들의 입에 오르내리자 더이상 머물기 어렵다고 여기고 그와 함께 요코하마로 나왔다. 분이치의 증언에 따르면 그것은 1902, 03년 무렵의 일인데, 요코하마로 와서는 공사현장 사무소의 사무원, 사설학교 경영, 가나가와현 경찰서 순사 등을 전전했다고 한다. 기쿠노의 기록은 이와 조금 다른데 그녀의 증언에 의하면 요코하마에 와서 슈壽경찰서 순사 노릇을 하면서 이웃에 사는 아이들을 모아 가르쳤다고 한다. 후미코가 태어난 것은 그 무렵이었다.(『재판기록』, 224, 225쪽) 태어날 당시 후미코의 생활은 축복으로 가득 차 있었다. 후미코의 옥중서간에 따르면 아버지 분이치는 첫 자식에게 가메코龜子라는 이름을 지어주고자 했지만, 외삼촌(가네코 교지일 가능성이 높다)과 기쿠노는 '평범하게 후미코라고 하는 게 좋겠다'고 주장했다 한다.

그리하여 각각 가메코와 후미코라고 쓴 종이조각을 가미다나神棚(집 안에 신주를 모셔 놓은 감실—옮긴이)에 바치고서 눈을 감고 고른 것이 후미코라는 이름이었다고 한다.[1] 유아기의 아주 짧은 시간이긴 했으나 그 시절은 "나의 천국이었지 싶다. 왜냐하면 나는 아버지의 지극한 사랑을 받는다는 것을 알고 있었기 때문에…"라고 후미코는 회상한 바 있다. 후미코가 공중목욕탕이나 이발소에 갈 때에도 아버지 분이치가 함께했다. 후미코의 옷도 아버지가 골라주었다. 뿐만 아니라 분이치는 후미코가 아플 때면 도맡아 간호를 해주었고, 생선 가시를 발라 먹이는 일도 아버지의 몫이었다. 그 무렵의 후미코는 어머니 기쿠노보다 아버지 분이치를 더 잘 따랐다.(『자서전』, 10, 11, 15쪽)

양친의 부부관계 파탄

후미코의 불행은 양친의 부부관계가 무너지면서 시작됐다. 이들의 부부관계는 처음부터 정상적이지 않았다. 분이치는 결혼을 하고 나서도 기쿠노를 호적에 올리지 않았다. 나중에 분이치의 아내가 된, 기쿠노의 여동생 다카노(즉 후미코의 이모)가 후미코에게 말한 바에 의하면, 분이치는 처음부터 기쿠노와 부부로서 살아갈 마음이 없었으며, 좋은 상대가 나타나면 상황을 봐서 기쿠노를 버릴 생각으로 호적에 올리지 않았다는 것이다. 그러나 후미코는 이것은 아버지가 이모의 환심을 사기 위해 아무렇게나 내뱉은 말이며, "정작 아버지는 고슈甲州(지금의 야마나시현 지방의 옛 이름—옮긴이)에 있는 산골 농사군의 딸이 이른바 영광스러운 사에키 가문의 아내 자격으로 호적에 들어와서는 안 된다고 생각했던 것인지도 모른다"고 의심한다.(『자서전』, 21쪽) 그러나 분이치는 1914년 12월 26일 다카노를 호적에 올린다.(『재판기록』, 482쪽) 그렇다면 다카노의 말이 정확할지도 모른다.

양친의 알력은 분이치가 젊은 여자를 집 안으로 끌어들이면서 시작되었다. 어머니가 그 여자와 말다툼을 하자 분이치는 그 여자의 어깨를 잡고서 기쿠노를 마구 때렸는데, 이 때문에 기쿠노는 가출을 하기도 했다. 뿐만 아니라 분이치는 유곽에도 드나들었다. 기쿠노는 후미코를 데리고 아버지 분이치를 찾으러 유곽에 간 적도 있었다. 그때 잠옷 바람의 분이치는 기쿠노를 매정하고도 무자비하게 밀쳐버렸다.(『자서전』, 11~13쪽; 『재판기록』, 9쪽)

이러한 생활이 빌미가 되었는지 분이치는 병이 들어 급기야 입원하고 만다. 그사이 후미코는 야마나시에 있는 어머니의 친정에 가게 됐고 반년 정도 외할머니를 비롯한 외가식구들이 그녀를 보살폈다. 후미코는 "부모와 떨어졌음에도 불구하고 그 무렵 어린 나는 비교적 행복했다고 생각한다"고 회상한 바 있다.(『자서전』, 13쪽)

분이치가 병에서 회복되자 후미코는 아버지의 집으로 돌아왔다. 요코하마의 이소고 해안으로 집을 옮겼다. 분이치의 병후 보양과 당시 몸이 허약했던 후미코의 건강을 위해서였다. 그 때문이었는지 후미코는 태어나서 처음으로 몰라볼 정도로 건강해졌다.(『자서전』, 13쪽) 그 후 요코하마의 중심가에서 떨어진, 밭으로 둘러싸인 곳으로 옮겨갔다. 그 무렵 동생 다카토시賢俊가 태어났다. 후미코가 만 여섯 살이 되던 해 봄이었으며, 호적에 따르면 1908년 3월 8일의 일이다.(『자서전』, 14쪽; 『재판기록』, 9, 482쪽)

비통했던 소녀 시절의 가네코 후미코.

머지않아 후미코의 생활에 커다란 변화가 일기 시작했다. 그해 가을 아니면 연말 무렵 어머니의 동생 다카노가 부인병을 치료하기 위해 찾아와서 함께 살게 되었다. 동생은 얼굴로 보나 재주로 보나 언니보다 뛰어났다. 후미코는 이 이모에 관하여 "얼굴 모습이 단정하고 꽤 말쑥한 처녀였다. 마음씨도 곱고 하는 일 모두 빈틈이 없었으며, 착실하고 꼼꼼한 데다 어떤 일이든 척척 해치우는 성격이었다"며 높이 평가하고 있다. 이에 비해 어머니 기쿠노는 "미적지근한 성격의 여자로 후미코를 심하게 질책하지도 않았지만 그렇다고 딱히 사랑하지도 않는" 타입이었다.(『자서전』, 14, 15쪽) 어쨌든 다카노는 언니보다 훨씬 매력적인 여성이었던 듯하다.

분이치는 곧 다카노와 육체관계를 갖게 된다. 후미코는 그 모습을 문틈으로 엿보았다. 야마나시에 있는 친정에서는 다카노를 데려오려 했지만 분이치의 반대에 부딪혀 성공할 수 없었다. 다카노는 분이치에게서 도망쳐 다른 사람의 집에서 드난살이를 하다가 그에게 이끌려 되돌아왔다.(『자서전』, 15쪽; 『재판기록』, 9, 10쪽) 후미코는 일곱 살이 되었다. 그 무렵에는 요코하마의 구보야마에 살고 있었다. 분이치는 경찰관직을 그만두고서 주소와 다른 스미요시쵸에 집을 빌려 얼음가게를 열었다. 결국 스미요시쵸에 있는 집에는 분이치와 다카노가 살았고, 구보야마에 있는 집에서는 기쿠노, 후미코, 다카토시 세 사람이 살았던 셈이다. 아버지는 기쿠노에게 생활비를 주지 않았고, 구보야마의 집에는 쌀 한 톨 없는 날도 있었다. 기쿠노는 두 아이를 데리고 친구의 집에서 도박을 하고 있는 분이치에게 갔다. 분이치는 기쿠노를 툇마루에서 밀쳐 넘어뜨리고는 마구 때렸다. 그 자리에 함께 있던 사내들이 말렸지만 그는 집으로 돌아가고 있던 기쿠노를 쫓아가 또 다시 게다짝으로 갈겼다. 그러나 얼음가게도 여름이 끝날 때까지만이었고, 두 사람이 구보야마의 집으로 돌아오자 분이치와 기쿠노는 사흘이 멀다않고 싸웠다. 이즈음에 이르러 후미코는 양친이 다투면 어머니를 동정하고 아버지에게 반감을 가질 정도로 변해 있었다. 억압받는 쪽에 서는 후미코의 삶의 태도가 싹트기 시작했던 것이다.(『자서전』, 20, 21, 26~29쪽; 『재판기록』, 10쪽)

다카노는 어렵사리 야마나시에 있는 친정으로 돌아가겠다고 말했고 분이치도 이에 동의했다. 그런데 다카노가 친정으로 간다고 떠난 후 분이치의 모습도 보이지 않았다. 두 사람은 함께 달아났고 결국 기쿠노는 버려진 것이다. 그 후 기쿠노는 두 사람이 숨어사는 집을 찾아냈지만 분이치에게 얻어맞는 게 전부였다.(『자서전』, 29~31쪽; 『재판기록』, 10쪽)

떠돌이 생활과 어머니에 대한 실망

분이치에게 버림받은 기쿠노는 살던 집을 정리하고 셋방을 얻어 살면서 2, 3개월 동안 방적공장에 다녔는데, 얼마 후 나카무라라는 대장장이가 기쿠노의 집에 비집고 들어와 함께 살게 되었다. 동생 다카토시는 그 무렵 시즈오카에 살고 있던 분이치에게 가 있었다.(『자서전』, 32~35쪽; 『재판기록』, 10, 11쪽)

후미코와 나카무라는 사이가 좋지 않았다. 후미코는 나카무라를 혐오했고 나카무라는 후미코를 자주 괴롭혔다. 예를 들면, 동생과 헤어질 때 후미코가 슬퍼하며 동생의 뒤를 따라가자 화가 난 나카무라는 그날 밤 수건으로 재갈을 물리고 손과 발을 삼으로 만든 노끈으로 묶어서 시냇가에 있는 나무에 후미코를 매달았다. 후미코를 이불로 감싸서 물건 따위를 쌓아두는 갓방에 던져 넣은 일도 있었다. 이러한 상황에서 후미코의 마음에서는 어머니에 대한 불신이 싹트고 있었다. 후미코가 나카무라에게 괴롭힘을 당한다는 것을 알면서도 기쿠노는 이를 말리려 하지 않았고 도리어 나카무라와 죽이 맞아 후미코를 학대하는 것처럼 보였기 때문이다. 그러나 기쿠노가 생활의 편의를 위해 선택한 이 동거생활은 오래가지 않았다. 나카무라가 회사에서 해

고당하자 곧바로 그들의 동거생활은 막을 내렸다.(『자서전』, 32~45쪽; 『재판기록』, 11쪽)

그 후 기쿠노는 요코하마 근교에 있는 제사공장製絲工場에 기숙하면서 3개월 정도 근무하다가 다시 요코하마 시내에 있는 나가야長屋(칸을 막아 여러 가구가 살 수 있도록 길게 만든 집—옮긴이)에서 생활하면서 전에 다니던 방적공장에서 일했다. 후미코는 쓸쓸하나마 어머니와 딸 사이에 돈독한 사랑이 있는 생활이 이대로 이어지기를 원했지만, 남자에 대한 의뢰심이 강했던 기쿠노는 다시금 7, 8년 연하로 나이가 26, 27세였던 고바야시 나가요시小林ナガヨシ와 동거를 시작했다(나가요시라는 이름은 그의 종자매인 고바야시 유키가 알려준 것이다. 한자 표기는 불명). 고바야시는 항만 노동자였는데 몹시 게을러터진 사람이었다. 그는 일터에 나갈 생각을 하지 않았으며 기쿠노 또한 공장 일을 그만두었다. 두 사람은 다만 잠자리에서 뒹구는 일로 시간을 보냈다. 수입이 없었던 까닭에 가재도구를 팔아 끼니를 때웠다. 그것마저 다 떨어지자 기쿠노는 후미코를 창녀에게 팔려고 했지만, 알선하는 사람이 후미코를 미시마三島로 보낼 거라고 말하는 바람에 후미코가 멀리 가버리면 만나지 못할 것을 걱정한 어머니는 마지못해 교섭을 중단했다. 후미코를 팔 수도 없는 데다 밀린 집세가 눈덩이처럼 쌓이자 일가는 야반도주하여 변두리에 있는 싸구려 여인숙으로 자리를 옮겼다. 그런 상황에서도 고바야시는 변함없이 일할 생각을 하지 않았던 까닭에 세끼 밥마저 먹을 수 없어 허기진 배를 움켜 안고 지내는 나날이 이어졌다.(『자서전』, 45~49, 53~58쪽; 『재판기록』, 11쪽)

후미코에게 고통스러웠던 것은 가난만이 아니었다. 후미코는 자서전에서 가난의 고통보다도 아버지와 어머니의 사랑 결핍에서 오는 고통을 호소하고 있다. 예컨대 어머니는 고바야시와 섹스를 하기 위해 후미코에게 추운 밤길을 걸어 구운 감자를 사오라고 집밖으로 내쫓기도 했다.(『자서전』, 49~51쪽; 『재판기록』, 11쪽) 이리하여 어머니에 대한 후미코의 불신은 점점 깊어갔다.

무적자의 굴욕

일곱 살이 되어서도 후미코는 소학교에 입학할 수 없었다. 무적자無籍者였기 때문이다.

분이치가 기쿠노를 호적에 올리지 않았다는 것은 앞서 얘기한 바와 같다. 후미코가 학교에 가고 싶다고 졸라대자 기쿠노는 당분간 후미코를 사생아로 신고하려 했다. 그러나 분이치는 허락하지 않았다. 같은 나이의 여자 동무들이 적갈색 바지에 붉은 리본을 머리에 꽂고 소학교로 가는 것을 후미코는 집 앞에 있는 벚나무 밑에 쭈그리고 앉아 부러움의 눈길로 바라볼 수밖에 없었다. 결국 후미코는 분이치가 찾아낸 사설학교에 다녔다. 그 사설학교는 스미요시쵸의 빈민굴에 있는, 몇 가구로 분할한 일자 모양 집의 여섯 장짜리 다다미방에 개설된 것이었다. 분이치는 허영으로 가득 찬 사람이었다. 그는 후미코에게 빈민굴의 사설학교에 다니고 있다는 것을 다른 사람에게 말하지 못하도록 했다.(『자서전』, 21~25쪽)

기쿠노가 나카무라와 동거하면서부터 후미코는 무적無籍인 채 소학교에 다닐 수 있게 되었다. 기쿠노가 교장에게 탄원한 결과였다.(『자서전』, 36쪽) 일가가 이사를 하면서 후미코 또한 다른 소학교에 다니게 된다. 출석을 점검할 때 교사는 후미코만 이름을 부르지 않았다. 무적자라는 이유에서였다.(『자서전』, 41쪽) 어머니가 나카무라와 헤어진 후

이전에 다니던 소학교로 돌아왔다. 이곳에서도 차별이 있었다. 1학년이 끝나도 후미코는 수업증서를 받을 수 없었는데, 기쿠노가 교섭하여 종업식 날에 증서를 받기로 되어 있었다. 그런데 종업식 당일 학교에 가자 "다른 아이들에게는 빳빳하고 튼튼한 사각형 종이에 활자로 인쇄한 수업증서를 준 데 비해 내게는 싸구려 종이를 두 번 접어서 붓으로 뭐라고 작게 쓴 것을 주었다. 교장의 손에서 증서를 받아들었을 때 그것은 맥없이 구겨지고 말았다"라고 후미코는 자서전에 기록해 놓고 있다.(『자서전』, 52쪽) 잊기 어려운 굴욕의 기억이었다. 이것이 불합리한 국가질서에 대한 비판의 출발점이 되었다. 후미코는 이 아픔을 1924년에 있었던 예심에서 다음과 같이 말한 바 있다.

> 엄연히 현실에 존재하고 있는데도 무적자라는 이유로 그 현실에서 살고 있는 것을 인정하지 않는 게 법률입니다. 법률이 명확한 존재로서 인정하고 있지 않다는 말 한마디 때문에 참으로 무참하게 그 존재를 무시해버렸던 것입니다. 인간이 만든 법률의 힘은 현실적 존재를 좌우하고 결정할 수 있을 정도로 권위를 지니고 있습니다.
>
> 이와 같이 모순으로 가득 찬 법률의 권위를 인정한다고 해도 앞서 말한 것처럼 법률로부터 인정받지 못한 무적자라는 낙인은 대단히 부당하며 또한 모욕적이기도 합니다. 그 모욕이라는 형벌의 화살은 당연히 부모에게로 되돌아가야 합니다. 아이에게는 무적자라는 사실에 추호의 책임도 없으며 그 책임은 전적으로 부모들이 져야 합니다. 부모의 태만과 불성실한 태도로 인해 학교의 문은 닫히고, 세상 사람들로부터는 '무적자 자식'이라 조롱받는 그 아픈 화살을 아이들이 감당해야 하는 현실은 무엇보다 제도의 결함 때문일 것입니다. 법률은 자연스러운 현실적 존재를 부인하고 부모의 형제로 입적시키고 난 후에

야(1922년 후미코가 조선으로 가기 직전에 외조부 가네코 도미타로의 5녀로 입적된 것을 가리킴—인용자) 비로소 그 존재를 인정할 정도로 허위투성이이며, 사회는 아무런 책임도 없는 아이를 채찍질할 정도로 잔혹합니다.(『재판기록』, 15, 16쪽)

산속의 '그리운 나라'

고바야시와 기쿠노 그리고 후미코의 생활 문제로 돌아가자. 생활난에 쫓기고 있던 일가는 고바야시의 고향으로 갔다. 고바야시의 고향은 야마나시현 기타쓰루군 단바야마촌 고소데였다. 고소데는 현재의 오쿠타마호수 서쪽 끝에 있는 가모자와鴨澤에서 나나쓰이시산 방향으로 거슬러 올라 40~50분 거리에 있는, 급경사를 이룬 산간의 작은 마을이다. 후미코가 여기에 살았던 때에 14, 15채의 집이 있었다고 하는데 지금도 그다지 변함이 없어 보인다.

후미코는 자서전에서 일가는 "고바야시 형수의 친정집 서쪽에 있는 작은 초가집"에서 살았다고 기록하고 있는데,(『자서전』, 62쪽) 사실이 오두막집은 고바야시의 아버지 고바야시 류지로小林龍次郎의 누이동생 미키의 시댁이 소유한 것이었다. 미키의 외동딸 고바야시 유키는 후미코가 자서전에서 "정에 약한 유키"라고 말한 바로 그 사람이다(그런데 후미코가 자서전에서 유키를 '末娘'이라 적은 것은 잘못이다. 『자서전』, 74쪽)

후미코의 증언에 따르면 고소데에 간 것은 여덟 살 되던 해 가을이라고 한다.(『재판기록』, 11쪽) 그렇다면 1910년 가을이 되는 셈이다. 고바야시 유키의 증언에 의하면 그녀가 가모자와소학교를 졸업한 지 얼

고바야시의 고향인 단바야마촌 고소데 마을.

마 되지 않아 후미코 일행이 왔다고 한다. 가모자와소학교 졸업생 명부에 따르면 유키의 졸업 연월이 1910년 3월이므로 앞의 연대 추정은 틀림이 없다.

이 마을의 주 수입원은 숯 굽는 일과 양잠이다. 논이 없었기 때문에 주식은 보리였는데, 후미코의 말을 빌리자면 감옥에서 먹는 밥보다 못했다고 한다. 야채 조림에는 설탕이 전혀 들어가지 않았다. 먹을 수 있는 생선이라고는 자반 연어가 전부였는데 그것도 한 달에 한 번 정도였다.(『자서전』, 63, 64쪽)

이러한 산중 경사지에서의 노동은 참으로 혹독해서, 아홉 살쯤 된 여자아이가 숯을 담은 가마니를 등에 지고 산길을 오르내려야만 했다. 도시에서 자란 후미코로서는 그런 일을 할 수가 없었다.(『자서전』, 68쪽) 기쿠노는 이곳에서 아이를 가졌는데, 유키의 회상에 따르면, 남

산만 한 배를 안고 뽕을 따긴 했으나 이런 일에 익숙하지 않았던 까닭에 고바야시의 형수에게서 호된 질책을 받곤 했다고 한다. 일하기를 좋아하지 않았던 기쿠노에게 이 마을에서의 생활은 참으로 감당하기 어려웠을 것이다.

후미코가 다녔던 가모자와소학교는 절을 개축한 초가지붕의 교사校舍였는데, 요코하마의 빈민굴에 있던 사설학교 이래 처음으로 학교라는 것을 본 후미코의 눈에도 제대로 갖춘 게 없는 학교였다. 이 학교에서는 교장 한 사람이 1학년생부터 6학년생까지 전부를 가르쳤다.(『자서전』, 67쪽; 鴨澤小中學校開校紀念事業實行委員會, 『鴨澤의 燈』, 1983, 11, 12, 48쪽)

이렇듯 고소데에서의 생활은 가난하기 짝이 없었고, 노동은 혹독하기만 했다. 하지만 후미코는 자서전에서 이 마을을 '그리운 나라'라고 불렀다.(『자서전』, 63쪽) 유키의 회상에 의하면, 후미코는 사내아이처럼 활발해서 아침에 일어나서는 "기생오라비의 딸, 집을 나서기가 무섭게 벌레들이 물어대네"라는 노래를 기세 좋게 불러제끼곤 했다고 한다. 미루어 짐작하건대 후미코는 이곳에서 참으로 자유로운 생활을 보냈던 듯하다. 왜 그랬을까. 자서전에서 후미코는 "내가 진실로 자연과 친해진 것은 이 무렵이다. 그 덕분에 나는 산골 생활이 얼마나 이상적이고 얼마나 건강하며 또 얼마나 자연스러운가를 오늘날까지도 느끼고 있다"라고 회상한다. 산에는 당분과 칼로리를 고루 갖춘 으름덩굴, 배, 밤에다 야생토끼까지 있어 영양부족을 걱정하지 않아도 좋았다.(『자서전』, 64, 65쪽) 산간지방의 자연이 도회지에서 자란 후미코의 마음을 사로잡았다. 그러나 후미코의 마음을 사로잡은 것은 이 마을의 자연만이 아니었다. 가모자와소학교에서는 어머니가 교사에게 술을 보내지 않았다는 이유로 종업식 때 수료증서와 우등상장을 받지 못한 적은 있었지만, 무적자라는 이유로 차별을 당하는 일은 없었다.(『자서전』, 69, 70쪽) 유키의 어머니도 자식이 하나밖에 없었기 때문에 후미코를 귀여워했다고 한다. 고소데에서 보낸 반년 동안의 생활은 후미코에게는 가난하지만 행복한 시절이었다.

이곳으로 이사를 오고 나서 그해를 후미코는 이렇게 보냈다. 그리고 다음 해 어느 이른 봄날, 기쿠노는 아이를 낳았다. 봄에 태어났다고 해서 하루코春子라는 이름을 지었다.(『자서전』, 69쪽)

1911년 3월 말 무렵, 그러니까 소학교 종업식이 끝나고 나서 며칠이 지난 어느 날, 스와촌에 있던 가네코가의 동생 교지가 기쿠노를 찾아왔다. 이 마을의 생활에 염증을 느끼고 있던 기쿠노가 친정에서 찾아와줄 것이라 기대하고서 후미코에게 스와촌 친정에 연하장을 보내게 했기 때문이었다. 연하장을 받은 동생 교지는 산길의 눈이 녹기를 기다리고 있었던 것이다. 긴 담판 끝에 하루코는 고바야시의 집에 남겨두고 기쿠노와 후미코는 가네코가에서 맡는 것으로 합의를 보았다. 하루코를 등에 업은 유키가 동구 밖까지 나와 배웅했고, 기쿠노와 후미코는 스와촌 소마구치로 향했다.(『자서전』, 71~75쪽)

고바야시는 모녀와 헤어지고 나서 1년쯤 있다가 도쿄의 나가노로 올라왔으나 젊은 나이에 사망했다고 한다. 부모와 헤어진 하루코는 현재 오쿠타마호수의 댐 북쪽에 있는 오쿠스이네의 어느 집에서 살고 있었는데, 소학교 2학년 때 물에 빠져 죽었다고 한다. 불행한 아버지와 자식이었다. 이 얘기는 모두 유키에게 들은 것이다.

기쿠노 일행은 고소데를 떠난 지 이틀째 되던 날 소마구치에 도착했다. 도미타로와 세이 부부는 집 안채를 칸막이로 막아 그 안쪽에 은거했으며 교지가 호주를 승계했다. 기쿠노와 후미코는 교지에게 맡겨졌다.(『자서전』, 76쪽)

가네코가의 집.

기쿠노는 젊었을 때 일했던, 멀리 떨어진 마을에 있는 제사공장에 다니게 되었다. 그러나 기쿠노는 얼마 지나지 않아 엔잔역鹽山驛 근처에서 잡화상을 운영하고 있던 후루야 쇼헤이古屋庄平의 후처로 들어가고 말았다. 처음부터 기쿠노가 후미코를 친정에 버려두려고 했던 것은 아니다. 기쿠노는 훗날 "나는 때가 되면 후미코를 데려와 함께 살려고 생각했다. 하지만 후미코가 일주일 정도 손님으로 와 있는 동안 후루야가 그 아이를 거추장스럽게 여기는 것처럼 보였기 때문에 나는 후미코를 친정으로 돌려보냈다"고 말했다.(『재판기록』, 234, 235쪽) 그러나 어머니에게 버림받은 후미코의 충격은 대단했다. 이와 관련하여 그녀는 "아버지는 나에게서 도망쳤으며 어머니 또한 이렇게 나를 버렸다. 어린 나이이긴 했지만 아무리 생각해도 알 수 없는 자신의 신세를 슬프도록 저주했다"라고 세월이 흐른 뒤 회상한 바 있다.(『재판기

록』, 11쪽)

후미코는 스와촌의 소학교에서도 차별을 받았다. 체조시간에는 언제나 맨 끝에 서야 했고 통신표도 받지 못했다. 그런데도 후미코는 학교생활을 낙으로 삼았다. 그녀는 심상과尋常科 2학년 때 6학년생 독본을 읽을 수 있을 정도로 재능이 있는 아이였다.(『자서전』, 81, 83, 100쪽) 그랬기에 차별을 받아도 배울 수 있는 학교는 즐거운 곳이었을 것이다.

1912년 가을, 조선 충청북도 청주군(현재 청원군) 부용면 부강리에 살던 친할머니 사에키 무쓰佐伯ムツ가 가네코가를 방문했다. 함께 살고 있는 딸 부부에게 자식이 없어서 후미코를 양녀로 들이기 위해온 것이었다. 무쓰는 후미코에게 선물로 예쁜 옷을 가지고 왔으며, 여학교와 여자대학에도 보내줄 것이라 말하면서 가네코 집안사람들을 설득하여 승낙을 받아냈다. 아버지 분이치와 마찬가지로 권위주의에 물들어 있던 무쓰가 집안의 체면상 후미코가 무적자여서는 곤란하다고 말했기 때문에, 외조부 가네코 도미타로는 같은 해 10월 14일부로 그녀를 다섯 번째 딸로 호적에 올렸다.(『자서전』, 83~86쪽; 『재판기록』, 875쪽) 이리하여 후미코는 무쓰에게 이끌려 조선으로 떠나게 된다.

제2장

가네코 후미코의 조선 체험

부강의 일본인들

충청북도 청주군 부용면 부강리는 북서쪽에 있는 조치원에서는 약 10킬로미터, 남동쪽에 있는 대전에서는 약 26킬로미터 떨어진 곳에 있다.

1914년 조선총독부 철도국에서 편찬 간행한 『철도역세일반鐵道驛勢一斑』 상권에는 부강역 "부근 구릉지대는 기복이 있긴 하지만 금강 연안의 평야로서 토질이 비옥하고 농산물이 풍부하다"라고 기록되어 있다. 이곳에서 생산되는 주요 농산물은 쌀과 연초인데, 1913년 부강역에서 발송된 쌀은 232톤, 연초는 331톤이었다.[1] 부강은 농촌이면서도 동시에 시장의 기능을 갖추고 있었다. 1908년 통감부 철도국에서 편찬 간행한 『한국철도안내』에는 "이곳은 역사가 깊은 충청북도 굴지의 대시장"이며 "시장을 이용하는 사람이 많을 때는 6, 7천 명에 달한다"라고 기록되어 있다. 시장이 열리는 날은 음력 1일과 6일이었다.[2] 후미코의 자서전에 따르면 철도가 부설되면서부터 이 시장은 쇠퇴의 길로 접어들었으며, 고작 30, 40리 이내에 사는 시골 사람들이 모여들 뿐이었다. 그렇다고 해도 1, 2천 명이 여전히 이곳을 이용했던 까닭에 정육점, 음식점, 양복점, 과자가게, 약방, 야채가게 등이 즐비했다.[3]

일본인 식민자가 개항지에서 조선 내륙부로 들어와 살게 된 것은 러일전쟁 이후라고 하는데,[4] 부강도 예외가 아니었던 듯하다. 『부강 연혁지芙江沿革誌』에 따르면, 이곳에 경부선 부강역이 개설된 것은 1904년 7월이다. 1905년 부강에 거주하는 일본인 호수戶數는 20호였다. 그리고 1906년에는 33호, 1908년에는 40호로 늘어난다.[5] 『철도역세일반』 상권에 의하면 부강의 호수는 일본인 72호, 조선인 216호,

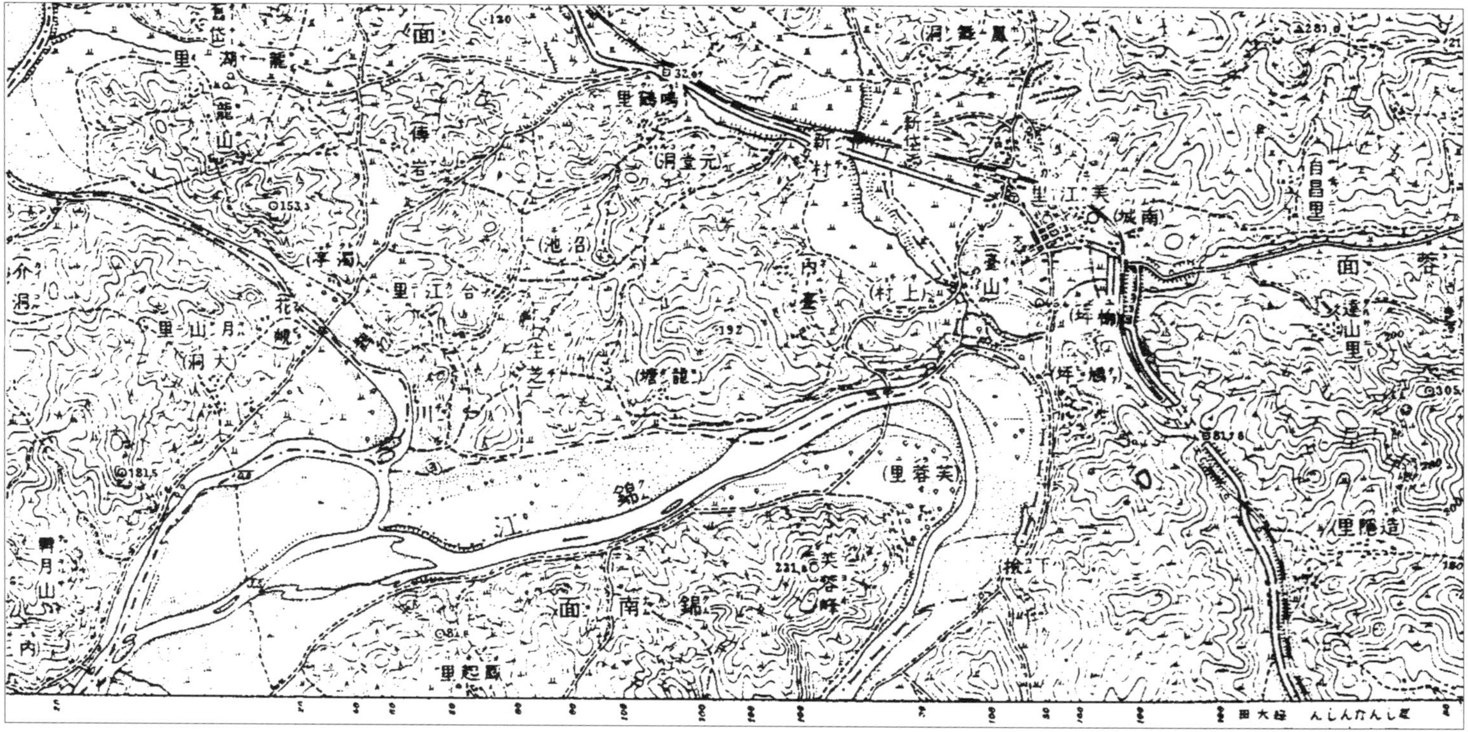

부용면 부강리 부근 지도(5만 분의 1), 1914년 측도, 1919년 수정 측도, 1923년 12월 육지측량부 인쇄, 발행.

중국인 3호, 합계 291호에 이른다. 인구는 일본인 342명, 조선인 817명, 중국인 14명, 합계 1,173명이다.[6] 이 책에는 통계 연차가 기록되어 있지 않은데, 아마 1913년 무렵의 숫자일 것이다.

후미코가 조선에 머무르고 있을 때 부강에 사는 일본인의 직업은 여관, 잡화점, 문방구점, 의사, 우편소, 이발소, 모종가게, 과자가게, 신발가게, 목수, 소학교 교사가 각 1호, 헌병 5호, 농업 3호, '매음집淫賣屋' 2호, 역장 및 역원 4호, 철도노동자 3, 4호, 조선인 상대 고리대금업자 6, 7호, 해산물중개인 2호, 연초, 막과자가게 등 소매점 2, 3호였다. 이 가운데 유력자는 고리대금업자를 필두로 헌병, 역장, 의사, 학교 교사 순이었다. 유력자와 그렇지 않은 사람 사이에는 생활상 작지 않은 차이가 있었다. 유력자의 아내는 '사모님'이라고 불린 반면, 상인, 농부, 노동자, 목수 등의 아내는 '아주머니'라고 불렸으며, 교제는 각각의 집단 내부에 머물렀고 두 집단 사이에는 별다른 교류를 찾아볼 수 없었다.(『자서전』, 90~92쪽)

일본인 거주 지역은 부강역 북쪽 구릉지대와 금강과 가까운 역의 남쪽 평지로 나뉘어 있었다. 구릉지대의 주민은 자신들이 살고 있는 곳을 '야마노테山の手'(높은 지대에 있는, 부유층이 사는 주택지구—옮긴이)라고 불렀고, 평지 지역을 '시타마치下町'(상업 지역 또는 번화가—옮긴이)라고 불렀다. 후미코를 데리고 온 이와시타의 집은 '야마노테'의 가장 높은 곳에 있었다. 이와시타가는 가장 유력한 집안의 하나로 "그렇게 넓지는 않았지만 대여섯 곳의 산림과 조선인에게 소작을 내주는 논과 밭을 갖고 있었으며, 거기에서 나오는 수입으로 조선인을 상대로 고리대금업을 하고 있었다."(『자서전』, 94쪽)

이와시타 집안은 서민층에서 성공한 지주인지도 모른다. 사에키 분이치의 호적에 따르면 이와시타 게이자부로는 나가노시 출신으로

1898년에 분이치의 누이동생 가메와 결혼했다. 조선에서 철도 보선 주임 일을 맡아보다가 1905년 가을 퇴직하여 부강으로 거처를 옮겼다.[7] 이와시타가 사직한 것은 기차가 탈선 전복하여 사상자까지 나왔기 때문이다. 하지만 그는 철도국 소속으로 근무하고 있던 때 이미 부강 서쪽에 있는 태산台山이라는 야트막한 산의 산림을 사두었다고 한다.(『자서전』, 94, 95, 148쪽) 이렇듯 부강에 생활의 기반을 갖추고 있었기 때문에 여기에서 살아갈 수가 있었던 것이다. 그는 철도 부설에 따른 지가의 상승을 예상하고 산림을 사두었을 가능성도 있다.

부강의 일본인 소학교

부강심상소학교 학적부에 따르면 후미코가 이 학교에 4학년으로 전입한 것은 1912년 12월 11일이다. 후미코는 자서전에서 "조선에 오고 나서 채 10일이 되지 않아 나는 마을에 있는 소학교에 다니기 시작했다"고 밝히고 있다.(『자서전』, 98쪽) 그렇다면 그녀가 부강에 도착한 것은 12월 초순이 되는 셈이다.

학교는 부강의 중간쯤에 자리 잡고 있었는데 학교 건물은 짚으로 지붕을 인 단층이었고, 선생은 60세가 넘은 노인 한 사람이었다.(『자서전』, 99쪽) 『부강공립소학교 학교연혁지』에 의하면, 이 학교는 1908년 6월에 창립, 부강일본인회가 총독부의 보조금과 사람들로부터 거둬들인 기부금을 비용으로 하여 10월부터 교사신축에 착수, 1909년 여름에 준공하였고, 9월부터 새 건물에서 수업을 시작했다. 아동 수는 1908년 17명, 1909년 22명, 1910년 31명이었다.[8] 후미코는 자서전에서 자신이 전입한 1912년 당시의 아동 수는 30명이 채 되지 않았

다고 밝히고 있는데 이는 기억의 착오인 듯하며, 학교의 서류에 의하면 45명이었다.[9]

후미코가 5학년으로 진급한 여름, 학교는 공립이 되었으며 고등과高等科도 생겼다. 노교사는 사범학교 출신인 젊은 교사 핫토리 도미에服部富枝로 교체되었다.[10] 이 무렵 학생수가 일거에 100명 넘게 늘어나 학교가 좁아지는 바람에 이와시타가 소유한 태산의 산기슭으로 학교를 옮겨야만 했다. 이처럼 학생 수가 급증한 것은 대규모 선로이동 공사가 시작된 데다 근처에 있는 산에서 텅스텐이 발견되자 부강으로 이주해오는 일본인이 늘었기 때문이었다.(『자서전』, 107쪽)

높이가 1미터쯤 되는 이 소학교의 울타리 너머에 조선인 아이들이 다니는 보통학교가 있었다. 가네코 후미코보다 두 살 어린 나이로 당시 보통학교에 다닌 최노인은 소학교의 "사람 수가 적었기 때문에 일본인 아이들의 사정도 알고 있었다. 여자아이로는 다루키 마스코가 있었고 또 이와시타의 양녀인 후미코가 있었던 듯하다. 물론 서로 말을 하거나 함께 놀지는 않았다. 한번은 우리들이 울타리를 넘어 일본인 학교 운동장으로 놀러간 적이 있었는데, 그때 일본인 선생이 나와서 너희 학교로 가서 놀라고 했던 말은 지금도 잊혀지지 않는다"라고 말했다.[11] 일본인 학교와 조선인 학교를 가로막고 있던 마음의 벽은 참으로 높았다. 조선인에게 관심을 갖고 있던 후미코도 자서전은 물론 다른 곳에서도 조선인 아이들에 관한 얘기는 한마디도 꺼낸 적이 없다. 보통학교 아이들과의 교류는 전혀 없었을 거라고 보는 게 옳을 것이다.

후미코가 이 학교로 전학 왔을 때 이와시타 집안의 어떤 사람이 이렇게 말했다. "자, 후미코야, 가네코 집안처럼 가난한 집안의 자식이라도 별 상관이 없긴 하다만, 적어도 이제부터는 이와시타 집안의 자

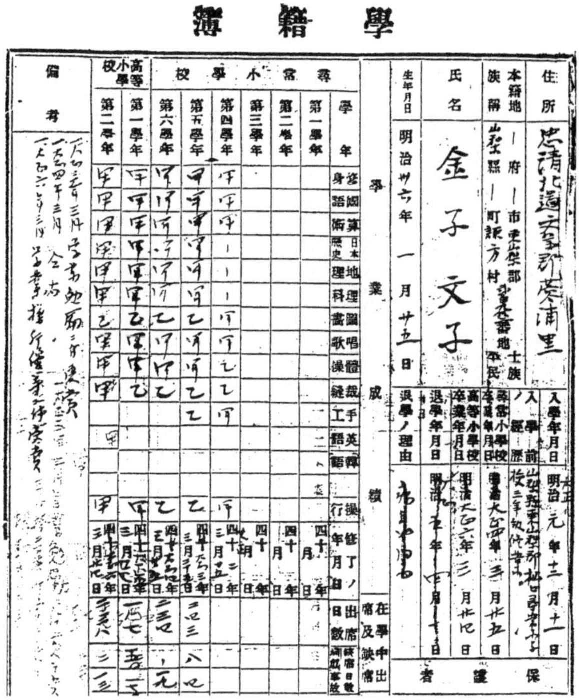

學籍簿

住所	本籍地 族籍	氏名	生年月日
忠清北道芙江	山梨縣 平民	金子文子	明治卅六年一月廿五日

식으로서 학교에 들어가 배워야 한다. 마음 단단히 먹고 공부하거라. 만약 농사군 자식들에게 진다거나 부끄러운 일을 저지른다면 당장 호적에서 이름을 빼버릴 것이다…."(『자서전』, 99쪽)

자서전에서 밝히고 있지 않아 이렇게 말한 사람이 할머니였는지, 고모 가메였는지 아니면 이와시타 게이자부로였는지 정확하지 않다. 가장 권위주의적이었던 할머니가 아니었을까. 어쨌든 그 무렵 후미코는 '이와시타 양'이라고 불렸고, 학교의 수업증서에도 '이와시타 후미코'라고 씌어 있었다. 그런데 어찌된 일인지 5학년이 되자 성적통지표와 수업증서에 이름이 모두 '가네코 후미코'로 되어 있었다.(『자서전』, 99, 100쪽) 현재 부강초등학교에 남아 있는 학적부에 '가네코 후미코'

성적표

	심상소학교			고등소학교	
학년	第4학년	第5학년	第6학년	第1학년	第2학년
수신	갑	갑	갑	갑	갑
국어	갑	갑	갑	갑	갑
산술	갑	갑	갑	갑	갑
일본역사	-	갑	갑	갑	갑
지리	-	갑	갑	갑	갑
이과	-	갑	갑	갑	갑
도화(圖畵)	갑	을	을	을	을
창가	갑	갑	갑	갑	갑
체조	을	갑	갑	갑	갑
재봉	을	을	을	을	갑
수공(手工)	갑	을			
조행(操行)	갑	을	갑	갑	갑

라는 이름이 기재되어 있는 것으로 보아 그녀의 기억은 틀림이 없다.

이렇게 된 이유는 무엇일까. 이와 관련하여 후미코는 다음과 같은 사건을 자서전에 적어놓았다. 이와시타가에서는 후미코가 학교에서 돌아오면 복습을 할 수 있도록 공부방 하나를 내주었다. 후미코는 머리가 뛰어나서 복습할 필요가 없었다. 고등소학교 졸업 당시까지 학적부에 기재되어 있는 그녀의 성적을 보면 위의 표와 같다. 후미코가 잘하지 못한 것은 도화圖畵, 재봉裁縫, 수공手工뿐이고 그 나머지는 모두 '갑'이라는 성적을 받았다. 학적부의 비고란을 보면 1914년 3월, 그러니까 제5학년 수료식 때에는 '학업우수상', 다음 해 3월에도 같은 상, 그리고 1917년 3월 고등소학교 졸업식 때는 '학업 및 품행 우수상'을 받은 것으로 기록되어 있다. 이런 사실을 보면 그녀는 복습을 하지 않아도 거의 모든 교과목을 충분히 이해할 수 있었던 듯하다. 그러나 할머니는 후미코가 복습을 하지 않는다고 성화였고, 후미코는 하라는 복습은 하지 않고 몰래 놀러 다니곤 했다. 그 사실이 발각되자 할머니는 회초리로 네다섯 대 후미코를 때렸고, 급기야는 공부시간을 빼앗아버렸다. 후미코는 이것이 이와시타의 후계자 자격을 박탈당한 가장 큰 이유라고 추정하고 있다.(『자서전』, 100～102쪽)

할머니는 후미코를 이른바 '양가良家의 자녀'라는 거푸집에 밀어 넣고자 했지만 후미코는 그 거푸집에 말려들 성격이 아니었다. 이 역시 이와시타가의 후계자 자격을 박탈당한 원인이었을 터이다. 할머니는 다른 사람에게 후미코를 소개할 때에도 손녀라고 말하지 않고 언제나 "이 아이는 조금 알고 지내는 집안의 딸입니다. 무척이나 가난한 사람의 딸이어서 예의범절도 모르고 비천한 말밖에 알지 못합니다. 참으로 부끄러운 일입니다만 아무쪼록 불쌍히 여기시고 잘 이끌어주시기 바랍니다"라고 말했다고 한다.(『자서전』, 97쪽)

이와시타 집안의 할머니와 고모

이와시타 게이자부로는 말수가 적은 데다 온후하고 '지극히 평범한 남자'였다. 고모는 '키가 늘씬할 뿐 아니라 고상하고 영리하며 그 이상으로 맺고 끊는 게 확실한 사람'으로, 말하자면 '일을 척척 해치우는 남성적인 성격의 여자'였다. 주위에서는 할머니를 '숨어사는 노인'이라 불렀지만 실제로는 이와시타가의 일을 총지휘하고 있었다.(『자서전』, 95쪽) 따라서 후미코와 가장 깊은 관계를 맺고 있던 사람은 할머니였으며, 그다음이 고모였고 게이자부로는 별다른 영향을 미치지 못했다.

할머니는 대단한 권위주의자였다. 아버지 분이치의 권위주의는 그녀에게서 이어받은 듯하다. 할머니는 후미코가 이웃의 친구들과 어울려 노는 것을 허락하지 않았다. 할머니는 "우리 집안은 말이다, 천한 가난뱅이들과는 격이 다르지 않느냐. 아이가 밖에서 다른 애들과 어울려 놀게 해서는 안 된다"라고 버릇처럼 말하곤 했다.(『자서전』, 121쪽) 그것은 후미코를 혹사하기 위한 구실이기도 했지만, 무엇보다 그 근본에는 할머니의 권위주의적 가치관이 놓여 있었다.

할머니의 이러한 태도가 후미코를 궁지에 몰아넣은 일이 일어났다. '야마노테'의 주민들은 가까이 있는 건널목을 지나 아랫마을과 학교를 오갔다. 그런데 역장이 바뀌면서 이 건널목을 막아버리자 불편해진 주민들은 거처를 철로 남쪽으로 옮겨버렸다. '야마노테'에 남은 것은 이와시타가처럼 살림을 하는 집 두세 채와 가난한 이발소뿐이었다. 이 때문에 후미코와 함께 학교에 다니는 아이는 이발소 딸 오마키밖에 없었다. 할머니는 이것이 마음에 걸렸는지 "애, 후미코야. 너 말이다, 학교에 오갈 때, 저렇게 남의 머리에 낀 때나 벗기며 사는 집 아이와 함께 다녀서는 안 된다"라고 명령했다. 후미코는 이를 거스를 수가 없어 학교에 갈 때는 늦게 출발하는 등 함께 가는 것을 피했는데 돌아올 때에는 어찌할 도리가 없었다.

어느 여름날의 일이었다. 후미코는 오마키와 함께 교문을 나섰다. 오마키는 집으로 돌아오는 길에 큰아버지네 가게에 들렀고, 후미코더러 가게 울타리 근처에서 기다리라고 했다. 가게에 들어간 지 한참이 지나도 오마키가 나오지 않자 후미코는 가게 안으로 들어가 밖을 살피고 있었다. 운이 나빠서인지 이와시타 게이자부로가 자전거를 타고 와서 후미코에게 차가운 눈길을 던지고는 가게 앞을 지나쳤다. 가슴이 철렁 내려앉은 후미코는 오마키를 남겨둔 채 그곳을 재빨리 빠져나와 7, 8백 미터가 넘는 길을 비몽사몽간에 달려 이와시타의 집으로 돌아왔다. 그러나 고모는 후미코를 툇마루에서 토방으로 내차버리고는 맨발로 뛰어내려와 길이가 두 자쯤 되는 주걱으로 후미코를 인정사정없이 후려쳤다. 할머니는 왜나막신을 신은 채 후미코를 걷어찬 후 벼를 쌓아두는 창고에 밀어넣고서 자물쇠를 잠가버렸다. 창고에서 나온 것은 그다음 날이었다. 그런데도 할머니는 분이 풀리지 않았는지 후미코의 등교를 가로막았다. 이것은 7월 초의 일이었다. 등교를 허락받은 것은 9월 신학기부터였다.(『자서전』, 123~132쪽)

핫토리 도미에는 이 학교에 부임하자 여러 가지 활동에 힘을 기울였다. 나아가 학교 뒤에 있는 땅을 빌려 농업실습을 하기도 했다. 핫토리는 생산의 고통과 즐거움 그리고 농민에 대한 존경심을 농업을 통하여 가르치고 싶어 했던 듯하다. 씨감자를 가져오게 하여 "내버려두면 제대로 결실을 맺지 못한다. 온갖 정성을 기울여 보살피지 않으면 안 된다. 그 노력은 참으로 힘겹다. 그러므로 여러분은 농부를 업신여겨서는 아니 된다. 농부야말로 일본 국민의 어버이이다. 아니 일본만이 아니라 어떤 나라에서도 마찬가지이다"라고 말했다. 또 "농부를 경멸해서는 안 된다. 농부는 생명의 어버이이다"라고 말하기도 했다.(『자서전』, 138~140쪽)

이러한 사고방식은 할머니의 그것과 대립할 수밖에 없다. 농업실습 사실을 안 할머니와 고모는 후미코에게 실습 참가를 금했다. 뿐만 아니라 할머니는 다음과 같은 잔소리를 늘어놓기도 했다. "게다가 너는 곧잘 왜나막신의 코끈을 잘라먹곤 하는데, 그건 바로 돼먹지 못하게 그네에 매달린다거나 사내아이들과 어울려 천방지축 날뛰기 때문일 게다. 이 모든 게 비천한 가난뱅이 자식들이나 하는 짓이다. 여자는 여자다워야 하며, 조금이라도 고상한 여자의 흉내라도 내는 게 보기에도 좋다. 그러므로 내일부터는 그네타기와 술래잡기도 엄금한다." (『자서전』, 142쪽) 결국 할머니는 그녀와 다른 가치관을 지니고 있던 후미코를 '양가의 자녀'라는 거푸집에 밀어 넣으려 했던 것이다.

할머니에게서 이러한 명령을 받은 지 4, 5일이 지났을 때이다. 핫토리는 아이들의 가정에서 농업실습에 대하여 어떤 반응을 보이는지 물었다. 핫토리는 후미코에게 "너희 집에서는 어떻게 생각하지? 할머니께서 분명히 뭐라고 말씀하셨을 텐데…. 잠자코 있지 말고 얘기해봐라"고 말했다. 후미코는 "예, 저… 할머니께서는 농사일을 하면 옷만 버린다…고 말씀하셨습니다"라며 애매하게 대답했다. 핫토리는 씁쓸한 미소를 지으며 "음, 그렇게 말씀하셨단 말이지. 모르긴 해도 할머니는 여왕처럼 훌륭한 옷만 입으시는 모양이구나…"라고 말하고서 화가 난 듯 문을 거칠게 열고 밖으로 나가버렸다. 친구들은 색이 바랜 데다 여기저기 기운 후미코의 옷을 뚫어지게 바라보았다.(『자서전』, 144~146쪽) 후미코는 평소의 말과 다른 행동을 한 핫토리를 원망했다.

그러나 일본으로 돌아오고 나서도 후미코는 핫토리에게 편지를 썼는데, 그녀에게 핫토리는 그때까지와는 다른 가치관, 즉 할머니가 경멸해 마지않았던 농민을 존중하는 태도를 가르친 은사이자 존경할 만한 인물이었던 것이다. 할머니가 말하는 선善과 핫토리가 말하는 선 사이의 거리! 후미코는 상극과도 같은 이들의 전혀 다른 가치관을 넘어선다. 도쿄로 올라온 뒤인 1923년 5, 6월경 핫토리에게 보낸 편지에서 그녀는 다음과 같이 말한 바 있다. "이 세상에 소위 정의나 선이라는 게 있기는 있는 걸까요…. 저 자신이 생각하는 것 모두가 선이며 아름다움입니다."[12] 이처럼 상극과도 같은 선에 관한 두 관점은 이어지는 도쿄 학습 시절에 자율적으로 형성된 후미코의 가치관 수립에 하나의 계기가 되었던 듯하다. 이 점에서 이와시타가의 사람들은 후미코의 반면교사 역할을 했다고 할 수 있다. 하지만 이 정도의 사색하는 힘을 지니고 있지 못했던 조선 시절의 후미코에게 전혀 상반되는 두 가지 선은 깊디깊은 고통 이외에 아무것도 아니었다.

할머니를 비롯하여 이와시타가 사람들의 인색함도 후미코를 괴롭혔다. 이와시타가는 조선인 수탈과 함께 인색함으로 재산을 모은 것처럼 보인다. 학교에서 습자 수업이 있는 날에도 고모는 한 번 사용하여 여기저기 구겨진 싸구려 종이 두 장을 내줄 따름이었다. 5학년이 되면서 후미코는 그림물감이 필요했다. 그러나 게이자부로는 새로 사주는 게 아니라 자신의 그림 상자에서 낡아빠진 그림물감을 꺼내 후미코에게 주었다. 그 그림물감마저 곧 다 써버렸다. 그 무렵 마을의 학용품점에서는 신식 그림물감을 팔았고 학생들은 모두 그것을 사용하고 있었다. 후미코가 그 그림물감을 갖고 싶다고 말했을 때 게이자부로와 고모는 승낙했다. 하지만 할머니는 후미코를 호적에 올려준 게 은혜를 베푼 거라며 다음과 같이 말했다고 한다. "내가 구해주지 않았다면 너는 지금껏 무적자 처지를 벗어나지 못했을 것이고 당연히 다른 사람과 같이 학교에 다닐 수도 없었을 것이다. 따라서 너는 우리들의 자비慈悲로 학교에 다니고 있다는 것을 명심해야 한다. 그런데도 너는 그 신분을 망각하고서 남들이 하는 것이면 뭐든 똑같이 하려 드는구나. 그렇게 네 멋대로 했다가는 다시는 학교 문 앞에도 못 가게 할 테니 그만 입 닥치거라. 너를 학교에 보낼 것인지 말 것인지 모두 우리들의 권한이니까…."(『자서전』, 103~105쪽) 이때 후미코는 자신이 무적자라는 사실을 처음으로 알고서 마음의 상처를 입었다. 후미코는 자서전에서 다음과 같이 항변하고 있다.

내가 무적자라는 게 나의 죄일까? 나는 무적자라는 사실을 알지도 못했다. 그것은 아버지와 어머니만이 아는 일이었고, 그 책임도 두 사람에게 있다고 봐야 할 것이다. 그런데도 학교는 나에게 그 문을 닫아 버렸다. 다른 사람들은 나를 경멸해 마지않았다. 육친인 할머니마저도 내가 무적자라는 이유로 멸시하고 협박했다.(『자서전』, 106쪽)

후미코는 12, 13세부터 하녀와 다를 바 없이 부엌일을 떠맡아야 했다. 춥디추운 날 쌀 씻기, 아궁이에 불 때기, 남포 등피 닦기, 화장실 청소하기 등 집안사람들은 닥치는 대로 후미코에게 일을 시켰다. 언젠가 후미코가 들고 있던 냄비의 한쪽 손잡이가 빠지는 바람에 냄비가 우물가에 떨어져 산산이 깨진 적이 있었다. 할머니는 후미코를 호되게 질책한 뒤 냄비를 변상하라고 말했다. 15일쯤 지난 후 마을에 내려간 할머니는 새 냄비를 사가지고 와서는 냄비값 1원 50전을 후미코가 외가에서 받은 전별금에서 뺐다.(『자서전』, 108, 109쪽) 할머니에게서 변상하라는 요구를 받긴 했어도 후미코가 조선에 머물렀던 7년 동안에 이와시타가에서 용돈을 받은 것은 딱 한 번, 그러니까 "하루 동안 청주로 여행을 간 적이 있었는데 그때 고모부 게이자부로에게 10전을 받은 게" 전부였다.[13]

후미코가 열세 살이 되던 해 1월 2일 아침에 있었던 일이다. 이와시타 일가는 식탁에 둘러앉아 떡국을 먹고 있었다. 그때 할머니가 사용하고 있던 젓가락이 맥없이 부러졌다. 그것은 지난해 말에 제각각 젓가락용 주머니에 넣어두었던 것 중 하나였다. 할머니는 안색이 일변하더니 젓가락을 후미코에게 던지면서 "이게 도대체 무슨 일이냐, 재수없게시리"라고 매도하고, 여기에 한술 더 떠 "정월 초가 아니냐. 후미코, 넌 내가 죽어버리기를 빌고 비는 모양이지. 좋다, 내 단단히 기억하고 있으마"라고 말하면서 떡국을 못 먹게 하고 집밖으로 내쫓았다. 조선의 겨울은 영하 이하로 한참 내려갈 정도로 춥다. 날이 저물어 가족들의 저녁 식사가 다 끝나고 나서야 후미코는 집 안으로 들어올 수 있었다. 할머니는 일상적으로 후미코에게 이와 같은 벌을 주었던 것이다.(『자서전』, 111～114쪽)

부강의 자연

괴로움과 고통 속에서도 후미코를 위로해주는 것이 있었다. 부강 지역의 자연이 바로 그것이었다. 고소데의 자연도 아름다웠지만 부강의 자연도 그에 못지않았다.

가을이 되면 태산에 있는 이와시타가의 산림에는 밤이 열매를 맺었다. 밤 줍기는 몸이 허약한 게이자부로의 일이었지만, 때로는 이 낮은 산에도 오를 수 없을 정도로 몸이 좋지 않은 경우도 있었다. 그럴 때면 후미코는 자진하여 할머니의 허락을 받아 학교를 쉬고서 밤을 주우러 나가곤 했다. 자서전에서는 그 이유를 "나는 그곳에서 참으로 자유로운 자신을 발견할 수 있었기 때문"이라고 설명하고 있다.(『자서전』, 149쪽) 이와 동시에 후미코는 자연을 사랑하는 사람이었던 듯하다. 생활의 고통과 괴로움이 깊어지면 깊어질수록 자연은 사람에게 안식처가 된다.

산속에 들어가면 풀숲에서 꿩이 날아오르고 토끼가 튀어나왔다. 꼭대기에는 노란색 마타리와 보랏빛 도라지꽃, 그리고 싸리꽃이 흐드러지게 피어 있었다. 정상에서는 부강 지역을 한눈에 내려다볼 수 있었다. 논과 밭을 사이에 두고 정거장과 여관 등의 건물이 늘어선 마을의 중심부가 보인다. 헌병파견소에서는 "카키색 제복을 입은 헌병이 조선인을 마당으로 끌어내어 옷을 벗기고는 맨살이 드러난 엉덩이를 채찍으로 후려치고 있다. 하나, 둘, 헌병의 새된 소리가 들려온다. 채찍을 맞고 있는 조선인의 울음 섞인 소리도 들려오는 듯한 느낌이다." 자서전에 기록되어 있는 정상에서 바라본 풍경 중 하나이다.(『자서전』, 151쪽)

부강에 온 사람들의 눈길을 끄는 것은 부용봉芙蓉峰이다. 부강역에서 대략 남쪽 방향으로 가다보면 곧 금강 북안北岸에 도착한다. 물은 강폭이 넓은 금강을 천천히 흐르고 있고, 맞은편 강가에 해발 221미터의 부용봉이 그 모습을 드러낸다. 소형 후지산 둘을 나란히 놓은 듯한 형세의 산이다. 산 능선은 완만하여 여성적인 부드러움을 띠고 있다. 후미코는 태산 정상에서 본 부용봉 일대의 풍경을 다음과 같이 기록하고 있다.

> 예쁘장한 부용봉이 저쪽에 아슴히 솟아 있다. 그 산자락을 돌아 동쪽에서 서쪽으로 가을 햇살을 받아 은빛으로 반짝이는 백천白川(금강)이 하얀 비단을 펼쳐놓은 듯 느릿느릿 흐르고 있다. 짐을 실은 당나귀가 모래밭 위를 께느른한 모습으로 지나고 있다. 산자락에는 나무를 사이에 두고 조선인 마을의 낮은 초가지붕이 띄엄띄엄 보인다. 안개 사이로 희뷰하게 보이는 조용한 마을이다. 남화南畵(중국화의 2대 유파의 하나—옮긴이)를 보는 듯한 풍경이다.(『자서전』, 151쪽)

후미코는 이 풍경에 흠씬 젖어 "처음으로 나는 내가 정말로 살아 숨쉬고 있는 듯한 느낌이 든다"라고 회상하기도 한다.(『자서전』, 151쪽)

자살 시도

그러나 후미코에게 평화로운 나날은 많지 않았다. 그녀를 자살 직전까지 몰고 간 사건이 일어나기도 했다. 무더위가 한창이던 어느 여름날, 충청남도 논산군 강경면에서 병원 경영자의 아내로 할머니의 조카뻘 되는 후쿠하라 미사오福原操가 젖먹이를 데리고 이와시타가를 방문했다. 그녀는 가을풀 무늬를 띤, 얇은 크레이프 천으로 만든 화려한 홑옷에다 온통 금실 은실로 수놓은 요란한 허리띠를 두르고, 머리에는 금비녀를 꽂고 손가락에는 금반지를 끼고 있었다. 모르긴 해도 벼락부자가 된 식민자의 아내였을 것이다. 미사오는 시댁의 부유한 생활을 얘기하고 할머니는 할머니대로 이와시타가의 살림살이와 부강에서의 지위 따위를 부풀려 말했다.(『자서전』, 153, 154쪽)

미사오는 부강에서 100리쯤 떨어진 지인知人의 집에 가려고 하는데 젖먹이가 딸려 있어 몹시 성가시다고 했다. 할머니는 젖먹이를 후미코의 등에 업혀서 가라고 했다. 후미코는 좋아하지도 않는 젖먹이를 들쳐업고서, 여왕처럼 의기양양해하는 여자의 꽁무니를 따라가는 게 영 마뜩찮았다. 할머니는 희한하다 싶을 정도로 평소의 명령조가 아닌 다정한 목소리로 말했다. "후미코, 다녀오너라." "아니, 싫으면 싫다고 확실하게 말하려무나. 하기 싫은 일을 억지로 해서는 안 되니까 말이다." 할머니의 다정한 말을 듣고서 어리광이라도 부리고 싶었던 후미코는 "정말이에요? 가지 않아도 괜찮으면 저는 가기 싫어요" 라고 대답했다. 그러자 할머니는 버럭 울화통을 터뜨리더니 후미코의 멱살을 잡고서 뒤흔들었다. 그 바람에 후미코는 툇마루에서 땅바닥으로 벌러덩 넘어졌다. 할머니는 왜나막신을 신고 내려와 후미코를 사정없이 발로 짓밟고 차고 갔다가 다시 돌아와서는 후미코의 머리채를 휘어잡아 문 밖으로 내동댕이쳤다. 얼마 후 집으로 들어온 후미코가 찻잔 설거지와 청소를 하려 하는데 할머니는 무슨 심술이 났는지 그 일을 방해하면서 하지 못하게 했다.(『자서전』, 155~158쪽)

저녁때가 되어도 밥을 주지 않았다. 몰래 집을 빠져나온 후미코는 곧장 아랫마을에 있는 조선인 공동우물가로 갔다. 그곳에 있던 조선인 아낙네는 하루가 멀다않고 할머니에게 혼찌검이 나는 후미코를 불쌍하게 여겨 "우리 집에 놀러가지 않겠니? 집에 딸도 있으니까"라고 말했다. 후미코는 그녀를 따라 그 집으로 갔다. 그 아낙네는 "미안하다만 점심은 먹었니?"라고 물었다. "아니오. 아침부터…." 후미코의 대답에 놀란 아낙네가 말했다. "참 딱하기도 하지!" "보리밥이라도 괜찮다면 좀 줄까? 밥은 얼마든지 있으니까…." 그러나 조선인에게 밥을 얻어먹었다는 얘기를 들으면 화가 나 뒤로 넘어질 할머니가 무서워 후미코는 아낙네의 친절을 사양하고 빈 배를 끌어안고 집으로 되돌아왔다. 하지만 후미코는 자서전에 "조선에 머물렀던 기나긴 7년 동안을 통틀어 나는 이때만큼 인간의 사랑이라는 것에 감동한 적이 없었다"고 적었다.(『자서전』, 160쪽)

집으로 돌아온 후미코는 할머니와 고모에게 잘못을 빌었지만 그들은 용서하지 않았을 뿐만 아니라 밥도 주지 않았다. 다음 날 정오 무렵, 후미코는 다시 한번 할머니와 고모에게 빌었으나 역시 용서를 받지 못했다. 후미코는 죽음을 생각했다. 소매가 달린 홑옷과 반폭짜리 허리띠를 보자기에 싸서 역에서 가까운 동쪽 건널목까지 와서는 옷을 바꿔 입고 둑 아래에 쭈그리고 앉아 열두 시 반 급행열차가 오기를 기다렸다. 그러나 아무리 기다려도 열차는 오지 않았다. 기다리던 열차는 이미 통과한 후였다. 그곳에서 후미코는 금강의 강변을 향하여 달렸다. 후미코가 달려간 강변은 아마 부강역과 가장 가까운 거리에 있는, 부용봉과 정면으로 마주보고 있는 곳이었을 것이다. 나는 1986년 이른봄에 이 강변을 찾았는데 그곳에는 다음과 같이 적힌 간판이 서 있었다.

경 고

이 지역은 수심이 깊어 익사 사고가 자주 발생하는 위험한 지역이므로 이곳에서의 수영 및 어로 행위를 일절 금지합니다.

조치원 서부경찰서장

후미코가 투신자살을 시도한 곳은 바로 이러한 지점이었다. 후미코는 자갈을 소매 속에 넣었다. 그리고 붉은 모슬린으로 만든 속치마에 돌을 싸서는 그것을 허리띠처럼 동여맸다. 준비를 마친 후미코는 강물 속을 들여다보았다. 무섬증이 일면서 다리가 후들후들 떨렸다. 후미코는 다시 한 번 근처를 둘러보았다. 물론 강변의 맞은편에 있는 아름다운 부용봉이 후미코의 눈에 들어왔을 것이다. 후미코는 생각했다. '정말 아름다운 자연이구나', '얼마나 평화롭고 조용한가!' 여기에서도 자연이 후미코를 구해주었다. 후미코는 생각을 바꾸어 인간의 세계로 마음을 돌렸다. "세상에는 아직 사랑할 만한 것이 얼마든지 있다. 아름다운 것이 무수히 있다. 내가 사는 세계는 할머니나 고모의 집에 머무르지 않는다." 어머니, 아버지, 여동생, 남동생, 고향의 동무들, 그리운 그들의 모습이 떠올랐다. 문제는 그것만이 아니었다.

그렇게 생각하자 나도 모르는 사이에 '죽어서는 안 된다'는 생각까지 하게 되었다. 그렇다, 나처럼 고통을 받으며 살아가고 있는 사람들과 더불어 고통을 가하는 사람들에게 복수하지 않으면 안 된다. 그렇

다, 죽어서는 아니 된다.(『자서전』, 167~169쪽)

이렇게 마음을 다잡고서 후미코는 소매와 속치마에 쌌던 돌을 꺼내 던져버렸다.

후미코의 조선 체험

조선에서 깊은 인상을 받은 후미코는 일본으로 돌아와서도 여러 사람들에게 조선 체험을 얘기하곤 했다. 어머니는 "후미코는 그 무렵 조선의 만세소동을 목격한 일과 가난한 농부의 삶, 학교에서 당하는 조선인 차별대우 문제 등에 대하여 말하고 나서는 엉엉 울고 말았습니다"라고 회고한다.[14]

박열과 후미코의 동지 구리하라 가즈오栗原一男도 후미코를 회상하면서 이렇게 말한다. "조선에서 있었던 비참한 기억을 말하거나 조선인이 얼마나 학대받고 있는지를 얘기할 때에는 어느새 자신의 말에 취해버린 듯 격앙되었고, 눈물을 줄줄 흘리면서도 빠르고 강한 어조로 끝도 없이 얘기하곤 했다. 박열이 난처해하며 이제 됐으니 그만 하라고 말려도 막무가내였다. 그야말로 쉴 새 없이 얘기를 했다.[15]

앞의 회상에서 명확하게 알 수 있듯이 후미코가 함께 투쟁하고자 했던 "나처럼 고통받고 있는 사람들" 중 맨 앞자리에는 조선인이 포함되어 있었다. 그러나 자서전에서는 더이상 조선인에 관한 내용을 찾아볼 수 없다. 후미코가 옥중에서 쓴 자서전이 구리하라에게 건네졌을 때 "원고는 곳곳이 가위로 잘려 있어 한 장은 원고지가 마치 발簾과도 같았다"고 한다.[16] 조선에 관한 원고도 상당 부분 삭제되었을 가능성이 높다. 부강에서 사는 동안 후미코는 조선인과 어떤 교류를 가졌으며 그들을 어떻게 인식하고 있었을까. 앞에서 잠깐 언급했지만 여기에서는 자서전 이외의 자료를 함께 활용하여 후미코의 조선 체험을 가능한 한 복원해보기로 한다.

이와시타가에는 고씨 성을 가진 머슴이 있었다. 그는 머리가 그다지 좋지는 않았지만 정직하고 솔직하며 일도 잘하는 사내였다. 이와시타가는 그를 다른 집보다 싼 급료를 주고 고용하고 있었다. 그리하여 아내와 세 아이를 거느린 그는 가난을 면치 못했고, 가족들은 밥 한번 실컷 먹을 수가 없었다. 뿐만 아니라 아이들은 한겨울에 남경미南京米를 담는 가마니 속에 들어가 오들오들 떨어야만 했다. 어느 날, 고씨는 옷을 빨아야 한다며 이와시타가에 하루 동안 쉬게 해달라고 했다. 할머니와 고모도 그 뜻을 알고 있었다. 그러나 고모는 "빨래? 빨래라면 네가 따로 하지 않아도 되지 않느냐. 그런 일하라고 여편네가 있는 거 아니냐. 어찌 그렇게 앞뒤가 꽉 막혔단 말이냐"라고 말했다. 고씨는 대답했다. "따로 여편네에게 시키고 말고 할 것도 없습니다, 마님. 사실은 제게는 달리 입을 옷이 없어서 빨래한 다음 불에 말려서 다시 솜을 넣어 원래대로 꿰매고 있는 동안, 벌거벗은 채 떨고 있을 수 없으니까 이불을 두르고 있을 생각이지요." 이처럼 고모는 뻔히 알고 있는 내용을 고씨에게 되풀이하도록 했던 것이다. 할머니와 고모는 이 대답을 듣고서 낄낄대며 웃었다.(『자서전』, 116~118쪽)

자서전에는 "그 외에 이 수기에는 기록되어 있지 않지만, 할머니 주위에서만 해도 얼마든지 찾아볼 수 있는, 압박받고 혹사되며 착취당하는 가련한 조선인들에게 끝없는 동정심을 느꼈다"라고 씌어 있다.(『자서전』, 358쪽) 후미코는 위의 사건 말고도 조선인에 대한 이와시타가의 비인간적인 행위를 본 적이 있었다. 사실 이와시타가는 아편

밀매도 하고 있었다. 후미코가 일본으로 돌아온 후 어머니와 대화를 나누던 중 이와시타가 얘기가 나오면 반드시 "아무리 살림살이가 중요하다고 해도 아편 따위를 밀수입하는 도적 같은 장사에는 정나미가 떨어진다"고 말했다.[17]

나카니시 이노스케中西伊之助가 1909년 이후 조선에 살면서 그 체험을 바탕으로 하여 쓴 소설『황무지에 싹트는 것』에 등장하는 주인공 마키시마 히사요시槇島久吉는, 재혼하여 조선에서 사는 어머니를 찾아갔다가 계부의 아편 판매 사실을 안다. 계부와 어머니의 가게에 도착한 날 밤에 마키시마는 아편을 약포장지에 싸는 일을 거들게 된다. 작가 나카니시는 마키시마의 마음속에서 "나는 왜 이렇듯 두렵고 불안한 일을 해야만 하는 것일까? 이 약 한 포마다 얼마나 무시무시한 비인간적인 죄악이 민족 사이에서 벌어지고 있는지를 모른단 말인가!"라는 절규를 읽어낸다.[18] 소설이긴 하지만 나카니시는 아편 판매 실태를 접하고 썼을 것이다.

식민지 조선에 대한 아편정책의 전모는 아직 명확히 밝혀지지는 않았지만,[19] 아편판매는 광범위하게 이루어지고 있었던 듯하다. 후미코는 이러한 아편판매의 한 사례를 이와시타가에서 엿보았던 것이다.

후미코는 훗날 조선에서의 일본인 고리대금업의 실태를 다음과 같이 쓰고 있다. 이것 역시 후미코가 본 이와시타가를 비롯한 고리대금업의 실태일 것이다.

여기에 계신 분들께 알려드릴 게 있습니다. 당신들은 조선인 동화를 운운하기 전에 먼저 재선在鮮 대일본민족을 인간적으로 만들어야 할 것입니다. 대금 기한이 지났다는 이유로 차주借主인 조선인을 자신의 집 천장에 거꾸로 매달아놓거나, 대금의 열 배에 해당하는 저당을 가로채기 위해 조선인의 입에 엽총을 들이대기도 하는… 그렇게 부도덕한 형제들이 사라지게 해야 합니다.[20]

그러나 후미코가 가장 깊은 동정을 드러냈으며, 그녀의 인상에 가장 깊이 남은 것은 1919년 3월의 '3·1운동'이었던 듯하다. 부강 최노인의 회상에 따르면 이곳에서도 만세 소리가 울려퍼졌고, 그것을 제지하려는 헌병이 말을 타고 여러 마을들을 바쁘게 돌아다녔다. 조선인들은 밤이 되면 산으로 올라가 횃불에 불을 붙이고 만세를 외쳤다. 그런 일이 4, 5일 동안 계속되었다고 한다.[21] 부용면에서는 4월 1일에도 산상 봉화 시위가 있었다.[22]

시간이 흐른 후, 후미코는 3·1운동에서 경험했던 감격을 다음과 같이 서술하고 있다.

조선인들이 지니고 있는 사상 중에서 일본인에 대한 반역적 정서만큼 제거하기 힘든 것은 없을 것입니다. 1919년에 있었던 조선의 독립 소요 광경을 목격한 다음 나 자신에게도 권력에 대한 반역적 기운이 일기 시작했으며, 조선 쪽에서 전개하고 있는 독립운동을 생각할 때 남의 일이라고는 생각할 수 없을 정도의 감격이 가슴에 용솟음쳤습니다.(『재판기록』, 20쪽)

후미코가 조선의 독립운동에 어느 정도 공감했는지를 보여주는 얘기이다. 또 후미코는 1923년에 발행된 『현사회現社會』 제3호에서도 「조선의 ○○기념일」이라는 제목으로 3·1운동에 관하여 자신의 견해를 피력하고 있지만 관헌에 의해 상당 부분의 글자가 말소되었기 때문에 해독하기는 쉽지 않다. 보이지 않는 부분을 추정하여 복원하면 다음과 같다.

> 1919년 3월, (여섯 글자 불명)은 관헌의 총칼에 찔리거나 감옥에서 분사憤死하고, 어떤 사람은 (세 글자 불명) 총탄에 쓰러지면서 일시적으로 (여덟 자 불명) 진정되는 듯 보였다. 그러나 학대"받고 있던 조선인의" 파도와 같은 외침은 ○○○○("일본 군대")의 무력 따위로는 도저히 (다섯 글자 불명) 진정될 수 없었다.(" "은 저자의 추정)

후미코의 사상 형성과 조선 체험

김일면은 세토우치 하루미瀨戶內晴美의 『여백의 봄』(中央公論社, 1972)을 비롯한 일본의 가네코 후미코에 관한 연구가 후미코의 조선 체험을 중시하지 않고 있다고 비판하면서, "후미코의 조선 체험이야말로 그녀가 '반역 여성'이 된 근원이었다고 생각한다. 그러나 그것이 일본인에게는 보이지 않는 것 같다"고 말한 바 있다.[23] '근원'이라는 말의 의미를 어떻게 이해할 것인가라는 문제가 있긴 하지만 어쨌든 후미코의 사상 형성에 있어 조선 시절의 체험이 중요하다는 점은 부정할 수 없다. 다만 김일면은 연구사를 이해하는 데 있어 다소간의 오해를 범하고 있다. 이에 관해서는 일찍이 고마쓰 류지小松隆二가 "후미코의 조선 생활은 커다란 의미를 지니고 있으며, 만년의 후미코의 사상 형성과 생활의 기초가 되었다는 것을 무시할 수 없다"고 지적한 바 있다. 고마쓰는 그 구체적인 증거로서 다음과 같은 점을 들었다. 즉 "조선에서 생활함으로써 그녀는 조선인을 친밀하게 대할 수 있었을 뿐만 아니라 격의 없이 생각할 수 있었으며, 고통받는 민중들이 살고 있는 조선의 실상에 대하여 깊은 동정과 이해를 지닐 수 있었다. 나중에 조선인과 교우 관계를 맺고 또 박열과 사상적으로 공감대를 형성할 수 있었던 것도 그녀가 조선에서 생활하면서 간직한 인상 때문이라고 생각한다.[24]

문제는 후미코가 왜 조선인이 처한 비참한 상황과 그 상황에서 해방되려는 조선인의 투쟁에 공감했는가라는 점이다. 이 물음에 답하기란 쉽지 않다. 왜냐하면 일본인 식민자 대부분이 조선에 도착하는 동시에 일본인으로서의 특권을 행사하여 수탈과 축재蓄財를 일삼았고, 이 때문에 점점 더 대일본제국 백성임을 감사히 여기면서 조선인을 멸시하게 되었기 때문이다. 아나키스트 난바 다이스케(1899~1924)는 1923년 2월 20일 자 편지에서, 홋카이도의 후카가와시 도미카와마치에 있는 싸구려 여인숙에서 "조선이나 만주로 가고자 하는 사람이라면 뭐니 뭐니 해도 일본인이라는 사실을 고맙게 여겨야 할 것"이라고 말하는 사람이 있었다고 적고 있다.[25] 이는 식민지로 가는 일본인이 얼마나 충량忠良한 대일본제국의 신민으로 되는가를 보여주는 예라 할 수 있을 것이다. 따라서 일본인이 조선으로 간 이상 조선인을 이해하기란 대단히 어려웠을 것이며 오히려 그 반대쪽이 훨씬 많았을 터이다.

일본인 식민자 중에서 후미코가 극히 드문 길을 선택한 원인을 상세하게 설명한 사람은 기시노 아쓰코岸野淳子였다. 기시노는 다음과 같이 말한다.

> 후미코에게 조선 체험의 의미를 살필 때, 일본의 식민지화 첨병 집단으로부터 소외되어 있던 후미코의 위치가 중요한 전제조건이 된다. 일상생활에서 볼 수 있는 식민자들의 말단 권력으로서의 잔학성과 허

식을 후미코가 그 이면에서 간파하고 있었다고는 말할 수 없다. 그녀 자신이 그 권력의 가장 가까운 피해자로서 죽음을 각오할 정도로 쓴 맛을 보았다. 물론 당시의 후미코가 일본의 식민정책과 식민자들이 담당한 역할을 이성적으로 알아차리고 있었는지도 모른다. 하지만 억압하는 쪽으로부터 버림받은 자의 입장에서, 그 비인간성을 자신이 몸소 겪은 고통을 통하여 알았던 것이 후미코의 사상 형성의 기반이 되었음에 틀림없다.[26]

"억압하는 쪽으로부터 버림받은 자"란 부강의 유력한 식민자 이와시타가에게서 버림받은 자라는 의미일 것이다. 자신이 처한 위치 때문에 후미코는 조선인의 처지에 공감할 수 있었다는 게 기시노의 관점이다. 그러나 나는 기시노가 다른 논문에서 지적하고 있는 것이 더 중요하다고 생각한다. 기시노는 후미코가 유년 시절부터 무적자였기 때문에 모든 사람으로부터 제외된 자 또는 애물단지 취급을 당하고 있다는 생각을 품고 있었던 점에 주목하여, "세상의 다수자, 즉 체제 밖에 있다는 소외감은 후미코의 인생을 관류하는 저음低音으로서 그녀의 사상을 키운 온상이 되었다"라고 밝히고 있다.[27] 조선 체험보다는 후미코가 일본에서든 조선에서든 체제로부터 소외되어 살아야 했다는 사실이 중요하다고 해야 할 것이다. 기시노는 "조선에서의 생활이 후미코의 인생에 결정적인 각인으로 남게 되었다는 것"은 "아홉 살까지 무적자로 보낸 그녀의 어린 시절을 생략하고서는 생각할 수 없다"고 말한다.[28] 이렇듯 일본에서 '버림받은 자'였다는 점과 조선에서 일본인 집단으로부터 '버림받은 자'였다는 점이 연동連動하여 후미코는 조선인에 대한 공감을 갖게 되었다고 보는 게 옳을 것이다.

그러나 후미코가 조선에서 생활하던 시절에 밑바닥의 피억압자인 조선인 민중 쪽에 섰다고 보는 것은 과대평가이다. 조선에 오기 전부터 자신은 버림받은 자라는 소외감이 마음속 깊이 있었고 바로 그러했기 때문에 기성 사회의 가치 서열을 그대로 밟고 올라가 구원받고 싶다는 생각이 최하층 민중에 대한 공감과 미분화 상태로 공존하고 있었다는 것이 실상에 가깝다. 1919년 4월에 귀국한 후, 후미코는 아버지와 다투고서는 도쿄로 오는데 그 목적은 "고학을 하여 훌륭한 인간이 되는" 것(『자서전』, 393쪽). 구체적으로는 여학교 졸업 검정시험을 치른 다음 여자 의전女子醫專에 진학한다"는 것이었다.(『자서전』, 293쪽) 또 1925년 7월 15일에 지은 단카短歌에서는,

> 조선의 고모 밑에서 살던 때 생각하니
> 문득 솟아나는 명성에 대한 동경,
> 이것 보라 말하고 싶은 간절한 마음에
> 유명한 여자가 되겠노라 다짐하네

라는 구절도 발견할 수 있다.[29]

자기의 체험을 자신을 둘러싼 역사적 세계 가운데 두고 이론적으로 정리하는 것은 누구에게나 필요한 일이다. 그렇게 하지 않는 한 자기의 위치를 객관적으로 파악할 수 없다. 후미코가 자기의 체험을 이론적으로 정리하고 현존 질서 안에서 추구하는 신분상승이 환상의 해방에 지나지 않다는 것을 자각하는 것은 1920년 4월 이후 도쿄 학습시대에 이르러서이다. 그렇지만 조선에서 생활하던 시절의 후미코에 관한 기시노의 다음과 같은 견해는 정곡을 찌르는 것이다.

> 일본의 식민자에게는 '보이지 않는 인간'이었던 조선인이라는 존재

가 후미코에게는 '보였다'는 것만은 확실하다. 물론 자신과 같지는 않았지만, 인간 취급도 받지 못하는 조선인들이 할머니보다는 친근한 존재로서 곁에 있었다.[30]

제3장

자립의 모색

귀국

후미코가 부강리를 떠난 것은 1919년 4월 12일이었다.[1] 만 16세 때의 일이다. 이해 봄, 할머니 무쓰는 외갓집에서 전별금으로 가져온 저금을 털어 다음 날 대전에 가서 수수한 바둑판무늬 천 한 필을 사와서 옷을 만들었다.(『자서전』, 190~192쪽) 후미코는 그 이유를 알지 못했는데 실은 후미코를 귀국시킬 준비였던 것이다. 후미코는 이미 이와시타가의 노동력 이외에는 아무것도 아닌 존재가 되어 있었다. 왜냐하면 무쓰의 언니 딸인 사다코貞子가 이와시타가의 상속인으로 사전에 결정되어 있었기 때문이다.(『자서전』, 137쪽)

4월 3, 4일경 후미코의 방 선반에 낡은 고리짝이 얹혀 있었다. 그것을 본 후미코는 할머니를 비롯한 식구들이 자신을 귀국시키려 한다는 사실을 알아차렸다. 4월 11일 아침, 고모부 게이자부로가 다음 날 히로시마로 떠나는 무쓰와 함께 돌아가라고 했다. 무쓰는 사다코를 여학교에 보낼 상담도 해야 하고 본가의 장남 결혼식에 초청을 받기도 해서 겸사겸사 히로시마에 가기로 되어 있었던 것이다. 다음 날 후미코는 할머니와 함께 집을 떠나 열차에 올랐다. 햇수로 7년을 산 땅을 떠나는 것이었지만 눈물 한 방울 나지 않았다. 오히려 "한시라도 빨리 이 지옥에서 도망치고 싶었다"고 한다.(『자서전』, 192~197, 199쪽)

그로부터 3일째 되던 날 저녁 무렵 후미코는 야마나시현 엔잔역에 도착했다. 역에는 아버지 분이치가 이전에 머문 적이 있는 엔코지圓光寺의 지요가 마중 나와 있었다. 두 사람은 그날 소마구치와 엔잔역 중간에 있는 에린지惠林寺에서 묵었다. 이 절에 딸린 보게쓰안望月庵에는 어머니의 남동생이자 지요의 연인인 가네코 모토에이金子元榮가 살고 있었기 때문이다.(『자서전』, 198, 199쪽)

다음 날, 후미코는 소마구치로 향했다. 그러나 후미코는 가네코가의 사람들이 마중 나와 있지나 않을까 불안했다. 후미코가 집 앞의 밭에서 일하고 있던 외삼촌 교지에게 귀국 인사를 하며 눈물을 흘리자 외삼촌은 "아니 이게 누구냐. 후미코 아니냐. 나는 벌써 넌지 알아보았다"라며 웃으며 위로해주었다. 질책이라도 하지 않을까 불안했던 후미코는 안도의 한숨을 내쉬며 "역시 이곳이 내가 있어야 할 집이구나"라고 생각했다. 외삼촌과 함께 집으로 갔다. 집에 돌아오자 먼저 외숙모가 환영해주었다. 외할머니와 외할아버지도 후미코의 목소리를 듣고서는 하던 일을 멈추고 나왔다. 외할아버지가 "어이구, 후미코구나. 이제야 돌아왔구나. 나는 하도 갑작스러워서 소리를 잘못 들은 게 아닌가 생각했다. 잘 왔다"라고 말하자, 외할머니가 "많이 컸구나. 아픈 데는 없냐? 아무 기별이 없어서 걱정했단다"라고 거들었다.(『자서전』, 199~201쪽)

후미코가 조선으로 가고 나서도 두 번이나 더 결혼을 한 어머니는 다음 날 아침 부랴부랴 집으로 왔다. 후미코를 버린 어머니이기는 했으나 "훌쩍 컸구나"라며 눈에 눈물을 머금은 채 반겼다. 그리고 동상자국 투성이인 후미코의 팔을 보고는 놀라 "필시 하루 종일 물일만 시킨 게로구나"라며 갑자기 울기 시작했다.(『자서전』, 202쪽) 이처럼 이와시타가의 사람들과 달리 가네코가의 사람들은 가난했지만 정이 깊었다.

그러나 여기도 후미코가 안주할 곳은 아니었다. 외할아버지 부부와 외숙부 부부의 사이가 좋지 않았고, 한 채의 집에 함께 살고 있기는 했지만 두 부부가 사용하는 방 사이에 있는 노송나무문은 단단하게 못질이 되어 있어 열리지 않았다.(『자서전』, 204쪽) 어머니는 어머니대로 시댁에 대해 푸념만 늘어놓고 있었다. 이 남자 저 남자를 전전한 기쿠노를 좋은 조건으로 맞아들일 집은 없었다. 지금의 시댁도 이전의 시댁들과 마찬가지로 중매쟁이의 얘기와는 조금도 비슷한 구석이라곤 없다며 기쿠노는 신세타령을 늘어놓았다. 게다가 여러 차례에 걸친 기쿠노의 혼담을 둘러싸고 외할아버지 부부와 외숙부 부부, 급기야는 엔코지 주지와도 사이가 벌어지고 말았다. 이들 중 어느 쪽에 몸을 맡겨도 사이가 틀어질 것이 분명했기 때문에 후미코는 이러지도 저러지도 못하는 미묘한 입장일 수밖에 없었다.(『자서전』, 206, 207쪽)

가네코 모토에이와 아버지

어머니의 친정으로 돌아오고 나서 4, 5일이 지난 무렵 후미코는 예전의 학교 친구들과 함께 고사리를 캐러 갔다. 후미코는 외할머니가 기뻐하리라 생각하고 고사리를 바구니에 담아 등에 지고 있었는데, 외할머니는 외할아버지가 고사리를 좋아하지 않는다고 말하며 받으려고도 하지 않았다. 그리하여 후미코는 외삼촌에게 주려 했으나 외할머니는 이 역시 반기지 않으면서 작은외삼촌 모토에이에게 가져다 주는 것이 좋을 거라고 말했다. 다음 날 후미코는 에린지의 보게쓰안에 있는 모토에이에게 고사리를 가지고 갔다. 모토에이는 고사리를 데치고 달걀을 삶아서 후미코와 함께 점심을 먹었다. 조금 있다가 에린지의 젊은 승려 두세 명이 놀러와서 후미코는 그들과 수다를 떨기도 하고 카드놀이를 하면서 즐겁게 지냈다. 안주할 곳이 없던 후미코에게 이 청년들과 함께한 짧은 시간은 해방감을 느낄 수 있는 자유로운 순간이었다.(『자서전』, 207~214쪽) 이것이 계기가 되어 후미코는 틈만 나면 모토에이에게 놀러갔다.

한편 후미코의 귀국 소식을 들은 아버지 사에키 분이치는 하마마쓰濱松에서 가네코가를 찾아와서는 후미코에게 모토에이가 있는 곳으로 안내하라고 말했다. 후미코는 자신을 버린 아버지에게 반감을 갖고 있었지만 모토에이에게 가는 게 내심 즐거웠기 때문에 분이치를 안내했다.(『자서전』, 215쪽)

분이치는 이전부터 모토에이를 알고 있었다. 분이치와 모토에이는 오랜만에 서로 잔을 주고받으면서 세상 돌아가는 얘기를 하며 한창 이야기꽃을 피웠는데, 도중에 분이치가 모토에이더러 후미코가 없는 다른 방으로 가서 얘기하자고 부탁했다. 모토에이는 이 요구에 따라 별실로 가서 소곤소곤 작은 목소리로 분이치와 뭔가를 이야기했다.(『자서전』, 221쪽) 사실 분이치는 에린지의 재산을 노리고 후미코를 외삼촌 모토에이에게 시집보내려는 교섭을 하였던 것이다.(『자서전』, 215쪽) 에린지에는 다케다 신겐武田信玄의 묘가 있었고, 정원은 무소국사夢窓國師가 만든 것으로 알려진 명찰名刹이다. 이름에 걸맞게 이 절은 많은 재산을 보유하고 있었던 듯하다.

모토에이는 12, 13세 무렵에 승려가 되었다. 승려를 지망한 것은 종교적인 동기에서가 아니라 승려가 되면 즐겁게 살 수 있을 것이라고 생각해서이다. 그런데 16, 17세 되던 해 절 생활에 싫증이 난 그는 절을 떠나 요코하마와 규슈를 왕복하는 항로의 선원이 되었다. 그러던 어느 날 그는 규슈로 가는 첫 번째 항해를 마치고 요코하마로 돌아왔다가 집에서 온 사람에게 붙들려 되돌아오라는 말에 설득당해 어쩔 수 없이 절로 돌아왔다. 그 후 모토에이는 스승을 따라 교토로 가서 그곳에 있는 하나조노학원花園學院에서 공부하다가, 스승이 병이 나 보게쓰안에 칩거하는 바람에 그도 이곳으로 다시 돌아왔다. 그리고 지요와 사랑하는 사이가 되었다.(『자서전』, 217~220쪽)

모토에이는 지요와 그런 관계였으면서도 분이치의 제안을 받아들였다. 별실에서 밀담을 끝내자 모토에이와 분이치는 처음에 있던 방으로 되돌아와 잔을 기울였다. 그사이 분이치는 후미코에게 지금까지 돌보지 못한 젓값을 치르기 위해서라도 그녀를 하마마쓰로 데려가고 싶다는 말을 꺼냈다. 분이치의 목적은 모토에이가 분이치의 제안을 승낙했기 때문에 지금부터라도 후미코를 맡아서 신부수업을 시키려는 것이었다. 후미코는 분이치를 좋아하지 않았을 뿐만 아니라 신용하지도 않았지만, 시골에 처박혀 지내느니 차라리 도시로 나가 지내보는 게 좋을 거라 생각하고서 이에 따랐다.(『자서전』, 222쪽)

아버지와의 대립

후미코가 하마마쓰에 있는 분이치의 집에 도착한 날 밤이다. 옆방에서 분이치와 이모 다카노가 얘기를 하고 있었다. 자꾸만 자신의 이름을 들먹이기에 잠에서 깬 후미코는 잠자리에서 머리를 들어 얘기소리에 귀를 기울였다. 이야기의 내용은 모토에이에게 후미코와의 결혼을 약속했다는 것이었다.

분이치는 이렇게 말하고 있었다. "그래서 나는 거두절미하고 모토에이에게 의견을 물어보았지. '어떤가, 후미코를 자네의 아내로 삼지 않겠는가'라고. 그러자 모토에이는 두 마디도 하지 않고 그 자리에 승낙하더군…. 아니, 사람들이 뭐라 해도 상관없어. 그 절에 후미코를 맡겨두기만 하면 그 아이도 먹고 살 걱정하지 않을 것이고, 무엇보다 우리 형편도 좋아질 테니…."(『자서전』, 224쪽) 이 말을 듣고 후미코는 절 재산을 노리고 있던 아버지가 한마디 상의도 없이 자기를 외삼촌에게 시집보내겠다고 약속한 사실을 알았다. 그러나 후미코는 이 말을 듣는 순간 "기쁜 일인지 슬픈 일인지, 좋은 일인지 나쁜 일인지 아무것도 느끼지 못했다"고 자서전에서 회고하고 있다. 왜 그랬을까. 후미코는 자서전에서 당시의 심경을 회상하여 "나의 생명 내부에는 명확하지는 않지만 이성異性을 갈망하는 뭔가가 싹트고 있었음에 틀림없다"고 말한다.(『자서전』, 225쪽) 하지만 아버지에게 반발하지 않았던 원인이 그것뿐이었을까. 당시 가장이 당사자의 의지와 상관없이 딸의 결혼을 결정하는 것이 일반적이었는데, 그렇다면 후미코의 입장에서도 그것에 특별히 저항할 생각이 없었던 게 아닐까.

그런데 분이치에 대한 후미코의 반감은 다른 일을 겪으면서 터져나왔다. 당시 가짜 신문기자 노릇을 하고 있던 분이치는 매일 아침 가족들을 거실에 불러모아 태정대신 후지와라노 후사사키藤原房前(681~737)에서 시작하는 사에키가의 족보 앞에 예배를 올리게 했다. 아버지는 후미코의 동생 다카토시에게 이렇게 가르쳤다.

> 이렇게 훌륭한 집안에서 태어났기 때문에 나는 아무리 가난해도 지금껏 남에게 손가락질당한 기억이 없다. 말 많기로 유명한 이곳 하마마쓰에서도 나보다 돈 많은 사람은 얼마든지 있지만 그런 사람들조차 모두 나를 사에키 씨라고 부르며 무슨 일을 하건 상석에 앉히려고 한다. 이 모든 것이 이 족보 덕분이다. 그러므로 집안의 족보를 소홀히 해서는 절대 안 된다.(『자서전』, 270쪽)

분이치는 자신의 집안이 천황가와 가까운 귀족의 가계를 잇고 있다는 점을 과장함으로써 가난함에서 오는 열등감을 보상받으려 했던 것이리라. 후미코는 이렇듯 허풍으로 가득 찬 아버지를 가망이 없는 인간이라고 생각했다. 특히 사에키가의 성을 이어받지도 않은 자신이 이 집안의 족보 앞에 조아려야만 하는 것을 대단히 불합리하게 여겼다.(『자서전』, 231쪽) 그러나 동생 다카토시는 이런 아버지에게 길들여져 있었다. 다카토시는 후미코와 달리 학교 성적이 좋지 않았다. 하지만 분이치는 그런 건 조금도 괘념치 않은 채 다카토시를 대학에라도 보내 법률 공부를 시켜서 훌륭한 사람으로 만들겠다고 생각하고 있었다. 이 때문에 분이치는 다카토시를 종종 자기 앞에 불러 앉혀 놓고 공부를 시키면서 공부를 못한다고 꾸짖기도 하고 머리를 쥐어박기도 했다.(『자서전』, 268~270쪽) 그런데도 다카토시가 분이치의 생각에 감화된 이유는 후미코와 달리 아들이어서 사회적 상승의 길이 준비되어 있었기 때문일 것이다.

하마마쓰로 오고 나서 후미코는 신부수업을 위해 여자기술학교 재봉과에 들어갔다. 재봉을 좋아하지 않은 데다 지금까지 규칙적으로 무엇을 배운 적이 없었던 후미코는 다른 학생들보다 뒤처졌고, 교사도 제대로 보살펴주지 않았기 때문에 그녀는 자연히 학교생활을 게을리하게 되었다. 이것이 후미코와 분이치의 대립감정을 증폭시켰다.(『자서전』, 232쪽)

7월 중순 여름방학이 시작되자 후미코는 소마구치의 가네코가로 돌아갔다. 쉬지 않고 편지를 주고받던 모토에이가 방학이고 하니 놀러오라고 말했기 때문이었다. 가네코가의 외할아버지 부부와 외삼촌 부부의 대립은 변함이 없었으며 진정될 기미조차 보이지 않았다. 그래서 후미코는 밤낮을 가리지 않고 모토에이가 있는 절에서 시간을 보냈다.(『자서전』, 233~239쪽) 모토에이가 후미코의 '처녀성을 무너뜨린' 것도 이즈음의 일일 것이다.(『재판기록』, 12쪽)

이 무렵 엔코지에 있던 지요는 도쿄의 의사와 혼약을 해버렸다. 혼약은 지요의 의지와 무관하게 여동생 부부와 의사 사이에 결정된 것이었다. 고민하던 지요는 모토에이와 후미코를 만나 혼약을 파기할 방법이 없는지 상의했지만 지요에 대한 모토에이의 정열은 이미 남아 있지 않았다. 세간의 통례를 거부할 수 없었던 지요는 눈물을 흘리면서 도쿄 여행길에 올랐다. 그 의사와 결혼하기 위해서였다.(『자서전』, 239~242, 252~254쪽) 후미코가 이 사건을 자서전에 상세하게 밝혀놓은 이유는 그것이 그녀의 마음에 깊이 새겨져 있었기 때문일 것이다. 다른 여성들과 나를 바가 없던 후미코에게 자립을 향한 의지를 다지게 한 하나의 사건이었음에 틀림없다.

여름방학이 끝나자 후미코는 하마마쓰로 되돌아왔다. 여전히 여자 기술학교에 다니긴 했지만 재봉은 늘지 않았고 학과 공부 또한 후미코의 지적 관심을 만족시키는 것이 아니었기 때문에, 학교에서는 일부러 교사에게 반항하기도 하고 집에서는 닥치는 대로 책을 읽었다. 그러나 집에 있는 책이라곤 옛날이야기 책이 전부였다. 그렇다고 분이치가 용돈을 주는 것도 아니어서 새 책을 살 수도 없는 노릇이었다. 분이치는 후미코가 이따금씩 열리는 강연회에 가는 것도 허락하지 않았다. 지적 관심을 충족시킬 수 없었던 후미코의 불만은 커져만 갔다. 결국 그녀는 분이치에게 도쿄로 가게 해달라고 사정했다. 그러나 모름지기 여자란 가장에게 얌전히 복종해야 하는 법이라는 기존의 관념만을 고집하고 있던 분이치는 "이런 몹쓸 것 같으니라구. 여자가 아니냐, 너는!"이라며 후미코의 희망을 일축했다. 하지만 후미코는 이에 대한 반항의 표시로 분이치에게 한마디 말도 하지 않고 학교를 그만두었다. 물론 분이치는 격노했다. 후미코는 또다시 가네코가로 돌아갔다.(『자서전』, 249~251쪽) 자아에 눈 뜬 후미코의 아버지 분이치에 대한 투쟁이 시작되었던 것이다.

가네코 후미코.

가네코가의 사람들이라고 해서 후미코의 자유를 인정한 것은 아니었다. 외할아버지를 비롯한 가네코가의 사람들은 후미코가 모토에이가 있는 절에 놀러가는 것을 허락하지 않았으며, 다카노의 바로 손아래 여동생의 시동생인 고마쓰야小松屋를 시켜 읍내에 있는 재봉학교에 다니도록 했다.(『자서전』, 251쪽) 당시 일본에서 가장권家長權에 종속된 전통적인 '여자'라는 관념으로부터의 일탈을 허용하는 공간을 발견하기란 좀처럼 쉽지 않았다. 분이치에게는 저항했어도 그의 가치관을 형성한 근대 일본의 정치와 사회 그 자체를 파악하고 그것과 대결할 만한 시야를 후미코는 아직 갖추고 있지 않았던 것이다. 따라서 새로운 생활방식을 찾을 수 없었던 후미코는 자포자기 상태에 빠졌으며, 아이를 돌보는 일에서부터 찻잔을 씻는 일에 이르기까지 모든 일을 거부하기도 했다.(『자서전』, 252쪽)

여름방학을 마칠 무렵 후미코는 읍내 영화관에서 세가와 히로시瀨川博라는 중학교 4학년 학생을 만난 적이 있었다. 후미코가 고마쓰야에게 왔을 때 세가와는 도쿄로 가 부기학교에 다니고 있었는데, 1919년이 저물 무렵인 28, 29일경 세가와는 학교를 마치고 돌아왔다. 후미코는 밤이 되자 고마쓰야의 집 뒷문을 빠져나와 세가와와 망토 하나를 같이 뒤집어쓰고 어둠에 싸인 시골길을 걷기도 하고 가까이에 있는 절의 경내를 돌아다니기도 했다. 때로는 절의 본당에 들어가 키스를 하거나 포옹을 하기도 했다.(『자서전』, 243~246, 255, 256쪽) 후미코는 어렴풋하게나마 주위 사람들과 다른 가치관을 지니고 있다는 것을 의식하면서도, 새로운 생활방식을 찾을 수 없는 데서 오는 고뇌를 성적 쾌락을 통해 해소하려 했던 것으로 보인다.

그러나 다른 한편으로 후미코는 자기의 지적 욕구를 채울 수 있는 길을 탐색하고 있었다. 그것은 현에 있는 여자사범학교에 들어가 교사가 되고, 동시에 경제적으로 독립함으로써 자신이 좋아하는 학문을 한다는 구상이었다. 사범학교 학생에게는 관비官費가 지급되고 있었기 때문에 가난해도 취학할 수 있을 것이며, 부족한 학비는 모토에이에게서 제공받을 수 있을 것이라 예상했다. 후미코는 조선에서 소학교 고등과를 졸업했기 때문에 사범학교 입학시험을 치를 수 있는 자격이 있었다. 세가와와 야밤 데이트를 하면서도 후미코는 이 목적을 이루기 위해 목숨을 건 자세로 시험공부를 했다.(『자서전』, 257쪽)

시험 때가 다가왔다. 후미코는 입학원서를 작성하는 데 필요한 보증인 인감을 부탁하기 위해 모토에이에게 갔다. 후미코는 모토에이를 여성의 자립을 이해해줄 남자로 기대하고 있었던 듯하다. 그런데 모토에이는 여느 때와 달리 차분한 얼굴로 후미코를 맞았다. 모토에이는 "그래, 사범학교 원서구나. 그런데 말이야, 그 문제는 내가 좀 더 생각해봐야 하니까 당분간 미뤘으면 한다. 그리고 내 생각으로는 말이지, 후미코 너는 아무래도 하마마쓰에 있는 아버지에게 돌아가는 게 좋을 성싶다"라며 인감 날인을 거절했다.

후미코는 자신의 예상과 전혀 다른 모토에이의 반응이 뭘 의미하는지 알 수 없어 고마쓰야의 집에 돌아와서도 밤새 잠 한숨 자지 못했다.(『자서전』, 257~259쪽) 사실 모토에이는 후미코와 세가와와의 교제를 알고서 몹시 불쾌했던 것이다. 모토에이는 이 여자 저 여자를 따라다니는 사내였지만, 대개의 남자들이 그렇듯이 그 역시 이기적이게도 여자가 다른 남자와 사귀는 것은 두고 보지 못하는 사람이었다. 모토에이에게는 후미코도 어쩔 수 없이 일개 인형에 지나지 않았다. 이 당시 후미코는 아직 그 사실을 알아채지 못하고 있었다.

다음 날 모토에이는 외할머니인 가네코 세이와 함께 고마쓰야의 집으로 와서는 세이와 후미코에게 열차표 두 장을 주면서 하마마쓰에 있는 분이치의 집으로 가라고 했다. 세이는 모토에이에게서 2, 3일 후에 뒤따라갈 테니 먼저 후미코를 데리고 있어 달라는 말만 들었을 뿐 그의 의도를 알지는 못했다. 다만 오랜만에 다카노와 만나고 싶었기 때문에 가기로 했던 것이다.(『자서전』, 259쪽)

뒤에 모토에이가 분이치의 집을 방문했다. 후미코와 세가와의 교제를 이유로 후미코와의 혼약을 파기하려는 것이었다. 모토에이는 분이치를 만나 파혼을 신청했고, 돌아갈 때 후미코에게 "모든 걸 아버지에게 말씀드렸으니까 나중에 잘 들어보라"고 말하고서 가버렸다.

모토에이를 배웅하고서 현관 다다미 위에 앉아 있던 후미코에게 분이치는 "이 짐승만도 못한 것! 이런 순 화냥년 같으니라구"라고 소리지르며 그녀의 어깨 부근을 마구 발로 찼다. 후미코는 옆으로 쓰러졌다. 분이치는 계속해서 말했다. "그런 못된 짓은 잘도 따라 하는구나. 내 얼굴에 먹칠을 하다니…. 조선에서 쫓겨나 이리로 온 것도 다 그런 짓을 저질렀기 때문이겠지? 그래, 틀림없이 그랬을 거다. 좋다, 맘대로 해라…." 후미코는 "뭐라구요? 내가 무슨 일을 저질렀다구요?"라며 분이치에게 대들었다. 그러나 분이치는 "뭐야? 아가씨가 뭘 잘못했는지 가슴에 손을 얹고 잘 생각해보시지. 모르겠으면 알아야 할 게 아니냐!"라고 말하면서 다시 후미코의 발 근처를 찼다. 그 순간 다카노가 달려나와 자신의 몸으로 후미코를 가로막아 분이치는 더이상 뭐라 하지 못하고 원래 있던 방으로 돌아갔다가 곧 읍내로 나가버렸다.

그때 다카노는 후미코에게 모토에이가 온 목적을 얘기하면서 다음과 같이 말했다. "처음부터 아버지가 나빴다." "외삼촌과 조카를 부부로 맺어준다는, 그런 법도에 어긋나는 일을 아버지는 단지 모토에이가 있는 절의 재산을 노리고 자기 맘대로 결정했던 것이다. 그 일이 뜻대로 되지 않은 건 당연하지 않겠니? 저렇게 아버지가 화를 내봐야 아무 소용없는 거 아니냐. 화내는 쪽이 잘못한 것이지."(『자서전』, 260~264쪽) 다카노는 후미코를 진정으로 사랑하고 있었다. 후미코 또한 자서전에 다카노를 비난하는 말을 한마디도 적지 않았다.

이 사건은 후미코가 여성의 남성에 대한 종속이 얼마나 심각한지를 깊이 인식하는 계기가 되었다. 자서전에서 후미코는 "무책임하게도 외삼촌(모토에이—인용자)은 나를 노리개로 삼았고 아버지는 나를 도구로 이용했다. 그러고 난 뒤에 그들은 나를 헌신짝처럼 내동댕이치고 짓밟았으며 걷어찼다"고 말하면서, 결국 자신은 모토에이와 아버지에게서 인간 취급을 받지 못했다고 적고 있다.(『자서전』, 265쪽) 처음부터 모토에이가 파혼을 후미코에게 직접 말하지 않고 아버지에게 선언한 것 자체가, 모토에이가 딸을 아버지의 종속물로밖에 생각하지 않았다는 것을 보여준다.

그러나 이 사건은 특히 후미코가 아버지의 자식에 대한 '사랑'을 철저하게 불신하는 결과를 낳았다. 후미코는 1924년 1월 17일에 있었던 예심 석상에서 이 사건의 의미를 다음과 같이 진술했다.

아버지가 나를 버리고 처제와 눈이 맞아 도피행각을 벌일 때 나에 대한 아버지로서의 의무와 권리를 완전히 포기했던 것입니다. 이렇게 버려진 자식인 내가 다른 사람의 빵에 의지하여 성장한 것을 본 순간, 아버지는 10년 전에 버린 자식에 대한 소유권과 아버지로서의 권리를 다시 주장하면서, 본인인 나에게는 일언반구의 예고도 없이 나의 몸과 마음을 야심의 대상으로 붙들어두고 모토에이가 있는 절의 재산을 목적으로 나와 모토에이의 결혼을 그 사람과 약속해버렸던 것입니다.

예를 들면, 다른 사람에게 고양이 새끼 한 마리를 줄 때에도 저쪽에서 정말로 이 고양이를 갖고 싶어 하는지, 아니면 고양이를 죽여 그 가죽으로 사미센 울림통을 감쌀 심산은 없는지 혹은 저쪽 집에는 사악한 사람이 살고 있어 고양이를 학대하는 짓을 하지는 않을지 정도는 생각하는 게 인정입니다.

그런데 아버지는, 버림을 받은 후 내가 얼마나 고통스러운 삶을 살았는지, 그 결과 나의 성격이 어떻게 바뀌었으며 나의 개성은 어떠한지 등등을 진지하게 관찰하지도 않고, 자식이라는 소유권의 대상을 절의 재산으로 들이밀려 했던 것입니다.

모토에이를 일컬어 사심 없는 사람이라 하던 아버지가 거절당한 후에는 나에게 저런 돼먹지 못한 놈은 폐병에라도 걸려 죽어버렸으면 좋겠다고 말했습니다. 아버지는 내가 모토에이와 결혼해야 하는 이유를 설명할 때는 그를 입이 마르게 칭찬하더니 예기치 않게 거절을 당하고서는 이렇게 매도했던 것입니다. 결국 아버지는 모토에이에게 딸의 몸값 지불을 청구했던 셈입니다.(『재판기록』, 13, 14쪽)

위에서 볼 수 있는 바와 같이 후미코는, 부모가 자식의 의지나 개성을 무시하고 일방적으로 아이의 생활방식을 결정하는 것, 그리고 이를 정당화하여 효행이라는 미덕으로 덧칠하는 것을 계급지배의 유지를 위한 일환으로 간주했다. 다시 말해 후미코는 "약자의 입장에서 말하자면 강자에 대한 굴종의 약속이 소위 도덕이다. (중략) 지배자는 언제든지 이 도덕을 보다 오랫동안 보존하는 것을 가장 우선적인 조건으로 생각한다. 부모 자식 간의 관계도 강자와 약자의 관계와 다를 바가 없는데도 효행이라는 이름으로 미화되고 있다"라고 생각했던 것이다.(『재판기록』, 14, 15쪽)

난바 다이스케 또한 1923년 5월에 쓴 편지에서 "오래된 나라, 가족제도/ 계급은 실사회 속에만 존재하는 게 아니다/ 가족 안에도 있다/ 아아, 지난날 나는 가족 안에 존재하는/ 전제주의에 대하여 얼마나 반항하고 반역했던가"라고 말하고, 나아가 "family antagonism. 황족-화족華族-가족제도/ 장남! 아버지!/ 부르주아 패밀리/ 너무나 많다"고 적고 있다.[2] 이처럼 난바는 호주와 그 계보를 정점으로 한 서열에 의해 구성된 가족제도가 계급지배와 그것을 유지하기 위한 정치기구인 천황제 국가를 지탱하는 기반이 되고 있다는 사실을 인식하고 있었으며, 후미코도 난바와 같은 인식을 갖고 있었던 것이다.

부모의 자식에 대한 지배는 계급에 의한 지배의 일환임에도 불구하고 그것이 효행이라는 미명하에 자행되고 있다는 이론적인 견해는, 이 사건 당시의 후미코의 견해가 아니라 훗날 도쿄로 올라와 사회주의 문헌을 읽으면서 형성된 듯하다. 그러나 이 증언은 파혼사건이 후미코의 사상을 형성하는 데 대단히 중요한 원체험이었다는 것을 시사하고 있다.

자립을 향한 여행

이윽고 후미코와 분이치의 결정적인 대립이 찾아왔다. 의외로 동생 다카토시가 현립중학교에 합격한 것이 발단이 되었다. 다카토시가 장래 법률가가 되기를 바라고 있던 분이치는 다카토시의 현립중학 합격을 몹시 기뻐했고, 다카노에게 팥을 넣은 찰밥을 차리라고 하고선 여느 때보다 술을 많이 마셨다. 그리고 다카토시를 족보 앞에 앉히고 예의 설교를 하기 시작했다.

그다음 날 분이치는 옷을 전당잡히고서 마련한 돈을 들고 입학에 필요한 물건을 사러 다카토시와 읍내로 갔다. 일주일 정도 지나 주문한 신발이 도착했다. 분이치는 8엔짜리와 12엔짜리 신발이 있었는데 12엔짜리를 큰맘 먹고 샀노라고 다카토시에게 말했다. 그러나 학교에 간 다카토시가 친구들의 신발과 비교해보고는 그 신발이 8엔짜리라는 것을 알고서 집으로 돌아와 그 사실을 얘기했다. 그러나 분이치는 12엔짜리를 샀다고 우겼다. 싼 것을 사가지고 와서는 비싼 것을 샀노라고 말하는 게 허영꾼인 분이치의 습관이었다.

평소부터 그런 태도에 반감을 갖고 있던 후미코는 큰 소리로 말했다. "아버지처럼 하찮은 일에 허세부리는 사람도 없을 거예요. 8엔짜리 신발을 사고선 12엔짜리라고 가족들에게까지 거짓말을 하는군요…. 그런 쓸데없는 거짓말을 할 바에야 좋은 신발을 신는다고 훌륭해지는 건 아니라고 말하면 될 걸, 왜 그렇게 하지 않는 거죠?" 이것은 분이치와 전혀 다른 가치관에서 나온 신랄한 비판이었다. 분이치는 후미코를 발로 차 쓰러뜨렸고 머리채를 휘어잡아 가증스럽다는 듯이 방 안에다 패대기를 치기까지 했다. 다카노가 울면서 말리는 바람에 사태는 가까스로 진정되었다. 결혼약속 파기사건으로 분이치와 적대 상태에 있던 후미코는 이미 아버지에게서 떠날 생각을 하고 있었는데, 이날 일이 후미코가 결심을 굳히는 결정적인 계기가 되었다.(『자서전』, 271~275쪽)

후미코는 도쿄로 올라가 고학하기로 마음을 먹었다. 도쿄 생활에 대한 확실한 예상은 없었지만 "부딪쳐보는 수밖에 없다"라며 각오를 다졌다. 어느 날, 후미코는 아버지에게 "내일 도쿄로 가겠어요"라고 일방적으로 선언했다. 분이치는 말리지 않았으며 다카노도 마찬가지였다. 다음 날 아침 후미코는 분이치의 집을 나섰다. 1920년 4월, 열일곱 살이 되던 해였다.(『자서전』, 276~278쪽; 『재판기록』, 16쪽)

후미코는 자서전에서 이 여행의 의미를 다음과 같이 기록하고 있다.

> 태어날 때부터 나는 불행했다. 요코하마에서, 야마나시에서, 조선에서 그리고 하마마쓰에서 나는 시종일관 가혹한 취급을 받았다. **나는 자아라는 것을 가질 수가 없었다.** 하지만 지금 나는 지나온 모든 날들에 감사한다. 나의 부모에게도, 어머니에게도, 외할아버지와 외할머니에게도, 고모와 고모부에게도, 아니 나를 부유한 가정에 태어나지 않게 하고, 이르는 곳마다, 생활의 모든 범위에서 힘겨운 고통만을 안겨준 나의 전 운명全運命에 감사한다. 왜냐하면 만약 내가 아버지의 집에서, 외가에서, 그리고 고모부의 집에서 아무런 부족함 없이 자랐다면, 아마 나는 내가 그렇게도 혐오하고 경멸해 마지않는 그 사람들의 사상과 성격과 생활을 그대로 수용했을 테고 결국에는 나 자신을 발견할 수 없었을 것이기 때문이다. 운명이 나에게 은혜를 베풀어주지 않았기에 나는 나 자신을 발견할 수 있었다. 그리고 나는 지금 벌써 열일곱 살이다.(『자서전』, 280쪽. 강조는 인용자)

결국 그것은 후미코가 아버지의 가치관에 구현되어 있는 근대 천황제 국가와 그 지배하에 있는 일본 사회로부터 자립하여, 자아를 확립하기 위한 여행이었다.

제4장

기성 가치관과 결별하다

당시의 도쿄

앞서 보았듯이 후미코는 "여학교 졸업 검정시험을 치르고 여자의전女子醫專에 들어간다"는 목표를 세우고 도쿄로 왔다. 당시 도쿄는 지주와 부르주아의 자제들뿐 아니라 많은 고학생들이 모여 있는 곳이었다. 이런 고학생 지망자들을 위해 그들에게 직업과 학교 등을 소개하는 책이 1908년경부터 우후죽순처럼 간행되고 있었다. 후미코가 도쿄로 올라온 해를 전후하여 간행된 것만을 보아도 도쿄실업연구회의 『도쿄 고학 성공법』(1915), 후카우미 도요지深海豊二의 『입지성공: 고학의 이면』(1916), 노기 아이타로野木愛太郎 편 『고학과 마음대로 취직하기』(1917), 오부 가오시로大生川志郎의 『도쿄 고학생 안내』(1921), 데구치 기소出口競의 『도쿄의 고학생』(1921) 등을 들 수 있다. 이는 고학생이 적지 않아서 이러한 책의 수요가 많았다는 증거가 된다. 데구치의 『도쿄의 고학생』은 판을 거듭하여 발행했다고 한다.[1]

도쿄에는 조선에서 온 유학생들도 집결해 있었다. 조선총독부 학무국에서 간행한 『재내지 조선학생 상황在內地朝鮮學生狀況』(1920)에 따르면, 후미코가 도쿄로 올라온 1920년 10월 현재, 도쿄의 대학, 전문학교, 중학교, 여학교, 예비학교 등에 재학하고 있는 조선인은 1,023명이었다.[2]

3·1운동이 일어난 지 얼마 지나지 않아 도쿄로 유학 온 장지락張志樂 즉 『아리랑』의 주인공으로 유명한 김산金山의 회상에 의하면, 그 당시 도쿄에 있던 조선인 학생의 3분의 1 이상이 인력거꾼, 신문 및 우유배달부, 인쇄소 교정원, 조건이 열악한 소규모 공장의 직공 등과 같은 아르바이트를 하는 고학생이었다. 장지락은 "우리 800명의 '룸펜'이 조선인 학생 전체의 지배권을 쥐고 있었는데 이를 일컬어 '프롤레

타리아독재'라고 부르기도 했다. (중략) 일하면서 공부하는 우리들의 지적 수준은 다른 패들보다 훨씬 앞섰으며 모두가 마르크스를 공부하고 있었다. 가난과 힘든 노동이 머리의 움직임을 원활하게 했고 지식에 현실성을 부여했다"고 회상한다.[3]

일본의 사회주의운동은 대역사건大逆事件 이후 이른바 '겨울 시대'로 접어들었다가 1920년 12월 9일에 공산주의자와 아나키스트를 망라한 일본 사회주의동맹이 창립되었는데 여기에 조선인 몇 명이 가담했다.[4] 또 이 무렵 요시노 사쿠조吉野作造와 후쿠다 도쿠조福田德三가 주도한 여명회黎明會, 사카이 도시히코堺利彥의 코스모구락부, 다카쓰 세이도高津正道가 이끈 효민회曉民會, 가토 가즈오加藤一男의 자유연맹自由聯盟 등에도 조선인이 참가했다.[5] 다른 한편 1920년 11월 조선인 고학생과 노동자의 상호부조를 목적으로 고학생동우회가 창립되었다. 간부는 박열, 김약수金若水, 백무白武, 최갑춘崔甲春, 황석우黃錫禹, 임택룡林澤龍 등으로 총회원수는 200명이 넘었다.[6] 그리고 1921년 11월 29일 도쿄에 머무르고 있던 박열, 원종린元鐘麟, 황석우, 백무, 손봉원孫奉元, 정태성鄭泰成 등 조선인 공산주의자와 아나키스트 열 몇 명이 모여 흑도회黑濤會를 결성했다.[7] 이상과 같이 후미코가 도쿄로 올라온 무렵은 일본인과 조선인 각각의 공산주의·아나키즘 운동이 교류하면서 전개되기 시작한 시기였다.

작은외할아버지의 집

도쿄에 도착하자 후미코는 시타야구 미와마치에 있는 구보다 가메타로의 집을 찾아갔다. 구보다는 후미코의 외할아버지 가네코 도미타로의 셋째 아우로 후미코의 작은외할아버지가 되는 셈이다. 후미코는 자서전에서 이 작은외할아버지에게는 연락도 하지 않고 불쑥 찾아갔다고 말하고 있다. 하지만 구보다는 재판 예심 석상에서 "사에키 분이치가 나에게 '조만간 딸 후미코가 도착할 터이니 잘 부탁한다'는 내용의 편지가 왔습니다. 그리고 얼마 있지 않아 후미코가 와서 나를 찾아왔습니다"라고 증언한 바 있다.(『재판기록』, 241, 242쪽) 그렇다면 분이치가 후미코의 일을 걱정했던 것일까.

구보다는 가네코가에서 인근 마을에 있는 작은 술집의 양자로 들어갔는데, 시골에서는 이를 바람직하지 않다고 생각했기 때문에 가족과 함께 도쿄로 올라와 헌옷가게를 시작했다. 장사에 재주가 있었는지 모르지만 돌다리도 두드려보고 건너는 섬세함으로 목돈을 모아 지위를 쌓았다. 적으나마 재산을 모았을 무렵 아내의 소행이 나빠지기 시작했다. 가메타로는 그녀와 부부의 인연을 끊고 후처를 들였다. 후처가 알뜰한 사람인 데다 가사를 잘 돌보았기 때문에 집안 형편은 점차 순조로워졌다. 장남은 집을 나와 생모와 살았기 때문에 둘째 자식인 딸 하나에花枝의 남편으로 하여금 가계家系를 잇게 했다. 하나에는 열일곱 살이 되던 어느 가을날 의붓어머니에게서 갑작스레 "오늘밤 너의 혼례식이 있을 것"이라는 말을 듣고 생각지도 않은 결혼을 하게 됐다고 한다. 사위는 나가사키에서 양복 재봉일을 하고 있었는데 돌연 고향에 있는 부모의 호출을 받고 불과 3일만에 결혼식을 올려야 했다. 가메타로 부부는 딸의 의사를 전혀 고려하지 않고 결혼을 결정했으며 딸도 이에 복종했다. 사위도 근검 성실하여 고물상을 하면서 동시에 양복점을 열어 서너 명의 점원을 두기도 했다.(『자서전』, 284~288쪽)

이렇듯 가장에 대한 딸의 종속을 당연하게 여기고 있던 구보다에게는 후미코의 삶의 태도를 받아들일 여지가 없었다. 구보다는 공부를 하고 싶다는 후미코의 뜻에 반대하면서, "우리집에 머물면서 미싱이라도 배워 건실한 상인에게 시집 가는 게 훨씬 나을지도 모른다"며 설교를 늘어놓았다. 하지만 가장의 의지에 종속돼 살아가야 하는 딸이 되기를 거부하고 새로운 삶을 꾸리기 위해 아버지에게서 탈출해 도쿄로 온 후미코가 이를 받아들일 리가 없었다. 입씨름을 했지만 설득에 실패한 가메타로는 "정 그렇다면 네 맘대로 해라. 단, 나는 너를 보살펴줄 수가 없다"고 말했다.(『자서전』, 281~283쪽)

사회주의자들과의 만남, 그리고 실망

구보다의 집에서 15일 혹은 30일 정도 지낸 뒤 후미코는 시타야구 우에노마치에 있는 후리하타 가즈요시降旗一誠의 신문판매점에서 먹고 자며 일하기로 했다. 이 신문판매점은 '형설사螢雪舍'라 하여 간판에다 고학생에게 편의를 제공한다는 내용의 글귀를 써 붙여놓았기 때문에, 중학교와 전기학교電機學校 그리고 세이소쿠예비학교正則豫備學校 등에 다니는 고학생들이 이곳에서 침식하고 있었다.(『자서전』, 291, 294쪽)

이 신문판매점으로 오면서부터 후미코는 오전에는 세이소쿠영어학교 남자부 1학년, 오후에는 연수학관硏數學館 대수代數 초등과에 다녔고, 오후 네 시부터 밤 열두 시까지는 우에노 미쓰하시三橋에 서서 석간신문을 팔았으며, 가게로 돌아와서는 쌀 씻기 등 부엌일을 처리하고는 밤 한 시가 지나서야 잠 드는 힘겨운 나날을 보냈다.(『재판기록』, 13쪽)

길거리에서 석간신문을 판매하는 것은 후미코에게 새로운 세계에 눈뜨는 계기가 되었다. 후미코의 매장 가까이에서는 세 종류의 단체가 사람들을 향해 뭔가를 호소하고 있었다. 하나는 예복차림에다 사각모자를 쓴 불교제세군佛教濟世軍, 다른 하나는 탬버린을 흔들고 북을 치는 기독교구세군, 그리고 나머지 하나는 피를 토하는 듯한 목소리로 비명을 울리는 장발의 사회주의자들이었다.(『자서전』, 300, 301쪽; 『재판기록』, 16쪽)

석간신문 판매장에서 알게 된 사람 중에는 효민회에 소속한 사회주의자 하라사와 다케노스케原澤武之助가 있었다.(『재판기록』, 19쪽) 자서전에 등장하는 하라구치라는 청년은 하라사와일 가능성이 높다(자서전에서는 많은 인물들이 가명으로 씌어 있다.) 후미코는 하라사와를 통하여 다양한 사람들을 만나게 된다. 자서전에 따르면 하라사와는 후리하타의 신문판매점에서 일한 적이 있었기 때문에 후미코의 목소리를 듣고, 정확하지는 않지만 '러시아혁명'이라는 표제의 리플릿을 건네주면서 두 사람은 교류하기 시작했다.

하라사와를 만난 지 4, 5일이 지난 어느 날 밤, 또다시 사회주의자들이 몰려와 연설을 하면서 『사회주의 세상이 온다면』이라는 팸플릿을 판매했다. 사회주의에 관하여 전혀 아는 바가 없는 후미코였으나 어쩐지 사야 할 것만 같아 한 권을 샀다. 이때 후미코에게 팸플릿을 건넨 사람이 전투적 아나키스트 다카오 헤이베에高尾平兵衛이며, 그곳에 모인 젊은이들은 스가모巢鴨에 본거지를 둔 아나키스트 단체인 노동사勞動社의 멤버들이었다. 얼마 지나지 않아 후미코도 이 단체의 구성원이 되었다. 이렇게 하여 후미코는 사회주의자들 및 아나키스트들과 교류하게 되었다.(『자서전』, 301, 302쪽)

석간신문 판매가 계기가 되어 친하게 된 또 다른 사람으로는 기독교구세군 병사이자 인력거꾼 일을 하면서 아자부麻布에 있는 수의학

口獸醫學校에 다니고 있던 고학생 사이토 오토마쓰齊藤音松가 있었다. 사이토는 후미코의 생활에 필요한 것이라면 발 벗고 나서서 도와주었다. 후미코는 가혹한 생활에 지친 데다 수면부족까지 겹쳐 학교에 가서도 앉아 졸기 일쑤였다. 신문판매점 주인 후리하타에게는 첩이 있었고 본처와 아이는 학대를 견디지 못해 별거하고 있었는데, 어린 시절 이와 유사한 경험이 있는 후미코에게 본처와 아이의 생활을 보는 건 견디기 힘든 괴로움이었다. 이런 후미코를 동정하고 있던 사이토는 그녀에게 직업을 바꿔보라고 권했다. 그리하여 후미코가 이 일을 그만둬야겠다고 생각하고 있을 때, 이 사실을 눈치 챈 후리하타는 그녀를 가게에서 쫓아내버렸다. 이것으로 2개월 정도에 걸친 후미코의 신문판매는 끝이 났다.(『자서전』, 311~316쪽; 『재판기록』, 16쪽)

후미코는 사이토의 도움으로 혼고구 유시마 신하나마치에 사는 고마쓰라는 사람의 집에 셋방을 얻었고, 그가 알고 있던 가루비누가게에서 3, 4엔어치 물건을 구입하여 밤에 간다의 나베쵸에서 노점상을 열었다. 그러나 물건이 잘 팔리지 않았을 뿐만 아니라, 엎친 데 덮친 격으로 4, 5일간 계속 비가 내리는 바람에 전혀 돈을 벌 수가 없어 세 끼 식사는 말할 것도 없고 하루 한 끼도 제대로 먹을 수 없는 형편이었다. 이처럼 가루비누 행상도 해보았지만 물건이 팔리지 않았다.(『자서전』, 317~337쪽; 『재판기록』, 16쪽)

그래서 후미코는 사이토가 알고 지내던 구세군 모토키 유키치元木勇吉의 도움을 얻어, 1920년 8월 아사쿠사구 히지리가와마치에 있던 사탕가게 주인 스즈키 구니사토鈴木邦達(통명은 錠三郎)의 가정부로 들어갔다. 이미 가루비누 장사를 할 때부터 수업료를 지불할 수 없어 연수학관은 그만두고 세이소쿠영어학교에만 다니고 있었는데, 가정부가 되는 바람에 그마저도 다닐 수 없게 되었다. 스즈키는 신앙도 갖고 있으며 신사라는 얘기를 듣는 사람이라고 해서 이 집으로 왔던 것인데, 사실 그는 그런 인물이 아니었다. 그는 가게를 자식에게 맡기고 매일 밤 요릿집을 들락거리며 도박을 일삼았고, 첩까지 두고서 대부분의 시간을 첩의 집에서 지냈다.(『재판기록』, 16, 245, 246쪽)

후미코와 사이토의 관계는 점점 깊어갔다. 후미코는 고학하는 사이토에게 돈을 주면서 격려하기도 하고 방석을 만들어 선물하기도 했다.(『자서전』, 343~347쪽) 사이토의 증언에 따르면 후미코는 그에게 딱 한 번 몸을 허락했다. 그러나 도리어 그것이 사이토가 그녀와 이별할 것을 결심하는 계기가 되었다. 언젠가 사이토는 "나는 이웃에 대한 사랑이라는 생각만으로는 더이상 당신을 대할 수가 없습니다. 아무리 억누르려고 해도 성욕을 어찌할 수가 없습니다. 나는 신앙이 동요하는 것이 두렵습니다. 그래 오늘 이후로는 당신을 만나지 않겠습니다"라고 말했다.(『재판기록』, 16, 245쪽) 그리곤 이별이었다. 자서전에서 그녀는 이날의 일을 회상하며 "11월 30일, 도저히 잊을 수 없는 날 밤이었다"라고 쓰고 있다.(『자서전』, 347쪽) 좀처럼 이 이별을 잊을 수 없었던 것이리라. 그 후엔 기독교도 멀리했다. 현실에서 해방될 수 있는 길을 찾고 있던 후미코에게 기독교는 아득하게만 보였다. 그녀는 자서전에서 "기독교의 가르침은 과연 옳은 것일까. 그것은 단지 인간의 마음을 속이는 마취제와 다를 바 없는 게 아닐까. 사람의 성의와 사랑이 다른 사람의 마음을 움직이고 그것이 인간 세계를 가장 살기 좋은 곳으로 만드는 데 기여하지 못하는 한, 기독교의 가르침은 한갓 기만에 지나지 않는 것일 터이다"라고 적었다.(『자서전』, 337쪽)

후미코는 같은 해 섣달 그믐날에 가정부 일을 그만두었다. 스즈키 구니사토의 아들 긴자부로의 증언에 의하면, 후미코는 비록 학교에는 다니지 않았지만 밤마다 열심히 책을 읽었다고 한다.(『재판기록』, 246

쪽) 4개월 동안 받은 급료는 고작 20엔이었다. 후미코는 "혹사에 대한 불평등한 보수와 강자의 약자에 대한 착취에 불평을 품고 있던 나는 그 집을 나와 사회주의로 내달렸다"라면서 당시의 심경을 회상하고 있다.(『재판기록』, 16쪽)

다음 해인 1921년 1월부터 후미코는 혼고의 오이와케마치에서 인쇄소를 경영하고 있던 호리 기요토시堀清俊의 집에서 기숙했다. 세이소쿠영어학교 하계특별강연회에서 호리의 누이동생을 만난 게 인연이 되었던 듯하다.(『자서전』, 333, 341쪽) 하지만 다른 한편으로 그녀는 사회주의 이론을 실천으로 옮기는 생활에 기대를 걸고 있었다.(『재판기록』, 16쪽) 그러나 호리의 생활태도는 후미코를 실망시키고 말았다. 호리는 자기 아들에게 자신을 형이라고 부르도록 했다. 호리의 누이동생의 설명에 따르면, 그 자식은 원래 시골 출신 게이샤인 내연의 처가 낳은 사생아인데, 그런 처자가 있다는 사실이 세상에 알려지면 출세에 방해가 된다고 생각했기 때문이었다. 게다가 호리는 동지가 차가운 방에서 밤낮없이 활자 고르기를 하고 있는데도, 그는 이층에서 난로를 끼고 앉아 이따금씩 교정이나 하는 게 전부였다. 이것을 본 후미코는 혐오감을 감출 수 없었다.(『재판기록』, 17쪽)

다른 한편, 후미코는 아는 사람의 소개로 사회주의자 구쓰미 후사코久津見房子를 만났다. 소개한 사람은 아마 구쓰미와 동거하고 있던 하라사와 다케노스케일 것이다. 그러나 후미코는 구쓰미에게도 실망했다. 이유는 세 가지였다. 첫째 구쓰미가 자신의 신변을 제대로 정리하지 않은 채 아이를 돌보지도 않고 젊은 남자와 온종일 싸돌아다닌다는 것, 둘째 언젠가 구쓰미는 연단에서 "요컨대 현재의 사회를 파괴하는 데 있다"고 말했다가 마침 입회하고 있던 경찰관에게서 연설중지 명령을 받고, 다음 날 신문에 그녀의 이름이 실린 적이 있었는데 그걸 마치 훈장이라도 되는 양 떠들고 다녔다는 것, 그리고 셋째 구쓰미가 쌀값 지불이 곤란해지자 후미코의 옷을 전당포에 맡겼다가 잃어버렸다는 것 등이었다. 구쓰미는 일관하여 노동운동 특히 여성노동운동에 전념했던 사람인데, 그런 구쓰미에 대한 젊은 후미코의 견해는 너무 지나친 것인지도 모른다. 어쨌든 후미코는 "현재의 왜곡된 사회를 파괴하고 이상사회를 건설하기 위해 분투노력하는 전사"라고 생각했던 사회주의자가 "알고 보니 세속적인 눈을 표준으로 하여 생각하고 가치를 매기는", 다시 말해 자신의 정체성을 확립하지 못한 속물과 다를 바 없는 사람으로 보여 실망했던 것이다.(『재판기록』, 17쪽)

호리에게 정나미가 떨어진 후미코는 2월에 그곳을 나와 구보다의 집으로 돌아왔다.(『재판기록』, 19쪽) 구보다는 또다시 공부를 그만두라고 설득했지만 후미코는 고집을 꺾지 않았다. 결국 후미코는 구보다의 집안일을 도우면서 다시 학교에 다니게 되었다. 그 무렵의 일일 것이다. 구보다는 후미코의 생활태도를 회고하면서 다음과 같이 말한다.

> 여자아이가 돼먹지 못하게 단발머리를 하고 다니기에 나는 후미코를 나무라면서 "그런 꼬라지를 하고 나다니려면 이 집에서 나가라"고 말한 적이 있습니다. 그 후 어쩐지 후미코의 태도가 바뀐 것처럼 보였고, 뭔가에 몰두하면서 능숙한 말솜씨로 알아듣지 못할 말을 우리들에게 늘어놓았는데, 재미라곤 도무지 찾을 수 없는 말뿐이어서 집 안에서도 후미코를 주체하기가 어려웠습니다.(『재판기록』, 242쪽)

구보다의 눈으로 보면 후미코는 영락없는 '불량소녀'에 지나지 않았다. 사상편력을 통해 급격하게 변모하고 있던 후미코는 구보다의 이해 범위에서 아득히 먼 곳으로 발걸음을 내딛기 시작했던 것이다.

이해 여름 무렵, 후미코는 하라사와 다케노스케를 통하여 허무주의 사상을 지니고 있던 원종린을 만났다. 그리고 원종린의 소개로 공산주의자 정우영鄭又影(본명은 鄭泰信)과 김약수金若水, 아나키스트 정태성과도 교유하기 시작했다.(『재판기록』, 19쪽)

세가와 히로시와 조선인 유학생 현

1921년 여름방학이 시작된 지 얼마 되지 않은 어느 날, 후미코는 야마나시에서 재차 도쿄로 올라와 관공서에 근무하고 있던 세가와를 만났다. 그리고 후미코는 세가와에게 육체를 허락했다. 아버지의 집과 외갓집에서 여름방학을 보낸 뒤 도쿄로 돌아와 세가와에게 "이렇게 하다가 … 만약 아이라도 생기면 어쩔 셈이야?"라고 물었다. 그러자 세가와는 "나는 그런 일 모른다…"고 대답했다. 후미코는 또다시 노리개가 되고 말았다는 사실을 알았다.(『자서전』, 359, 360, 364, 365쪽)

그즈음 후미코는 세가와의 소개로 현玄이라는 조선인 유학생을 알게 되었다. 그는 대학생이었다. 세가와는 그를 사회주의자라고 소개했다. 그러나 현은 운동에 그다지 깊이 개입하고 있지 않았다. 그가 재산가의 외동아들이기 때문이었는지도 모른다. 후미코도 그 무렵에는 단체에 소속하여 운동을 하고 있지 않았기 때문에, 현의 태도를 경멸한 게 아니라 도리어 그가 조선인이라는 사실에 마음이 끌려 가까워졌다. 그러는 사이에 후미코는 또 몸을 허락했고, 현도 집을 얻어 함께 살기로 약속했다. 후미코가 현을 따라 외출하는 일이 잦아지자 구보다네 사람들은 그녀에게 경계의 눈초리를 보내기 시작했다. 당연하게도 구보다의 집에 몸 둘 데가 없어진 후미코는 현에게 집을 얻을 것을 재촉했지만 종잡을 수 없는 대답밖에 들을 수 없었다. 그러는 동안에 현은 그의 친구인 조趙와 함께 독일로 유학을 가기로 했다며 이별을 고했다. 후미코는 여기에서도 남자의 노리갯감이 되고 말았던 것이다. 후미코의 상처는 깊어졌고, 구보다의 집에도 들어갈 수가 없어서 그곳을 떠났다. 1921년 11월의 일이다.(『자서전』, 363~384쪽; 『재판기록』, 19쪽)

니힐리스트 니야마 하쓰요

구보다의 집을 나온 후미코는 고지마치구 유라쿠쵸에 있는 이와사키오뎅집의 종업원이 되었다. 가게 주인 이와사키 젠에몬岩崎善右衛門의 증언에 따르면 하라사와 다케노스케가 소개한 것이라고 한다.(『재판기록』, 248쪽) 이와사키는 사회주의에 동정적이었고, 자신도 남 못지않은 사회주의자의 얼굴을 하고서 오뎅에 '사회주의 오뎅'이라는 이름을 붙여 파는 바람에 사회주의자와 신문기자, 회사원, 문인 등이 모여들었다.(『자서전』, 385쪽)

후미코는 낮에 손님을 맞아야 했기 때문에 세이소쿠영어학교를 주간부에서 야간부로 옮겨 다녔다. 그곳에서 후미코는 니야마 하쓰요新山初代라는 친구를 만났다. 니야마의 증언에 의하면 1922년 1, 2월경이라 한다.(『재판기록』, 301쪽) 니야마는 후미코의 허무주의 형성에 강한 영향을 미친 인물이었다.

후미코의 자서전, 『호치신문報知新聞』 1923년 10월 16일 자 기사, 『재판기록』 등을 보면 니야마의 경력은 다음과 같다. 니야마는 후미코보다 두 살 정도 위여서 그녀와 만났을 때는 21세였고, 당시 혼고구 고마고메 호라이쵸에 살고 있었다. 니야마는 도쿄부립제일고등여학교 2학년 되던 해 아버지를 잃었으며, 그 후 얼마 지나지 않아 결핵에 걸려 고향인 니가타에서 요양을 했다. 생사의 문제로 고뇌하던 니야마는 불교를 연구하기 시작했다고 한다. 6개월쯤 있다가 도쿄로 돌아온 그녀는 1920년 3월 여학교를 우수한 성적으로 졸업했다. 영어를 잘했기 때문에 여학교를 졸업한 후 3개월 정도 세이소쿠타이피스트학교에서 영문 타이핑을 배우고 영국인이 경영하는 회사의 사무원이 되었다. 1921년 12월부터 세이소쿠영어학교 야간부에 다녔다. 1922년 11월부터는 혼고구 호라이쵸에서 잡화 및 과자를 파는 가게를 운영했다.

니야마는 시, 창작, 와카和歌 등에 취미를 가졌고, 사상과 관련된 책도 상당히 읽었으며 잡지로는 『개조改造』, 『부인공론婦人公論』을 읽고 있었기 때문에 후미코의 지적 욕구를 충족시켜주기에 충분한 친구였다. 후미코는 니야마가 소개한 책을 통하여 슈티르너, 알티바셰프, 니체 등 니힐리즘으로 기운 사상가의 사상을 알게 되었다. 니야마는 의지가 강고하여 주위 상황에 지배되는 게 아니라 자신의 입장을 끝까지 견지하는 힘을 갖고 있었기 때문에, 이 점에서도 후미코에게 공명하는 바가 적지 않았을 것이다. 『호치신문』에 실린 니야마 어머니의 증언에 따르면, 니야마가 '박열 · 가네코 후미코 사건'으로 경시청의 이노우에 특고형사特高刑事에게 연행된 것은 1923년 9월 24일이었는데, 이때 니야마는 "요즘 폐병을 앓고 있기 때문에 어디 시골로 전지요양이라도 가고 싶다"고 말했다고 한다. 옥중생활로 결핵은 급속히 악화되었고, 결국 니야마는 11월 28일 새벽 도쿄시 시바에 있는 협조회병원協調會病院에서 사망했다.[8] 니야마가 허무주의적 사상가에게 경도된 것도 이렇듯 병약했기 때문인지 모른다.

도쿄에 올라온 이후의 사상 형성

여기에서 도쿄에 도착한 이후 후미코의 사상이 어떤 과정을 거쳐 형성되었는지를 추적해보기로 한다.

먼저 후미코가 배웠던 사회주의 또는 아나키즘의 문헌을 더듬어보자. 후미코의 말에 따르면 사카이 도시히코堺利彦의 저서와 사회주의 잡지를 읽었다고 한다.(『재판기록』, 13쪽) 그러나 그 책제목과 잡지명은 알 수가 없다. 후미코는 또 크로포트킨에게 많은 관심을 기울이고 있었다. 훗날 박열과 동거할 때 후미코는 "동거기념으로 비밀 출판을 해보지 않겠느냐"는 박열의 제안에 찬성하면서 크로포트킨의 『빵의 약탈』을 번역하는 게 어떻겠느냐고 말할 정도였다.(『자서전』, 411쪽) 여성해방운동과 노동운동에 헌신했던 다지마 히데田島ひで의 회상에 따르면, 그녀는 세이소쿠영어학교에서 잠깐 동안 가네코 후미코와 함께 오스기 사카에大杉榮가 번역한 크로포트킨의 『청년에게 고함』을 감동적으로 읽었다고 한다. 그런데 그 책은 후미코가 다지마에게 먼저 권한 것이었다. 이 팸플릿의 복자伏字 부분에는 "펜으로 한 글자 한 글자 신중하게 기입되어 있었다"고 한다.[9] 후미코는 복자 부분을 복원하여 읽을 수 있을 정도로 크로포트킨에게 깊은 관심을 갖고 있었던 것이다.

그렇다면 후미코에게 사회주의나 아나키즘이란 어떤 의미였을까. 자서전에서 그녀는 다음과 같이 설명하고 있다.

지금까지는 얇은 베일에 싸여 있던 세상의 모습이 점차 확실하게 보이기 시작했다. 나처럼 가난한 사람은 아무리 공부를 해도 훌륭한 사람이 될 수 없는 이유가 무엇인지 알게 되었다. 부자는 점점 부유해지고 권력을 가진 자가 뭐든지 할 수 있는 이유도 알게 되었다. 그리고 바로 그 때문에 사회주의가 설명하는 바에도 정당한 이유가 있다는 것을 알았다.(『자서전』, 394, 395쪽)

후미코는 또 다음과 같이 말한 바 있다.

사회주의사상이 나에게 특별히 새로운 것을 제시한 것은 아니었다. 그것은 다만 지금까지 내가 살아오는 과정에서 겪었던 일들을 통해 형성된 나의 감정이 잘못된 게 아니라는 것을 이론적으로 확인해주었을 따름이다. 나는 가난했다. 지금도 가난하다. 그 때문에 나는 돈 있는 사람들에게 혹사당하면서, 가혹한 대우를 받으면서, 괴롭힘에 짓눌린 채 살아왔다. 뿐만 아니라 그들에게 자유를 박탈당했고, 착취당했으며 그들의 지배를 받아왔다. 그리하여 나는 그런 힘을 가지고 있는 사람들에 대한 반감을 늘 마음속 깊이 간직하고 있었다. 이와 동시에 나와 같은 상황에 있는 이들에게 마음에서 우러나오는 동정을 안고 있었다. 조선에서 할머니 집의 하인이었던 고씨를 동정했던 것도, 집에서 기르는 불쌍한 개를 거의 동지와 마찬가지로 여겼던 것도, 기타 이 수기에는 기록하지 않았지만 할머니의 주위에서 일어난 것들만 해도 적지 않은, 곧 압박받고 학대받으며 착취당하고 있는 불쌍한 조선인들에게 끝없는 동정심을 품었던 것도 모두 그러한 마음의 발로였다. 나의 마음속에 불타고 있던 이런 반항이나 동정에 본격적으로 불을 지핀 것이 사회주의사상이었다.(『자서전』, 357, 358쪽)

결국 사회주의와 아나키즘은, 후미코의 가난과 고통이 개인적인 원인에서 생겨난 것이 아니라 자본주의의 구조에서 발생한 것이며, 따라서 그녀가 지배하는 자에게 품고 있던 반항심이나 자신과 같이 지배를 받으며 고통스러워하는 이들에게 품고 있던 연대 감각이 정당하다는 것을 가르쳐준 셈이었다. 동시에 이 이론은 후미코의 가치관의 전환을 초래하기도 했다.

> 불타는 듯한 마음으로 모든 희망을 간직하고 있던 나는 고학을 하여 훌륭한 사람이 되는 것을 유일한 목표로 삼았다. 그런데 나는 지금 확실하게 알았다. 이런 세상에서는 고학 따위를 해서 훌륭한 인간이 될 턱이 없다는 것을! 아니 그것만이 아니다. **소위 훌륭하다는 인간들만큼 하찮은 자는 없다는 것을 나는 명확히 알았다! 사람들에게서 훌륭하다는 말을 듣는 게 무슨 가치가 있겠는가. 나는 다른 사람들을 위해 살고 있는 것이 아니다. 나는 나 자신의 참된 만족과 자유를 얻지 않으면 안 되는 게 아닌가. 나는 바로 나 자신이지 않으면 안 된다.**
>
> 나는 지금껏 너무나 많은 사람들의 노예로 살아왔다. 너무나 많은 남성들의 **장난감**이기도 했다. 나는 나 자신의 삶을 살지 않았다.(『자서전』, 393쪽. '하찮은' '장난감' 이외의 강조는 인용자)

엥겔스는 그의 저서 『가족 · 국가 · 사유재산의 기원』에서 "문명은 한쪽 계급에 모든 권력을 부여하고 다른 한쪽 계급에 모든 의무를 부과했다. 그 결과 양자의 구별과 대립은 아무리 우둔한 자라도 분명하게 알 수 있다. 그런데도 그렇지 않다고 말한다. 지배계급에게 이로운 것은 온 사회를 위해서도 좋은 거라고 말한다. 여기에서 지배계급은 전 사회를 자기와 동일시한다"고 말했다.[10] 사회주의이론을 배운 후미코는 현재 도덕으로 받아들여지는 것이 보편성을 지닌 게 아니라, 지배계급이 그들의 지배를 유지하기 위한 가치 기준이라는 것을 이때 이미 인식하고 있었음에 틀림없다. 후미코는 예심 석상에서 "도덕은 언제나 강자의 이익을 위한 방향으로 다듬어진다"라고 말하고 있다.(『재판기록』, 14쪽) 그녀는 지배계급이 그 지배를 유지하기 위해 만들어낸 가치 기준에서 바라본 '훌륭한 사람'을 지망하는 것은 자기를 타자의 가치 기준에 맞추는 것과 다를 바가 없으며, 결국에는 자기자신을 상실하는 것에 지나지 않다는 사실을 알아차렸던 것이다. 지금까지 아버지와 친할머니, 구보다 가메타로, 기타 다른 사람들은 후미코에게 '여자' 또는 '양가의 자녀'가 지켜야 할 것으로 간주되어온 기존의 가치 기준을 강요했으며, 그녀 자신이 주체적으로 살아갈 길을 차단해왔던 것이다. 여기에서 후미코는 기성의 가치관으로부터의 자기 해방을 의식하기에 이르렀던 것이다.

이상에서 본 바와 같이 현존 자본주의사회를 비판하는 이론으로서 사회주의가 지닌 정당성은 인식했지만, 그렇다고 해서 사회주의가 제시한 미래상을 믿었다고는 할 수 없다. 믿지 않았던 이유를 자서전에서 다음과 같이 말하고 있다.

사회주의는 '민중을 위한다'는 명분 아래 난동을 일으킬 것이다. 민중은 자신들을 위해 떨치고 일어선 사람들과 함께 궐기하여 생사를 함께할 것이다. 그리하여 사회에 변혁이 도래했을 때, 아아 그때 민중은 과연 무엇을 얻을 수 있을까. 지도자는 권력을 장악할 것이다. 그 권력에 의해 새로운 세계질서를 건설할 것이다. 그리고 민중은 다시 그 권력의 노예가 되지 않으면 안 될 것이다. 그렇다면 ○○(혁명—인용자)이란 무엇인가? 그것은 다만 하나의 권력을 대신하여 다

른 권력을 낳는 데 불과한 것이 아닌가.(『자서전』, 395쪽)

후미코가 사회주의가 설명하는 미래를 믿지 않았던 이유로 거론하고 있는 것은 위의 인용과 같다. 그런데 이미 서술한 바와 같이 그러한 생각의 바탕에는 현실 사회주의자의 인간성에 대한 불신감이 가로놓여 있었다. 예심 석상에서 후미코는 1922년 봄 무렵부터 허무사상을 굳히게 된 이유로 사회주의자에 대한 인간성 불신과 더불어, "나는 고통 속에서 살면서도 그 고통을 느끼지 못한 채 잠자고 있는 농민이나 뼈가 가루가 되도록 열심히 일하면서도 너무나 무지하기만 한 노동자들을 보면 참으로 어처구니가 없다"라면서 민중에 대한 불신을 피력한 바 있다.(『재판기록』, 17쪽) 다른 한편 후미코의 성장 과정에 얽힌 부모 특히 아버지 분이치의 인간성에 대한 불신이 그녀에게 허무주의적 심정을 낳는 발단이 되었을 가능성이 높다.

이런 점에서 후미코는 니야마와 의기투합했던 것이다. 니야마는 "나는 인간 사회에 대하여 그와 같은 이상을 가질 수가 없다"고 말하면서 사회주의운동을 차가운 시선으로 바라보고 있었다.(『자서전』, 395쪽) 이렇듯 후미코는 니야마를 통하여 허무주의 사상가들의 사상을 알았는데 특히 알티바셰프의 소설 『노동자 세이료프』를 감동적으로 읽었다고 한다.(『자서전』, 389쪽) 1905년 러시아혁명을 제재로 한 이 소설은 1919년 나카지마 기요시의 번역으로 신쵸샤新潮社에서 간행되었다. 이 소설에 주인공으로 등장하는 노동자 세이료프는 혁명운동을 하다가 그것에 회의를 품게 되는 인물이다. 세이료프는 농민생활을 소재로 소설을 쓰는 아라졔프와 학생 출신 트카리오프에게 "내가 보고 있는 대로라고 하면서 당신은 건강한 이성과 명료한 판단력만 있으면 악인은 한 사람도 없다는 입각점에서 출발하고 있군요. 다만 마땅히 제거해야 할 외부의 사정이 인간의 선을 방해하고 있을 따름이라고 말하면서 말이죠. 그런데 나는 그 생각에 동의할 수가 없습니다. 인간은 천성적으로 이미 혐오스러운 존재입니다"라며 아라제프의 낙관적 인간관을 비판한다.[11] 세이료프는 또 "당신들은 처음부터 끝까지 인류 미래의 행복을 몽상하고만 있는 듯한데…. 도대체 얼마나 피를 흘려야 그런 미래에 도달할 수 있는지 모르는 겁니까, 아니면 확실히 알고 있는 겁니까…. 당신들은 인간을 기만하고 있습니다…. 당신들은 인간으로 하여금 결코 실현할 수 없는 일을 몽상하도록 내몰고 있는 것입니다"라고 말하기도 한다.[12] 이 소설에는 노동운동의 지도자가 되거나 상사에게 저항하다가 결국 무참한 패배로 끝을 맺는 사람들이 등장한다. 이 소설에서 보여주는 인간성에 대한 낙관적인 관점과 사회구조의 변혁으로 인간해방을 실현할 수 있다는 견해에 대한 회의적인 측면이 후미코의 공감을 불러일으켰던 것 같다.

이러한 경로를 통하여 후미코가 도달한 결론은 "우리가 아무리 이상적인 사회상을 지니고 있다 해도 우리 자신에게는 우리 자신만의 참된 일이라는 게 있을 수 있다"는 것이었다.(『자서전』, 396쪽) 그것은 주어진 기존의 가치관을 추종할 게 아니라 자기자신의 내면에서 우러나온 가치관에 기초한 일을 추구하는 것이라 할 수 있다. 여자라는 이유로 남성들보다 훨씬 가혹한 가치관의 제약을 받아온 후미코의 삶의 태도에 비추어볼 때 그것은 양보할 수 없는 것이었을 터이다. 그러나 이 시기 후미코는 이상과 같이 추상적으로는 말할 수 있었지만 구체적으로 그것이 무엇인지는 아직 파악하지 못하고 있었다.

제5장

박열과 만나다

후미코와 박열의 만남

가네코 후미코는 이와사키오뎅집에서 일하기 시작한 지 얼마 지나지 않아 박열과 알게 되었다. 그녀의 기억에 따르면 1922년 2월 아니면 3월경이었다고 하고, 박열의 기억에 의하면 1, 2월경이었다고 한다.[1]

박열과의 만남은 정우영을 통해서였다. 후미코의 회상에 따르면 1922년 2월경 그녀가 세이소쿠영어학교로 가는 길에 정우영의 하숙집에 들렀다. 정우영은 후미코에게 『청년조선』이라는 제목의 잡지 교정쇄를 보여주었다. 그 잡지에 박열의 「개새끼」라는 시가 실려 있었다.(『자서전』, 389~391쪽; 『재판기록』, 19쪽) 이때 후미코는 처음으로 박열의 이름을 알았다. 후미코는 자서전에서 이 시를 읽었을 때의 인상을 "뭔가 강한 힘을 느낄 수 있는 시였던 것으로 기억한다. 한 구절 한 구절이 나의 마음을 강하게 비끄러맸다. 그리고 그 시를 다 읽었을 때 나는 정말이지 황홀할 정도였다. 내 가슴의 피는 뛰고 있었다. 어떤 강렬한 감동이 나의 전 생명을 고양하고 있었다"라고 기록했다.

그리고 정우영에게 "나는 지금 오랫동안 찾아 헤매던 것을 이 시에서 발견한 듯한 기분"이라고 말했다.(『자서전』, 391, 392쪽) 예심조서豫審調書에 따르면 후미코는 "시에서 이상할 정도로 강력한 반역 기분이 치밀어 오르는 것을 느꼈"다고 한다.(『재판기록』, 19쪽) 지금 이 시를 볼 수는 없다. 하지만 이상의 얘기를 단서로 하여 추정해보건대, 이 시는 조선에서 건너와 일본에서 어쩔 수 없이 들개와 같은 생활을 하면서도 그것을 조금도 부끄러워하거나 굴욕스럽게 여기지 않고, 일본 제국주의로부터의 해방에 정열을 쏟아부었던 청년 박열의 모습을 표현한 것이었으리라.

며칠 후 후미코는 정우영의 하숙집을 방문했다. 그곳에는 정우영의 친구가 있었다. 친구는 23, 24세쯤으로 보였는데, 오버코트의 단추는 떨어지고 소맷부리는 너덜너덜 해져 있었다. 그 친구가 돌아간 뒤에 후미코는 정우영에게서 그가 바로 「개새끼」를 쓴 박열이라는 말을 들었다. 후미코는 초라한 모습의 이면에서 분출하는 박열의 강렬함에 더욱더 이끌려, "내가 찾고 있던 것, 내가 준비해온 일, 그것은 분명히 그의 내면에 있다. 그야말로 내가 찾고 있던 사람이다. 그야말로 내가 할 일을 알고 있다"고 느꼈다.(『자서전』, 396~400쪽)

박열

다음 날 아침 후미코는 다시 정우영을 찾아가 박열이 이와사키오뎅집으로 왔으면 한다는 말을 전해달라고 부탁했다. 한참이 지나도 박열은 오지 않았는데, 그로부터 한 달 정도 지난 3월 5일인가 6일쯤에 그는 불쑥 오뎅집에 나타났다. 후미코의 권유로 그다음 날 낮에도 박열은 오뎅집을 찾아왔다.

그날 밤 세이소쿠영어학교 수업이 끝난 후, 박열을 이끌고 중국요릿집으로 가 사랑을 고백했다. "당신 혹시 배우자가 있으신가요? 아니면 다른 누군가…. 그래요, 그러니까 사랑하는 사람이라도 있나요? 만약 그런 사람이 있다면, 나는 단지 당신과 동지로서만 교제해도 상관없습니다만… 어떠신지요." "난 혼자입니다." 박열의 대답이었다.

다음으로 후미코는 일본인인 자신에게 반감을 갖고 있지는 않은지 물었다. 박열은 일본의 권력계급에 대해서는 반감이 있지만 일반 민중에 대해서는 전혀 그렇지 않으며, 특히 후미코와 같이 편견이 없는 사람에게는 오히려 친밀감이 있다고 대답했다.

다시 후미코는 그에게 물었다. "당신은 민족운동가이십니까…. 나는 사실 조선에서 오랫동안 산 적이 있기 때문에 민족운동에 몸담고 있는 사람들의 심정을 충분히 이해할 수 있습니다. 하지만 누가 뭐래도 나는 조선인이 아니어서 조선인처럼 압박당한 경험이 없기 때문에 그러한 사람들과 함께 조선의 독립운동을 해야겠다는 생각이 들지는 않습니다. 그러니까 당신이 만약 독립운동을 하는 사람이라면 유감스럽지만 당신과 함께 일을 할 수가 없습니다."(『자서전』, 400~407쪽)

3·1운동에 깊은 공감을 보였던 후미코가 이런 질문을 던진 의미를 어떻게 이해해야 할까. 그것은, 후미코가 자신의 밑바닥 체험과 피차별被差別의 경험을 거울 삼아 조선인의 해방운동에 지속적으로 깊은 공감을 보이긴 했지만, 자기가 억압민족에 속해 있는 까닭에 피억압민족인 조선 민족을 이해하는 데는 한계가 있다는 점을 예리하게 통찰하고 있었다는 증거라 할 수 있을 것이다. 이러한 통찰은 자기의 피차별 체험을 차별하는 측에서는 도저히 이해할 수 없다는 뼈저린 경험에 근거를 두고 있었다고 할 수 있다. 그렇다면 후미코의 질문은 인간사회의 현실을 깊이 이해한 물음이었다고 말해도 좋을 것이다.

이 질문에 대하여 박열은 "조선의 민족운동가들에게는 동정할 만한 점이 있습니다. 그래서 나도 일찍이 민족운동에 가담하려고 생각했던 적이 있습니다. 하지만 지금은 그렇게 생각하지 않습니다"라고 대답했다. 후미코는 "그렇다면 당신은 민족운동에 완전히 반대하는 것입니까"라고 다시 물었다. 박열이 대답했다. "아니오. 전혀 그렇지 않습니다. 그러나 나에게는 나의 사상이 있습니다. 일이 있습니다. 나는 민족운동의 전선에 설 수가 없습니다.(『자서전』, 407쪽) 김일면은 박열의 이 대답에 관하여 "박열이 과연 이렇게 대답했는지 의심스럽다"고 말하면서 "이 문답만을 본다면 박열은 후미코에게 영합하는 듯한 대답을 하고 있다"고 보았다.[2] 이 말을 이해하기란 쉽지 않지만, 뒤에서 논증하는 바와 같이, 확실히 박열의 마음속 깊은 곳에는 포기할 수 없는 육체화한 민족주의가 깃들어 있었다. 그러나 당시 박열은 표면적으로는 허무주의자였다. 다시 말해 그는 인간사회의 약육강식 관계는 아무리 사회를 변화시켜도 끝나지 않을 것이라 생각했기 때문에 일본제국주의를 타도하는 선에서 멈추지 않고 우주만물을 절멸시켜야 한다는 입장이었던 것이다. 박열은 이 당시 어떤 식으로도 부정할 수 없는 자기 사상의 민족적 원체험을 아직 자각하고 있지 않았는지도 모른다. 그렇다고 한다면 박열이 '영합했다'는 김일면의 말은 수정되어야 할 것이다.

이런 문답을 통해 불안을 해소한 후미코는 "나는 당신에게서 내가 찾고 있던 것을 발견했습니다. 당신과 함께 일할 수 있으면 좋겠습니다"라고 말했다.(『자서전』, 408쪽) 이것이 후미코의 사랑 고백이었다. 두 사람은 곧 동거생활에 들어갔다.

앞에서 서술했듯이 기성의 가치관에서 벗어난 후미코는 '훌륭한 사람'이 되겠다는 생각을 바꾸어 자기자신이 진정으로 원하는 참된 일을 하고 싶다는 마음을 다잡고 있었다. 그러나 참된 자기 또는 자기자신의 참된 일이라고는 했지만 그것이 무엇인지 구체적으로 정해져 있지는 않았다. 후미코는 박열과의 만남과 박열의 생활태도를 통하여 자기自己를 발견했다. 그 역사적 의미는 참으로 중요하다. 근대 일본인은 서구의 근대에서만 인간해방의 이념을 구했다. 근대 일본은 일본 문명에 의해 억압받고 있는 조선인을 멸시하거나 아니면 무관심의 저편으로 추방해버렸다. 그것은 서구의 문명대국을 정점으로 한 세계 지배와 차별구조를 바꾸는 게 아니라, 그 구조 속에서 자신이 '선진국민'으로 올라서기만 하면 그뿐이라는 것을 의미했다. 그것은 환상 속의 해방에 지나지 않는다. 그러나 후미코는 역으로 일본 문명에 의해 식민지로 전락한 조선인의 일원인 박열의 모습에서 자신이 살아갈 방향을 발견했던 것이다. 그것은 근대세계의 지배질서 맨 밑바닥에 놓여 있던 인간의 해방을 향한 길에 자기 해방을 서로 포개는 보편적인 인간해방의 길이었다. 이것은 '훌륭한 사람'을 철저하게 부정한, 근대 일본인을 지탱하고 있던 가치관의 코페르니쿠스적 전환이었다.

박열의 성장 과정

그런데 후미코의 마음을 사로잡은 박열의 내면에 있는 자기란 도대체 무엇이었을까. 이 문제의 해명은 기존의 질서와 가치관에서 벗어나 자기 해방을 추구했던 후미코의 사상적 편력이 지닌 의미를 밝히는 데 필요 불가결한 조건 중 하나라 할 수 있다. 먼저 박열의 성장 과정과 사상을 추적해보기로 한다.

박열은 1902년 3월 12일, 경상북도 문경군 마성면 오천리에서 아버지 박영수朴英洙와 어머니 정선동鄭仙洞의 넷째인 막내로 태어났다.[3] 오천리 부근은 '산간벽촌'이었고 "이곳에 사는 주민은 대개가 무산 농민"이어서 "하루 세 번 굴뚝에 연기가 나는 집은 손가락으로 꼽을 수 있을 정도로 드물었다." 그러나 박열의 집은 부유했다. 박열이 네 살 되던 해인 1906년에 아버지 박영수가 사망했는데 그때 그의 형 정식

庭植이 상속한 재산은 논과 밭이 각각 10두락(약 2,000평)이었다. 이와 동시에 명문名門이기도 했다. 신분은 양반으로 조선시대의 17대 조상이 판서를 역임하기도 했고, 20대째 조상의 형제 다섯 명이 과거에 급제하여 박씨 집안은 '삼난가三難家'라는 명예로운 이름으로 불렸다. 그런데 정식의 대에 이르러 병든 가족의 약값 지불과 채무 보증인이 된 것, 그리고 박열의 학자금 지출 등으로 1919년과 1920년 사이에 논밭은 모두 다른 사람에게 넘어갔고, 결국 1921년에는 이웃 경상북도 상주군 화북면 장암리로 이사, 남의 집에 살며 소작을 경영했다.(『재판기록』, 261~264, 775쪽)

박열은 일곱 살부터 아홉 살까지 고향의 서당에 다녔다.[4] 박정식의 회상에 따르면 서당에서는 『천자문』과 『동몽선습』을 배웠고 『자치통감』은 6권까지 익혔다.(『재판기록』, 262쪽) 그의 성적은 우수했고 성격은 정직 쾌활하여, 서당 선생과 마을 사람들의 사랑을 받았으며 그들의 기대를 한 몸에 모았다.(『재판기록』, 262, 774쪽)

어린 시절 그의 이름은 혁식爀植이었는데 1909년 호적법 시행에 맞추어 준식準植으로 개명했다. 서당에 다니던 7, 8세 무렵 마음먹은 것은 반드시 실천으로 옮기는 자신의 성격에 걸맞게 스스로 통칭 '열烈'이라는 이름을 붙였다.(『재판기록』, 264쪽)

확실히 그는 격렬한 성격의 소유자이긴 했으나 한편으로는 상냥하고 온순한 기질을 타고난 사람이기도 했다. 박정식은 박열이 8, 9세 되던 무렵에 있었던 두 가지 에피소드를 전해주고 있다. 서당에서 돌아오는 길에 두 친구가 논에서 다투고 있었다. 부잣집 아들인 한 친구가 다른 친구에게 "이런 건방진 자식이 감히 나에게 덤비려고 해, 바보 같은 놈! 찬밥도 제대로 못 먹고 월사금도 제때 못 내서 선생한테 맨날 혼나기만 하면서", "누가 뭐래도 나는 보다시피 언제나 우등이

잖아. 야, 이 똥통 같은 놈아, 넌 그것도 모르냐…"라며 욕설을 퍼붓고 있었다. 박열은 이 말에 분노하여 "이런 개 같은 새끼. 니네 집 재산이 도대체 얼마나 되냐. 건방진 놈"이라고 고함치면서 부잣집 아들을 주먹으로 흠씬 두들겨 팼다고 한다.(『재판기록』, 775쪽)

또 어느 날, 어머니와 함께 10리쯤 떨어진 친척집에 다녀오는 길에 누더기를 걸친 거지 차림의 할머니를 만났다. 박열은 어머니의 치마를 가리키며, "어머니, 어머니는 이렇게 화려한 치마를 입고 있는데 왜 저 할머니는 너덜너덜하고 더러운 옷을 입고 있어요? 너무 불쌍해요. 차마 볼 수가 없어요. 어머니, 어머니 치마 하나를 저 할머니에게 주면 안 될까요? 어머니는 집에 치마가 또 있잖아요"라고 울음을 삼키면서 말했다. 어머니가 집에 돌아가면 치마를 주마고 하자 박열을 아주 기뻐하며 할머니를 집으로 데리고 왔다고 한다.(『재판기록』, 775쪽)

서당에 다니던 무렵의 이러한 체험은 박열에게 조선의 낡은 유교세계의 전 근대적 모럴과 사대주의적 비합리성을 깨닫게 해주었다. 박열은 이 시절의 일을 회상하면서 다음과 같이 말한다.

> 조선은 전통적으로 계급 제도를 중요시했고, 약자는 강자에게 절대 복종해야 하는 관계가 이어져온 '고전적인' 세상이었다. (중략) 조선에서는 조선 고유의 문자가 있음에도 불구하고 한문을 진서眞書라고 부르면서 귀하게 여기고 새로운 것을 배척했으며 낡은 것을 존중한다. 고전적이다. 이렇듯 절대 복종만을 강조하는 고전적인 일들을 보면서 나는 비록 아무것도 모르는 아이였지만 회의적인 생각을 품었다.(『재판기록』, 30쪽)

열 살 때[5] 박열은 상주군 함창에 있는 공립보통학교(4년제 소학교)로 전학했다. 당시 조선인은 일본인을 '왜놈' 또는 '섬 올챙이'라고 부르며 경멸했지만, 박열은 일본인의 생활이 비교적 개화한 것을 보고 일본인이 경영하는 학교에 가고 싶다는 생각을 했다고 한다.(『재판기록』, 30쪽)

이 학교에 오고부터 박열은 학비 부족을 하소연했는데 그가 집으로 돌아왔을 때 형 박정식이 그 이유를 묻자 연필과 종이를 살 돈이 없어 고생하는 가난한 학우들에게 학비를 나누어주었다고 했다.(『재판기록』, 776쪽) 여기에서도 박열의 착한 마음씨를 엿볼 수 있다.

그는 이 학교로 전학하고 나서 처음에는 일본의 교육방법이 상당히 진보적이라는 데 감동하여 꽤 열심히 공부했다고 한다. 그러나 학교에서는 교사에게서 일본인과 조선인은 한 동포이며 평등하고, 천황폐하는 참으로 고마운 존재라는 말을 들었지만, 이는 형식적일 뿐이고 실제로는 교육에 민족차별이 있다는 것을 알아차렸다. 박열은 "일본인 소학생은 조선인 소학생보다 우선순위를 차지했고, 학교에서 조선어 사용을 금지했으며, 조선의 지사志士 및 위인의 행적은 말할 것도 없고 조선 임금의 행적마저도 설명해주지 않을 정도로 불평등했다"고 회상한다. 보통학교의 교육과정 규정에는 주당 총 수업시간인 26, 27시간 중에서 최소한 5, 6시간을 조선어와 한문 수업에 할당하도록 되어 있었지만, 이미 이 무렵부터 조선어 수업이 금지된 보통학교가 있었던 듯하다. 졸업이 다가왔을 때, 조선인 교사가 박열을 비롯한 조선인 소학생들을 모아놓고 "지금까지 마음에도 없는 거짓 교육을 해왔다. 조선의 역사를 존중하지 않으면 안 된다. 일본인 교사는 경찰서 형사이다"라고 말하며 운 적도 있었다.(『재판기록』, 30, 31쪽)

박열은 그 외에도 수많은 민족차별과 억압을 듣고 또 보았다. 그는 많은 사례를 들고 있는데, 그 가운데 몇 가지를 소개하면 다음과 같다. 즉, 조선인 관리는 중요한 지위에 오를 수 없었고, 봉급과 승진도 일본인과 다른 대우를 받았다. 일본인 상점에서는 조선인 손님에게 저울눈금과 돈을 속였으며, 일본인 노동자와 조선인 노동자 사이에도 차별 대우가 있었다. 또 유교 도덕이나 중국과 조선의 역사를 배우는 초등교과서로 17세기 이래 널리 사용되어온 『동몽선습』은 물론, 조선시대 연호를 사용한 서적을 몰수하고, 그 후에는 그런 책을 소지한 자를 처벌했다. 다른 예도 있다. 어떤 조선인이 빌린 돈을 기한 내에 돌려주었지만 일본인 고리대금업자는 그 돈을 받지 않고 저당을 돌려주지 않으려 했다. 두 사람 사이에 말다툼이 일자 고리대금업자는 총을 들이댔으며, 어쩔 수 없이 헌병에게 호소하자 조선인은 구타를 당했다. 학교 안팎에서 일본제국주의의 이러한 민족차별과 억압을 본 박열은 12, 13세에서 14, 15세 사이에 민족독립사상을 갖게 되었다.(『재판기록』, 31쪽)

관립경성고등보통학교 생활과 3·1운동 참가

박씨 집안은 몰락의 길을 걸었고 박열의 학비도 궁해졌다. 그러나 그것도 그의 향학열을 잠재우지는 못했다. 1916년 열다섯 살이 되던 해 그는 관비로 배울 수 있는 관립경성고등보통학교(4년제 중학교) 사범과를 선택하여 입학했다.(『재판기록』, 262쪽)

1911년 공포된 '조선교육령'은 제2조에 "교육은 교육에 관한 칙어의 취지에 기초하여 충량한 국민을 육성하는 것을 본의로 한다"는 것, 다시 말해 조선인의 황국신민화가 교육의 목적이라고 규정하였으며, 조선의 모든 학교는 이 목적 아래 통제되었다. 특히 관립학교는 직접 통제했기 때문에 민족적 억압은 사립학교 이상으로 철저했을 것이다. 3·1운동 당시 학생들은 관공립·사립 구별 없이 모두가 들고일어났지만, 교직원의 경우 사립학교 교직원이 제일선에 서서 활동한 것에 비해 관공립학교 교직원은 운동에 적극적으로 참가한 사람이 없었다.[6]

박열은 관립경성고등보통학교의 교육에서 많은 문제점을 발견했다. 우선 우민화정책이었다. 이 학교의 교육 수준은 일본인 중학교보다 훨씬 낮았다. 예컨대 영어수업은 금지되었으며 학생이 영어강의록을 읽는 것마저 금했다. 그 이유는 조선인이 영어를 배워 상업에 종사함으로써 시야가 세계적으로 되는 것을 막는다는 방침에 따른 것이라 한다. 또 주요 교과목은 일본어였으며 모든 학과는 일본어를 가르치기 위한 것이었다. 사범과는 동화교육同化教育의 첨병인 보통학교 교원 양성기관이었기 때문에 특히 일본어 교육이 중시되었을 것이다. 게다가 박물교사와 역사교사 지망생에게는 일본과 조선은 같은 나라이며 일본인과 조선인은 같은 인종이라는 것을 고취하면서 일본 천황의 은혜를 설명했는데, 박열 등은 천황이 왜 고마운지 도무지 알 수가 없었고 그런 데는 흥미도 일지 않았다고 한다.(『재판기록』, 32, 33쪽) 근대 일본에서 볼 수 있는 일본인의 천황숭배는 청일전쟁과 러일전쟁에서 승리를 거두면서 강화된 문명선진국의식 혹은 대국의식과 함께 대중 속에 정착한 것이어서, 반대로 일본 문명에 침략당한 조선인에게 천황숭배를 강요하는 데는 무리가 따를 수밖에 없었다.

다음, 이러한 우민화교육과 동화교육을 관철하기 위한 학생에 대한 통제는 과외 활동에까지 영향력을 행사했다. 학교 측에서는 사립학교에는 조선인 교사가 많다는 이유로 박열 등이 사립학교 학생들과 교제하는 것을 금지했다.(『재판기록』, 33쪽) 그러나 이유는 그것만이 아니었을 것이다. 사립학교의 다수는 1905년 일본에 의한 보호조약의 강요로 표면화한 망국의 위기에 대처하여, 교육구국教育救國을 목표로 한 학회에 의해 설립되어 민족교육을 전개했으며, 그 전성기의 학교 수는 전국적으로 5, 6천에 달했던 것으로 추정된다.[7] 이에 대한 통제가 점차 강화되었다. 먼저 1908년 제정된 사립학교령에 의해 사립학교 설립은 학부대신의 허가를 받아야 했고, 현실비판적인 교과서는 통제를 했다. 1911년 사립학교규칙에 의해 통제는 더욱 강화되었다. 이 규칙은 종래의 학교설립 허가제와 교과서 통제에 덧붙여 사립학교의 설립자, 교장, 교원도 당국의 인가를 받도록 했다. 그리고 교과목도 각급 학교규칙에 지정된 것으로 한정하였으며, 교원은 자격증을 소지하고 일본어에 능통할 것을 요구했다. 이러한 통제조치 때문에 그 수가 점차 줄어들어 1910년 1,973개교였던 사립학교가 1917년에는 그 절반에도 못 미치는 868개교였다.[8] 하지만 사립학교의 민족독립정신은 수그러들지 않았고, 사립학교 학생들은 박열을 비롯한 관립학교 학생들을 "왜인화한 놈들"이라 부르며 냉소했으며, 박열도 관립학교에 재학하는 것을 내심 수치스럽게 여겼다고 한다.(『재판기록』, 34쪽) 이러한 것도 사립학교 학생과의 교류를 금지한 이유였을 것이다. 관립학교 학생은 금지조치 때문에 기독교 교회나 강연회 기타 집회에 참가할 수가 없었다. 기독교 교회는 민족적 저항의 거점 역할을 담당했으며, 또 교회에는 서양인 선교사들이 있어서 일본 당국도 탄압하기가 어려웠을 것이다. 금지가 도리어 호기심을 부추겨서 박열은 교회에 가보았다. 조선인 강연자와 목사 그리고 서양인 목사가 반어反語와 은어隱語를 사용하여 인류의 자유·평등·독립을 열렬하게 말하는 것을 듣고 박열은 대단히 통쾌하게 생각했다.(『재판기록』, 33쪽)

통제가 엄중했던 경성고등보통학교에서도 민족독립운동은 은밀히 진행되고 있었다. 같은 학교 부속교원양성소 4학년생 이용우李用雨 등 6명은 일본의 경제적 예속에서 벗어나는 것이 국권회복의 길이라 생각하고 1915년 3월 조선물산장려회를 조직했다. 일본 경찰에 의해 이 운동이 탐지되어 그들은 1917년 3월 보안법 위반 혐의로 구속되었는데 당시 회원 수는 130명이었다.9

박열은 금지된 집회에 참석하는 것 외에도 시야를 넓히기 위해 탐욕스러울 정도로 노력했고, 와세다대학의 정치, 경제, 상업에 관한 강의록을 강독했다.(『재판기록』, 264쪽) 기노시타 나오에木下尙江, 나쓰메 소세키夏目漱石, 오가와 미메이小川未明, 다케고시 요사부로竹越與三郎, 구로이와 루이코黑岩淚香 등의 저서도 읽었다. 이는 고등사범학교를 졸업한 심리학 담당 일본인 교사의 영향이었다. 이 교사는 사회주의자 고토쿠 슈스이幸德秋水(1871~1911) 등의 대역사건 이야기를 들려준 적도 있었다. 또 역사를 담당한 일본인 교사는 자신은 일본인이 아니라 세계인이라 말하고, 독일이 프랑스에 의해 정복된 후에 독립하게 된 이야기를 함으로써 암암리에 조선의 독립을 시사했다. 이로 인해 이 교사는 고등관에서 판임관으로 강등된 데다 창가교사로 내려앉았다. 박열은 이 두 교사의 이야기를 깊은 흥미를 갖고 들었다.(『재판기록』, 33, 34쪽)

박열은 경성고등보통학교 재학 중에 3·1운동에 참가했다. 그는 고종이 병합에 동의하는 각서의 조인을 거부했다는 이유로 일본 정부에 의해 독살되었다는 소문을 듣자, 헛되이 학교에서 시간을 소비해서는 안 된다고 생각하고서 "일본에 대한 시위운동을 일으킬 계획을 세우고 동지들과 자주 왕래하면서 그들 4, 5명과 함께 독립신문을 발행하고 격문을 뿌렸"으며, "수만에 이르는 조선인이 독립만세를 외치며 경성 시내를 대열을 이루어 당당하게 걸을 때는 참으로 유쾌했다"라

고 진술했다.(『재판기록』, 35쪽)

그는 더이상 3·1운동 때 자신의 활동을 진술하지 않았지만, 정세현의 「3·1학생독립운동」에는 박열의 활동이라고 생각되는 다음과 같은 기술이 보인다.

> 학생층에서는 3월 1일부터 시작된 민족항쟁을 효과적으로 발전시켜 국민에게 그 이유와 한국 독립에 관한 전반적인 정세를 널리 알리기 위해, 기성인과 협력하는 방법 또는 학생들의 독자적인 방법으로 『학생독립신문』을 비롯하여 경고문, 격문을 민가에 투입하고 거리에 뿌리는 선전투쟁을 전개했다. 3월 1일, 이종일(보성사 사장 겸 천도교월보과장), 이종린 등은 33인이 독립선언을 하면 곧 구속될 것을 예견하고, 그러한 사실을 널리 국민에게 알릴 필요성을 느껴 이종린이 집필한 다음과 같은 통지문(민족대표 33인이 체포되었다는 내용의 통지문—인용자)을 윤익선尹益善의 명의로 발행된 『학생독립신문』 지상에 발표하는 한편 박준식朴準植으로 하여금 5,000부를 뿌리게 했다.(강조는 인용자)[10]

여기에 등장하는 '박준식'은 박열의 본명이다. 정세현의 이 논문에 따르면 박준식은 『학생독립신문』 제2호도 뿌렸다.[11] 이로 보아 박열이 신문살포운동에서 활약했다는 것을 알 수 있다.

같은 해 10월 박열은 일본으로 건너갔다. 이유는 경찰에 끌려간 친구로부터 "경찰에서는 혐의자를 거꾸로 매달고, 코에 증기를 밀어넣으며, 혀를 자르고, 부인의 음모를 뽑기도 하며, 또 자궁에 증기를 통과시키고, 음경에 종이노끈을 쑤셔박는 등 온갖 방법으로 고문한다는 이야기"를 듣고, 단속이 엄중하고 잔학한 조선에서는 지속적으로 독립운동에 참가할 수 없을 뿐만 아니라, 한번 붙잡히면 다시는 운동을 할 수가 없다고 생각했기 때문이었다.(『재판기록』, 35쪽)

일본으로 온 뒤 박열의 사상편력과 생활

조선을 떠날 무렵 박열은 "인간은 인종과 인종 사이는 물론 같은 인종인 인간과 인간 사이에도 절대적인 자유와 평등이 존재하지 않으면 안 된다"는 '반일민족주의'와 '범사회주의사상'을 지니고 있었다. 그 후 그는 미국의 과격파 운동에 흥미를 가졌지만, 혁명 후의 러시아 상황을 보면서 소수의 권력자가 국가사회를 강제하는 모습이 로마노프 왕조시대의 그것과 다를 바가 없다는 것을 알고 사회주의나 공산주의에 만족할 수가 없어서, 무권력無權力·무지배無支配를 근간으로 모든 개인의 자주와 자립을 확보할 수 있는 평화로운 세계를 동경하여 아나키즘으로 선회했다.(『재판기록』, 35, 36쪽) 오스기 사카에는 1921년 12월부터 제3차 『노동운동』을 간행하기 시작했고, 이 잡지를 통해 러시아혁명을 비판했다.[12] 박열도 이러한 동향의 영향을 받았을 것이다.

그러나 박열은 아나키즘도 실현 가능한 것이 아니라 생각하고 허무주의로 이행했다. 그 이유는 "인간성은 모두 추악할 따름이어서 그것을 신뢰하고 기다릴 수가 없다"는 것을 깨달았기 때문이라고 한다. 이렇게 생각하게 된 동기는 일본 사회운동의 내부에 도사리고 있던 인간의 추악함 때문이었다. 그는 일본에서 사회운동을 하는 자는 "곧잘 동지를 배반하고 변절을 일삼았다. 대부분의 경우 이들 운동가는 부르주아생활을 공격하면서도 남이 보지 않는 곳에서는 호사스런 생활을 했으며, 이론에 매달려 자기의 주장을 생활에서 실현하려고도 하지 않았다"고 말한다. 이러한 인간성 불신에 빠진 그에게는 "강자와 약자의 투쟁, 약육강식 관계가 결국 우주의 대원칙"처럼 생각되었다. 그리하여 박열은 사회의 질서, 법률제도, 도덕, 종교, 국가주권 등은 모두 약육강식이라는 투쟁관계를 표현하는 미명에 지나지 않으며, 이러한 약육강식 관계는 인간사회뿐만 아니라 만물 사이에도 존재하는 것으로 보았다. 그리고 "학대 속에서 약자로서 인종忍從하는 것이 저주스럽게만 여겨졌고, 모든 사물에 반역 복수함으로써 만물을 멸하는 것이 위대한 자연에 대한 합리적 행위"라고 믿게 되었다. 그렇다고 해서 일본제국주의 타도라는 과제를 방기한 것은 아니다. 1924년 2월 3일 예심 석상에서 그는 "나는 조선 민족의 한 사람으로서 약자인 조선을 학대하고 있는 강자 일본의 권력계급에 대한 반역적 복수심을 도무지 떨쳐버릴 수가 없었다"고 진술한다. 다만 "일본 권력계급은 말할 것도 없고 가능하다면 우주의 만물을 멸망시키고자 했던 것이다." (『재판기록』, 36, 37쪽)

이처럼 박열이 도달한 허무주의에는 민족주의적 색채가 강하게 남아 있다. 그에게 일본제국주의의 타도는 양도할 수 없는 것이었다. 이 점은 대심원공판준비조서大審院公判準備調書에 기록되어 있는 박열의 답변에서도 명백하게 드러난다. "금일 조선을 독립시키고 싶다는 생각을 갖고 있는가"라는 물음에 대하여 그는 "지금 현재 조선의 독립에 반대하지 않는다"라고 답한다. "당신은 자진하여 조선을 독립시킬 생각이 있는가"라는 질문에 대해서는 "가령 시모노세키에 가는 자와 오사카까지 가는 자가 있다면 오사카까지는 함께 길을 가야 하는 것과 마찬가지이다"라고 답함으로써, 허무주의자 박열도 일본제국주의의 타도까지는 민족주의자와 제휴할 수 있다는 것을 표명하고 있다.(『재판기록』, 567쪽) 박열의 러시아혁명 비판은 추상적이며 허무주의 입장에서 제기한 우주만물절멸론宇宙萬物絶滅論도 관념적 사변의 산물처럼 보이는 까닭에 땅에 뿌리를 내린 사상이라고 생각하기는 어렵다. 이와 달리 일본제국주의 타도에 대한 집념은 양보할 수 없는, 말하자면 그의 육체에 깊이 새겨진 사상이었다.

일본으로 오고 나서부터 박열은 신문배달, 제병製甁공장 직공, 날품팔이, 우편배달부, 인력거꾼, 만둣국집, 야경꾼, 점원, 인삼 행상, 조선엿장수 등 온갖 밑바닥 직업을 전전하며 생활했다.(『재판기록』, 35쪽) 후미코와 만난 때에는 이렇다 할 직업도 없이 하루하루 가까운 친구 집을 돌아다니면서 먹고 자는 생활을 했던 듯하다.(『자서전』, 399쪽)

일본으로 건너오고부터 박열의 활동은 활발했다. 앞서 본 바와 같이 1920년 11월에 설립된 고학생동우회에 간부로 참가했다. 그의 회상에 따르면 같은 해 6, 7월경 박열은 재경조선인학생 15, 16명과 함께 혈권단血拳團이라는 폭력단체를 조직했다. 이 단체는 반년 정도 있다가 해산했고, 1921년 10월경에는 아나키즘과 사회주의 성향의 재경조선인학생, 노동자로 조직된 의권단義拳團에 가입했다.[13] 친일파 조선인을 응징하고 조선인을 모욕하는 일본인에 대한 제재가 그 목적이었다.(『재판기록』, 38쪽) 그리고 1921년 11월 29일 흑도회黑濤會를 조직했다.

계속해서 박열은 테러계획도 세웠다. 1921년 11월 말 또는 12월 상순, 선원 스기모토 데이치杉本貞一에게 외국에서 폭탄을 입수해줄 것을 의뢰했다. 스미모토의 증언에 의하면 폭탄을 입수한 목적은 일본에서 혁명을 일으키기 위해서라고 박열이 말했다고 한다. 그러나 폭탄 입수는 실현되지 않았다.(『재판기록』, 39, 67, 276~281쪽)

1922년 2, 3월경 청년 최혁진崔爀鎭이 찾아와 그와 함께 상하이에서 폭탄을 입수하여 도쿄와 경성에서 동시에 사용한다는 계획을 세우기도 했다.(『재판기록』, 39, 40, 53쪽) 경시청의 조사에 따르면, 최혁진은 1922년 1월경 도쿄부 도쓰카쵸의 장백기숙사에 하숙하고 있던 세이소쿠영어학교 학생 이태익李泰益과 이태웅李泰雄에게 부탁하여 식객 노릇을 하면서 두세 달 동안 머물렀는데, 그 후 귀국한다고 말하고는 출발했다 한다.(『재판기록』, 276쪽)

다른 한편 박열은 1922년 10월 2일부터 11월 13일까지 전개된, 도쿄부 난카쓰시카군 오시마쵸(현재의 도쿄도東京都 고토구江東區 오시마마치大島町) 소재 오시마제강공장의 쟁의 지원에 나갔다.[14] 쟁의 주체인 순노동자조합純勞動者組合은 오스기 사카에의 영향을 강하게 받고 있었기 때문에, 박열도 교류가 있었던 오스기를 통하여 순노동자조합과 관계를 맺었던 것으로 보인다.

그는 극작가 아키타 우자쿠秋田雨雀와도 교류했는데, 아키타는 1922년 2월 25일 박열 등 조선인 청년 100여 명이 모인 자리에서 강연을 하기도 했다.[15] 아키타는 1919년 9월 4일 자 일기에 "조선총독 사이토 마코토齋藤實가 조선인에게 저격당한 듯하다. 조선의 관제가 아무리 바뀌어도 사정은 마찬가지이다. 한 나라가 다른 나라를 지배하는 것은 어떤 핑계를 대더라고 지극히 불합리한 일이다"라고 적었다.[16] 이처럼 아키타가 사이토의 '문화정치'에 의한 조선지배의 표면적인 개선에 현혹되지 않고 식민지 지배를 근본적으로 부정했던 까닭에 박열은 그와 교류할 필요성을 인식하고 있었다. 아키타는 1922년 3월 7일 자 일기에 그날 방문한 박열을 평하여 "선인仙人과도 같은, 그러면서도 열정이 있는 사람이다. 일본 청년들보다 훨씬 진지하며 인간적이다"라고 썼다.[17]

후미코가 박열에게서 발견했던 자신의 방향성도 그런 것이 아니었을까. 기성의 가치관에 저항했던 박열은 빈곤을 부끄럽게 여기지 않았고, 일본에 의해 억압받고 있는 민족적 체험에 입각점을 두고서 열정적으로 행동하고 있었다. 필시 그에게 호감을 갖고 있지 않았던 정우영도 박열에 관하여 "저 남자만큼 진지하게 생각하고 진지하게 행동하는 자는 우리들 중에서도 그렇게 많지 않다"고 평가했다.(『자서전』, 399쪽) 기성의 가치관에 저항하여 자기의 의지를 관철하고자 했던 후미코에게 박열의 이렇듯 철저한 투쟁 자세는, 지금까지 만났던 일본인 사회주의자의 기성 가치관에 대한 타협적인 태도와 달리, 신선한 매력으로 다가왔음에 틀림없다. 자서전에서 후미코는 박열을 만나고서 "저다지도 그를 힘차게 하는 것은 무엇일까. 나는 그것을 찾고 싶었다. 그것을 나의 것으로 삼고 싶었다"라고 술회했다.(『자서전』, 399쪽)

후미코는 박열이 "직접적인 민족운동가는 아니지만 언제나 자아에서 출발하여 그 운동을 위해 생명을 걸 수 있는 힘을 가진 남자라는 것을 알았다"고 진술한 바 있다.(『재판기록』, 20쪽) 그러나 이는 후미코가 박열을 자신에게 맞추어 해석한 것이다. 후미코가 자기를 철저하게 투시함으로써 비전향非轉向 즉 반천황제를 꿰뚫고자 했던 데 비해, 자기 사상의 기저에 민족을 두고 있었던 박열은 그녀만큼 자아를 깊이 있게 탐색하지는 않는다. 제국주의 나라의 국민은 내셔널리즘으로부터 탈피하지 않으면 안 되지만, 그리고 당연하게도 억압받는 식민지 민족의 구성원에게는 개인의 해방보다 민족해방이 우선하는 과제라고 말할 수 있지만, 민족과 개체로서의 자아의 관계를 심도 있게 묻지 않은 것이 박열이 얼마 안 있어 옥중에서 조선 민족으로부터 이반하여 천황제에 굴복하고 전향한 내적 원인이 아니었을까.

제6장

가네코 후미코와 박열의 공동투쟁

가네코 후미코와 박열의 동거

가네코 후미코와 박열은 1922년 4월 말 또는 5월 초에 도쿄부 에바라군 세타가야世田谷의 데이지리泥尻에서 신발가게를 운영하는 아이카와 신사쿠相川新作의 이층 여섯 장짜리 다다미방을 얻어 동거에 들어갔다.[1] 아이카와의 아내와 셋방 계약을 한 다음 날 후미코는 박열을 데리고 와서 동거할 친구라고 소개했는데, 아이카와도 거절하기 어려웠던지 그 자리에서 방을 빌려주었다.(『재판기록』, 249쪽) 조선인 그것도 '불령선인不逞鮮人' 박열이 일본인에게서 방을 얻는다는 건 쉽지 않았기 때문에 후미코는 이런 전술을 택했던 것이리라.

후미코는 동거에 즈음하여 박열과 다음과 같은 약속을 했다. 첫째 "동지로서 함께 살 것", 둘째 "내가 여성이라는 관념을 반드시 제거할 것", 셋째 "둘 중 하나가 사상적으로 타락하여 권력자와 악수하는 일이 생길 경우에는 즉시 공동생활을 그만둘 것", 즉 "주의主義를 위한 운동에 상호 협력한다"는 것이 그 내용이다.(『재판기록』, 20쪽) 첫째와 셋째는 남성에 대한 여성의 종속을 거부하고, 공통의 목표를 향한 평등한 관계의 동지로서 결합하고자 하는 의지를 표현한 것이라 할 수 있다. 그리고 둘째 약속의 의미는, 그 진의를 파악하기가 조금 어렵긴 하지만, 여성이라는 이유로 부여되는 은혜를 거부하고 인간으로서의 평등을 추구한 것이라 할 수 있다. 후미코는 옥중에서 보낸 편지에서 다음과 같이 쓰고 있다.

> 나는 인간으로서 살아 움직이고 있다. 나는 이러한 이유에 기초하여 '연약한' 여성으로 간주되는 걸 거부한다. 이와 동시에 그런 전제 위에 서 있는 모든 은혜를 단호히 거절한다. 상대를 주인으로 섬기는

노예, 상대를 노예로 보고 가엾게 여기는 주인, 나는 이 둘 모두를 배척한다.[2]

잡지 발행

후미코와 박열은 1922년 7월 10일 자로 흑도회의 기관지인 『흑도黑濤』를 창간했다. 네 쪽짜리 신문 형식이며 일본어로 씌어졌다. 흑도회 기관지라 했지만, 실제로는 후미코와 박열의 개인적인 창의에 따라 편집 간행된 것이라 할 수 있다. 이 잡지 1호에서 두 사람은 '흑도회 잡지부 임시소사 가네코 활랑, 박열黑濤會雜誌部臨時小使 金子活浪 朴烈'이라는 이름으로 「낡은 방 이층에서」라는 편집 후기를 쓰고 있다. 이 편집후기에는 경시청의 감시와 생활고 때문에 『흑도』 창간이 난항을 겪었던 상황을 다음과 같이 기술하고 있다.

- 미리 계획했던 잡지 『흑도』가 금일에야 도쿄의 한 구석에서 빈약하지만 힘차게 고고의 성을 울렸다. 여느 때와 다름없이 난산이었다는 것은 논할 것까지도 없다.
- 확실하지는 않지만 두 명의 산파와 본인의 생각으로는 7월 1일이나 2일경이었던 듯한데, 마루노우치의 붉은벽돌 병원에 근무하는 의사선생님이 친절하게도 불쑥 병문안을 와서는 아직 잡지도 않은 너구리를 두고 독장수 셈하는 식으로, 아니 태어나지도 않은 자식의 얼굴 모습과 그애의 장래 목표까지 상세하게 물으셨기 때문에, 뱃속의 아이도 조금 무서웠는지 나올 때가 되었는데도 애를 먹이며 나오려 하지 않았다. 뿐만 아니라 요즘과 같은 불경기

에 빵과 마라톤을 해서 늘 꼴찌를 면치 못하고 있는 우리들에게 무사武士는 자꾸 먹으라고 권하지만 아무리 힘을 써도 고양자高楊子의 원기를 회복할 수가 없다.

■ 이런 상황에서 목숨을 걸고 빵을 계속 좇고 또 한편으로는 붉은 벽돌집 주인에게 계속 쫓기면서도, 무슨 일이든 해서 조금 아니 많이 놀라게 하리라는 희망을 품고 있었으나 여러 가지로 부대끼다 보니 이렇게 빈약하고 보잘것없는 것을 내놓아야 할 운명에 처하고 말았다.

그리고 「창간에 즈음하여」에서는 다음과 같은 『흑도』의 간행 취지가 서술되어 있다.

우리들은 인간으로서의 약자의 절규, 소위 불령선인의 동정動靜, 그리고 조선인의 내면 등을 아직 피가 굳지 않은 인간미를 지닌 많은 일본인들에게 소개하기 위해 흑도회의 기관지로서 잡지 『흑도』를 간행한다. 우리들의 앞길에는 수많은 장애물이 도사리고 있다는 것을 알고 있다. 그러나 그 장애물들을 모두 정복했을 때 그리고 많은 세상 사람들이 우리들을 돌아볼 때, 바로 그때 우리들의 날은 올 것이다! 그때야 비로소 참된 일조융합日朝融合, 아니 만인이 갈망하여 마지않는 세계융합이 실현될 것이다!

조선인 특히 일본제국주의를 향하여 투쟁하는 조선인의 마음을 뛰는 심장을 지닌 일본인들에게 소개하고, 조선과 일본 양국의 민중 나아가 세계 민중의 해방에 도움이 되고자 한다는 게 간행 취지이다.

『흑도』의 창간호와 제2호에는 모두 「선언」이 게재되어 있다. 첫 부

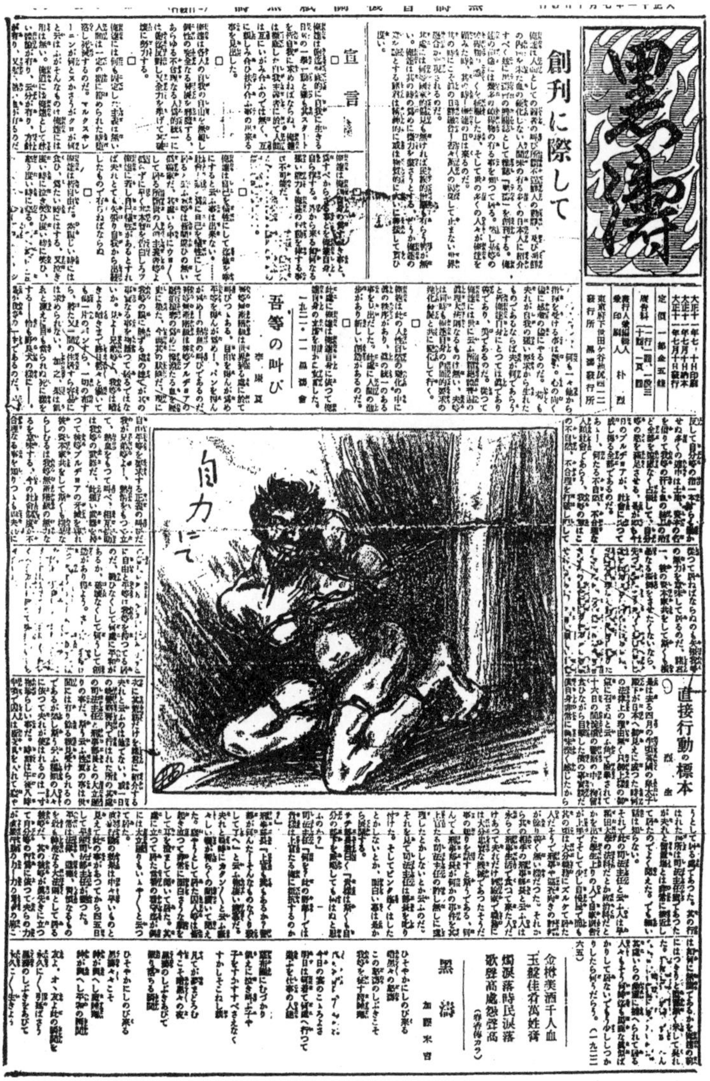
黒濤
創刊に際して
宣言
吾等の叫び
直接行動の標本

『흑도』 1922년 7월 10일자 창간호.

분을 소개하면 다음과 같다.

■

우리들은 어디까지나 철저하게 자아에 입각하여 산다. 일상의 일거일동도 모두 자아에서 그 출발점을 구하지 않으면 안 된다. 우리는 철저한 자아주의자自我主義者를 통하여 인간은 서로 으르렁댈 필요 없이 상호 친밀하게 도울 수 있다는 것을 발견했다.

■

우리들은 각자의 자유로운 자아의 자유를 무시하고 개성의 완전한 발전을 방해하는 불합리한 인위적인 통일에 끝까지 반대하며, 또 전력을 다하여 그것을 파괴하는 데 노력할 것이다.

■

우리들에게는 어떠한 고정된 주의主義도 없다. 인간은 일정한 틀에 걸려들 때 타락하고 사멸하는 것이다. 마르크스나 레닌이 뭐라고 지껄이든 말든, 크로포트킨이 짖든 말든 우리들에게 그런 건 아무 소용이 없다. 우리들에게는 우리들만의 소중한 체험이 있고, 타고난 재능이 있고, 방침이 있으며, 뜨겁게 약동하는 피가 있다.

■

우리들은 우리들 자신이 해야 할 것과 해서는 안 되는 것을 우리들 자신이 스스로 판단한다. 밖에서 오는 어떠한 강한 권력도 우리들의 행동을 판단할 수 없을 것이다.

흑도회는 아나키스트와 공산주의자인 재경조선인으로 구성되어 있었는데, 이 선언은 막스 슈티르너 식의 자아주의적인 아나키즘을 주장하고 있으며 공산주의적인 주장은 전혀 보이지 않는다. 여기에서도 흑도회가 분열한 원인 중 하나를 찾을 수 있을 것이다.

흑도회는 1922년 11월에 분열하여 김약수와 백무 등 공산주의자는 북성회北星會를, 박열과 홍진유洪鎭裕 등 아나키스트는 흑우회黑友會를 조직했다.[3] 이 때문에 『흑도』의 간행은 제2호로 끝나고, 박열과 후미코는 같은 해 11월에 이 잡지 대신 잡지 형식의 『뻔뻔스러운 조선인太い鮮人』을 창간했다.[4] 처음 그들은 『불령선인不逞鮮人』이라는 표제를 선택했으나 경시청이 이 제목을 허락하지 않았기 때문에, 경시청 관계자가 '뻔뻔스러운 놈'이라고 말한 데서 힌트를 얻어 『뻔뻔스러운 조선인』이라 했다는 것이다.(『재판기록』, 21쪽) 그러나 『뻔뻔스러운 조선인』의 난외欄外에는 '후테이센진不逞鮮人'이라는 제목이 붙어 있었다.

『불령선인』이라는 표제를 달고자 한 의도는 일본의 권력이 말하는 바 '불령선인'이 조금도 '불령뻔뻔스럽고 무례'하지 않다는 것을 일본 민중에게 알리는 데 있었다. 『뻔뻔스러운 조선인』 제1호에 게재된 「『뻔뻔스러운 조선인』의 간행에 즈음하여」에 간행 취지가 다음과 같이 적혀 있다.

> 일본 사회에서 혹독하게 오해를 받고 있는 '불령선인'이 과연 앞뒤 가리지 않고 암살, 파괴, 음모를 도모하는 자인가 아니면 어디까지나 자유를 향한 열정을 안고 살아가는 인간인가를, 우리들과 유사한 지경에 처해 있는 많은 일본인 노동자에게 고함과 동시에, (30자 복자) 『뻔뻔스러운 조선인』을 발행한다.

후미코는 1922년 말에 간행된 것으로 보이는 동지 제2호에 '박문자朴文子'라는 필명으로 「소위 불령선인이란」이라는 제목의 논설을 쓴다. 후미코는 '불령선인'이라는 말이 '올바른 의미로 이해되고 또 올

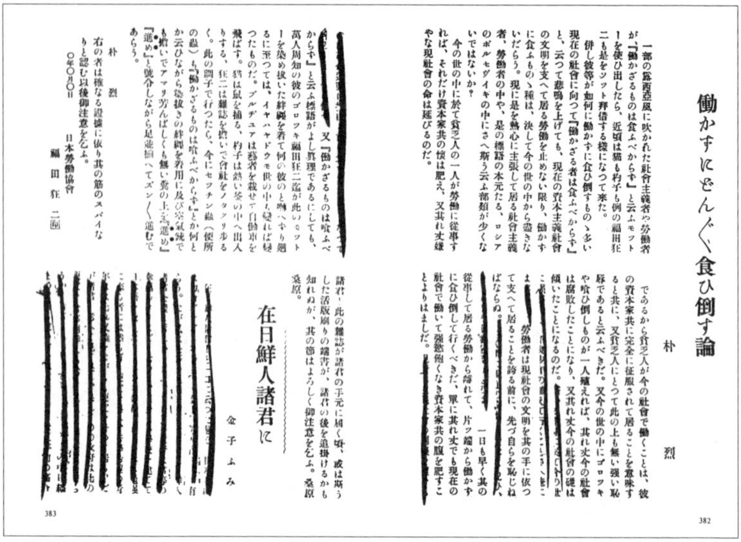

働かずにどん〳〵食ひ倒す論

朴 烈

一部の露西亜風に吹かれた社會主義者や勞働者が『働かざるものは食ふべからず』と云ふモットーを使ひ出したら、近頃は猫も杓子も例の福田狂二も是をソット拜借する樣になつて來た。

併し彼等が如何に働かずに食ひ倒すものゝ多い現在の社會に向つて『働かざる者は食ふべからず』と、云つて悲鳴を上げても、現在の資本主義社會の文明を支へて居る勞働を止めない限り、働かずに食ふものゝ種は、決して今の世の中から盡きないだらう。現に是を熱心に主張して居る社會主義者、勞働者の中や、是の標語の本元たる、ロシアのボルセヴイキの中にさへ斯う云ふ部類が少くないではないか？

今の世の中に於て貧乏人の一人が勞働に從事すれば、それだけ資本家共の懐は肥え、又其れ丈嫌やな現社會の命は延びるのだ。

であるから貧乏人が今の社會で働くことは、彼の資本家共に完全に征服されて居ることを意味すると共に、又貧乏人にとつて此の上も無い強い恥辱であると云ふべきだ。又今の世の中にゴロツキや喰ひ倒しものが一人殖えれば、其れ丈今の社會は腐敗したことになり、又其れ丈今の社會の礎は傾いたことになるのだ。[redacted]勞働者は現社會の文明を其の手に依つて支へて居ることを誇る前に、先づ自らを恥じねばならぬ。[redacted]一日も早く其の從事して居る勞働から離れて、片ッ端から働かずに食ひ倒して行くべきだ、單に其れ丈でも現在の社會で働いて強慾飽くなき資本家共の腹を肥すことよりはましだ。[redacted]

[redacted]又『働かざるものは喰ふべからず』と云ふ標語がよし眞理であるにしても、萬人周知の彼のゴロツキ福田狂二迄が此のモットーを染め拔いた絆纏を着て何の彼のと喚へずり廻るに至つては、イヤハヤドウモ世の中も穢れば穢つたものだ。ブルヂユアは藝者を載せて自働車を飛ばす。猫は鼠を捕る、杓子は熱い釜の中へ出入りする、狂二は雜誌を擔いで會社をノタクリ歩く。此の調子で行つたら、今にセツチン蟲（便所の蟲）も『働かざるものは喰ふべからず』とか何とか云ひながら染拔きの絆纏を着用に及び空氣銃でも擔いでアマリ芳んばしくも無い糞の上を『進め』『進め』と號令しながら足並揃へてズン〳〵進むであらう。

朴 烈

右の者は確なる證據に依り其の筋のスパイなりと認む以後御注意を乞ふ。

〇年〇月〇日　日本勞働協會　福田狂二[illegible]

諸君！此の雜誌が諸君の手元に屆く頃、或は斯うした活版刷りの端書が、諸君の後を追掛けるかも知れぬが、其の節はよろしく御注意を乞ふ。桑原桑原。

在日鮮人諸君に

金子ふみ

[redacted]

382　383

『현사회』 제3호에 실린 가네코 후미코와 박열의 논문. 검게 그은 부분은 경시청이 검열하여 지운 것이다.

바른 의미로 사용되고 있는가'라는 문제를 제기한 다음, 불령선인이란 '어디까지나 자유를 향한 열정을 안고 살아가는 인간'이며, '아무리 제멋대로인 진압책을 내세운다고 해도 또 아무리 교묘한 단속법을 시행한다고 해도, 우리 불령선인은 금일 일본과 조선의 관계가 이대로 계속되는 한, 늘면 늘었지 결코 줄어들지는 않을 것이다'라고 선언하면서 글을 맺고 있다.

『뻔뻔스러운 조선인』은 1923년 3월 15일에 발행된 제3호부터 『현사회現社會』로 이름을 바꾸어 제4호(같은 해 6월 30일 간행)까지 발행되었다. 개제한 이유는 세상 사람들이 『뻔뻔스러운 조선인』이라는 표제를 혐오하여 광고를 실어주지 않았기 때문이다.(『재판기록』, 21쪽) 『흑도』와 마찬가지로 『뻔뻔스러운 조선인』도 4호로 막을 내렸고, 제3호와 제4호는 각각 24쪽과 26쪽에 달했다. 광고가 많아졌다는 말로 미루어보건대 광고료 수입에 의존하여 증면했을 것이다. 『현사회』 제3호는 복자伏字로 처리된 부분이 많아 내용을 파악하기가 쉽지 않다. 1923년 4월 25일 조선의 피차별민 백정(일본의 피차별 부락민에 해당하는 피차별민)의 결사체인 형평사衡平社가 진주에서 창립된 것과 관련하여, 제4호에서는 백정에 대한 차별 문제를 다루고 있다. 박열은 「조선의 형평운동에 관하여」라는 제목의 논설에서 다음과 같이 말하고 있다.

> 우리들 조선인의 사회에서 그토록 추악한 계급적 차별을 이대로 두고 달리 무슨 자유가 있을 것이며 무슨 평등이 있을 것인가. 이러한 계급적 차별을 망각하고 조선인 전체의 일치단결을 강요하는 것은 (121자 복자) 도저히 불가능한 시도이다. 그렇지 않을 경우 우리 조선들의 운동은, 가령 그것이 독립운동 혹은 노동운동이나 사회운동이라 할지라도, (4자 복자) 당연히 그 표준이 형평사의 운동과 합치해야 하며 또 합치할 때에야 비로소 참된 의의를 지닐 것이다. 그리고 바로 그러할 때 강력한 운동이 싹틀 것이다.

우메도수평사梅戸水平社에 소속된 나카무라 아무개는 논설 「불령특수부락민으로부터」에서 다음과 말하고 있다.

> 자본주의는 말할 것도 없고 사회주의자 중에도 우리들을 차별하는 자가 있을지 모른다. 사실 지금까지 그러한 사이비 혁명가가 가끔 있었다.
>
> 이와 마찬가지로 불령선인이라고 불리는, 게다가 단순한 독립운동가가 아니라 막 계급의식에 눈뜬 자칭 불령선인 중에, 백정을 혐오하

는 그야말로 뻔뻔스러운 조선인이 있는지 모른다.

가령 자본주의를 파괴하고자 하는 사회주의에서나 불령선인의 단체에서는 우리들 특수부락민과 조선의 백정을 학대해서는 절대로 안 되며, 따라서 우리들은 참된 사회주의자가 되지 않으면 안 된다.

그렇지만 정말로 차별을 당한 경험이 있는 자들은 아마도 다른 사람을 차별하기 어려울 것이며, 만약 그것이 거짓 없는 사실이라면 그 때야말로 흔쾌히 공동전선에 설 것이다.

『뻔뻔스러운 조선인』 제2호에도 '특수부락민 귀인생鬼人生'이 조선인 차별과 피차별 부락민 차별을 논한 「미에현三重縣에서」가 게재되어 있다.

에타(피차별 부락민)와 조선인도 인간으로서 고귀한 혼과 반항심을 지니고 있다. 지금 우리는 에타니 조선인이니 하면서 모욕과 박해를 받고 있다. 머지않아 반역의 불꽃이 타오르기 (3자 복자). 오호, 타오를 (3자 복자).

이달 초의 일이었다. 이세伊勢의 야마다에서 노동자와 조선인처럼 보이는 사람 4, 5명이 역에 그들이 갖고 있던 수하물을 의뢰하니까 '더럽다'며 일언지하에 거절하자 두세 차례 서로 말다툼을 하는 사이에 발차 시각이 바짝 다가왔다. 조선인들은 시각을 다투어 일하러 가고 있는 참이었다. 어쩔 수 없이 그 수하물을 차 안으로 가지고 들어갔다. 그러자 오호! 비인간적이기 짝이 없는 역원驛員들은 지들 멋대로 찢어진 신발로 그것을 걷어차 떨어뜨렸다. 보따리는 소리 없이 승강구를 빠져나가더니 철길로 사라졌다. 조선인 한 사람이 일어섰다. 그의 눈은 이글거렸고, 침착한 가운데 움직일 수 없는 어떤 결의가 보였다.

"당신들은 왜 이렇게 우리들을 경멸하는 것이냐! 잊지 않겠다! 잘 알아두어라! 3년이 지나지 않아 꼭 이 치욕을 되돌려줄 테니!"

아아, 얼마나 비통한 말인가! 그 말솜씨는 서툴렀다. 하지만 그 소리는! 아아, 그 소리는! 폐부 저 깊숙한 곳에서 끌어올린 것 같은 그 소리는! 아니 그 외침은!

그리고 『현사회』 제3호에는 충청남도 천안에 사는 이카이 마사오猪飼眞左夫의 「재선불령일본인在鮮不逞日本人으로부터」가 실려 있다. 이 글에서 그는 "나는 오로지 빵을 구하기 위해 그리고 권세에 쫓겨 생가를 버리고 이렇게 반도에서 떠돌고 있는 몸이다. 당신들의 일을 도와주고 싶은 마음 굴뚝같지만 어찌할 수가 없다. 적으나마 이발할 돈을 아껴 후원금을 동봉하니 우송료에라도 사용해주기 바란다"고 쓰고 있다.

박열과 후미코는 백정이나 피차별 부락민, 기타 밑바닥 계층의 소리를 반영하고 그들의 공동전선 형성을 지향하면서 『뻔뻔스러운 조선인』과 『현사회』를 편집했다.

가네코 후미코와 박열의 생활

박열은 요시찰조선인 갑호甲號 해당자였다.[5] 요시찰조선인 갑호란 '불령선인'의 지도자급 또는 '불령사상'에 강하게 물들어 있는 자로, 특별한 감시가 요구되는 조선인을 가리킨다. 을호는 이보다 정도가 낮은 자이다.

1916년 7월 1일 자 내무성 훈령 제681호 「요시찰조선인 시찰내규

視察內規」에 따르면 갑호와 을호에 해당하는 자는 다음과 같은 조선인이다.

갑호

1. 배일사상의 신념이 두터운 자 또는 배일사상 소유자들 사이에 세력이 있는 자.
2. 항상 배일사상을 고취하거나 업무상의 관계를 그 고취에 이용할 우려가 있는 자.
3. 배일사상 소유자 또는 그럴 의심이 있는 자 또는 이들과 연락관계가 있는 자로서, 거처 업무 등의 관계에 있어 폭발물 및 기타 위험물을 영유하는 데 유리한 자.
4. 배일사상 소유자로서 조선에 있거나 외국에 있는 뜻을 같이하는 자와 자주 통신왕복하는 자.
5. 배일사상 소유자 또는 그럴 의심이 있는 자로서 위험한 행동에 나설 위험이 있는 자 혹은 조포교격粗暴矯激한 언동을 하는 자.
6. 기타 배일사상 소유자 또는 그럴 의심이 있는 자로서 특히 엄밀한 시찰을 요한다고 인정되는 자.

을호

1. 배일사상 소유자 또는 그럴 의심이 있는 자로서 갑호에 해당되지 않는 자.
2. 본인의 성행性行, 경력, 평소의 품행, 구독하는 신문이나 잡지 기타 관계에 의해 배일사상에 감염될 경향이 있는 자.

한편 이들 요시찰인물에 관해서는 거주지의 행정기관廳府縣에 의한 명단 작성(제2조), 그들의 왕래, 통신, 회합, 저작과 번역, 출판, 전도 등 동정의 탐지(제3조), 필요한 경우에는 직접 감시 또는 미행(제4조) 등이 명시되어 있다.[6]

박열은 자신이 경찰로부터 감시받고 있는 상황을 다음과 같이 말하고 있다.

내가 작년(1921년—인용자) 10월경 혼고 고마고메에서 친구 서너 명과 함께 방을 얻어 자취 생활을 하고 있을 때, 바로 옆집에 우리들을 각별하게 돌봐주는 할머니가 있었다. 그런데 그것을 눈치 챈 경찰서 양반들이 그저 보고만 있을 리가 있겠는가. 재빨리 그 할머니를 끌고 가 묻기를, "듣자 하니 당신은 요즘 조선인을 각별히 돌봐주고 있는 듯한데 대체 어찌된 일인가? 필시 돈이라도 받았을 것이다. 만약 그렇다고 한다면 법을 어기고 있는 셈이다. … 그렇지 않다면 … 잘 생각해 봐라. 그놈들은 늘 나쁜 일만 꾸미는 불령선인이 아닌가? 일본인으로서 불령선인을 돌봐준다는 것은 괘씸한 짓이다. 또 만약 그놈들이 못된 짓이라도 한다면 당신도 화를 당하고야 말 것이다! 그러니까 저런 놈들을 보살피는 일 따위는 즉시 그만두는 게 좋다. 만일 이 말을 듣지 않는다면 우리도 가만 있지 않을 것이다. 게다가 그놈들은 천성적으로 언제 못된 짓을 저지를지 모른다!" 말투에서 볼 수 있듯 이런 식의 고압적인 태도로 위협했던 듯하다. (중략)

또 하숙집에 사는 친구를 방문하자 경찰서 양반은 그 집주인과 하녀에게 "그놈들은 불령선인이니 국가를 위해 잘 생각해서 주의하도록 하라"고 한다. 그것만으로는 불만스러웠는지 언젠가는 "그놈들이 오면 몰래 전화로 알려야 한다"고 말하기도 한다. 만사에 용의주도한 경찰관 나리, 다른 곳에 방이라도 얻으면 아니나 다를까 판에 박은 듯이

한술 더 떠 '그놈들이 이사하면 이사 간 곳을 물어두라'고 처음부터 엄명을 내린다. (중략)

이것이 꼭 불령선인에 한한 것이라고는 할 수 없지만, 귀하신 관리 나리가 우리들의 누추한 방을 방문하실 때에는 두세 사람이 함께 와서 한 사람은 집주인과 얘기하기도 하고, 때로는 모두 모여서 시위하듯이 위협하거나 달래기도 한다. 또는 이상하게도 날카롭게 날을 세운 낫을 걸어놓기도 한다. 또 일단 돌아가는 척하다가 다시 돌아와서는 집주인에게 말을 건다. 이렇게 양쪽의 얘기를 종합하여 제멋대로 단안을 내릴 것이다. 또다시 집주인을 향하여 언제나 입버릇처럼 "저놈은 속히 내쫓아버려"라며 무섭게 눈을 뜨고서 윽대긴다.

조선인 집회에는 그것이 아무리 소규모라 할지라도 반드시 경찰의 임시 검문이 따라붙는다.[7]

일본의 패전 후 박열이 말한 바에 따르면, 그가 조선에 있던 때는 별도로 하더라도 "도쿄에서만 50번 이상의 검속 구류를 당했다. 한때는 미행하는 순사가 두 사람이나 붙어서 어디를 가든 감시를 받았고, 집 앞에는 경찰서 파출소가 설치되어 출입하는 자를 일일이 검문하는 것 같았다"고 한다.[8]

후미코도 경찰이 감시하는 눈길을 피할 수 없었다. 그녀는 『흑도』 창간호에 '활랑생活浪生'이라는 필명으로 「연금 때문인가? 국가 때문인가?: 형사실에서 들은 대로」라는 글을 썼는데, 이 글에서 후미코는 이렇게 말한다.

어느 날의 일이다. 아침 10시경, 아래층에 사는 주인에게서 손님이 왔다는 말을 듣고 급히 내려가보니 눈을 이상스러울 정도로 무섭게

뜬 아저씨가 우뚝 서 있었다. "나는 경시청에서 온 사람인데, 조사할 게 있으니까 잠깐 세타야 분서까지 가주셔야겠습니다." '결국 눈치를 채고 말았구나….' 아니야, 이전부터 눈치는 챈 것 같았는데…. 먼저 이것저것 필요한 물건을 챙기고 혐오스러운 생각도 하면서 그 아저씨를 따라 경찰서까지 동행하게 되었다.

이 글에서는 경찰서에서 무슨 조사를 받았는지 언급하고 있지 않다. 아마도 『흑도』 창간에 관한 것이었으리라. 후미코의 말에 따르면 "박열은 건강하기만 하다면 좀처럼 집에 붙어 있지 않을 남자"였다고 한다.[9] 그렇다면 그들이 살고 있는 집에 감시하러 온 경관을 응대한 사람은 주로 후미코였을 것이다. 아버지에게 구현되어 있던 천황제적 가족제도를 통하여 간접적으로 천황제 국가와 대결한 바 있는 후미코는, 이번에는 '불령선인' 박열의 동반자가 된 결과 국가와 직접 대결하기에 이르렀다.

1923년 5월 1일 후미코는 박열 등과 함께 메이데이 행사에 참가했다. 같은 해 5월 2일 자 『도쿄아사히신문東京朝日新聞』은 메이데이에 즈음하여 경찰이 조선인과 일본인 '주의자', 즉 공산주의자와 아나키스트를 일차적인 표적으로 삼았던 상황을 다음과 같이 보도했다.

무겁게 내려앉았던 하늘이 차차 맑아질 무렵, 시바공원은 메이데이 시위에 참가한 노동자와 합피(직공 등이 입는 흰 겉옷—옮긴이) 차림의 노동자들로 가득 찼다. (중략) 엄청난 경관들이 공원 주위를 포위하고서 사사키, 다나베 두 경찰관의 지휘 아래 개회에 앞서 각 입구에서 '조선인용의자', '주의자용의자' 등으로 구별하여 아무런 이유 없이 참가자들을 검속했다. (중략) 오전 11시, 시바우라노동조합의 한다 리스케半田利助 군이 먼저 연설을 시작하고, 다카야마 지로高山治郎 군이 일어서 3개조의 결의를 낭독하면서부터 분위기는 점점 뜨거워졌다. 정오 무렵에는 약 1만, (중략) 연설이 진행되면서 동시에 검속자가 하나둘씩 늘어갔다. 이를 구경하기 위해 사람들이 떼를 지어 공원 주위로 모여들었다. 갑자기 누군가 연단으로 뛰어올라가 적색 삐라를 뿌리자 경관들이 노동자들과 뒤섞여 소용돌이를 이루었다. 이렇듯 혼잡스러울 때마다 경찰관은 표적으로 삼고 있던 간부들을 잇달아 끌어내 연행했다. 오전 0시가 조금 지날 무렵, 조선인 한 사람이 연단에 오르자 아래에서 대기하고 있던 경관이 갑자기 강제로 끌어내리려고 했다. 그러자 '조선인이 왜 나쁜가'라며 5, 6명이 연단에서 그를 비호하는 사이, "앞으로!"라는 호령에 경찰대는 노동자들을 향해 돌격하는가 싶더니 돌연 큰 소리를 내며 연단을 밀어붙이기 시작했다. 급기야 싸움이 시작되었고 피로 범벅이 되어 소리를 지르는 자와 모자가 찢어진 경관이 뒤섞여 일시 혼란이 극에 달했으나 점차 수습되었다.

이날 메이데이 집회에 참가하여 조선인이 경관과 싸우는 것을 본 아키타 우자쿠는 "조선 동포의 강력한 투쟁력을 보고 놀랐다. 그리고 그들 다수는 전열에서 강제로 끌려나갔다"고 기록했다.[10] 난바 다이스케도 같은 상황을 보고 다음과 같이 적었다.

메이데이 집회가 있던 날
경찰의 총검이 조선인에게 행사한
저 폭압과 압정은 어떠했던가.
도쿄의 한복판에서, 백주 대낮 수많은 사람들의 눈이 지켜보는 가운데

(중략)

폭탄이 날고 적기가 내달린다

용감한 조선인, 수병들과 함께

proletariat emancipation movement의

최전위最前衛이다.

인도적이며 모든 향기로운 동정을

조선인들에게 그리고 피억압자들에게

주는 게 피차 좋지 않겠는가.[11]

조선인의 전투력은 일본인의 주목을 끌었고 이와 함께 그동안의 조선인관이 바뀌기 시작했다.

이날 "조선인 박열 외 13명도 입장하려 했으나 이들 또한 단속에 걸렸다." 시위행렬 "가운데에는 젊은 가네코 후미코와 자식을 등에 업은 주의자들의 아내 3, 4명도 눈에 띄었다."[12] 후미코도 검속에 걸려 "예의 아타고愛宕경찰서 신세를 지게 되어 '메이지明治 42년 경시청 구입'이라는 글귀가 씌어진 모포를 지급받아 우글거리는 이와 더불어 몸을 감싸고 차가운 유치장에서 하룻밤을 지새웠다."[13]

후미코와 박열의 수입은 조선인삼 판매와 '회사건달' 노릇, 그리고

마시자 마시자, 만인이 두루 아는 영약 조선인삼을

—자본가도 노동자도 정치가도—

품질 확실 효능 보증

발매원 도쿄부 세타가야 데지리 412

조선인삼상 박문자

그들에게 "호의를 갖고 있는 사람의 특별한 보조" 즉 모금운동 등에 의존하고 있었다.(『재판기록』, 269쪽) 다음과 같은 조선인삼 광고가 『흑도』와 『현사회』에 실려 있다.

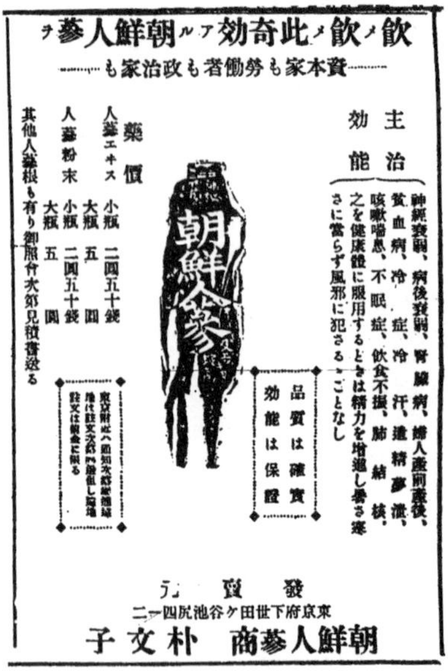

흑도회 기관지 『흑도』 제1호에 실린 조선인삼 광고. "조선인삼상 박문자"라는 것이 보인다.

그리고 후미코의 설명에 따르면 '회사건달' 노릇이란 "우리들이 발행하고 있던 잡지 『현사회』에 게재한 광고를 다른 회사에 가지고 가면 그 회사는 광고를 내기로 하고 20, 30엔의 돈을 쥐어주거나, 아니면 다른 신문이나 잡지사의 광고게재 권유를 받는 게 싫어서 우리들에게 5엔이든 10엔이든 돈을 주어 우리들을 내쫓았다"는 것을 두고 하는 말이다.(『재판기록』, 269쪽) 요컨대 당시의 아나키스트들이 말하는 바 '약탈'에 해당하는 것으로, 광고료 명목으로 회사 등으로부터 돈을 우려냈다는 것을 의미한다. 덧붙여 말하자면 『흑도』, 『뻔뻔스러운 조선인』, 『현사회』에는 모두 미쓰코시 광고가 게재되어 있었다.

아리시마 다케오有島武郎도 모금운동에 동참했다고 한다.(『재판기록』, 269쪽) 신문사 이사理事라는 사람이 생활을 꾸릴 수 있도록 간이식당 또는 술집 등의 영업자금을 대여해주겠다고 한 적도 있었다.[14] 민족차별이 엄혹했던 시대에도 이처럼 박열과 후미코 부부를 따뜻하게 대해준 일본인이 있었던 것이다.

1922년, 후미코의 어머니 기쿠노가 계모임하는 사람들과 함께 도쿄를 구경하러 왔다가 요요기에 있는 셋방에 들러 후미코와 박열을 만났다. 후미코가 죽은 뒤, 기쿠노는 그때의 인상을 다음과 같이 말하고 있다.

> 그 당시의 일을 생각하면 … 나는 후미코가 완전히 사내와 같아서 여자다움이란 도무지 찾아볼 수가 없었습니다. 놀라지 않을 수 없었지요. 그때 후미코는 단발머리에다 조선옷을 입고 남자용 가방을 메고선 거의 하루 종일 어딘가를 돌아다니면서 조선인삼 행상을 하는 한편 무슨 잡지를 내고 있었던 것 같습니다. 그러니까 박열과의 생활은 남녀 두 사람이긴 했어도 지극히 사이가 좋은 두 남자가 함께 사는 세대처럼 보였습니다.[15]

1923년 후미코와 박열이 아이카와의 집에서 나올 때 집세 2개월치가 밀려 있었다.(『재판기록』, 249쪽) 경찰의 압박을 받아 경제적인 측면에서도 생활은 순탄하지 않았다. 그러나 어머니의 회상은 당시 후미코가 대등한 동지 박열과 함께 생기가 도는 생활을 보내고 있었다는 것을 말해준다.

흑우회와 불령사

1923년 3월 무렵, 박열과 후미코는 주거지를 도요타마군 요요기 도미카야 1474번지로 옮겼다.(『재판기록』, 19쪽) 이층짜리 셋집이었다.

두 사람의 경제 상태로 보아 이는 조금 사치스럽다고 할 수 있을 터인데, 아마도 동지들이 모일 장소를 찾다보니 그렇게 된 것이리라. 이 집에서 새롭게 설립된 불령사不逞社 정례모임이 열리게 된다.

불령사 설립은 1923년 4월에 후미코와 박열이 논의를 거쳐 생각해 낸 다음, 박열이 홍진유 등에게 얘기하여 같은 달 중순 그들의 집에서 이루어졌다.(『재판기록』, 21, 22쪽) 동인은 박열, 가네코 후미코, 김철金徹, 육홍균陸洪均, 박망朴沇, 홍진유, 정태성, 서동성徐東星, 나가타 게이자부로永田圭三郎, 오가와 다케시小川武, 최규종崔圭悰, 이필현李弼鉉, 서상경徐相庚, 하일河一 즉 하세명河世明 등이다. 그 후에 참가한 사람은 최영환崔英煥, 김중한金重漢, 장찬수張讚壽 즉 장상중張祥重, 박흥곤朴興坤, 김영화金永驊, 한현상韓晛相, 니야마 하쓰요新山初代, 노구치 시나니野口品二, 구리하라 가즈오栗原一男 등이다. 총 동인 수는 23명이며, 이 가운데 조선인이 17명(73.9퍼센트)이고 나머지 6명(26.1퍼센트)은 일본인이다. 그들의 연령과 경력은 「불령사 동인 일람표」에 나타난 바와 같다. 연령을 알 수 없는 자가 3명, 경력이 전혀 알려지지 않은 자가 1명인데 이들을 제외하고 불령사 동인의 공통점을 찾아보면, 모두가 20대 청년이며, 고등소학교에서 중등학교 정도의 학력을 가진 자가 많다. 고학생 또는 노동자라는 점도 거의 같다. 조선인과 일본인 고학생 및 노동자가 많다는 것을 알 수 있다. 사상적으로는 아나키스트가 중심이지만, 불교도와 기독교도까지 포함되어 있어 꽤 잡다하다.

이 모임의 설립 목적은 무엇이었을까. 후미코의 설명에 따르면, 그녀는 박열과 함께 "흑우회 회원은 비교적 세련된 아나키즘 사상을 지니고 있는 사람들이기 때문에 아나키즘과 거리가 먼 사람들을 규합하여 이 주의를 선전해야 하지 않겠는가"라고 생각했다.(『재판기록』, 21

불령사 동인 일람표

성명	연령	불령사 동인이라는 전거(典據)	경력
박 열	25	22, 153, 157, 162, 187, 303, 333	고등보통학교 사범과 중퇴(32), 고학생동우회원③, 흑도회원(21), 혈거단원(307), 흑우회원(160)
가네코 후미코	20	22, 153, 157, 162, 187, 303, 333	고등소학교 졸업①, 세이소쿠영어학교 및 연수학관 통학②, 흑고회원(21), 흑우회원(21)
김영화		171, 187	상애회 야학교사(359)
김중한	22	157, 162, 187, 193, 303	흑우회 주선 역할(21, 141), 흑우회 기관지 『민중운동』 편집인(141)
김철		153, 162	노동자진회 회원(182, 190)
박망		153, 162	
박홍곤		162, 187, 372	혈권단원(307), 흑우회원(21), 『민중운동』 편집인(142), 노동자유연맹(167, 190, 360)
서동성	27	153, 157, 162, 303, 333	흑우회원(160), 학생③
서상경	24	157, 162, 303, 333	별명: 서상일, 흑우회(206), 동회 기관지 『민중운동』 발행인③(206)
육홍균	24	22, 153, 157, 162, 303,334	최영환의 친구(148)
이필현	24④	157, 162, 333	학생③, 흑우회원③, 혈권단원(307)
장상중	26	22, 157, 162, 187, 303	유명(幼名): 장찬수(160), 학생③, 인부(303), 흑우회원(21, 160), 『민중운동』 편집인, 혈권단원(307), 노동자유연맹원(167, 360)

성명	연령	불령사 동인이라는 전거(典據)	경력
정태성	23	22, 153, 162, 187, 303, 333	보성고등보통학교 중퇴(329), 세이소쿠영어학교에서 2년간 재학한 후, 메이지대학 전문부 정치경제학과에 입학, 중퇴(328), 흑도회원(330), 인부(328)
최규종	23	22, 157, 162, 303, 333	흑우회원(21), 『민중운동』 편집인(142), 혈권단원(307), 최영환의 친구(148)
최영환	20⑧	162, 187, 355	니치렌종중학3년생(140), 신문배달, 엿가게 판매원, 시부야의 호센지와 우에노공원에 있던 벤텐도의 승려(140), 흑우회 후원자(141, 356), 후에 최범술로 개명, 다이쇼대학을 졸업하고 불교학자의 길을 감④
한현상	23	157, 162, 303	경성의 중앙중학(고등보통학교) 졸업, 세이소쿠영어학교 재학, 사회주의 동맹 가입, 흑우회원, 기독교도⑤
하세명	23	22, 157, 162, 187, 304, 334	별명: 하일(河一), 최영환의 지인(148)
홍진유	27	22, 153, 157, 187, 303, 333	미다영어학교 1년 재학(158), 주오대학법과 중퇴(158), 노동자(158), 흑우회원(21, 160), 『민중운동』 편집인(166)
오가와 다케시	26	157, 162, 303, 334	만화가⑥
구리하라 가즈오	21	22, 157, 162, 187, 304	이와쿠철도학교 예과 졸업, 아카사카중학 중퇴, 중앙우편국 통신사무원, 일본하물주식회사 사무원, 이케부쿠로미나미제약소 직공, 기타 노동자 생활을 하다(178), 흑우회와의 관계는 본인이 부정(181)

성명	연령	불령사 동인이라는 전거(典據)	경력
니야마 하쓰요	22	22, 157, 162, 187, 303	부립제일고등여학교 졸업, 영국인 경영 회사 사무원, 동시에 세이소쿠영어학교 통학, 그 뒤에 잡화과자상, 흑우회원(21, 367)②, 1923년 11월 28일 결핵으로 사망⑦
노구치 시나니	25	157, 162, 304	
나가타 게이자부로	29⑧	153, 157, 162, 333	고등소학교 졸업, 니가타철공소 근무 후 목수(151), 흑우회 후원자(166)

1. '불령사 동인이라는 전거' 란의 숫자 및 '경력' 란의 괄호 안의 숫자는 『박열 · 가네코 후미코 재판기록』의 쪽수이다.
2. 연령은 1923년 현재, 특별한 표기가 없는 것은 1923년 10월 20일 자 치안경찰법위반불령사예심청구서 (『박열 · 가네코 후미코 재판기록』 303~304쪽)를 따랐다.
3. 기타 출전은 다음과 같다.
   ①「부강심상고등소학교 학적부」.
   ② 가네코 후미코, 『무엇이 나를 이렇게 만들었는가』.
   ③ 조선총독부 경무국 도쿄출장원(朝鮮總督府警務局東京出張員), 『재경조선인상황(在京朝鮮人狀況)』(박경식 편, 『재일조선인관계 자료집성』 제1권).
   ④ 최범술, 「다테마쓰 판사와 박열대역사건」(윤청광 편, 『잊혀지지 않는 일본인: 조선인의 원한과 애석』, 대홍출판, 1979).
   ⑤ 고마쓰 류지, 「재일한국인의 궤적: 65년간의 재일생활의 견문」(『미다(三田)학회잡지』, 78권 6호, 1986년 2월).
   ⑥ 김일면, 『박열』, 합동출판, 1973.
   ⑦ 『호치신문』, 1923년 12월 2일 자 석간.
   ⑧ 본인의 조서(『박열 · 가네코 후미코 재판기록』 140, 151쪽).

쪽) 나가타 게이자부로의 증언에 의하면, 그가 홍진유, 정태성, 서동성 등의 권유로 불령사 설립 회합에 출석하자, 박열이 "사회운동은 누가 뭐래도 민중적으로 실행되지 않으면 안 된다. 대중적으로 되지 않으면 안 된다. 그러기 위해서는 곳곳에 지사를 두어 실천에 옮기지 않으면 안 된다"고 말했다 한다.(『재판기록』, 153쪽)

결국 불령사 설립 목적은 폭넓은 대중조직의 결성에 있었던 것이다. 정태성의 증언에 따르면, 설립 모임에서 논의 끝에 불령사의 목적을 "민족적이지도 않고 사회주의적이지도 않은, 다만 반역이라는 것"으로 결정했다.(『재판기록』, 333쪽) 결국 불령사는 당시의 사회에 저항하고자 했던 조선인과 일본인을 널리 결집하는 것을 목표로 삼았던 것이다. 홍진유의 증언에 따르면, 박열은 "이러한 단체로는 비밀운동을 할 수 없다. 그래서 문호를 개방하는 것이다. 이 단체에서 할 수 있는 일은 연구를 하는 정도에 그친다. 다른 비밀운동은 각자가 뜻을 모아 할 수도 있고 하지 않을 수도 있다. 그것은 모두 각자가 결정할 바이다"라고 취지를 설명했다.(『재판기록』, 160, 161쪽) 정태성도 "이 모임의 조직 문제를 놓고 논의가 있던 날, 불령사의 목적은 연구뿐만 아니라 실제 운동도 병행해야 한다는 말이 있었고 또 직접행동에 나서야 한다는 말도 있었다. 그러나 우리들을 헐뜯는 조선인을 살해하거나 직접행동을 하는 것은 각자의 자유의지에 맡기는 것으로 결정했다"고 진술했다.(『재판기록』, 336쪽) 후미코도 "아나키스트로서 회원은 자신의 자유의지를 구속하는 일은 하지 않는다. 이러한 주의를 이해하고 공명하는 회원의 뜻은 주의主義로서 권력에 반항하고 그것을 파괴하는 것이기 때문에, 그런 뜻을 지닌 회원들 사이에서는 직접행동으로 옮길 것을 토론한 적도 있었다"고 술회했다.(『재판기록』, 22쪽)

이처럼 불령사는 대중단체에 머물 뿐 특정한 행동은 하지 않고, 직접행동은 개개인의 의지에 맡기기로 결정했던 것이다. 제2차 세계대전 후 변호사 후세 다쓰시布施辰治는 장상중에게 들은 이야기라면서 "불령사의 목적은 천황제 타도에 있고, 그 방법은 폭탄을 사용하는 것이다. 따라서 폭탄을 입수할 때 각자의 편의에 따라 상당수의 동지가 도움을 청한 사실"이 있다고 기록했다.[16] 그러나 이는 불령사라는 조직 안의 일부 뜻 있는 자, 구체적으로는 박열과 가네코 후미코의 행동을 혼동한 과장된 회상에 지나지 않는다고 생각한다.

루바시카를 입은 박열과 가네코 후미코.

불령사의 분위기를 보면 1917년의 러시아혁명, 1919년의 3·1운동과 그 후 중국 둥베이지구東北地區를 근거지로 한 무장투쟁 및 테러투쟁의 고양이라는 시대적 분위기와 청년 박열의 정치적 낭만주의가 만난 것이어서, 그들의 운동이 아무런 꾸밈없이 기층민중 속으로 파고들지는 못했다. 불령사 동인의 회합 장소였던 박열의 집에는 '불령사'라는 표찰이 당당하게 걸려 있었다. 이층 벽에는 붉은 잉크로 커다란 하트 무늬가 그려져 있었고, 그 안에 검은색으로 '반역'이라는 글자가 큼지막하게 씌어 있었다. 책상 위에 있는 작은 액자에는 뭔가에 찔려 피가 흐르는 심장을 그린 그림이 끼워져 있었다.(『재판기록』, 150, 153쪽) 구리하라 가즈오의 회상에 따르면 벽의 그림을 그린 사람은 만화가 오가와 다케시이다. 여기에 씌어진 반역이라는 글자는 도로에서도 볼 수 있어 지나가는 사람들에게도 눈에 쉽게 띄었다.[17] 근처에 사는 주민들이 이 집을 두고 한결같이 이상하다고 생각한 것은 이 때문일 것이다.[18] 그 무렵 박열의 사진에는 당시 좌익청년의 상징이었던 루바시카를 입은 모습도 보인다. 박열 등의 이러한 행동을 보면 그들이 대중단체의 형성을 목표로 했다고는 해도, 꾸밈없이 민중을 조직하는 방향으로 나간 게 아니라 자기과시적인 혁명적 로맨티시즘의 색채를 강하게 띠고 있었다는 것을 알 수 있다.

불령사에 집결한 사람들 모두가 이러한 혁명적 로맨티시즘의 소유자였다는 것은 아니다. 처음부터 이 모임의 취지가 아나키즘으로부터 거리가 있는 사람들을 규합하고자 한 이상 이는 당연하다고 할 수 있다. 니야마 하쓰요는 1923년 5월 27일에 열린 제1차 정기모임부터 참가했다.(『재판기록』, 302쪽) 제4장에서 서술했듯이 그녀는 정치사상의 소유자도 아니었을 뿐만 아니라 사회운동 경력도 없었다. 다만 병약했기 때문에 인간의 생사에 관심을 가진 인물이었다. 결국 스스로 불령사의 목적을 지지해서 참가한 인물은 없다. 이 모임에 참가한 사람들은 박열 부부의 강한 권유에 따라 수동적으로 참가했던 것이다. 1923년 5월 21일, 박열이 니야마를 찾아가 불령사 가입을 권했다. 니야마는 "불령사는 반역단체라고 생각하고 있어서, 입회 여부를 딱 부러지게 말하지는 않았다"고 한다. 그러자 다음 날 박열과 후미코가 다시 찾아와 갑작스럽게 입회하라고 해서 실례가 아닌지 모르겠지만, 이번 일요일 정례모임에 와서 사람들도 만나보고 단체가 돌아가는 모양도 알아보고 나서 입회해도 좋다고 말했다. 그래서 니야마는 제1차 정기모임에 참석했고, "언제랄 것도 없이 나는 당시 불령사에 가입했다"는 것이다.(『재판기록』, 302쪽)

나가타 게이자부로도 수동적으로 가입한 인물이다. 그는 니가타철공소에서 기계공으로 4년간 근무한 후 갖가지 직업을 전전하다가 목수가 되었는데, 안정을 찾을 수가 없어서 염세사상을 품게 되었다. 사람들로부터 그렇다면 혁명은 일어날 수 없는 게 아닌가라는 질문을 받고 그는 "사상을 정직하게 밀고 나아간 결과 얻을 수 있는 게 혁명이기 때문에, 혁명이 일어나고 말고는 아무 상관이 없지 않느냐"고 대답했다고 한다. 그리고 불령사 설립 회합에는 흑우회 모임에서 알았던 홍진유, 정태성, 서동성 등의 권유로 참석했다. 정태성과 나가타는 입회에 찬성하지 않고서 마지막까지 남아 있었지만 박열의 설득으로 "마지못해 불령사 설립에 찬성하고 그 동인이 될 것을 승낙했다"는 것이다.(『재판기록』, 151~153쪽)

또 불교도인 최영환은 "현사회가 완전하다고는 생각하지 않지만, 불평등이 생긴 원인은 아욕으로 인해 종교의 참된 본의인 자비를 깨닫지 못하고 있기 때문이다"라고 생각하는 인물이었고,(『재판기록』, 4쪽) 따라서 사회 변혁의 지향과는 인연이 먼 사람이었다.

흔히 불령사는 비밀결사로 일컬어지고 있지만, 니야마나 나가타 그리고 최영환과 같은 비정치적인 인물까지 아우르고 있는 점과 자기현시적인 혁명적 로맨티시즘의 경향이 강하다는 점을 고려할 때, 이 단체를 비밀결사라고 부를 만한 뚜렷한 이유는 없다. 때때로 습격을 했다고 해도 그것을 비밀결사라는 거창한 말로 과장할 수는 없다.

불령사의 정기모임은 언제나 박열과 가네코 후미코의 집에서 열렸다. 정기모임의 날짜, 의사議事 및 강연 내용을 관계자의 진술을 토대로 복원하면 다음과 같다.

제1차 정기모임은 5월 27일에 개최되었고, 조선의 형평운동에 대하여 불령사 명의로 축전을 보내기로 의결했다.(『재판기록』, 22쪽)

제2차 정기모임은 6월 10일경에 개최되었는데, 아나키스트 민중화가 모치즈키 가쓰라望月桂를 초청하여 그 강연을 들었다.[19] 강연 내용은 일본노동사라고도 하고 아나키스트의 혁명운동이라고도 한다.(『재판기록』, 22, 163, 369쪽)

제3차 정기모임은 6월 17일에 열렸다. 이 모임에서는 민중예술론을 주장하고 아나키즘에 친근성을 갖고 있던 가토 가즈오[20]를 초청하여 「혁명의 사상 및 혁명 시時의 조직」이라는 제목의 강연을 들었다.

제4차 정기모임은 6월 28일경에 개최되었는데, 이 자리에서 도쿄시전東京市電 파업을 지도하다 투옥되었던 나카니시 이노스케中西伊之助의 출옥 환영회가 열렸다.(『재판기록』, 163, 181, 336쪽)

제5차 정기모임은 7월 15일경에 개최되어, 친일파로 알려진 『동아일보』 기자 김형원金炯元이 사회주의자를 매도했기 때문에 뜻 있는 회원들이 그를 구타하기로 의결했으며 실제로 구타하러 나갔다.(『재판기록』, 22, 370쪽)

제7장

박열의 나카쓰가와 조선인학살사건 조사에서 제3차 폭탄입수계획까지

니가타현 나카쓰가와조선인학살사건과 박열

빈번히 시나노가와信濃川를 떠다니는
조선인학살 사체
'호쿠에쓰北越의 지옥 계곡'이라 불려
부근의 촌민들, 공포에 떨다
시나에쓰信越 전력대공사 중 괴문怪聞

이는 모두 '시나노가와 조선인학살사건'을 처음으로 보도한 1922년 7월 29일 자 『요미우리신문讀賣新聞』의 기사에서 뽑은 제목이다. 이 사건이 일어난 장소는 시나노가와의 지류인 나카쓰가와가 흐르는 니가타현 나카우오누마군 아키시로촌(현재의 쓰난정津南町) 아나후지에 있는, 시나에쓰전력주식회사의 발전소 건설을 청부한 오바야시조합과 니혼토목주식회사의 공사현장이었다.

이 사건을 보도한 『요미우리신문』에는 이 공사장에서 일하는 조선인 처우에 관한 어느 목격자의 증언이 실려 있다. 그의 증언에 따르면 이 작업 현장에서 일하는 노동자는 1,208명인데 그중 600명이 조선인이었다. 조선인의 노동은 가혹했다. "새벽 4시부터 저녁 8, 9시까지 몸을 씻을 틈도 없이 소나 말처럼 혹사당한다. 식사시간을 빼고는 단 1분도 쉬지 못하고 광차鑛車 밀기, 땅파기, 암석파괴에서부터 토목 및 재목 나르기까지 일이란 일은 도맡아하기 때문에 심장은 약해지고, 몸은 극도로 쇠약해지며, 견딜 수 없어 그만두고자 해도 허락해주지 않는다." 눈의 고장인 니가타는 겨울은 춥고 여름은 사방이 산으로 막혀 있어 찌는 듯이 덥다. 여기에다 그처럼 가혹한 노동. 처음 조선인들은 약속과 전혀 다른 대우를 참지 못하고 도주했다.

일본 탄광에서 참혹하게 혹사당했던 한국인이 써넣은 표지판.

"도주자에 대한 처벌, 그것은 양손을 뒤로 결박한 다음 서너 명의 파수꾼—파수꾼은 일명 결사대라고 불리며 비수와 단총을 품고 있다—이 삼나무에 매달고서는 곤봉으로 사정없이 치고 갈기는 것이다. (중략) 그리고 공포스럽게도 이 산중에서 도망친 조선인의 부패한 시체의 잔해가 종종 발견된다. 내가 들은 것만 해도 강 하류에서만 사인불명의 조선인 7, 8명의 사체가 떠다니고 있다고 한다. 두려워서 일을 못하겠다고 하면 학대하고, 도망을 쳤다 하면 앞에서와 같이 목매달아 죽이는 것은 아닐까."

조선인 학대와 학살이 틀림없는 사실이라는 것은 사토 다이지佐藤泰治의 현지조사 보고 「니가타현 나카쓰가와조선인학살사건」에 의해서도 확증되었다.[1]

조선에서는 먼저 『동아일보』가 8월 1일, "일본에서의 조선인 대학살. 보라! 이 잔인하고 악랄한 참극을. 1일 17시간의 고역을 강제하고서 도망치자 총살하여 강물에 투기. 독마毒魔에 의해 참살된 100여

명"이라는 표제로 이 사건을 보도했다. 동아일보사에서는 8월 6일 이 사건을 조사하기 위해 편집국장 이상협李相協을 일본에 파견하기로 했다.[2] 다른 한편 8월 5일, 서울 종로에 있는 중앙청년회관에서 청년연합회, 신생활사, 개벽사, 조선교육회 등 단체 및 유지 50여 명이 모여 니가타현 조선인학살사건조사회를 설립했다.[3] 7일에는 이 모임을 대표하여 나경석羅景錫이 일본으로 향했다.[4] 또 시기는 정확하지 않지만 김은국金恩國도 파견되었다.(『재판기록』, 116쪽)

재도쿄조선인은 8월 3일 및 9일에 간다 미토시로쵸에 있는 조선기독교청년회관에 모여 20명의 위원을 선발, 김약수를 위원회의 대표로 하여 10일 현지로 향했다.[5] 조선총독부 경무국의 자료에 따르면 이 위원회의 명칭은 '시나노가와 조선노동자 학살사건 조사회'이다.[6] 이외에도 도쿄에서는 박열과 백무 등이 현지로 떠났다.[7]

앞서 인용한 사토의 논문은 1984년 가을 『쓰난마치사 편집자료津南町史編集資料』에 게재될 예정이었으나 행정 당국이 채택하지 않았다. 전후에도 사건조사 결과를 발표하기가 어려웠다는 점을 고려한다면 사건 당시의 조사는 더욱 힘들었을 것이다. 나경석, 이상협, 김약수는 함께 현지조사를 했다. 그러나 니가타현 경찰부 경찰관이 동행한 결과 조사는 지극히 곤란했다.[8] 백무도 훗날 "경찰은 특별고등경찰로 하여금 우리들 중 주요인물을 미행하도록 했다. 외부인의 배회에 눈을 번뜩이면서 현장 부근에는 접근도 하지 못하게 했다. 마을 사람들은 후환을 두려워하여 아무도 진상을 말해주려 하지 않았다"라고 말했다.[9] 이러했기 때문에 박열은 자유노동자가 되어 안에 들어가 조사를 했던 듯하다.[10]

9월 7일 재도쿄조선인조사회 주최로 니가타현 조선인노동자 학살문제 연설회가 간다 미토시로쵸에 있는 조선기독교청년회관에서 열렸다. 조선총독부 경무국 보고에 따르면 참가자는 일본인과 조선인 각각 약 500명, 총 약 1,000명이었다.[11] 『동아일보』 9월 9일 자에 의하면 청중은 일본인 약 2,000명, 조선인 약 500명, 그 외에 회장의 문 밖에 수천 명이 운집했다고 한다. 김약수의 사회로 정운해鄭雲海의 개회사에 이어 나경석과 박열의 조사보고가 있었다. 박열의 보고 요지는 다음과 같다.

> 감옥시설과 조직은 미비하기 짝이 없었고 그 대우는 비인도적이었다. 아마도 이러한 반인도적인 행위는 항상 상급관리자들의 향응을 받아온 세 명의 순사에 의해 조장되고 있는 것 같다. 이렇듯 무질서한 상태에 대해 일본 정부는 아무런 구제책도 강구하지 않고 있다. 이런 나쁜 제도는 현재의 자본가적 사회조직이 초래한 결과이기 때문에 이와 같은 사회제도를 근본적으로 파괴할 필요가 있다고 나는 생각한다.

박열의 보고는 감옥의 상급관리자와 경찰의 유착관계를 구체적으로 묘사하고 있다. 노동자로 변장하여 내부에 잠입했다는 것은 사실일 것이다. 박열 다음으로 김종범金鐘範, 신영우申榮雨(申焰波), 고마키 오우미小牧近江, 김형두金炯斗의 연설이 이어졌으며, 백무가 연단에 올랐을 때 경찰은 연사를 가로막았고 급기야는 집회를 해산시켰다. 경찰에 구인된 자는 조선인 6, 7명, 일본인 1, 2명이었다.[12] 해산되면서 희생자가 나왔는데, 『동아일보』 9월 9일 자는 이날의 연설회를 "도쿄에서 처음으로 조선인 주최 연설회가 열려 기대 이상의 대성공을 거두었다"고 평가했다.[13] 오늘날에도 재일조선인 문제 집회에 500명 이상의 일본인이 모이기는 쉽지 않다. 필시 이 집회는 지배계급의 간담을 서늘케 했을 것이다. 그런 의미에서 이는 간토대지진關東大地震 조선인학살을 부른 원인의 하나가 된 사건이었는지도 모른다.

제3차 폭탄입수사건

이해 9월, 박열은 나카쓰가와조선인학살사건을 보고하기 위해 서울로 가, 경운동에 있는 천도교 교당에서 개최된 연설회에서 학살사건에 관하여 연설했다.(『재판기록』, 115, 116쪽) 박열은 체재 도중, 잡지 등을 교환하고 있던 조선무산자동맹회 위원인 김한金翰을 안국동에 있는 무산자동맹회 사무소와 기타 다른 곳에서 여러 차례에 걸쳐 만났다.(『재판기록』, 50쪽) 김한은 서울에서 태어나 1905년부터 1907년까지 도쿄 간다에 살면서 호세이대학法政大學 법학부에 다녔다. 그 후 오랫동안 중국에서 지냈다. 본인의 증언에 따르면 1908년에 중국 지린성吉林省 화티안현樺全縣에 본적을 두었다고 하는데, 그렇다면 중국에 머문 것은 이때부터일 것이며 주로 중국 둥베이지구에서 보냈을 것이다. 1919년 12월 상하이의 대한민국임시정부 비서국장에 취임하고, 이듬해 1월 서울로 돌아왔다.(『재판기록』, 114, 128쪽) 무산자동맹회의 강령 요지가 1922년 7월에 발행된 『흑도』 제1호에 실려 있는 것을 보면 이 회의 발족은 그보다 이전일 것이다.

김한은 의열단과도 관계하고 있었다. 의열단은 1919년 11월 중국 둥베이지구 지린성 파후먼把虎門 밖에서 결성되었다. 당시 단원은 13명. 중심인물은 김원봉金元鳳, 호는 若山이었다. 목적은 일본인 지배자와 조선인 친일파 암살과 일본기관의 파괴였다. 암살대상으로 거론된 자를 보면 (1)조선총독 이하 고관, (2)군부수뇌, (3)대만총독, (4)매

국노, (5) 친일파 거두, (6) 적 탐정, (7) 반민족적 토호열신土豪劣紳 등이다. 파괴 대상으로 거론된 기관은 (1) 조선총독부, (2) 동양척식회사, (3) 어용신문사인 매일신보사, (4) 각 경찰서, (5) 기타 왜적의 주요 기관이다. 이 단체의 기본 강령은 '구축왜노驅逐倭奴', '광복조국光復祖國', '타파계급打破階級', '평균지권平均地權', 즉 일본을 축출하여 조국 조선을 해방시키고, 계급을 타파하여 토지를 균분한다는 것이었다.

1922년 여름, 김원봉의 명령을 받고 이응명李應明 즉 남영득南寧得이 당시 서울 수창동에 살고 있던 김한을 찾아와 긴히 부탁을 하자 그의 청을 들어주었다고 한다. 김한은 자신이 할 수 있는 일이라면 뭐든지 하겠다고 대답했다.(『재판기록』, 120, 129, 130쪽) 그때까지 의열단은 수많은 암살과 파괴사건 또는 미수사건을 일으키고 있었다. 1920년 3월의 밀양사건(대관암살을 목적으로 경상남도 밀양에서 보내온 폭탄이 경찰에 탐지되어 12명 체포), 같은 해 5월의 진영사건(동일한 목적으로 보내온 폭탄과 권총이 경상남도 진영에서 탐지되어 6명 체포), 같은 해 9월의 부산경찰서폭탄투척사건, 같은 해 11월(일설에는 12월)의 밀양경찰서폭탄투척사건, 1921년 9월의 조선총독부폭탄투척사건, 1922년 3월 상하이에서 있었던 다나카 기이치田中義一 육군대장 저격 폭탄투척미수사건 등이 그것이다. 따라서 김한이 무엇을 부탁받았는지는 미루어 짐작할 수 있을 것이다.

의열단에서 김한을 추천한 것은 그가 만주에서 알게 되어 서울로 와서도 자주 방문했던 황상규黃尙奎가 의열단원이었기 때문이라고 한다. 단 황상규가 의열단원이라는 것을 안 것은 그가 관련된 사건이 1920년 여름에 발각되면서부터였다고 한다.(『재판기록』, 120, 129쪽)

이렇게 보면 김한이 박열을 만난 것은 그가 의열단원인 남영득을 만난 지 얼마 지나지 않은 시점이었다는 얘기가 된다.

그때 박열이 "일본 정부에 대해 철저하게 반대하기 위해서는 비상수단을 쓰는 것 말고는 다른 방도가 없다. 그 자체가 바로 선전인 동시에 투쟁인 모든 표면적 사회운동은 보다 깊이 있는 운동을 전개하기 위해 일본 권력자의 눈을 속일 수 있는 수단이 되지 않으면 안 된다"라고 말하자 김한은 그의 운동론에 동조했다. 그리하여 "나와 김한은 서로 연락하기로 했던 것이다. 그리고 그는 재작년(1922년—인용자) 중에 폭탄을 나눠줄 생각을 하고 있었다"고 박열은 증언했다.(『재판기록』, 50쪽) 이와 달리 김한은 "처음 만났을 때 박열과 나는 일반적이고 추상적인 대화를 나누었을지는 모르지만 폭탄을 나눠주기 위해 서로 연락할 것을 협의한 것은 아니었다"고 증언하고 있다.(『재판기록』, 133쪽)

가네코 후미코도 9월에 서울에서 돌아온 후에 김한과의 접선에 관한 질문을 받고 "그때의 만남에서 박열과 김한 사이에 그 정도로 진척된 폭탄 건에 대한 교섭이 있었을 거라고는 생각하지 않는다"고 진술했다.(『재판기록』, 52쪽) 그 후 그녀와 박열은 "폭탄을 입수할 여러 가지 방법을 논의한 결과, 의열단과 연락을 취하는 것이 가장 빨리 입수하는 길이라고 생각하여 박열이 1922년 11월 조선에 가게 되었고", 김한을 만나 "늦어도 1923년 가을까지는 폭탄을 우리 수중에 인계해 달라는 것 등을 협의하고 돌아왔다"고 후미코는 말한다.(『재판기록』, 48쪽) 후미코의 이 증언은 앞서 서술한 김한의 증언뿐만 아니라 지금부터 소개할 그의 증언과도 일치한다.

그렇다면 어떻게 폭탄분여爆彈分與 약속이 성립했던 것일까. 김한의 증언에 따르면, 남영득이 한 달쯤 지난 뒤 다시 와서, 한두 달 안에 폭탄을 수입하니까 받아두었다가 뒤에 김원봉이 파견할 책임자로부터 인수절차를 거쳤으면 한다고 말했다. 이에 대해 김한은 자신은 별도의 사회적 활동이 있어서 빠른 시일 안에 책임자로부터 건네받는다는 조건하에 폭탄 수취를 승낙했다.(『재판기록』, 121, 130쪽)

남영득이 두 번째 방문했을 무렵, 김원봉이 김한에게 "폭탄이 경성에 도착한 다음에는 그것을 도쿄 방면으로 배치할 작정이니까 그 방법을 생각해두라"는 내용의 편지를 보내왔기 때문에 "박열의 제안을 듣고 폭탄분여를 약속했다"고 한다.(『재판기록』, 131쪽) 경상북도 경찰부 『고등경찰요사高等警察要史』에 의하면, 김원봉은 "우리 단체의 목표는 경성과 도쿄 두 곳"이라고 말했다.[14] 이 폭탄의 도쿄배치 계획에 있어 박열은 최적의 인물이었던 듯하다.

남영득의 재방문 후 2개월 정도가 지나 김원봉의 특사 박선朴善이 와서, 시험 삼아 약간의 폭탄을 안둥현(압록강을 사이에 두고 있는 신의주의 맞은편)까지 가지고 왔는데 일주일 이내에 서울에 도착할 터이니 도착하는 대로 받아두라고 말했다. 그 후 일주일 또는 10일쯤 지나 박선이 다시 와서, 예정된 폭탄이 서울에 도착하지 않아 안둥현으로 되돌아가 결과를 알려주겠노라고 말하고 서울을 출발했다.(『재판기록』, 121, 130쪽)

김한의 증언에 따르면, 박열이 재차 그를 방문한 것은 그 무렵인데, 그때 박열은 당신에게 폭탄이 왔다고 들었는데 나눠주었으면 한다고 말했고, 이에 대해 김한은 가까운 시일 안에 오기로 되어 있으니 도착하면 통지해주겠다고 말함으로써 폭탄분여를 약속했다. 그리고 박열은 도쿄로 돌아갔다.(『재판기록』, 130쪽)

그 후 한 달이 지나도 안둥현으로 간 박선에게서 아무런 연락이 없자 김한은 김원봉에게 암호편지를 보내 전후 사정을 물었는데, 박선은 상하이로 갔다, 폭탄수송은 변경하여 시행하고자 한다는 내용의 답장이 왔다. 그리하여 김한은 의뢰받은 것을 거절하는 내용의 편지를 김원봉에게 보냈다고 한다.(『재판기록』, 121, 130쪽) 박열의 증언에 따르면, 이 계획의 좌절은 폭탄 운반자가 중국 둥베이지구와 조선 국경 부근에서 장쭤린張作霖 수하의 사람들에게 체포되어 폭탄도 몰수되었기 때문이라고 한다.(『재판기록』, 50쪽) 1923년 9월 10일 자 경시청 특고과장 오카다 기쿠지岡田喜久治가 도쿄지방재판소 검사 이시다 모토이石田基에게 보낸 보고서를 보면, 김원봉은 1922년 9월경 폭탄 30개를 안둥현으로 보냈는데, 그때 김한은 신뢰할 수 없는 인물이라고 통지한 자가 있었기 때문에 사람을 보내 김한을 조사하게 하는 한편 폭탄수송을 일시 정지시켰다고 한다.(『재판기록』, 326쪽) 어떤 말이 정확한지는 알 수 없지만, 어쨌든 의열단으로부터 폭탄을 입수한다는 박열의 계획은 의도대로 이루어지지 않았다.

박열은 서울의 관기官妓 이소홍李小紅 즉 이소암李小巖을 통해 김한에게 두세 차례 편지를 보냈다. 그녀가 처음으로 박열의 편지를 받은 것은 1922년 11월경이었다.(『재판기록』, 292쪽) 그 편지봉투는 여성용 분홍색이었다.(『재판기록』, 후미코의 증언 24쪽, 이소암의 증언 249쪽) 후미코의 증언에 따르면, 1922년 2월에 보낸 편지는 알파벳을 숫자와 조합한 암호를 사용했으며, 내용은 박열이 썼고 후미코는 두 번째 편지 겉봉투에 주소만을 썼기 때문에, 편지의 내용은 상세하게 알지 못했다고 한다.(『재판기록』, 24, 48쪽) 박열은 "나는 김한과 폭탄 건에 관하여 상의하느라 몇 차례 만난 적이 있었기 때문에 암호문서를 주고받을 수 있었다"고 말함으로써 그 편지가 폭탄분여와 관계가 있는 내용을 담고 있다는 것을 인정했다.(『재판기록』, 50쪽)

그런데 김한은 1923년 1월에 일어난 의열단원 김상옥金相玉의 서울 종로경찰서폭탄투척사건과 관계가 있다는 혐의로 검거되었고, 취조를 받는 과정에서 김원봉으로부터의 폭탄수취계획이 발각되어 기소되었다. 그리고 1923년 5월 26일에 있었던 제1심 판결에서 징역 7년, 같은 해 10월 10일 제2심 판결에서는 징역 5년을 언도받고 복역하다가, 1924년 1월 26일 3년 9개월로 감형되었다.(『재판기록』, 114, 132쪽) 이리하여 박열의 제3차 폭탄입수계획은 완전히 좌절되었다.

이 계획의 실패는 후미코에게 충격을 주었다. 1926년 2월 26일에 열린 제1차 대심원 공판 석상에서 후미코는 김한의 검거 사실을 알았을 때의 내면적 충격을 다음과 같이 진술했다.

> 김한이 검거되고 그 사진이 신문에 나왔을 때, 나는 나의 눈앞에 폭탄이 있었다면 과연 그것을 받았을까, 나 자신이 권력에 반역한다는 기분 좋은 상상에 현혹되어 있는 것은 아닐까 따위를 생각했습니다. 나는 그 신문을 책상 위에 두고서 자신을 의심스럽게 생각했던 것입니다. 나 자신이 어쩐지 다른 사람의 일을 하고 있는 듯한 생각이 들기도 했습니다….(『재판기록』, 688쪽)

박열에게 김한을 경유한 폭탄입수계획은 세 번째였으며, 이는 줄곧 이어져온 것이었다. 후미코는 박열의 폭탄입수계획에 조연 자격으로 처음 참가했기 때문에 계획의 실패에 충격을 받았는지도 모른다. 아니 그렇다기보다, 그녀가 무의식 속에서 진정으로 추구한 것이 박열이 추구한 것과 다른 방향에 놓여 있다는 사실을 후미코 자신이 어슴푸레하게나마 느꼈을지도 모른다. 결국 박열 등이 지닌 혁명적 로맨티시즘의 비현실성을 감지했던 것이리라. 그러나 이런 점을 깊이 생각해볼 여유도 갖지 못한 채 후미코는 파국을 맞이하기에 이른다. 그리고 다른 한편, 박열은 곧바로 제4차 폭탄입수계획을 구상한다.

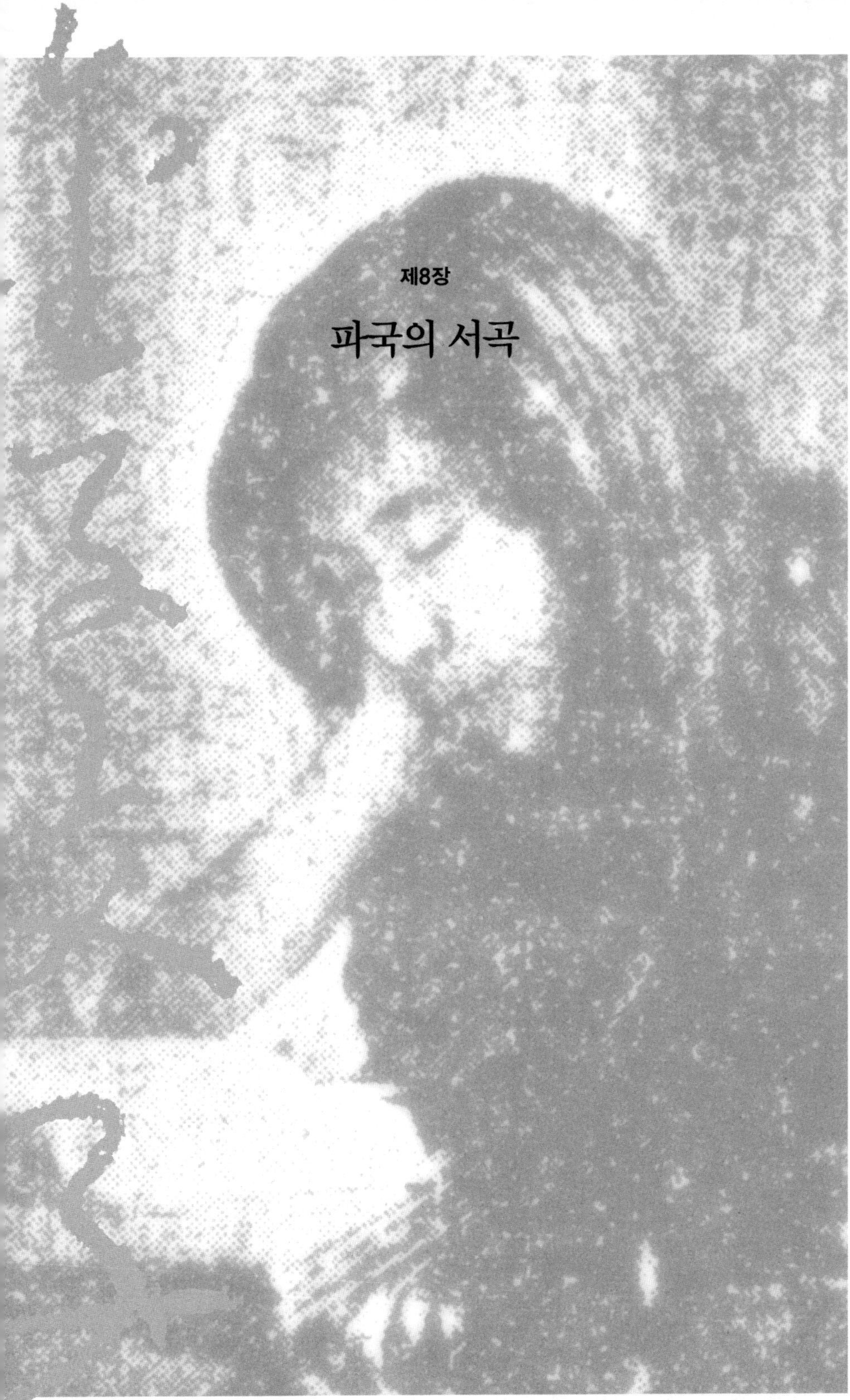

제8장

파국의 서곡

제4차 폭탄입수계획의 파탄

앞에서 서술한 바와 같이 불령사는 철의 규율을 내세운 혁명가의 비밀결사가 아니라 잡다한 사상적 경향을 지닌 자들의 모임이었다. 박열이 폭탄입수계획을 세울 경우 그 비밀이 동인들에게서 새나갈 위험성도 바로 그 점에 있었다. 불령사 동인 김중한에게 의뢰하여 폭탄을 입수하고자 한 제4차 폭탄입수계획의 파탄은 그렇게 시작되었다.

김중한은 1902년경, 조선 평안남도 용강군 지운면 두근리의 양반 집안에서 태어났다. 서울에 있는 고등보통학교에 재학 중이던 1923년 1월경 가정의 불화를 보고 염세적으로 흘렀는데, 그 무렵 시인 이윤희李允熙의 아나키즘 사상의 영향을 받았다.(『재판기록』, 192~194쪽) 1923년 1월 초순, 서울 수창동에서 아나키스트들의 단체인 흑우회가 설립되었다. 설립자는 이윤희, 김중한, 이강하李康夏, 신기창申基昌 등이었다.[1] 김중한은 이윤희를 통하여 박열의 존재를 알았고 그의 소개로 박열과 교류하다가, 박열에게 아나키즘을 배우기 위해 1923년 4월 26일 도쿄로 와 그날 박열을 만났다.(『재판기록』, 194쪽) 김중한은 『동아일보』 주간 장덕수張德秀의 얼굴을 알고 있었기 때문에, 그날 밤 박열의 안내자 자격으로 간다의 호테이寶亭에서 있었던 장덕수 구타사건에 참가했다. 박열이 장덕수를 구타한 이유는 그가 러시아 정부로부터 돈을 받아 유흥비로 사용했기 때문이라고 한다.(『재판기록』, 20쪽) 박열은 니시칸다경찰서에서 구류생활을 하다가 5월 2일 이치가야형무소에서 출감했다.(『재판기록』, 194쪽)

이달 7, 8일경, 김중한이 박열의 집을 방문하자 그는 김중한과 함께 산책하면서 "나는 6개월이든 1년이든 감옥 같은 곳에 들어가는 걸 도무지 견딜 수 없다. 그렇다고 사회운동을 그만두겠다는 건 아니다. 사회운동을 하려면 반드시 감옥에 들어가야 한다. 인간성이란 실로 추하기 짝이 없기 때문에 나는 폭탄을 사용하여 모종의 비상수단을 쓴 다음, 눈 딱 감고 죽어버리려 한다"고 말하면서, 김중한에게 테러리스트가 될 것을 권유하는 듯한 얘기를 했다고 한다. 그러나 김중한은 이날 헌신짝을 버리듯이 폭탄을 던질 수는 없는 노릇이라 말하고 헤어졌다.(『재판기록』, 194쪽)

다음으로 같은 달 17, 18일경, 박열은 혼고구 유시마 덴진쵸에 있던 긴조칸金城館이라는 김중한의 하숙집을 방문하여, 자신은 우주의 존재를 부인한다, 그 존재를 멸망시키는 것이 대자연에 대한 자선이다, 사람을 죽이는 것도 자비이다 등등의 말을 하고 그에게 테러리스트가 될 생각이 없는지 물었다. 김중한이 그렇게 희생되고 싶지 않다고 말하자, 박열은 희생되라는 게 아니라 자신이 반역을 실행하고서 죽는다면 『현사회』 등과 같은 사업을 계속 맡아달라는 것이라고 말하기에 그는 흔쾌히 승낙했다.(『재판기록』, 194, 195, 198쪽) 박열과 후미코는 김중한이 조선에서 보내온 편지를 읽고서 아나키즘에 대해 "보기 드문 이해를 지닌 어떤 사람"이라 평가하고 있었다.(『재판기록』, 25쪽) 박열이 심중에 있던 말을 한 것도 이 무렵에는 김중한을 신뢰하고 있었기 때문일 것이다.

5월 20일, 박열은 또 긴조칸으로 김중한을 방문했다. 이날 박열은 김중한에게 조선의 정치상황에 관해 설명해달라고 했다. 김중한은 조선의 청년당대회 모습과 의열단이 조선에 가지고 들어온 폭탄이 대단히 위력적이라는 것 등을 얘기했다. 박열은 폭탄은 아무래도 러시아나 상하이에서 가져올 수밖에 없는데 그쪽과 연락을 취하여 폭탄을 입수하고 싶다고 말했다. 박열과 김중한은 폭탄입수방법에 관하여 의견을 교환했고, 박열이 마지막으로 김중한에게 "상하이의 독립당에 속한 자와 연락을 취하여 폭탄을 입수하지 않으면 안 되니까, 김군, 자네가 연락을 맡아주지 않겠는가"라고 말하자, 김중한은 그 정도의 일이라면 해줄 수 있다고 말했다. 박열이 폭탄을 입수하는 데 어느 정도의 비용이 들 것인지를 묻기에 김중한이 천 원에서 이천 원 정도 들 거라고 말하자, 박열은 깜짝 놀라 안색이 변했다.(김중한의 증언, 『재판기록』, 195, 196쪽) 박열은 상하이에 있는 최혁진에게서 폭탄을 가져올 생각도 갖고 있었다.(『재판기록』, 55쪽)

폭탄의 투척 목표에 관해서도 이야기를 나누었다. 김중한이 올해 황태자가 결혼한다고 하자, 박열은 "그때가 좋을 것 같다. 황족, 원로, 외국대사, 공사, 대신 등이 모일 테니까"라고 말했다. 김중한이 "당신들은 스파이 사이에 얼굴이 알려져 있기 때문에 윗사람을 겨냥해서는 도리어 실패하고 말 것이다. 그러니까 비교적 아랫사람에 속하는 대사나 공사를 겨냥하는 게 나을 것이다. 다시 말해 외국대사관 출구에 기다리고 있다가 대사나 공사가 나오는 곳을 목표로 하여 폭탄을 투척하면 국제문제화하여 좋은 결과를 얻을 수 있을 것이다"라고 말하자, 박열은 "그도 그렇긴 하지만 내년의 메이데이는 어찌할 것인가. 경시청, 미쓰코시三越, 시로키야白木屋 등도 괜찮지 않을까"라고 말했다. 김중한은 "경시청은 경계가 엄중할 테니까 미쓰코시가 좋겠다"고 말했다.(『재판기록』, 196, 197쪽)

그다음으로 같은 달 22, 23일경에 박열은 또다시 긴조칸으로 김중한을 방문했다. 김중한이 황태자가 결혼하는 올해 가을로 정한다면 시기가 촉박하니까 내년 메이데이 때가 좋지 않겠느냐고 말하자, 박열은 좋다, 메이데이 때 하자고 말했다.(『재판기록』, 197쪽)

5월 26일, 긴조칸으로 김중한을 방문한 박열은 "내가 알고 있는 주의자 중에 폐병환자가 있다. 아무래도 가까운 시일 안에 죽을 거니까 그런 사람에게 폭탄을 던지게 하는 게 좋겠다. 어쨌든 나는 빠른 시일 안에 폐병환자 동지에게 이 계획을 말해볼 작정이다. 그리고 두세 곳에서 실행해도 좋을 듯싶다"고 말했다. 김중한은 "나는 입이 가벼운 인간이니까 그런 쓸데없는 말은 하지 말라. 나는 상하이에 가서 연락을 취해주면 그만이니까. 내년 메이데이도 어떻게 될지 모르니 그렇게 급할 건 없고 2, 3년 동안 계획하는 게 낫겠다"고 말했다.(『재판기록』, 197쪽)

5월 28일, 니야마 하쓰요의 집에서 돌아오는 도중, 혼고 근처에서 박열은 김중한에게 "의회에 폭탄을 투척하는 것도 좋고 데이코쿠극장帝國劇場에 던져도 좋을 것이다. 기회는 얼마든지 있다. 대사들도 그곳에 올 테니까 데이코쿠극장에 던지는 게 좋겠다. 기회는 얼마든지 있다. 던지고 나서 나도 함께 죽을 수 있다"고 말했다.(『재판기록』, 197쪽)

이상에서 알 수 있는 바와 같이, 이 테러계획은 지극히 막연한 것이었다. 폭탄투척 목표는 물론이고 시기도 결정되어 있지 않았다. 이를 결정할 수 없었던 것은 폭탄입수 자금이 어떻게 될지 알 수 없었기 때문이다. 뿐만 아니라 김중한이 여비 문제는 어떻게 할 거냐고 묻자 그는 여비 마련이 골칫거리라고 대답했다고 한다.(정태성의 증언, 『재판기록』, 340쪽) 이처럼 전혀 현실적 가능성이 희박한 계획이어서 박열은 대역죄를 적용하기에는 무리가 따르는 인물이었다.

박열과 김중한의 분열

흑우회 기관지인 『민중운동』은 신영우와 서상경이 발기하여 1923

년 3월경 창간호를 발행했는데, 신영우가 조선으로 돌아가는 바람에 홍진유가 편집을 이어받았고 5월 20일에는 김중한의 책임으로 넘어갔다.(『재판기록』, 206쪽)

그러고 나서 얼마 지나지 않았을 때의 일이다. 김중한과 홍진유는 니시스가모 이케부쿠로의 흑우회 사무소에서 가까운 거리에 있는 자유인사自由人社로 놀러갔다. 자유인사는 가토 가즈오의 집에서 두 블록 정도 떨어진 스가모 구역 한복판에 있었다. 그곳에는 히라이와 이와오平岩嚴와 이시구로 에이치로石黑鋭一郎 등이 있었다. 조선에 관한 것이 화제가 되었고 히라이와는 조선에 시찰 겸 구경 한번 가는 게 어떻겠냐고 제안했다. 김중한이 "나도 곧 조선으로 돌아갈 생각인데 여비가 없어서 돌아가지 못하고 있다"고 말하자, 히라이와는 "여비쯤은 어떻게 해볼 테니 안내를 겸해서 함께 가지 않겠느냐"고 말했다. 김중한은 이 제안을 승낙했다.(홍진유의 증언, 『재판기록』, 165쪽) 김중한은 조선으로 돌아가 신의주를 경유하여 상하이로 갈 작정을 하고 있었던 것이다.(『재판기록』, 144쪽) 그래서 6월 7, 8일경[2] 『민중운동』 편집인 사임을 신청했다.(『재판기록』, 206쪽) 13일에 있었던 흑우회 정기 모임에서 장상중은 자신이 그의 뒤를 이어 『민중운동』 편집인이 되었는데, 김중한이 사임한 이유도 모르는 상황에서 선뜻 일을 맡을 마음이 나지 않는다고 하자, 김중한은 그 일은 박열이 잘 알고 있을 거라고 말했고 박열도 이에 수긍했다.(『재판기록』, 207쪽)

김중한은 13일 날의 회합이 있기 전 니야마 하쓰요에게 자신이 상하이로 갈 것이라고 얘기했다. 김중한이 귀국한 다음에 상하이로 가서 박열의 용무를 전달할 거라고 말하자, 니야마는 그 목적이 뭐냐고 물었다. 이 물음에 김중한은 "상하이에 가면 폭탄도 있고 돈도 있으니까"라고 대답했다고 한다.(『재판기록』, 376쪽) 이 무렵 김중한은 니야마와 연애를 하고 있었다. 그는 『민중운동』 편집인 자리를 사임한 지 2, 3일 후에 니야마와 의논하고서 잡지 『자천自擅』를 발행하기로 결정했다. 같은 해 6월경, 김중한은 니야마의 집에서 종종 숙박하기도 했다. 김중한은 훗날, 『민중운동』 편집인 자리를 사임하고 『자천』 간행으로 옮긴 것은 니야마에게 접근하고 싶었기 때문이라고 자백했다.(『재판기록』, 206, 369쪽) 김중한을 통하여 비밀은 니야마에게 흘러들어가기 시작했던 것이다.

6월 20일경, 김중한은 박열을 방문하여 "당신이 여비를 만들어줄 생각이 없는 것 같아 히라이와와 함께 조선을 거쳐 만주로 가기로 했는데, 가는 길에 상하이에 들러서 당신의 용무를 전달해주겠다"고 말했다. 그러자 박열이 "이층에 후미코가 있다"고 하기에, 밖에서 얘기하자고 하니까 그는 "손님이 있어서"라며 이야기를 피했다. 박열의 증언에 따르면, 자신이 김중한에게 일을 부탁한 것을 경솔하게 여기고 "내 생각이 조금 바뀌었으니까, 미안하지만 전에 당신에게 의뢰한 것을 이제 취소하겠다"고 말했다. 그리고 "이러한 일은 서로를 위한 것이니까 절대로 입 밖에 내서는 안 된다. 금후에도 서로의 기분을 상하게 하지 말고 공통의 문제에 대해서는 협력해 나가자"고 덧붙였다.(『재판기록』, 41, 173, 197쪽) 둘 사이에 여러 측면에서 대립이 있었던 듯한데, 박열의 우려는 김중한의 입이 가볍다는 데 있지 않았을까 생각한다. 박열의 우려는 기우가 아니었다. 두 사람 사이의 비밀은 곧 김중한에 의해 흑우회 회원들에게도 알려지게 되었다.

7월 27, 28일경 김중한은 먼저 자신의 상하이행 계획을 정태성에게 얘기해버렸다.(『재판기록』, 341쪽) 뿐만 아니라 8월 10일에는 흑우회 정기모임에서 박열과 상의한 상하이행 계획의 발단에서 중지에 이르는 과정을 모두 말해버렸다.(『재판기록』, 166, 167쪽) 이날 정기모임의 의제는 흑우회의 해산 건이었다. 홍진유의 증언에 따르면, 흑우회는 무슨 연구를 한다고 하는데 그렇게 지식계급 흉내나 내서는 아무것도 할 수 없다는 박열의 말도 있었고 또 회원들의 사상이 많은 차이를 보이기도 해서 해산 문제가 의제로 올랐다.(『재판기록』, 172쪽) 구리하라 가즈오의 증언에 의하면, 김중한의 명의로 흑우회 사무소를 임대하고 있었는데 그가 그만두자 임대료를 낼 사람도 없었고, 동시에 사무소가 많은 조선인 노동자의 합숙소처럼 되어버린 데다 정기모임도 열리지 못한 채 유명무실한 것으로 전락했다.(『재판기록』, 188쪽) 그러나 박열, 가네코 후미코, 구리하라 가즈오 등이 결석했기 때문에 다음 날 불령사 정기모임에서 결론을 내리기로 했다. 그 후 김중한은 상하이행 계획의 전모를 말해버렸다. 이때 출석했던 회원은 니야마 하쓰요, 장상중, 정태성, 나가타 게이자부로, 박홍신, 홍진유, 최영환, 김중한 등 8명이었다.[3]

불령사 제6차 정기모임은 8월 11일 저녁 박열의 집에서 열렸다. 출석자는 박열, 가네코 후미코, 구리하라 가즈오, 김철, 나가타 게이자부로, 하세명(=河一), 김중한, 니야마 하쓰요, 장상중, 홍진유, 정태성, 박홍신, 최영환, 김영화 등이었다. 스트라이크를 일으킨 마산의 노선공부路線工夫와 평민 사이에 싸움이 발생한 김해형평사, 해산을 명령받은 군산형평사에 격려 전보를 보내는 건을 비롯하여 불령사의 의제들이 한 시간 정도에 걸쳐 거론되었다.

하세명과 김영화가 돌아가고 흑우회와 관계가 없는 김철이 아래층으로 내려간 다음 흑우회 해산 문제가 논의되었다. 홍진유, 김중한, 니야마 하쓰요가 해산을 주장했고 박열, 장상중, 최영환은 반대했는데, 결국은 해산하기로 결정했다.

그 후 김중한은 박열에게 여러 가지 불만을 모조리 털어놓았다. 그가 "당신은 나와 관련된 일을 모든 사람에게 중상모략하고 다니는 게 아니냐"고 따지자, 박열은 "당신의 일을 비판한 적은 있지만 중상모략하고 다닌 적은 없다", "뭐든 구체적으로 말해달라. 그러면 변명이라도 할 게 아닌가. 뭐가 잘못됐다면 실수일 것이다"라고 말했다. 여기에서 김중한이 "당신은 흑우회를 휘저어 불령사와 합치려는 계획을 갖고 있는 게 아니냐"고 묻자, 박열은 "그런 게 아니다. 흑우회가 저래서는 안 되니까 해산하고 불령사와 하나로 합치는 게 좋을 거라고 생각했던 것이다"라고 대답했다. 그리고 자신과 니야마가 『자천』을 발행하고자 하는 것을 방해하려고 니야마를 『현사회』에 끌어들이려 한 것이 아니냐는 김중한의 물음에 박열은 그렇지 않다고 말했는데, 이에 대해 니야마는 그런 적이 있었다고 반박했다. 김중한은 또 장상중을 자유노동자연맹(지도자는 박홍신)으로부터 노동자진회勞動自進會(지도자는 김철, 사무소는 박열의 집에 있었고 그는 여기에 관계하고 있었다)로 끌어들이려 한 건 아니냐고 따졌다. 박열은 그렇지 않다고 말했고, 옆에 있던 장상중이 "그건 내가 말하는데 사실무근이다"라면서 박열을 변호하는 듯한 말을 하자, 김중한은 대단히 분노하여 단도를 꺼냈다고도 하고 그 단도로 다다미를 찍었다고도 한다. 니야마는 "김중한 씨, 성급하게 굴지 마세요"라고 말했고, 최영환 등도 김중한을 막았다. 최영환의 증언에 따르면 박열은 상하이행 중지 이유를 다음과 같이 설명했다.

> 나는 당신이 대단히 중요한 일을 의뢰받고서도 니야마와 같은 여자와 『자천』을 발행하려 하고 또 히라이와와 같은 자와 함께 신의주를 거쳐 상하이로 간다고 하는데, 그런 우원迂遠한 방법으로는 상하이로 가서 연락을 취한다는 목적을 언제나 달성할 수 있을지 도무지 판단

할 수가 없다. 나는 당신에게 그처럼 중대 사건을 의뢰하기에는 아직 불안한 점이 많다고 생각했기 때문에 비겁하다는 걸 알면서도 당신과 얘기하는 것을 피했던 것이다. 그러니까 서로 책임을 분담하지 않으면 안 된다.

이 외에도 두 사람 사이에 논의가 있었다. 그런데 그 논의 내용에 관한 증언은 사람에 따라, 동일인이라도 발언 시기에 따라 미세한 차이가 있다. 하지만 박열은 김중한에 대해 불신을 품고 있었고 이 때문에 김중한도 박열을 불신하게 되었으며, 그 결과 좀처럼 빠져나오기 힘든 함정에 빠져들었다는 것으로 그 내용을 요약할 수 있다. 그러나 비밀결사 회합도 아닌 이런 장소에서 폭탄입수계획을 말해버렸다는 점에서, 김중한이 권력이 행사하는 공포를 고려하지 못한 채 안이하고도 경솔하게 처신했다는 것은 변명의 여지가 없다.

이날의 논의와 관련된 증언을 보면, 후미코는 김한을 통하여 폭탄을 입수하기로 계획을 세웠던 때와 달리, 이 계획에는 전혀 관여하지 않았다는 것을 알 수 있다. 최영환의 증언에 따르면, 후미코는 "**폭탄이니 뭐니 하는 말은 처음인데** 그런 식으로 모두가 패거리를 이루어 한 사람을 비난하는 것은 참으로 옳지 않다(강조—인용자)"고 말했다는 것이다. 또 구리하라의 증언에 의하면, 6월 20일경 김중한이 박열에게 상하이행의 구체적인 방안을 얘기하는 자리에서 박열이 김중한의 말을 피한 것을 둘러싸고 두 사람이 언쟁을 하고 있을 때, 후미코는 "**나는 그런 사실을 전혀 모르고 있었다.** 하지만 김중한의 마음이 쉽게 바뀐다는 점에 대해서는 박열과도 얘기했으며 니야마와도 얘기했다"고 말하기도 했다.(강조—인용자)

덧붙여서 말하건대, 구리하라의 증언에 따르면 김중한이 이러한 태도를 취해도 박열은 "조금도 태도를 무너뜨리지 않고 냉정을 유지했다."4

다른 한편 박열과 다투고 난 뒤 헤어진 김중한은 8월 31일 도쿄역에서 야간열차로 출발하여 조선으로 돌아갔다.(『재판기록』, 373쪽)

간토대지진 때의 조선인학살을 둘러싼 일본 권력과 민중

1923년 9월 1일 오전 11시 58분, 대지진이 간토關東 일대를 엄습했다. 점심 식사를 마련하기 위한 취사가 끝나갈 때쯤 지진이 일어났기 때문에 바로 대화재를 불러일으켰고 피해도 훨씬 커졌다. 도쿄에서 요코하마에 이르는 지역에서는 조선인이 불을 지르고 우물에 독약을 푼다는 유언비어가 이미 오후 세 시 이후에 등장하여 점차 확대되어 갔다. 2일, 정부는 도쿄시를 비롯하여 수도와 인접한 에바라, 도요타마, 기타토시마, 미나미아다치, 미나미카쓰시카 등 다섯 개 군에 계엄령을 선포했다. 9월 3일 계엄령은 도쿄부와 가나가와현으로 확대되었고, 4일에는 지바현과 사이타마현까지 확대되었다. 군부대에서는 병사는 실탄을, 장교는 칼을 들고서 출동했으며, 아라카와에서는 기관총까지 사용하여 조선인을 대량 살해하기도 했다. 정부와 군의 바로 이러한 행동으로 인해 조선인에 대한 편견을 갖고 있던 민중들은 조선인 폭동이라는 유언비어를 더욱 신뢰하게 되었다. "실로 당시의 계엄령은 정말이지 불에 기름을 들이부은 것이나 다름없었다. 어디까지나 전전긍긍하는 민심을 불안하게 하고 시민을 모두 적전敵前의 심리 상태에 두는 것, 이것은 확실히 군대의 유일한 공적이었다."5

경찰관도 민중에게 조선인 폭동을 믿게 하는 데 기여했다. 예컨대

간토대지진 때 도쿄 야나기바시(柳橋) 부근에서의 집단 학살 현장.

9월 1일 저녁 무렵, 파출소 순경이 도쿄 혼고의 아케보노쵸 자경단이 있는 곳에 이미 두 차례나 와서 "각 지역에서 불평선인不平鮮人이 살인 방화를 자행하고 있으니 주의하라"고 말했다.[6] 또 변호사 후세 다쓰시가 전하는 예를 보면, 2일 저녁 어떤 경찰관이 후세의 친구로 재향군인회 분회장이었던 한 변호사에게 "조선인이 오면 그냥 해치워도 상관없다"고 말했다.[7] 같은 2일 저녁, 도쿄 미타경찰서장은 자경단원에게 "조선인으로 보이면 끌고 오고 저항하면 죽여도 좋다"고 말했다.[8]

지방 관헌도 각 지역에 유언비어를 퍼뜨리면서 자경단을 결성하라고 했다. 9월 2일 사이타마현 내무부장 고사카 마사야스香坂昌康는 각 지역 단위郡町村 장들에게 통지를 보내, 불령선인이나 과격사상을 지닌 무리가 독수毒手를 휘두를 우려가 있으니 "각 지역 당국자는 재향

간토대지진 때 학살된 조선인 수

부·현	학살된 조선인 수
도쿄부	1,798
가나가와현	3,999
지바현	329
사이타마현	445
군마현	34
도치기현	8
이바라키현	5
합계	**6,618**

군인분회·소방대·청년단 등과 일치 협력하여 경계에 임하고, 유사시에는 속히 적절한 조치를 강구할 수 있도록 만반의 준비를 갖추라"고 말했다.[9] 그런데도 고사카는 우라가에서 열린 자경단 재판 법정에 증인으로 불려나오지도 않았을 뿐만 아니라 어떤 책임도 추궁당하지 않은 채, 10월 25일 후쿠시마 현지사로 영전했다.

『도쿄니치니치東京日日』 9월 3일 자는 "불령선인 각 곳에 방화, 제도帝都에 계엄령 선포"라고 보도했는데 이것 역시 사이타마신문사에서 인쇄된 것이고, 도쿄에 있는 대부분의 신문사는 지진 피해로 신문을 발행할 수 없었기 때문에 유언비어 유포에는 제대로 기능을 발휘하지 못했다. 그리하여 피해를 당하지 않은 지방신문이 전국에 유언비어를 퍼뜨리는 데 앞장섰다. 예를 들면 "불령선인, 폭탄과 권총을 휴대하고 도호쿠 지역으로 들어가", "폭탄을 휴대한 조선인 모리오카에 잠입, 위험 점차 고조",[10] "폭탄을 휴대한 조선인 속속 우스이 방면으로 잠입, 가루이자와경찰서에서 대경계大警戒",[11] "불령선인 발호, 대오를 갖추어 군대에 응전",[12] 이런 식이다. 이리하여 전국적으로 민심은 공포의 도가니로 빠져들었다.[13]

그 결과 군대, 경찰, 자경단 등 요컨대 관민일체의 조선인학살이 전개되었다. 그 기간은 전반적으로는 9월 1일부터 6일까지이지만, 부분적으로는 그 후에도 계속되었다. 지바현에서는 7일부터 9일경 사이에 군대가 수용소에 들어와 있던 조선인을 주변의 촌민에게 인도하여 살해하게 했다.[14] 학살된 조선인 수는 『독립신문』 1923년 12월 5일 자에 게재된 김승학金承學의 조사에 따르면 앞의 표와 같다.(단, 이 조사의 명백한 잘못은 수정했다)

관헌이 조선인학살에 앞장선 기본적인 이유는 거족적인 3·1운동과 그 후 민족해방운동의 고양에 따른 공포감에 있었다. 1919년 10월 22일, 조선을 출발하여 시모노세키에 도착한 조선총독부 정무총감 미즈노 렌타로水野錬太郎는 "소요(3·1운동—인용자) 이래 **일반 조선인의 태도가 오만불손해진 것이 사실**인데, 그 원인을 반드시 종래의 헌병제도를 대체한 순사제도에 돌릴 수만은 없다. **더구나 교육에 대한 조선인의 태도는 상당히 악화되고 있으며 충군애국 등에 관해서도 불온한 태도를 지닌 자까지 있다**(강조—인용자)"라고 말하고, 또 동화 문제에 관해서도 "**아직 연구 중이어서 당장 뭐라 단언할 수 없다**(강조—원문)"고 하여 동화정책을 자신할 수 없게 되었다는 것을 시사하고 있다.[15]

"1907년에 조선으로 건너온 이래 19년 동안 조선 민족의 교화사업에 종사하느라 진이 다 빠졌다"는 충청남도 사회주사社會主事 히구치 도라노스케'樋口虎之助는, 1925년 조선인을 동화시키는 게 얼마나 어려운지를 다음과 같이 솔직하게 털어놓았다.

일본과 조선을 합병했다고 해서 조선을 곧바로 순일본화한다는 것은 도저히 불가능하다. 하나의 집안을 보아도 옛날부터 내려오는 그 집안의 관습이 있는 법이다. (중략) 한 나라에는 이보다 훨씬 오래전부터 전해오는 풍속, 습관, 예의작법이라는 게 있기 때문에, 조선 민족의 생활을 모조리 순일본화하기를 바라는 것은 참으로 세상 물정을 모르는 처사이다. 저쪽에서 여섯 걸음을 걸으면 이쪽에서 네 걸음을 걸어 서로 접근하는 그곳에서 융화를 이루는, 뭔가 새로운 것을 낳지 않으면 안 된다. 조선만 해도 2천 년의 역사와 문화를 자랑스럽게 여기고 있다. 그것을 전부 유린하여 우리들에게 동화시킨다는 것은 어떻게 생각해도 무리한 주문이 아닐까.

그것은 요컨대 조선 민족에 대한 일본인의 이해가 부족한 탓이다. 1919년의 독립운동 만세소요와 같은 사건은 용납해서는 안 될 일이긴 하지만, 그 사건이 단순히 어떤 나라의 선동에 따른 행위라거나 불령선인만의 폭거라는 식으로 일률적으로 평가해서는 사태의 전모를 파악할 수 없다고 생각한다. 문화가 진보하면 조선 민족의 자각 또한 진전되는 것이 당연한 추세라고 보지 않으면 안 된다 . 민족을 무시한 정책은 일시적으로 압박할 수는 있지만 근본적인 해결은 기대할 수 없다. 그들의 문화에 대해서도 존중할 만한 점은 존중해야 하고, 배울 만한 것은 배우는 게 마땅하다. 그리하여 일본이 진정으로 조선을 포용해야 비로소 참된 일한병합의 결실을 거둘 수가 있을 것이다. (중략)

지금까지 총독부가 힘을 쏟아왔기 때문에 그들도 도저히 독립이 불가능하다는 것 정도는 자각하고 있을 것이다. 그러나 **아직 1,700만 조선인 중에서 참된 친일파라고 할 수 있는 자는 한 사람도 없다고 보는 게 옳을지도 모른다.** 그들 중 대부분은 배일파排日派라 할 수 있다. 온건파라고 불리는 자들은 친일파도 아니지만 그렇다고 배일파도 아니

어서 그나마 안심할 수 있다.[16](강조—인용자)

히구치는 동화정책을 직접 담당한 식민지 관료이다. 바로 그랬기 때문에 동화가 쉽지 않다는 것을 알고 있었으며, 참된 친일파는 없다고 말했을 것이다. 정무총감 미즈노의 불안도 적지 않았을 것이다. 간토대지진 당시 내무대신이었던 미즈노가 계엄령 시행을 단행했던 것도 이러한 불안과 무관하다고는 보기 어렵다.

3·1운동 후 조선의 농민운동과 노동자운동이 본격적으로 전개되기 시작했고, 중국 둥베이지구와 시베리아를 거점으로 하는 무장투쟁과 중국에 거점을 둔 의열단과 같은 테러투쟁도 활기를 띠기 시작했다. 또 재일조선인운동도 3·1운동을 기점으로 학생들의 민족주의운동에서 사회주의 및 아나키즘운동과 노동운동으로 급속히 변화해갔다. 1920년 내무성 경보국 보안과에서 간행한 『조선인 개황』 제3권에서는 유학생을 중심으로 하는 재일 "불령선인의 배일사상이 1919년 독립소요 발생 이래 점점 강화되는 추세에 있다는 점을 주목해야 할 것"이라고 말하면서, 조선인 유학생의 운동이 3·1운동에 자극을 받아 고양되고 있다는 점을 지적하고 있다.[17] 그런데 재일조선인노동자에 관해서는, 일본인의 노동쟁의에 참가하는 경우는 있어도 조선인 단독으로 쟁의를 일으킨 적은 없으며, "요컨대 그들은 일반적으로 지식의 정도가 낮고 시대사조를 이해하는 자도 없으며, 조국 회복 문제에 대해서도 의연히 무관심한 자들이 많다"고 하여 경시하고 있다.[18] 1922년 내무성 경보국에서 간행한 『조선인 근황 개황』에 이르러서는 유학생에 관하여 "최근 재일조선인유학생 중 점차 공산주의에 감염되어 내지內地의 사회주의자에게 접근하는 자도 있다"고 인식하고 있으며, 다른 한편 재일조선인노동자에 관해서도 "광포한 행동에 나서

는 자는 대개의 경우 노동자계급에 한정된 것으로 보인다"고 한 것으로 보아 기존의 인식이 크게 바뀌었음을 알 수 있다.[19] 1923년 5월 14일 자 내무성 경보국장이 각 부현 장관에게 보낸 「조선인 노동자 모집에 관한 건 의명통첩依命通牒」에서는 재일조선인노동자 가운데는 "왕왕 사회운동 및 노동운동에 참가하거나 단체행동에 나서려는 경향이 특히 현저한 자가 있다"고 경고했다.[20] 1922년 9월 7일에 있었던 나카쓰가와조선인학살 항의집회에 일본인이 다수 참가하는 사태도 현실화하고 있었다. 치안 당국은 우려하지 않을 수 없었을 것이다. 1923년 3월 1일에는 경시청 특고과장과 '내선內鮮'계장은 조선인유학생이 사는 간다 니시키쵸, 니시칸다, 고이시카와, 도미자카, 조선인노동자가 사는 미나미센주, 센주, 가메도, 고마쓰가와 등지의 경찰 당국자들과 협의하여, 만일 조선인들이 불온한 일을 저지르면 일거에 검거하도록 엄중한 경계령을 내렸다. 도쿄와 요코하마 일대에 사는 조선인이 상하이의 고려공산당 및 하와이의 조선인단체와 연락하여 뭔가를 획책하고 있다는 소문을 입수했기 때문이었다.[21] 제6장에서 본 바와 같이 1923년 5월에 있었던 메이데이집회에서는 경찰이 조선인과 주의자에게 탄압의 창끝을 겨누고 있었다.

이러한 치안 당국의 민감한 동향을 보면, 간토대지진이 일어나자 그들이 조선인 폭동이라는 환상에 위협받고 있었다고 해서 조금도 이상할 게 없다.

조선인학살과 민중

그런데 왜 민중도 관헌과 일체가 되어 조선인학살을 자행했던 것일까. 그 원인 중 하나는 신문에 의해 민중의 의식에도 '불령선인'상이 새겨져 있었기 때문일 것이다. 박열·가네코 후미코와 교류가 있었던 나카니시 이노스케中西伊之助는 간토대지진 직후에 당시의 신문을 비판하여 다음과 같이 말했다.

> 나는 과문한 탓에 아직 조선의 수려한 국토, 선미한 예술, 우아한 민정民情을 소개, 보도한 기사를 본 적이 거의 없습니다. 폭탄, 단총短銃, 습격, 살상 등 한결같이 전율할 만한 문자를 나열하여, 소위 불령선인—요즘엔 불평선인不平鮮人이라는 명칭으로 바꿔 부르는 신문도 있습니다만—의 불령한 행동을 보도하고 있습니다. 그것도 뭔가 일어나기를 기다리는 듯한 신문기자의 과장된 필법으로.
>
> 만약 아직 고래의 조선에 관하여 또는 현재의 조선 및 조선인에 관하여 지식이나 이해가 없는 사람들과 특히 감정이 섬세한 부인들이 이와 같은 일상적인 기사를 읽는다면, 조선이란 산적이 사는 나라이며 조선인이란 맹호猛虎와도 같은 자들이라고 생각하게 될 것입니다.[22]

『도쿄아사히신문』의 제목을 보면서 나카니시가 지적하고 있는 것을 소개해보기로 하자.

> "또 의열단, 집요한 불령선인의 지붕 밑에서 불온문서를 발견
> 압수하다 일당 속속 체포 연행"[23]
> "히비야의 비밀회의, 아연俄然 대발견
> 불령선인과 과격파 거두들이 입경하여 사회주의자와
> 연락한 흔적 발견, 경시청에서 추적 중"[24]

"시내 각 곳에 출몰하여 음모를 꾸미는 불령선인단,
모두 상하이 임시정부의 거두들
밀정이 경부警部 교살, 경시청 대활약
양근환梁槿煥과도 관련이 있는 듯"[25]
"400명의 일본인 및 조선인 토목공들 유혈 대투쟁
밤새 상호 격렬하게 싸우던 조선인
급기야 다이너마이트 투척, 사상자 28명 발생"[26]

이런 식이다. 이것만 봐서는 조선인 하면 함부로 사람을 살상한다고밖에 생각하지 않을 것이다. 일본인의 조선인관에는 차별과 공포가 교차하고 있었다. 바로 그러했기 때문에 박열과 가네코 후미코가 『뻔뻔스러운 조선인』을 발행하여 '불령선인'에 대한 편견을 바로잡고자 했던 것이다.

그런데 나는 민중들이 대규모의 조선인학살로 나아간 근본적인 원인이, 민중의 국가에 대한 절대적인 신뢰와 충성심에 있다는 점에 주목하고자 한다. 사이타마현 혼조시에 사는 바바 미치히로馬場道博는 "당시 일본 국민은 위에서 말하는 것이라면 틀림이 없을 것"이라는 의식을 갖고 있었다고 한다.[27] 국가가 그 권위를 부여한 정보를 신뢰하는 정신구조가 형성되어 있었기에 관헌의 유언비어를 아무런 의심없이 받아들일 수 있었던 것이다. 군중이 혼조경찰서를 습격하여 이곳에 수용되어 있던 조선인을 학살한 사건이 일어났던 다음 날인 9월 4일, 같은 경찰서 순사 아라이 겐지로新井賢次郎에게 "평소 칼을 차고서 어린아이들이나 위협하고 다닐 줄 알지, 이런 **국가 비상시국**에 사람 하나 죽이지 못한단 말인가. 우리들은 평상시 짐이나 지고 다닐 뿐이지만 어젯밤에는 열여섯 명이나 죽였다(강조—인용자)"라고 말한

사람이 있었다.[28]

이처럼 조선인학살은 국가 비상시국에 보여줄 수 있는 충성의 증거였던 것이다. 요코하마의 한 시민은 "이 세상에서 공공연하게 사람을 죽일 수 있다니, 이 얼마나 호기로운 일인가"라고 말했다.[29] "이 세상에서 공공연하게"라는 말은 경찰의 지령이나 계엄령의 시행 등에 의해 조선인학살이 공인되었다는 의미일 것이다. 9월 4일 조선인 강대흥姜大興을 마을 안에서 살해한 사이타마현 가타야나기촌(현재의 오미야시大宮市)의 한 주민은 경찰서에 출두하여 은상恩賞을 받고 싶다고 했다.[30] 이와 같은 마을의 주민들은 "계엄령이 내려졌기 때문에 모두가 조선인을 체포하면 금부엉이훈장金鵄勳章을 받을 거라 생각하고 있었다."[31]

일본 국가의 조선인학살사건 정당화정책

9월 5일 임시진재구호사무국 경비부臨時震災救護事務局警備部에 관계하고 있던 관헌 담당자들이 모여 조선인학살사건 발표 방식에 관하여 협의했다. 협의의 주안점은 다음과 같았다.

> 각 방면의 관헌은 조선인 문제를 내외에 알림에 있어 아래 사항을 사건의 진상이라 선전하는 데 노력하여 장래 이것을 사건의 진상으로 할 것.
>
> 따라서 (1) 일반 관계 관헌에게도 다음의 취지를 사건의 진상으로 통달通達하고, 외부에 대해서도 다음의 태도를 채택하게 할 것. (2) 신문지 등에 대해서 조사 결과, 사건의 진상이 다음과 같다고 알릴 것.[32]

각 관청에서 말하는 내용이 달라서 그 결과 조선인학살에 대한 국가의 책임이 명백해지는 것을 방지하기 위하여 발표 내용을 미리 협의하여 정하고자 했던 것이다. 관헌에서 발표하도록 한 내용 중 첫 번째는 다음과 같다.

> 혼잡한 상황에서 조선인들도 소수 위해危害를 당하긴 했지만, 내지인의 경우엔 그와 같은 위해를 입은 사람들이 다수에 이른다. 혼란한 상황에서 일이 벌어진 경우에도 조선인에 대하여 고의로 가혹한 박해를 가한 사실은 없다.[33]

결국 일본인이 살해된 사건이 조선인으로 오인된 데 원인이 있는 것으로 은폐하고 나아가 얼마 되지 않는 일본인 오살사건誤殺事件이 다수였다고 과장함으로써, 조선인학살사건을 민족적 박해에서 비롯되었다는 사실을 숨기려고 했던 것이다. 그리고 두 번째는 다음과 같다.

> 조선인의 폭행 또는 조선인에게 폭행당한 사실을 적극 수사하여 긍정하도록 노력할 것. 동시에 다음 사항에 힘을 기울일 것.
> (1) 풍설을 철저하게 취조하되 이것이 사실로 확인될 경우에는 긍정하도록 힘쓸 것.
> (2) 풍설이나 전언傳言을 충분히 취조할 것.[34]

9월 5일에 이르러서는 조선인의 폭동이 환상이라는 것쯤은 치안 당국도 잘 알고 있었을 터이다. 그럼에도 불구하고 관헌에서는 이미 유언비어를 퍼뜨리고 조선인을 학살했다. 바로 이런 상황에서 조선인 폭동을 사실로 날조하여 국가의 책임을 완화하고자 했던 것이다. 그리고 이 협정에서는 "해외 선전의 경우 특히 적화赤化 일본인 및 적화 조선인이 배후에서 폭행을 선동한 사실이 있다는 점을 알리는 데 주력할 것"을 강조했다.[35] 자본주의국가들이 러시아혁명에 겁을 먹고 있다는 점에 착안하여 조선인학살을 납득시키고자 했던 것이다.

한편 11일에는 경비부 내부의 사법사무위원회가 자경단 검거를 결정했다. 단, "정상을 참작해야 할 예가 적지 않기 때문에 소요에 가담한 전원을 검거할 것이 아니라, 가담 흔적이 현저한 경우만으로 검거 범위를 한정한다"는 단서를 달았다.[36] 이처럼 국가의 책임을 민중에게 떠넘기기로 결정했으나 민중의 반발이 두려워 최소한의 선에 그치기로 했던 것이다. 요컨대 조선인학살에 대한 국가의 책임을 먼저 피해자인 조선인에게 돌리고, 그다음에는 일본 민중에게 떠넘기고자 했던 셈이다.

일본 정부가 가장 두려워한 것은 외국(특히 구미의 대국들)과 조선 본토로부터 책임을 추궁당하는 일이었다. 내각에서 발표한 9월 5일 자 고유告諭에서도 "민중 스스로가 함부로 조선인에게 박해를 가하는 행동은 일선동화日鮮同和라는 근본 취지에 어긋날 뿐만 아니라, 외국에 알려져도 결코 좋을 게 없다"라고 말하고 있다.[37]

9월 16일 경비부에 발표한 다음과 같은 협의사항도 마찬가지이다.

1. 조선인 문제 선언

a. 내지를 위해 특히 선전이 중요하다는 것을 명심해야 한다.

b. **조선 및 외국에 대하여.** 일부 불령선인의 경우 재해를 틈타 약탈, 강간, 방화, 우물독약 투여 등의 사건에 가담한 자가 있으며, 그 결과 시민의 격앙을 자초하여 검거 또는 타살打殺된 자도 있으

나 대부분은 안전하게 보호되고 있다. 이곳을 비롯하여 후카가와深川 방면 및 요코하마시 등지에서 불에 타 죽은 조선인이 다수였으나 이는 전적으로 화재에 의한 것이며, 10만여 명이 넘는 내지인이 불에 타 죽은 것과 그 운명을 함께한 것에 불과하다. (조선에 대해서는 보호 상황을 서술한다.)(강조—인용자)[38]

범죄를 저지르고 살해된 '불령선인'은 소수에 지나지 않고 기타 사망자는 불에 타 죽은 것일 뿐 대부분은 안전하게 보호받았다고 말하려 하는 것인데, 이러한 '유언비어'를 선전하는 대상은 조선과 기타 외국(특히 구미 대국들)이다. 자경단 재판도 외국과 조선에 대하여 가해자를 처벌한 것처럼 보이게 함으로써 국가의 책임을 미봉하려는 것이 목적이었기 때문에, 재판에서 국가의 책임 구명은 전혀 이루어지지 않은 채 우스꽝스러운 말장난으로 끝나고 말았다.[39]

다른 한편 뭐니 뭐니 해도 '불령선인'의 폭동을 선동한 '적화선인赤化鮮人'의 존재를 날조하는 것이 관헌의 지상과제였다. 날조 대상자 후보로서 박열은 안성맞춤인 인물이었을 것이다. 불령사가 분열되어 그 비밀이 반쯤은 공공연하게 알려진 것이 관헌으로서는 더없이 좋은 조건이었다.

제9장

박열·가네코 후미코와 불령사 동인의 체포 및 기소

박열·가네코 후미코와 불령사 동인의 체포

9월 1일 간토대지진이 일어났을 당시 도미카야에 있는 박열·가네코 후미코의 셋집은 무너지지도 불에 타지도 않았다. 후미코가 옥중에서 보낸 편지에 따르면 이날의 생활은 다음과 같았다.

> 오늘은 9월 1일—지진이 있었던 그날은 그 집의 풀밭에 깔아놓은 다다미 위에 앉아 제각기 의미를 알 수 없는 얘기를 나누면서, 없는 쌀을 몽땅 털어 밥을 끓여 먹고 있었습니다. 당신과 ○○형과 ○○씨, 그리고 P와 나 이렇게 넷이었지요…. 이웃에 사는 중학생이 멍하니 서서 듣고 있었습니다.
>
> 둑 아래에서 임신한 여인이 다이쇼고토大正琴(두 줄의 쇠줄을 매고 건반을 갖춘 간단한 현악기. 다이쇼 초기에 발명—옮긴이)를 타고 있었습니다. 드넓은 초원 저쪽에는 벼가 진홍빛으로 불타고 있었습니다. 달이 저녁놀의 태양처럼 둥실 떠오르고…. 아아, 무섭도록 아름다운 황혼이었습니다.[1]

'당신'이란 구리하라 가즈오일 것이다. 구리하라는 당시 박열·후미코의 집에서 함께 살고 있었으며(『재판기록』, 180쪽), 옥살이를 하고 있는 후미코에게 차입물을 넣어주고 있었다. '○○형'과 '○○씨'는 누구인지 분명하지 않다. P는 박열이다.

1일 오전 박열은 다키노가와의 고려사高麗舍(조선인 고학생 구제를 목적으로 하고 있던 보인회輔仁會에서 고학생을 위해 빌린 집)에 머물고 있던 장상중과 몇몇 사람을 방문했다가 오후에 집으로 돌아왔다. 2일에는 집에 머물면서 가사家事를 정리했다.[2] 이때 요쓰야 아라키쵸에 있던 후세 다쓰시의 사무소에도 들렀다고 하는데,[3] 그것은 아마 1일의 일이었을 것이다.

두 사람이 검거된 것은 9월 3일 밤이었다. 그리고 검거한 사람은 제1사단 병참 제1대대 하사관 스즈키 가메오鈴木龜男였다. 하사관 스즈키에게 수여된 훈공 보고 문서에 따르면 박열·가네코 후미코의 체포 경위는 다음과 같다. 스즈키는 9월 3일 밤 도미카야에서 경계를 서고 있었는데, 같은 날 밤 12시경 도미카야에 있는 이시카와목장의 동북쪽 움푹 들어간 숲 속에 조선인 세 명이 있다는 사실을 알고 그들을 체포했다. 스즈키는 그들 조선인의 집을 수색하여 '불령선인사不逞鮮人舍'(아마도 '불령사'일 것이다)라는 표찰, 『뻔뻔스러운 조선인』, '일선대강연日鮮大講演' 선전 삐라, 잡지판매점 명부, 잡지 『자유인』(가토 가즈오가 이끄는 자유연맹의 기관지 『자유인』일 것이다), 조선인 명부 등을 압수했다. 스즈키는 이 집에 살고 있던 가네코 후미코도 압수물품과 함께 경찰로 넘겼다. "그런데 압수물품에 의해 사건이 폭로되자 도미카야의 아무개는 위 가네코 후미코를 열렬히 비호하기 위해서인지 발광을 하더니만, 차고 있던 칼을 꺼내 할복 흉내를 내면서 광태狂態를 연출함에 따라 위 조선인을 가네코 후미코와 함께 경시청 순사에게 인도했다." 이 조선인은 아마 박열일 것이다.

스즈키의 행위가 훈공에 값할 수 있었던 것은 "위 행위는 단지 임무를 달성했을 뿐만 아니라 경비상 유력한 증거를 포착했다는 점" 때문이었다.[4] 결국 경계 임무를 완수했을 뿐만 아니라 '불령선인'의 존재 증거를 포착했다는 것이 훈공 수여의 이유였던 셈이다. 박열의 검속檢束 명목은 '보호검속'이었다. 보호검속이란 행정집행법 제1조 "구호救護를 필요로 한다고 인정된 자에 대해 필요한 검속을 한다"는 규정의 적용을 뜻한다. 그리고 그를 유치한 장소는 세타가야경찰서였다.[5]

후미코의 검속 명목이나 유치한 장소에 관해서는 알려져 있지 않지만 아마 박열과 동일했을 것이다.

9월 4일이 되면서 보호검속 24시간이 지나자 당국에서는 "일정한 주거 또는 생업이 없어 이곳저곳을 배회하는 자"는 "30일 이하의 구류에 처한다"는 경찰범처벌령 제1조 3항과 제2조를 적용하여 구류 기간을 연장했다. 박열은 도미카야에 주거가 있었기 때문에 원칙대로 한다면 이 조항은 그에게 적용할 수 없다. 그리하여 경찰에서는 두 사람을 연행한 직후, 집주인에게 "박열은 이제 돌아오지 않을 것이다. 영원히 돌아오지 않을지도 모르니까 집을 다시 인수하여 다른 사람에게 세를 놓는 게 좋을 것이다"라고 말함으로써 박열의 주거를 상실케 했고, 가재도구를 경찰관이 입회한 가운데 마음대로 처분할 수 있도록 했다.[6] 경찰은 '불령선인' 선동자를 조작하는 데 온 힘을 기울였던 것이다.

9월 2일에는 정태성과 장상중도 요시찰·요주의 조선인 단속의 일환으로 경찰에 검속되었고, 최규종은 같은 날 일본 민중에 의해 중상을 입고서 입원했다. 홍진유는 9월 3일 스가모경찰서에 검속되었다.(『재판기록』, 159쪽)[7]

그 후에도 불령사 조사를 목적으로 한 동사同社 동인들에 대한 검속이 이어졌다. 동인 전원의 검속 날짜에 관해서는 상세하게 알려진 바가 없다. 단, 몇몇의 검속 날짜는 확인할 수 있다. 예컨대 니이마 하쓰요는 9월 4일 경시청 특고형사 이노우에에 의해 연행되었으며,[8] 최영환은 9월 28일 시부야경찰서에 검속되었다.(『재판기록』, 141쪽) 그리고 한현상은 지진 후 학살을 피해 도쿄 시외로 피난해 있다가 10월 1일 시내로 돌아와 신궁神宮 외원外苑에 개설된 YMCA 캠프에 들어갔지만, 2일 경시청 내선과內鮮課 형사 사에구사에 의해 요쓰야경찰서로 연행되었다.[9] 오가와 다케시는 10월 15일 고향인 고치시에서 검거되어 19일 경시청으로 이송됐다.[10] 도쿄시의 한 관공서에서 인부 노릇을 하고 있던 구리하라 가즈오는 9월 29일 일자리를 구하러 오사카에 갔다가 허탕을 치고 10월 16일 도쿄로 되돌아왔는데, 바로 그때 잠복하고 있던 형사에게 검거되어 요도바시경찰서로 연행되었다.(『재판기록』, 184쪽) 김중한은 조선에서 검거되었다. 단, 그 날짜는 명확하지 않다.[11] 이상과 같은 분명한 사례들을 보면 알 수 있듯이, 불령사 동인의 검속은 9월 하순부터 시작되어 10월 중순에는 거의 완료되었을 것이다. 10월 21일 자 『동아일보』는 "도쿄 ○○음모 관계자 거의 체포, 한 사람을 제외하고는 남은 동인이 없다"고 보도했다.

요쓰야경찰서 마당에서 가네코 후미코.

현재 남아 있는 것은 예심조서인데, 경시청 취조 기록은 전혀 없고 도쿄지방재판소 검사국 청취서가 약간 남아 있을 따름이다. 따라서 재판에 관계된 모든 자료를 점검할 수 없는 상황이다. 그러나 최초의 경시청 취조나 검사 취조 단계에서 니야마 하쓰요, 박열, 가네코 후미코, 최영환 등이 폭탄입수계획을 말했다는 것은 틀림없는 사실이다.

1923년 10월 8일의 니야마의 진술을 기록한 도쿄지방재판소 검사국 청취서에 따르면, 니야마 하쓰요는, 8월 10일에 있었던 흑우회 모임에서 "박열이 의뢰한 상하이행 얘기를 김중한에게서 들었습니다만, 그 내용은 **어제 야마다 경부警部에게 말씀드린 바와 같습니다.** 그 다음 날 불령사에서 김중한과 박열이 다투었다는 것에 대해서도 역시 **야마다 경부에게 얘기한 대로입니다**"라고 진술했다.(『재판기록』, 371쪽. 강조—인용자) 이 진술에 따르면 니야마는 김중한의 상하이행 계획의 전말을 10월 7일 경시청 야마다 경부의 취조 당시 말했던 셈이 된다.

10월 14일 자 검사 청취서에 의하면, 니야마는 박열에게서 "올 가을이 혁명의 최적기이다"는 얘기를 들은 적이 있는데, 여기에서 말하는 가을이란 황태자의 결혼식을 의미하는 것이라 직감했다고 한다.(『재판기록』, 375쪽) 그리고 그날 박열과 김중한에게서 들었던 이야기를 정리하여 다음과 같이 진술했다.

> 이상에서 진술한 바와 같이 박열에게서 금년 가을이 혁명의 최적기라는 말을 들었을 때 나는 그것이 그때가 바로 경사스러운 날을 뜻한다는 것을 직감했습니다. 앞서 진술한 바와 같이 김중한에게 들은 얘기를 나는 박열이 김중한에게 폭탄입수를 위해 상하이로 갈 것을 의뢰한 것이라 해석했습니다. 위 두 관점을 종합하여 나는 박열이 금년 가을 경사에 맞추어 직접행동을 하기 위해 폭탄입수를 김중한에게 의뢰했다는 생각을 하게 되었으며, **그것을 경시청에서 조사할 때 진술했던 것입니다**(『재판기록』, 376쪽. 강조—인용자)

그것을 경시청에서 말했다는 것 역시 10월 7일의 일일 것이다. 제8장에서 서술한 바와 같이 김중한이 증언한 대로 박열은 사실상 폭탄투척 목표와 시기조차 정하지 못했을 정도로 구체적인 계획을 갖고 있지 않았다. 그런데도 니야마는 폭탄투척 시기를 황태자 결혼식 때일 거라 확신하고서 이렇게 진술했다. 이 말은 대역사건을 조작하는 데 더없이 유용한 진술이 되고 말았다.

뿐만 아니라 이 검사 청취자리에서 니야마는 1923년 8월 12일에 후미코에게서 "올 봄에 계획했을 때 의열단에게서 암호 편지를 받은 적이 있다"는 얘기를 들었다고 진술했다.(『재판기록』, 376쪽) 결국 김한을 통한 폭탄입수계획까지도 경시청에 말해버린 셈이다. 후미코가 니야마 하쓰요에게 이것을 얘기하게 된 사정은 다음과 같다. 불령사 정기모임에서 박열과 김중한의 격렬한 대립이 있은 다음 날인 8월 12일, 후미코가 니야마를 하라주쿠原宿역으로 배웅 가던 도중 니야마가 "박열은 김중한과 나를 이용하여 올 가을에 폭탄을 투척하게 하고 자신은 도망갈 생각을 하고 있음에 틀림없다. 박열은 비겁한 야심가다"라며 매도했다. 후미코는 니야마가 감정에 쫓겨 계획을 폭로할까봐 두려워 오해를 풀려고 "조선의 어느 곳에서 그 폭탄 건에 대하여 편지가 와서 김중한에게 그것을 입수할 것을 의뢰한 듯하지만, 박열은 스스로가 그것을 사용할 생각을 하고 있다. 그것을 김중한이나 니야마에게 사용하도록 하고 자신은 도망가버리는 그런 비겁한 짓을 할 남자가 아니다"라고 말했다.(『재판기록』, 47쪽) 그러나 니야마는 10월 14일 검사 앞에서 박열은 "평소 주장하듯이 직접행동을 실행할 만한 인물이 아니다", "이름을 팔고 다니는 사람이다"라며 여전히 그를 매도했는데(『재판기록』, 378쪽), 결국 후미코의 설득은 아무런 효과도 없이 도리어 비밀을 폭로하고만 결과를 낳았던 것이다.

10월 19일 최영환은 시부야경찰서에서 있은 검사 취조현장에서 니야마 이상으로 깊이 파고드는 발언을 했다. 그는 8월 10일 흑우회 석상에서 김중한이 박열에게 상하이행을 부탁받았다는 얘기를 했다고

『조선일보』 1925년 11월 28일 자, 박열과 가네코 후미코, 니야마 하쓰요(원안)의 사진과 사진 옆에 박열의 필적이 보인다.

진술하고, 더 나아가 다음과 같이 말했다.

김중한은 박열이 분명히 폭탄을 황태자 전하 혼례식 때에 사용할 거라고 말하긴 했습니다만, 직접 황태자 전하를 향해 던질 것이라고는 명확히 말하지 않았습니다. **그러나 나를 비롯하여 그 얘기를 함께 들었던 사람들은 전후 사정을 추측하건대 혼례식장에서 폭탄을 사용한다는 것은 결국 황태자 전하를 목표로 하는 것이라 직감하고선** 깜짝 놀랐습니다. 당시 김중한의 태도를 보아도 미루어 짐작할 수 있는데,

그는 다른 얘기는 보통의 말투로 다소 흥분하여 말했지만 황태자 전하의 혼례식 대목에 이르러서는 특별히 목소리를 낮추고 폭탄투척 건을 얘기했습니다. **필시 그도 폭탄을 황태자 전하께 사용할 생각을 하고 있었던 것으로 사료됩니다.**(『재판기록』, 359쪽. 강조—인용자)

최영환은 폭탄투척 목표를 제멋대로 추측함으로써 대역사건을 조작하는 데 극히 유리한 진술을 검사 앞에서 했던 것이다. 최영환은 김중한이나 니야마와 마찬가지로 정치권력에 대하여 무방비 상태에 있는 사람이었다.

그러나 후미코도 경시청에서 어느 정도 폭탄입수계획에 관하여 얘기했다. 1924년 3월 19일 작성된 제9차 예심조서에는 다음과 같은 후미코의 말이 기록되어 있다.

이번 일로 니야마를 비롯하여 우리 동지들이 경시청에 검속되었기 때문에, 나는 니야마가 경시청의 관리들에게 김한이 보내온 편지 얘기를 하지나 않을까 몰래 걱정했습니다. 숙고를 거듭한 끝에 나는 니야마가 그것을 털어놓음으로써 사건이 새로운 국면으로 전개되는 걸 막아야겠다고 생각했습니다. 그리하여 폭탄 건에 대해 나 자신이 먼저 인정함으로써 경시청 사람들의 주의를 내 쪽으로 돌리고, 동시에 니야마에게로 향한 창을 빗겨가게 하려 결심하고서 폭탄 건을 시인하고 그 전후 사정을 관계자들에게 말해버렸던 것입니다.(『재판기록』, 47쪽)

결국 후미코는 니야마와 다른 동지들에게 누를 끼치지 않기 위해 폭탄입수계획을 말했던 것이다. 자신이 관여하지도 않았던 제4차 폭탄입수계획, 즉 김중한에게 의뢰했던 바로 그 계획에 자신이 관련 있는 것처럼 진술했던 것도 부담을 스스로 떠맡고자 했기 때문이었을 것이다. 그러나 니야마는 후미코의 그러한 우정도 눈치 채지 못하고 박열에 대한 증오심에서 폭탄입수계획을 경시청 취조 단계에서 말해버렸고, 급기야는 후미코의 전술을 무위로 돌아가게 하고 말았던 것이다.

박열도 경시청 및 검사의 취조 때 폭탄입수계획을 털어놓았다. 1923년 10월 24일에 작성된 제1차 박열 예심조서에 따르면, 그는 "나는 충분히 이해할 수 있을 거라 생각하고 경시청 관리와 검사에게 모든 것을 말해버렸다. 내가 반역적 기질을 갖고 있는 것이나 불령사를 조직한 일, 김중한에게 폭탄입수를 부탁한 일 등을 털어놓았던 것이다"라고 진술했다.(『재판기록』, 7쪽) 또 1924년 1월 30일의 제3차 예심조서에 의하면, 박열은 "경찰과 검사국에서 내 말을 존중한다고 얘기하기에 나는 불령사는 비밀결사가 아니라는 점을 설명해주었다. 그럼에도 불구하고 불령사를 비밀결사라 하여 불령사의 회원을 기소하고 말았다"고 진술했다.(『재판기록』, 29쪽) 변호사 후세 다쓰시는 "박열은 검사의 신문에 응하지 않았으며 검사가 청취서를 한 장도 쓰지 못하게 했다"고 말한 바 있는데,[12] 이는 박열을 지나치게 영웅화하기 위한 과장이라 생각된다. 박열은 폭탄입수계획은 자기만이 관계된 일이며 불령사는 비밀결사가 아니라고 주장함으로써, 혼자서 형벌을 떠안고 불령사 동인들을 석방시킬 목적으로 경시청 취조와 검사국 청취 단계에서 폭탄입수계획을 적극적으로 진술한 것이었다.

그러나 폭탄입수계획을 혼자 한 것이라고 경시청과 검사국에서 적극적으로 진술함으로써 불령사 동인들에게 누를 끼치지 않으려 했던 박열과 후미코의 노력이 이 단계에서는 아무런 효과도 거두지 못한 채, 검사는 10월 20일 불령사 회원 16명을 기소하고 말았다. 기소된 자는 박열, 가네코 후미코, 홍진유, 최규종, 육홍균, 서동성, 정태성, 오가와 다케시, 김중한, 니야마 하쓰요, 장상중, 한현상, 서상경, 하세명, 노구치 시나니, 구리하라 가즈오 등 16명이었다.(『재판기록』, 303, 304쪽)

10월 20일에 기소가 이루어진 이유는 무엇이었을까. 후세 다쓰시는 이날을 구류가 만료되는 날로 이해하고 있다.[13] 그러나 경찰범처벌령에 의한 구류만기 기간인 29일은 9월 4일부터 계산해도 10월 2일이다. 그 이후 어떤 법적 근거에서 구류를 연장했는지는 명확하지 않다. 어찌됐든 기소가 10월 20일에 이루어진 이유는 다른 데서 찾지 않으면 안 된다. 이날은 조선인학살사건을 다룬 신문기사에 대한 해금이 시행된 날이다. 이날 관헌은 해금과 동시에 날조된 '불령선인' 범죄사건을 발표했다. 조선인학살을 정당화할 수 있는 날조 재료를 찾고 있던 시기이다. 이날 불령사 동인이 기소된 이유는 바로 여기에서 찾아야 할 것이다. 10월 20일 자 『오사카아사히신문大阪朝日新聞』은 "지진 중의 혼란을 틈타 제도帝都에서 대관 암살을 기도한 불령선인의 비밀결사 대검거"라는 제목으로 다음과 같이 보도했다.

> 올 가을에 있을 동궁 전하의 혼례식 때에 고관대작들이 모이는 것을 기회로 폭탄을 투척하여 암살한다는 대음모를 기도하고 동지와 함께 준비에 분주하던 일당이, 대지진이 발발하자 급히 예정을 바꾸어 도쿄에 사는 소수의 동지들과 약속하고 제국의 도시 도쿄가 혼란에 빠진 틈을 타, 대사를 결행하기로 한 사실이 발각되기에 이르렀다….

이것은 조선인학살사건을 정당화하는 데 안성맞춤인 기사였다. 기소 이유는 불령사를 "아나키즘 경향의 동지를 규합 단결하여 그 주의상 필요한 사회운동 및 폭력에 의한 직접행동을 목적으로 하는 비밀결사단체"로 인정하고,[14] 이는 "비밀결사를 금한다"는 치안경찰법 제14조에 해당된다는 것이었다.[15]

비밀결사였다면 박열이 자택에 '불령사'라는 표찰을 당당하게 내걸었을 리가 없으며, 또 그 성원이 니야마 하쓰요나 최영환처럼 정치적으로 미성숙하여 동지를 권력에 팔아넘기는 발언을 그렇게 간단히 할 리도 없을 것이다. 요컨대 불령사비밀결사론은 관헌이 조선인학살사건을 정당화하기 위한 재료를 구하는 데 노심초사한 결과의 산물이라 할 수 있다.

폭발물단속벌칙 위반에 따른 추가 기소

10월 20일 기소 이후 12월까지 계속된 예심에서 박열과 가네코 후미코에 대한 예심 횟수는 많지 않았다. 즉 박열에 대해서는 10월 24일에 제1차 예심과 제2차 예심이 있었을 뿐이고, 후미코에 대해서는 같은 달 25일에 제1차 예심만이 진행되었다. 박열은 제1차 예심 석상에서 "9월 3일 부랑죈가 뭔가 하는 명목으로 나를 연행하여 50일 동안이나 구류하고서도 하등의 적법한 수속을 취하지 않았다"며 항의하고, 판사를 신뢰할 수 없어 "앞으로는 아무 대답도 하지 않겠다"고 선언했다. 사실 제2차 예심에서는 "박준식이 본명이며 박열은 나의 통칭이다"라고 자신의 이름을 설명했을 뿐 다른 질문에 대해서는 침묵으로 일관했다.(『재판기록』, 7쪽) 그러자 예심판사도 전술을 바꾸어 다른 불령사 동인들에게 집중적으로 질문을 던졌다. 신문의 초점은 불령사의 목적과 활동상황 및 김중한의 상하이행 계획에 모아졌다. 이 기간에 예심 대상이 되었던 불령사 동인과 그 예심 또는 검사청취 등은 다음과 같다.

니야마 하쓰요	10월 27일(예심 제1차)
최영환	10월 22일(검사청취 제3차), 11월 19일(증인신문 제1차)
정태성	10월 22일(예심 제1차), 11월 22일(예심 제2차), 24일(예심 제3차), 26일(예심 제4차)
홍진유	10월 26일(예심 제1차), 11월 20일(예심 제2, 3차), 21일(예심 제4차)
나가타 게이자부로	11월 27일(증인신문 제1차)
구리하라 가즈오	10월 24일(예심 제1차), 12월 4일(예심 제2차)
김중한	10월 27일(예심 제1차)

니야마의 예심이 한 차례뿐인 것은 11월 28일 그녀가 시바에 있는 협조회병원에서 사망했기 때문이다. 앞에서 말한 바와 같이 니야마는 10월 7일에 있었던 경시청 취조에서 김중한의 상하이행 계획이 있었다는 것을 진술한 바 있다. 최영환도 전술한 바와 같이 이미 10월 19일의 검사청취 때, 8월 10일에 있었던 흑우회 모임에서 김중한에게서 상하이행 계획이 있었다는 것을 들었다고 증언한 바 있다. 홍진유는 자신에 대한 제3차 예심에서, 정태성도 제3차 예심에서, 그리고 나가타는 제1차 증인신문에서 8월 10일의 흑우회 석상에서 있었던 상하이행 계획에 관한 김중한의 발언에 대하여 진술했다. 8월 11일에 열

린 흑우회 정기회의에서 벌어진 상하이행 계획 중지를 둘러싼 박열과 김중한의 대립에 관해서는 홍진유가 제4차 예심에서, 정태성이 제4차 예심에서, 구리하라는 제2차 예심에서 각각 진술했다. 이 기간 중 김중한에 대해서는 단 한 차례 예심이 열렸을 뿐이며 더구나 폭탄입수계획에 관해서는 아예 신문하지도 않았다. 그를 철저하게 추궁한 신문이 행해진 것은 1924년에 들어서면서부터이다. 1923년에 행해진 신문은 폭탄입수계획 당사자 이외의 사람들을 취조함으로써 증거를 확보하고자 했던 것이다. 1924년에 접어들어서야 이렇게 확보된 증거에 의거하여 박열, 가네코 후미코, 김중한에 대한 공략이 진행되기에 이른다.

1924년에 이르러 예심은 가네코 후미코에게 집중되는데, 1월 17일부터 같은 달 29일까지 7회에 걸쳐 진행되었다. 후미코는 경시청의 취조에서 이미 폭탄입수계획을 말한 바 있기 때문에 예심에서는 각오를 새롭게 다져, 이 예심을 사상적 저항의 장으로 선택할 결심을 굳히고 있었다. 다음에 보는 1923년 11월 16일 자 그녀의 일지는 그 증거가 될 수 있을 것이다.

권력 앞에서 인간의 목숨 따위는 가지고 노는 공처럼 함부로 다루어집니다. 관리들은 마침내 나를 감옥에다 처넣어버렸습니다. 하지만 나쁜 일은 말하지 않기로 하겠습니다. 이번 사건이 구체적으로 드러나는 것을 미연에 방지하려면 차제에 나를 죽여버리지 않으면 안 됩니다. 내가 몇 년을 감옥에서 생활하게 되더라도 사회에 나가면 반드시 다시금 이 모습을 보여드리겠습니다. 당신들에게 폐를 끼치지 않도록 먼저 나의 이 몸을 다 던져 보여드리겠습니다. 이제 나의 이 몸을 어디든 가지고 가십시오. 단두대든 하치오지八王子(이치가야형무소 하치오지지소支所를 가리킨다)든, 어차피 한 번은 죽을 몸입니다. 마음대로 하셔도 좋습니다. **당신들이 나를 그렇게 하는 것은 어디까지나 나 자신이 살아 있다는 사실을 증명해줄 따름입니다. 나는 그것으로 만족합니다.**

'당신들과 타협한다', '개심改心하여 사회에 순응하며 살아간다.' 지금 당신들과 타협할 수 있다면 나는 사회에 있을 때 이미 타협했을 터입니다. 당신들의 설교를 듣지 않아도 내게 그 정도의 지혜는 있습니다. 그 정도의 일은 벌써 각오하고 있었습니다. 부디 아무 걱정 마시고 자유롭게 처분하시길. 사실은 나도 지금 한 번만 세상에 나가보고 싶습니다. 그렇게 하기 위해 '개심했습니다'라며 고개를 숙이고 문서 한 장을 제출하기만 하면 쉽게 나갈 수 있다는 것을 알고 있습니다.

하지만 장래의 내 목숨을 부지하기 위해 현재의 자신을 죽이는 일은 결코 일어나지 않을 것입니다.

관계자 여러분, 당신들 앞에 다시 한번 용기를 내어 선언합니다. **'나는 권력 앞에 무릎을 꿇고 살아가기보다는 오히려 기꺼이 죽어 끝까지 나 자신의 내면적 요구를 따를 것입니다. 그것이 정녕 마음에 들지 않는다면 어디든 나를 데려가주십시오. 나는 결코 두려워하지 않을 것입니다.'**(『재판기록』, 18, 19쪽. 강조—인용자)

후미코는 이 일지를 1924년 들어 두 번째로 열린 1월 22일의 제3차 예심 석상에서 낭독했다. 결국 이는 설령 사형이 내려진다 하더라도 자기자신에 대하여 충실하게 살아갈 것을 선언한 것이었다. 후미코는 예심이 본격화하는 시점에 이르러 전향하지 않을 것을 결심하는 한편, 권력과 대결하리라는 의지를 다지고 있었다.

1월 17일에 열린 제2차 예심에서 같은 달 24일에 진행된 제5차 예심까지 후미코는 출생에서부터 박열과의 공동생활에 이르는 자기의 반생을 얘기하면서 자기 사상을 설명했다. 같은 달 22일에는 "일본의 국가사회제도에 대한 피고의 생각은 어떠한가"라는 신문에 대하여, 일본의 국가조직을 제1계급-황족, 제2계급-대신 및 기타 실권자, 제3계급-일반 민중으로 나누고, "황족은 정치의 실권자인 제2계급이 무지한 민중을 기만하기 위해 날조한 가엾은 꼭두각시이자 나무인형이라고 생각한다"고 대답했다. 그리고 "그렇기 때문에 나는 이 두 계급을 향하여 폭탄을 던지리라 생각했던 적도 있으며, 박열과 동거 이후 그 이야기를 한 적도 있었다"라고 진술했다.(『재판기록』, 18쪽)

1월 25일에 열린 제6차 및 제7차 예심에서 신문은 문제의 핵심인 폭탄입수계획에 집중되었는데, 이에 대해 후미코는 김중한의 상하이행 계획의 전말뿐만 아니라 거슬러 올라가 김한을 통한 폭탄입수계획, 박열이 선원이었던 스기모토 데이치에게 폭탄입수를 의뢰한 일까지 진술했다. 그녀는 1923년 5월경, "나와 박열이 상담하여" 김중한에게 상하이에서 폭탄을 입수할 것을 의뢰했다고 말하고, 폭탄의 사용목적에 관해서는 "제1계급과 제2계급을 모조리 폭살하기 위해서"라고 명확하게 진술했다.(『재판기록』, 23쪽)

후미코는 1926년 2월 26일에 열린 대심원 제1차 공판에서 김중한을 통한 폭탄입수계획에 자신이 관여했다는 것을 부정하면서 "김중한과의 관계는 박열이 단독으로 교섭했기 때문에 그에 대해서는 정말로 아는 바가 없다"고 밝혔다.(『재판기록』, 688쪽) 앞서 서술한 바와 같이, 후미코가 김중한의 상하이행 계획이 있었다는 것을 안 것은 박열의 상하이행 의뢰 취소가 발단이 되어 두 사람 사이에 대립이 있었던 8월 1일 불령사 정기회합에서였는데, 이런 사실에 비추어보면 앞 진술은 사실임에 틀림없다. 그럼에도 불구하고 예심에서 폭탄을 입수하기 위해 김중한을 상하이에 파견하기로 한 계획에 관여했다고 말한 데에는, 니야마에게 폭탄입수에 관한 신문이 집중되지 않도록 함으로써 형벌을 자신이 떠맡기 위해 후미코가 이미 경시청 취조 단계에서 폭탄입수계획에 참가했다고 진술한 것도 일정한 영향을 미쳤을 것이다. 그러나 그것만이 아니었다. 제1차 공판이 있던 날 밤에 후미코가 집필한 수기 「26일 밤」에서는 김중한에게 의뢰한 상하이행 계획에 관하여, "그때 박열은 나에게 상담하지 않았다. 전적으로 그 자신의 독단이었다. 그러니까 밖에서 이 일을 본다면 나는 완전히 타인의 과실에 희생된 셈이다. 하지만 그렇다는 것을 알면서도, 김한과 교섭한 적도 있고 또 스스로 생각해보건대 여전히 **그러한 계획을 꾸밀 생각을 갖고 있기 때문에 희생될 상황에 처해 있는 자신을 구출할 수가 없다**"라고 쓰고 있다.(『재판기록』, 743쪽. 강조—인용자) 요컨대 자신이 대역사상을 품고 있기 때문에 박열과 김중한의 계획에 참가하지 않았다고 말하기가 어려웠다는 얘기이다. 이로 인해 예심에서는 후미코도 김중한을 통한 폭탄입수계획에 참가한 사람 중 하나로 간주되었던 것이다.

박열은 10월 30일에 열린 제3차 예심에서부터 종래의 진술거부 태도를 바꾸어 신문에 대답하기 시작했다. 그 이유는 "내가 어떤 질문에도 입을 열지 않음으로써 동지들에게 괴로움을 끼쳐서는 안 된다는 것을 알아차렸기" 때문이었다. 하지만 박열은, 진술은 다만 "회원들을 위해 말하는" 것이기 때문에 "다른 사람에 관한 일은 아무 말도 하지 않겠다"고 선언했다.(『재판기록』, 29쪽) 결국 박열은 동료들에게 폐를 끼치지 않으려는 배려에서 진술을 결단했던 것이다. 이와 동시에 그 역시 후미코와 마찬가지로 강요된 재판을 사상적 저항의 장으로 뒤바꿀 결심을 하고 있었던 듯하다.

박열은 제3차 예심에서부터 2월 3일에 열린 제5차 예심에 걸쳐 강압적인 일본제국주의의 조선지배 실태를 적나라하게 폭로하는 한편 그러한 상황에서 자신에게 어떠한 반일정신이 움텄는지를 말하고, 마지막으로 "나는 조선 민족의 한 사람으로서 약자인 조선을 학대하는 일본의 권력계급에 대하여 반역적 복수심을 도저히 떨쳐버릴 수 없는 상황에 이르렀다"라면서 허무주의자가 되고서도 버릴 수 없는 민족주의적 심정을 토로했다.(『재판기록』, 37쪽)

이러한 진술 과정에서 박열이 천황제 국가라는 용어에 조목조목 비판한 데서도 그의 저항정신을 엿볼 수 있다. 예컨대 박열은 "일본인은 일본을 내지內地라 부르고 일본어를 국어라고 하는데 조선인의 입장에서 보면 일본은 내지가 아니며 일본어는 국어가 아니다"라고 말했다.(『재판기록』, 31쪽) 또 "나는 일본의 연호를 사용하는 게 유쾌하지 않아서 검사에게 말할 때에도 서력西曆을 썼는데, 그가 서력 사용은 옳지 않은 것으로 판단한다고 말하는 바람에 그때부터 억지로 일본의 연호를 쓸 수밖에 없었다"라면서, 일본의 연호 사용이 당연한 것은 아니라고 한 다음에야 이를 사용했다.(『재판기록』, 35쪽) "피고는 상경 후 지난번 예심에서 주장한 바와 같은 사상에 기초하여 그 운동을 했는가"라는 신문에 대하여 "상경이 아니라 도쿄에 왔던 것이다"라고 반론했다.(『재판기록』, 38쪽)

2월 4일에 진행된 제6차 예심에 이르러 신문은 폭탄입수계획에 집중되었다.

예심판사가 폭탄입수계획과 불령사를 연결시키려 하자 이에 대해 박열은 다음과 같이 강하게 반박했다. 즉 박열은 "폭탄입수계획은 불령사와 아무런 관계가 없다. 내가 경시청과 검사국에서 그 점을 충분히 설명했음에도 불구하고 아직껏 오해를 하고 있는 모양인데, 불령사 회원들에게 폐를 끼치지 않기 위해 그 폭탄입수계획의 전말을 상세하게 말하기로 하겠다. 부디 오해가 사라지기를 바란다"면서, 네 차례에 걸친 폭탄입수계획을 얘기했다. 그러나 이때 이미 알려져 있던 김중한 이외에, 스기모토 데이치, 최혁진, 김한 등의 이름은 언급하지 않았다. 정치적으로 훌륭하게 단련되어 있었던 박열은 다른 사람에게 누를 끼치는 발언은 끝까지 회피했던 것이다.(『재판기록』, 38~41쪽)

김중한에게 가을까지 폭탄을 입수해달라고 부탁한 이유가 뭐냐는 물음에 박열은 "나는 작년 가을 무렵, 일본의 황태자가 결혼할 거라는 얘기를 들었다. 그래서 나는 가능하다면 그때까지 폭탄을 입수하여 그것을 그 기회에 사용하고 싶다고 생각하고 있었기 때문에, 김중한에게 되도록이면 가을까지 손에 넣을 수 있게 해달라고 부탁해보았던 것이다"라고 말하고, 투척 목표에 관해서는 "폭탄을 일본의 황태자에게 던져 멋지게 명중하면 좋고 명중하지 않는다고 해도 그 주위의 중신들을 죽일 수가 있을 것이다"라고 진술했다.(『재판기록』, 41쪽) 또 그 정치적 의의에 관해서는 다음과 같이 술회했다.

> 조선 민족은 결코 일본화되지 않을 것이며 또 일본 정부가 선전하는 대로 일본인과 조선인은 융화될 수 없다는, 그리고 조선인은 일본제국이 말하는 바 선량한 신민新民 즉 노예가 되기를 조금도 바라지 않는다는 것을 세계에 알리는 가장 좋은 기회이자, 조선에서의 사회적 운동과 침체되어 있는 일본의 사회운동에 자극을 주는 데 가장 좋은 기회이며, 일본의 천황이나 황태자를 살해함으로써 일본 민중이 신성불가침한 것으로 여기고 있는 종교적 본존本尊을 땅으로 끌어내려, 그것이 우상이자 비지덩어리와 같은 자라는 진실을 알리는 데 가장 좋은 기회라고 생각했다.(『재판기록』, 41, 42쪽)

과연 박열은 이렇듯 투척 목표를 확정한 계획을 갖고 있었던 것일까. 앞에서 서술한 바와 같이 김중한의 증언에 따르면, 투척 목표나 시기도 정해지지 않은 애매한 단계에서 이 계획은 무산되고 말았다. 제6차 예심에서 박열이 투척 목표를 황태자로 설정할 정도로 치밀한 계획이 있었던 것처럼 말한 것은 재판을 사상적 저항의 장으로 삼고자 한 결과인지도 모른다.

2월 5일에 열린 제7차 예심에서의 신문은 폭탄입수계획의 실행을 위한 자금의 출처와 이 계획에서 김중한과 가네코 후미코의 관여 여부에 집중되었다. 자금의 출처에 관하여 박열은 "말할 수 없다"며 진술을 거부했다. 김중한에게 폭탄의 사용 목적을 얘기했느냐는 신문에 대해서도 "말하지 않겠다"고 대답했다.(『재판기록』, 43쪽) 이미 서술한 바와 같이 김중한의 증언에 의하면 두 사람은 투척 목표에 관하여 이런저런 논의를 한 적이 있었다. 박열은 김중한을 비호하고자 했던 것이리라.

제1차 및 제2차 폭탄입수계획에 관계한 사람들의 이름을 묻자 박열은 스기모토 데이치의 이름을 모리타森田라고 하여 판사를 속였으며, 최혁진의 이름만은 "일본 관헌의 세력 범위 밖에 살고 있다"는 이유에서 분명하게 밝혔을 따름이다.(『재판기록』, 45쪽)

가네코 후미코와의 관계에 대한 신문도 많았다. "피고가 말하는 바 일본 권력자계급에 대한 가네코의 사상은 어떠한가"라는 물음에 박열은 "가네코와 나 사이의 일은 다른 사람과 나 사이의 일에 비해 얘기하기가 수월하긴 하지만, 나 자신에게 직접 관계된 일 외에 뭘 얘기한다는 게 마음에 내키지 않는다"고 하여 답변을 거부했다. "폭탄을 입수하여 각종 직접행동에 나서는 일을 가네코와 협의했는가"라는 물음에 대해서도 "과거의 사실을 사실대로 말하다 보면 가네코의 감정을 상하게 할지도 모른다. 또 과거의 사실을 부인하고 거짓을 말하는 것 역시 가네코의 마음을 상하게 할지 모른다. 나는 가네코의 감정을 존중하기 때문에 그 질문에 답할 수 없다"면서 답변을 거부했다. 김중한에 의한 폭탄입수에 관하여 가네코와 협의했는가라는 물음에 대해서도 "그것도 지금 말한 바와 같은 의미에서 대답할 수 없다. 따라서 나는 그렇게 말한 사실이 있었다고도 말할 수 없으며 또 없었다고도 말하지 않겠다"고 하여 답변을 거부했다.(『재판기록』, 44쪽)

이처럼 다른 불령사 동인들에 관한 박열의 진술과 가네코에 관한 그의 진술 태도에서 우리는 어떤 차이를 엿볼 수 있다. 일반 불령사 동인들에 관해서는 한결같이 자신의 권유에 말려들지 않은 것처럼 배려했다. 1925년 5월 2일에 열린 제16차 예심 석상에서 박열이 "나는 가네코와 김중한을 소위 공범자로서가 아니라 증인으로 간주하고 싶었다"고 말한 것으로 보아(『재판기록』, 70쪽) 그는 처음부터 후미코 또한 연루시키지 않을 생각이었다. 그러나 제7차 예심 때의 진술을 보면, 후미코가 형벌을 모면하는 쪽을 택하든 아니면 재판을 사상적 저항의 장으로 삼든 모든 것을 그녀의 주체적 판단에 맡기고, 후미코의 판단을 방해하는 진술을 피했던 것으로 생각된다. 이러한 의미에서 박열은 후미코를 진정한 동지로서 존중했던 것이다.

김중한은 1924년 2월 8일에 진행된 제2차 예심에서 폭탄입수계획에 관여했음을 인정하는 진술을 했다. 그러나 그도 "폭탄을 입수하는 일과 불령사의 일은 관계가 없다"고 말함으로써 불령사와 폭탄입수계획의 관련성을 부정했다.(『재판기록』, 193~197쪽)

2월 15일, 검사국은 폭발물단속벌칙위반 혐의로 박열, 가네코 후미코, 김중한 등 세 사람을 추가 기소했다.(『재판기록』, 30쪽) 다른 12명은 1925년 8월 들어 기소가 만료되었다. 1925년 8월 2일 자 『조선일보』 석간은, 불령사사건은 지금 막 예심을 마치고 박열, 가네코 후미코, 김중한을 제외한 전원을 기소만료했다고 보도했다. 다만 한현상은 1924년 6월 4일에 이미 보석으로 출옥했으며 그 외 4명도 그 무렵 보석 출옥했다.[16] 박열이 불령사 회원들에게 누를 끼치지 않으려 했던 진술은 여기에서도 그 성과를 거두었다.

제10장

천황제와 대결하다

이소암, 김한, 김중한, 스기모토 데이치

박열과 가네코 후미코 그리고 김중한이 폭발물단속벌칙위반 혐의로 추가 기소된 후, 예심의 초점은, 폭탄입수계획에 관계된 사람들을 밝혀내어 그 증언에 따라 폭탄입수계획과 폭탄투척 목표를 증명함으로써, 박열에게 폭탄투척 대상이 천황과 황태자라고 말하도록 추궁하는 것이었다.

1924년 3월 19일에 열린 제9차 예심 석상에서 후미코는 신문에 답하여 제3차 폭탄입수계획에 관계한 김한과, 김한에게 박열의 편지를 전달하는 데 중개 역할을 한 이소홍 즉 이소암의 이름을 밝혔다. 그 전에는 김아무개, 이아무개라고만 했을 뿐이다. 두 사람의 이름을 밝힌 것은 "내가 처음으로 입을 열고 박열이 아무런 준비도 없이 그 일을 말한 이상, 쓸데없이 수고를 끼쳐 관계가 없는 다수의 사람들을 괴롭게 하는 일이 있어서는 안 된다"는 이유에서였다. 결국 불령사 동인들에 대한 배려 때문이었다. 그러나 "김아무개 등에 대한 모든 책임은 내가 부담한다"고 말한 데서 알 수 있듯 후미코의 입장에서 보면, 김한과 이소암에게 누를 끼치게 된다는 점에서 괴로운 결단이었다.(『재판기록』, 46, 47쪽) 이달 31일에 열린 제10차 예심에서도 후미코는 제3차 폭탄입수계획에 관한 신문을 받았다. 그리고 박열에 대해서는 4월 2일의 제8차 예심과 10일의 제9차 예심에서 후미코의 진술을 근거로 하여 제1차에서 제4차에 이르는 폭탄입수계획에 관한 신문이 이어졌다.

스기모토 데이치에 대해서는 5월 8일에 검사 청취가 있었고 같은 달 9일과 10일 그리고 1925년 3월 23일에 증인신문이 진행되었지만, 이 계획 자체가 극히 막연한 것이어서 스기모토에게서 박열의 폭탄투척 목표를 밝혀낼 수가 없었다.

이소암은 1924년 6월 30일 이른 새벽 서울 종로경찰서에 검거되었고[1] 그녀에 대한 제1차 증인신문이 도쿄지방재판소에서 진행되었다. 그녀는 박열의 편지를 김한에게 전달했는가라는 질문에 부정하는 답변을 했다. 그녀에게 편지 중개를 부탁했다는 것을 인정한 박열의 제8차 예심조서를 예심판사 다테마쓰가 읽어주었는데도 그녀는 "누가 뭐래도 나는 그런 일을 하지 않았다"고 하면서 중개 행위를 단호하게 부정했다.(『재판기록』, 290쪽) 7월 16일에 있었던 제3차 증인신문에서, 도쿄 시내를 구경하면서 어머니에게 토산품이라도 사다 드리는 게 어떻겠는가라는 다테마쓰의 말에 그녀는 "무산자인 나는 유행을 따를 수가 없다"고 대답했다. 다테마쓰가 기회를 놓치지 않고 그렇다면 무산계급이라는 것에 대하여 어떤 생각을 갖고 있느냐고 추궁하자, 그녀는 "별다른 생각을 갖고 있지 않다"고 하여 적에게 틈을 주지 않는 답변을 했다(『재판기록』, 270쪽) 그녀는 부모에게 한글을 배운 것 말고는 교육을 받은 적이 없었으며 당시 스무 살에 불과한 젊은 여성이었지만(『재판기록』, 287쪽), 조선 여성에게서 흔히 볼 수 있는 열녀 기질을 지닌 사람이었던 듯하다. 바로 그러했기 때문에 박열은 그녀에게 편지 전달을 부탁했을 것이다.

7월 15일 제2차 증인신문에는 박열이 와서 이소암에게 다음과 같이 사태를 설명하고 사과를 한 다음, 진술해줄 것을 요청했다. 길긴 하지만 박열의 재판에 대한 생각과 인간성을 보여주는 대목이어서 인용하기로 한다.

> 나는 이번에 내가 당신에게 멀리까지 오는 수고를 끼친 데 대해 대단히 죄송스럽게 생각하고 있습니다. 예심이 진행 중이어서 당신에게

사건의 내용을 상세하게 말할 수 없다는 것을 유감스럽게 생각합니다. 내가 이런 상황에 이르게 된 원인은, 내가 어떤 목적을 위해 어떤 친구에게 폭탄을 입수해줄 것을 부탁했던 바, 그 친구가 어떤 부인과 부득이한 관계를 맺고 부인에게 나의 계획을 말한 데 있었던 듯합니다. 그리하여 나는 그 친구에게 부탁했던 폭탄입수 건을 취소했습니다. 그런데 그 부인이 아무런 단서도 없이 그 일을 관헌에 누설하는 바람에 나는 결국 체포되는 몸이 되었고 그 후 이렇게 조사를 받고 있습니다만, 조사가 진행되는 과정에서 나의 아내 가네코와 서로의 뜻을 주고받지 못했기 때문에, 내가 사법관에게 나와 외국에 거주하는 어떤 동지의 관계에 대하여 진술한 것을, 가네코는 내가 나와 김한과의 관계에 대하여 진술한 것으로 오해하여 사법관에게 당신의 이름을 말해버리고 말았던 것입니다.

당신의 굳은 정조를 알고 있는 만큼, 나는 가네코의 말 때문에 우리들이 폐를 끼치게 되었고 그 결과 당신이 어떠한 고통을 겪고 있는지를 잘 알고 있습니다. 그런 까닭에 나는 당신에게 깊이 감사드립니다. 그러나 다른 한편으로는 나 한 사람으로 인해 20명 가까운 내 친구들이 구금되어 있기 때문에 나는 그 친구들을 위한다는 필요성에 쫓겨 가능한 한 나 자신을 적나라하게 드러내었던 것입니다.(『재판기록』, 291, 292쪽)

결국 박열은 폭탄입수계획이 불령사 동인들과 아무 관계가 없다는 것을 빠른 시일 안에 입증하기 위해 그 계획에 관하여 이소암에게 진술을 요청했던 것이다. 이 말을 듣고 이소암은 이날과 다음 날인 16일에 박열의 편지를 전달했다는 것을 인정하는 진술을 했다.(『재판기록』, 292~294쪽)

김한에 대한 증인신문은 먼저 경성지방법원에서 1924년 8월 20, 21, 22일, 10월 16일 네 차례에 걸쳐 진행된 후, 도쿄지방재판소에서 12월 12일부터 1925년 3월 23일까지 모두 일곱 차례에 걸쳐 이루어졌다. 대단히 입이 무거웠던 김한은 김원봉에게서 폭탄을 수취하기로 한 것과 박열에게 폭탄을 나눠주기로 한 약속만을 인정했을 뿐, 박열의 폭탄사용 목적이나 의열단의 활동 목적, 의열단의 폭탄 입수처에 관한 신문에는 모른다는 대답으로 일관했다. 그러고 난 다음 그는 "기탄없이 말하자면 적어도 조선인이라고 불리는 자는 죽음을 각오하고 일본인 앞에 설 것이다"라고 당당하게 말했다.(『재판기록』, 114~139쪽) 그 역시 사상성이 높았을 뿐만 아니라 정치적으로 단련된 인물이었던 것이다.

한편 김중한에 대해서는 폭발물단속벌칙위반 혐의로 추가 기소되기 이전에 이미 두 차례 예심신문이 이루어진 바 있으며, 그 이후에는 1925년 4월 30일부터 6월 19일까지 제3차에서 제10차에 걸친 예심이 속행되었다. 김중한은 1923년 10월 27일에 있었던 제1차 예심에서 이미 "불령사 동지들 중 다수는 박열의 권유를 받아 정기모임에 출석했다. 권력과 자본을 부인하는 것은 원래 모든 생물을 죽여버리고 자신도 죽는 것을 뜻한다면서 직접행동으로 나선 자는 박열과 가네코와 같은 사람이었다"라고 선선히 불령사의 내부사정을 털어놓았다.(『재판기록』, 193쪽) 추가 기소 후 처음으로 예심이 열린 1925년 4월 30일, "박열이 피고에게 금년 가을은 일본의 황태자가 결혼하니까 그때가 좋을 거라고 분명히 말했는가"라는 신문에 대하여 김중한은 "틀림없다"고 대답하고, 이어서 "박열의 그러한 말이 지닌 의미는 무엇인가"라는 질문을 받고 "그것은 물론 황태자 전하의 결혼식에서 폭탄을 던지는 게 좋을 거라는 의미이다"라고 하여 폭탄투척 장소를 분명히 하는 진술을 했다. 그러나 김중한은 결혼식에 참석하는 외국의 대사와 공사를 노리는 게 좋을 거라고 박열에게 권유했다고만 밝히고, 폭탄투척 목표가 천황 혹은 황태자라고 명시적으로 지목한 진술을 하지는 않았다.(『재판기록』, 199쪽)

대역죄 적용에 맞서

앞서 서술한 바와 같이 후미코는 1924년 1월 25일에 열린 예심에서 이미 김중한을 통하여 입수할 예정이던 폭탄의 투척 대상이 제1계급과 제2계급이라고 진술했다. 그러나 이 문제에 관하여 신문이 집중된 것은 1924년 5월 14일의 제12차 예심 때였다. 이때 "나는 황태자의 성혼예식에 맞추어 도련님(황태자—인용자)에게 폭탄을 헌상獻上할 방법에 관해 박열과 계속 논의했다"라고 말했다.(『재판기록』, 57쪽)

황태자에 대한 폭탄투척을 유일한 목적으로 삼았느냐는 신문에 대해서는 다음과 같이 대답했다.

> 결국 도련님 한 사람에게만 폭탄을 던지는 것도 괜찮겠지만, 만약 가능하기만 하다면 도련님과 함께 대신을 비롯한 정치 실권자들도 해치우고 싶다는 생각을 하고 있었습니다. 다만 폭탄을 입수하여 그 기회만 노리며 망설이다가 당국자들에게 붙잡혀버리면 그것이야말로 지금 내가 처한 상황처럼 모든 게 물거품으로 돌아가고 말 것이므로, 정 기회가 없다면 이번에는 선전 쪽에 중점을 두어 메이데이 축제 때나 의회 개회식 같은 때에 그 폭탄을 던지려고 생각하고 있었습니다.(『재판기록』, 58쪽)

"박열도 피고와 마찬가지로 주로 전하에게 폭탄을 던질 속셈이었는가"라는 질문에 대해서는 "그렇다"라고 분명히 대답했다.(『재판기록』, 59쪽) 여기에서 후미코는 폭탄투척의 제1목표가 황태자라는 것과 나아가 박열이 '공범자'라는 것을 진술하고 있는 셈이다. 예심판사가 간토대지진 때 조선인학살을 정당화하기 위한 재료를 찾고 있는 상황에서, 이는 무방비 상태에서 나온 위험한 발언이었다.

그렇다면 대역죄 적용에 대한 무방비 상태에서 나온 후미코의 진술을 어떻게 보아야 할까. 이 점에 관하여 후세 다쓰시는 박열의 태도는 물론이고 후미코의 이러한 발언도 "적을 너무나 증오한 나머지 빠져들 수밖에 없었던 함정, 그 속에서 본인들이 처한 상황을 분하게 여긴 나머지 튀어나온 것"으로 보았다.[2] 피고를 보호하는 변호사라는 직업을 가진 사람의 입장에서 바라보면 당연한 견해라고도 할 수 있다.

후세 다쓰시의 이 견해를 계승한 사람이 에구치 간江口渙과 김일면이다. 에구치는 이것은 예심판사 다테마쓰가 "대단히 반항적이고 열광적이며 쉽게 자포자기 상태에 빠져들 뿐만 아니라 종종 히스테리 상태마저 보이는" 후미코의 "특이한 성격"에 주목하여, "그녀를 교묘하게 유도신문에 끌어들여" "그녀의 진술을 재판소의 의도에 맞추려고 추궁해들어가 훌륭하게 조작했기" 때문인 것으로 보았다.[3]

김일면도 제1차 예심신문에서 박열이 증언을 거부함으로써 곤경에 처한 다테마쓰 판사는 "반항적이고 열광적일 뿐만 아니라 눈물이 많으며, 때로는 무서울 정도로 히스테릭한" 후미코의 성격에 착안하여, "그리고 니야마 하쓰요와 김중한의 공술供述을 방패 삼아 후미코를 교묘하게 끌어들여 자신이 놓은 함정에 빠뜨리려고 했다"고 말한다.[4]

이 두 사람의 견해는 동지에게 누를 끼치지 않으려 노력하면서 형벌을 혼자 짊어지고자 했던 후미코의 인간적 배려를 빠뜨리고 있다.

이들과 달리 마쓰모토 세이초松本清張는 내면적인 고찰을 시도했다. 마쓰모토는 후미코가 적극적으로 발언한 첫 번째 원인으로, "아마 후미코의 흉중에는 이미 니야마와 김중한의 입에서 폭탄입수계획 얘기가 흘러나간 이상 가만히 있어서는 아무런 도움도 되지 않을 것이라는 생각이 있었을 것"이라는 점을 들었다. 그리고 "그렇지 않으면 그녀가 품고 있던 허무주의적인 사고방식에서, 이렇게 된 이상 아예 대역사건의 범인으로서 박열과 함께 생명을 끊는 게 좋을 거라는 욕망이 솟구쳤을지도 모른다"는 것을 두 번째 원인으로 추정했다.[5]

첫 번째 추정은 근거가 없다. 이미 검토했듯이 후미코는 니야마가 폭탄입수계획을 얘기하기 전에, 관헌의 눈을 자신에게 향하게 함으로써 동지들에게 누를 끼치지 않도록 경시청 취조 단계에서 이 계획을 얘기했다. 두 번째 추정도 근거가 명확하지 않다. 후미코가 죽음을 각오하고 모든 노력을 기울이긴 했으나, 그렇게 죽고 싶어 했던 것만은 아니다. 그녀는 대심원 제1차 공판이 있었던 1926년 2월 26일 밤에 쓴 옥중수기 「26일 밤」에서 "아무리 강한 척해도 인간은 살고 싶어 하는 존재"라고 말하고 있다.(『재판기록』, 747쪽)

마쓰모토가 강조하는 세 번째 항목은 다음과 같다. "가장 중요한 것은 후미코가 폭탄 건으로 동지들에게 누를 끼치는 것을 온 힘을 다해 피하고자 했다는 점이다. 박열과 자신 두 사람만이 폭탄을 인수할 작정이었기 때문에 그 진술이 과장되었던 것이다."[6] 이는 지금까지 내가 검토해온 것과 일치하며 따라서 찬성한다.

다만, 후미코도 동료들에게 누를 끼치지 않으려고 정치적으로 배려를 하긴 했지만, 박열에 비하면 그 정치적 배려의 깊이가 얕았고 스스로 함정에 빠져드는 경향이 있었다. 후미코가 사상가적 자질을 풍부하게 갖추고 있었던 것은 사실이지만, 정치운동가로서의 소질은 박열과 비교할 때 훨씬 부족했던 듯하다. 사상가적 자질을 갖고 있었던 후미코는 자신의 생활방식을 통해서 천황제 국가와 대결할 자세를 갖추고 있었기 때문에 정치적으로는 무방비 상태에 빠져들었다고 보아야 할 것이다.

1924년 5월 12일에 열린 박열에 대한 제10차 예심에서는 폭탄투척 대상으로 신문의 초점이 모아졌다. 이에 대해 박열은 폭탄투척 대상으로 "일본의 정치적 · 경제적 실권을 쥔 모든 계급 및 그 간판—일본의 천황 및 황태자—과 그것에 종속된 것"을 거론하고, 나아가 그 모든 것을 절멸할 수가 없기 때문에 "내가 조선인이라는 입장에서 제일 먼저 일본의 천황과 황태자를 대상으로 했다. 지금까지도 그런 생각을 갖고 있다"고 진술했다.(『재판기록』, 55쪽)

그는 "왜 천황과 황태자 전하를 폭탄투척 대상의 하나로 삼았는가"라는 신문에 다음과 같이 대답했다.

> 먼저 일본의 민중에 대해서는 일본의 황실이 일본 민중의 고혈을 착취하는 권력의 간판이고 또 일본 민중이 잘못 믿고 있는 그런 신성한 신 따위는 없으며, 사실상 그 정체는 유령에 지나지 않는다는 것을, 다시 말해 일본 황실의 진면목을 알게 함으로써 그 신성을 땅으로 끌어내리기 위해서, 둘째 조선 민중에 대해서는 조선 민족이 일반적으로 일본의 황실을 모든 것의 실권자實權者라고 생각하고 있으며 증오의 표적으로 삼고 있기 때문에, 이 황실을 타도하여 조선 민중에게 혁명적 · 독립적 정열을 자극하기 위해서, 그리고 셋째 침체 상태에 빠져 있는 것으로 보이는 일본의 사회운동가들게 혁명적 기운을 촉구하기 위해서였다.(『재판기록』, 55쪽)

폭탄투척을 황태자의 결혼 시기로 선택한 이유에 대해서는 "조선 민중의 일본에 대한 의지를 세계에 알리기에 가장 좋은 기회라고 생각했기 때문"이라고 진술했다.(『재판기록』, 56쪽)

그러나 박열은 꼭 천황과 황태자만을 폭탄투척 대상으로 생각하고 있었던 것은 아니다. 그는 후미코가 말하는 제2계급도 대상으로 삼았다며 다음과 같이 진술했다.

> 일본의 사회조직을 전복하기 위해서는 원로, 대신, 관료, 군벌, 자본가 등 정치경제상의 실권자를 말살하는 것이 천황과 황태자를 쓰러뜨리는 것보다 효과가 있을지도 모른다. 물론 일본의 천황과 황태자를 제거하는 게 의의가 있다는 것은 지금 말한 바와 같다. 따라서 나는 파괴적 행위의 대상 가운데 이 둘 모두가 중요하다고 거론한 것이다.(『재판기록』, 56쪽)

이 진술은 조선 민중의 의지를 표명하고자 한 것일 터인데, 그러나 그것은 위험한 도박이었다. 다테마쓰 예심판사가 "피고는 천황 폐하와 황태자 전하를 이른바 유일한 목적으로 삼고 있지는 않았는가"라고 신문하고 있는 데서도 엿볼 수 있듯이(『재판기록』, 56쪽), 그는 박열에게 폭탄투척 대상을 천황과 황태자로 압축했다는 증언을 하게 함으로써 대역죄를 적용하고자 했는데, 이런 상황에서 박열의 사상적 저항은 예심판사의 입장에서 보자면 안성맞춤인 발언이었다.

하지만 박열 또한 아무런 대책 없이 이렇게 말한 것은 아니었다. 그는 사상적인 측면에서는 천황과 황태자를 가장 중요시하는 발언을 했지만, 구체적인 실행계획에 관해서는 5월 20일에 열린 예심에서 다음과 같이 그 상황에 대처하여 투척 기회나 목표를 정할 예정이었다고 진술했다.

당신(예심판사를 가리킨다—인용자)과 검사는 한결같이 그 시기가 가을인지 봄인지를 자꾸만 문제 삼는 모양인데, 그런 건 아무래도 상관없지 않은가. 폭탄을 손에 넣기만 하면, 요전에 말한 바와 같은 표준에 의거하여 그것을 가장 유효하게 사용할 기회는 얼마든지 있지 않겠는가. **따라서 폭탄을 입수하는 시기 문제는, 그것이 일단 손에 들어오면 가장 좋은 기회에 가장 유효하게 사용할 계획이었기 때문에, 그다지 중요하지 않았을 거라 생각한다.**(『재판기록』, 63쪽. 강조—인용자)

폭탄을 일본에 들여오는 일은 대단히 어려운 일이다. 들여오고 나서 그것을 오랫동안 감추어두는 일도 쉽지 않다. 사용도 하기 전에 일본의 관헌에게 발견되면 참으로 소용없는 일이 되고 만다. 그렇기 때문에 폭탄을 손에 넣으면 언제라도 즉시 유용하게 사용할 생각이었던 것이다.(『재판기록』, 63, 64쪽)

이것을 예심에서 자신을 방어하기 위한 전술적 발언이라고만 해석할 수는 없을 것이다. 언제 폭탄을 입수할 수 있을지 분명하게 예상하지도 못했을 것이라는 점과 요시찰인물 갑호 해당자인 그가 폭탄을 입수하여 은닉한다는 게 곤란했을 것이라는 점은 확실하다.

5월 2일에 열린 제16차 예심에서 다테마쓰 예심판사는 "당신의 소행은 형법 제73조(대역죄)에 해당된다고 생각하는데 진술한 내용은 틀림없는 사실인가"라고 추궁했다. 박열은 그 질문에 답하기 전에 가네코와 김중한이 어떻게 말했는지를 듣고 싶다고 말했다. 판사는, 가네코는 처음부터 박열과 상의하여 제3차 및 제4차 폭탄투척 계획을 세웠고 투척 대상은 황태자라고 진술했으며, 김중한은 박열의 의뢰를 받고 폭탄을 입수하기 위해 연락차 상하이로 갈 것을 승낙했다는 내용의 예심조서를 읽었다. 박열은 결단을 하고 다음과 같이 말했다.

> 가네코가 그렇게 말했다면 나도 그 대상에 대하여 분명하게 말할 수 있다. 사실 나는 일본의 황제와 황태자를 가장 중요한 폭탄투척 대상으로 생각하고 있었다. 그래서 폭탄을 손에 넣고 난 다음 좋은 기회가 온다면 언제라도 그것을 사용할 것이라고 이전에 진술했던 것이다. 또, 그 말과 별반 다르지 않지만, 가능한 한 일본의 황태자 결혼 시기까지 모든 것이 맞아떨어지도록 계획을 진행하고 있었던 것이다.(『재판기록』, 70, 71쪽)

박열도 가네코의 각오를 알고 동지에게 누를 끼치지 않기 위해서는 투척 대상이 황태자라는 점을 인정할 수밖에 없다고 판단했던 것이리라. 그러나 박열은 이때에도 "김중한과의 관계에 대해서는 내가 이전에 진술한 것을 고집하겠다"고 말함으로써 그에 대한 배려를 잊지 않았다.(『재판기록』, 71쪽) 여기에서 이전에 진술했다는 것은, 1924년 5월 12일에 있었던 제10차 예심에서 누구든 제3자에게 폭탄 입수를 의뢰할 때에는 "발각되어 그들(김한과 김중한—인용자)에게 폐를 끼칠 우려가 있기 때문에 나는 한번도 그 사용 목적을 분명하게 말하지 않았다"고 말한 것을 가리키는 것일 터이다.(『재판기록』, 55쪽) 그것은 김중한을 대역죄 적용에 연루시키지 않으려는 배려였다. 이처럼 박열은 재판 중 처음부터 끝까지 동료들에게 누를 끼치지 않으려고 대단히 섬세한 정치적 배려를 아끼지 않았다.

가네코 후미코와 천황제 국가

다테마쓰는 5월 4일의 제15차 예심에서 후미코에게도 "당신의 소행은 형법 제73조의 죄에 해당된다고 생각한다. 그렇다면 대심원 관할 사건이 되는데, 지금까지 진술한 내용은 틀림없는 사실인가"라고 물었다. 형법 제73조에는 "천황, 태황태후, 황태후, 황후, 황태자 또는 황태손에 대하여 위해를 하거나 하려고 한 자는 사형에 처한다"고 규정되어 있다. 천황 가족을 살해하는 데까지 이르지 못하고 예비행위에만 그쳐도 실행의 경우와 마찬가지로 사형 대상이 된다. 게다가 형법 제73조 적용자는 재판소구성법 제50조 제2항에 근거하여 대심원의 심리가 "제1심이자 종심終審"으로 정해져 있다. 따라서 형법 제73조의 적용을 받아 대심원에 회부된다는 것은 거의 사형을 의미하는 것이다. 이 책 앞에 실린 「책을 펴내며」에서 서술한 바와 같이 다테마쓰 예심판사는 후미코에게 일곱 번에 걸쳐 전향을 요구했는데, 이날도 그는 "피고는 어떻게든 반성할 생각은 없는가"라는 물음에 대해 그녀는 이번에도 전향을 거부했다.(『재판기록』, 100쪽)

그러나 아무리 후미코라도 사형이 확실한 대심원으로 회부된다는 말을 듣고 깊은 고민에 빠지지 않을 수 없었다. 1926년 2월 26일 대심원 제1차 공판이 있던 날 밤에 쓴 옥중수기 「26일 밤」에는 다음과 같이 적혀 있다.

> 이 사건이 대심원으로 회부될 것이라는 사실을 알았을 때 나는 깊은 고민에 빠졌습니다. 약 1개월가량은 밥도 제대로 넘길 수 없었고, 모든 사람이 수척해졌다는 말을 할 정도로 괴로워했습니다.(『재판기록』, 745쪽)

그리고 후미코가 전향을 전혀 생각하지 않았던 것은 아니다. 고민했던 이유는 자신의 의지와 관련이 없는 제4차 폭탄입수계획이 실패로 돌아가는 바람에 자주적인 행동 결정의 가능성을 상실했다는 데 있었으며 바로 그것이 고통스러웠던 것이다. 그녀는 이 수기에서 다음과 같이 적고 있다.

> 나는 아직 젊습니다. 나의 몸 안에는 과거의 힘겨웠던 삶의 과정에서 단련된 강인한 생명이 고동치고 있습니다. 나는 자신의 의지가 개입하지 않은 사건의 실패에 희생되고 싶지는 않습니다. 설령 그것이 지독한 실패로 끝날지언정 나는 자신의 힘을 시험해보고 싶습니다. 손과 발을 힘껏 펼쳐보고 싶습니다.
>
> 그래서 나는 생각했던 것입니다. 내가 나 자신을 스스로의 손으로 되찾기 위해서는 현재의 처지에서 탈출하지 않으면 안 된다고. 무엇보다 자유로운 몸이 되지 않으면 안 된다고. 그리하여 나는 때때로 '관계자 앞에 개전改悛의 뜻을 표하고 어떠한 굴욕도 참고 견디어 가능한 한 빨리 밖으로 나갈 수 있도록 궁리는 해보자'라고 생각하기도 했습니다.(『재판기록』, 745쪽)

그런데 왜 전향하지 않았던 것일까. 수기는 이 물음에 간접적으로 대답하고 있다. 후미코는 다음과 같이 자문자답했다.

> 만약 그때 박열이 내게 김중한과의 일을 상의했더라면 과연 내가 반대했을지 의심스럽습니다. 모르긴 해도 신뢰하고 맡겼을 것입니다.(『재판기록』, 743쪽)

이처럼 후미코는 박열이 그 일을 자신에게 상의했더라도 같은 결과를 낳았을 거라고 생각했다. 후미코의 궁극적인 입각점은 다음과 같았다.

> 나는 과거에 대역죄인이라는 이름으로 불려 마땅한 사상을 지니고 있었으며 현재도 여전히 지니고 있습니다. 그리고 그것을 실행에 옮기려고 한 적도 있습니다. 아직도 자신의 그러한 언동을 반성할 생각이 없습니다. 다른 사람에 대해서는 말할 것도 없고 자기자신에 대해서조차.(『재판기록』, 746, 747쪽)

그 정도로 후미코는 천황제 국가에 자신을 양보하지 않았다. 그렇다면 그녀에게 천황제 국가란 과연 무엇을 의미했을까. 후미코의 천황제관天皇制觀을 정리해보기로 하자.

첫째, 후미코의 입론立論의 기초에는 자연적 존재로서 모든 인간은 평등하며 그러한 인간의 행동 또한 평등하다는 생각이 놓여 있었다. 결국 "이 지상에서 자연적 존재인 인간이 지닌 가치라는 측면에서 보면 모든 인간은 완전히 평등하며," "자연적 존재라는 기초 위에 서서 이 지상에 살고 있는 인간들의 모든 행동은 인간이라는 단 한 가지 자격만으로도 하나같이 평등한 인간적 행동으로 승인받아야 마땅"하다는 것이다.(『재판기록』, 59, 60쪽)

둘째, 후미코의 견해에 따르면 불평등은 권력에 의해 만들어진 인위적인 법률이나 도덕에서 비롯된 것이다. 바로 이런 이유에서 그녀는 "이 자연적인 행위와 자연적인 존재가 인위적인 법률의 이름 아래 어떻게 거부되어왔으며 또 어떻게 좌우되어왔는가"라면서 현실을 탄핵한다. 그리고 국가도덕에 관해서는 "학교 교육은 지상의 자연적 존재인 인간에게 맨 처음 '깃발'이라는 걸 가르침으로써 무엇보다 먼저 국가적 관념을 심으려 노력한다. 똑같이 인간이라는 기초 위에서 행한 갖가지 행동들도 다만 권력을 옹호하는가 그렇지 않은가라는 하나의 기준에 따라 모든 시비가 가려진다. 그리고 그 표준은 인위적인 법률이며 도덕이다"라고 하여 국가도덕의 정치적 작위성을 비판했다.(『재판기록』, 60쪽)

제1장에서 서술한 바와 같이 법의 불평등성에 대한 비판은 어린 시절 무적자라는 이유로 그녀가 겪어야만 했던 차별의 고통에 기초를 두고 있다. 국가도덕의 정치적 작위성에 대한 인식은 지배계급의 일환으로서 부모의 자식에 대한 지배가 효행이라는 미명하에 정당화되고 있다는, 아버지 밑에서 생활하면서 체험을 통해 얻은 인식과 긴밀하게 관련되어 있었다.

셋째, 후미코는 "지상의 평등한 인간생활을 유린하고 있는 권력이라는 악마의 대표자는 천황이며 황태자이다"라고 하여 천황과 황태자를 권력의 대표자로 보았다.(『재판기록』, 61쪽)

넷째, 후미코가 천황제에 반대한 또 다른 근거는 천황제가 민중의 생명이나 자아를 박탈한다는 점에 있었다. 그녀는 "자기를 희생하고 국가를 위해 모든 힘을 다한다는, 이른바 일본의 국시國是로까지 간주되고 찬미되며 고취되는 저 충군애국이라는 사상은 사실상 그들(소수 특권계급—인용자)이 이익을 탐하기 위한 방편으로서 아름다운 형용사로 포장한 것, 즉 자신들의 이익을 위해 타인의 생명을 희생시키려는 욕망의 표현에 지나지 않는다"라는 주장으로 천황제 도덕을 재규정했다.(『재판기록』, 61쪽)

천황제에 굴복하지 않고 전향하지 않으면 사형에 처해진다. 그래도 전향하지 않겠는가, "왜 자신의 생명을 파괴하는 짓을 했는가"라는

'판사 나리'의 의문에 대하여 후미코는 「무제無題」라는 옥중수기에서 다음과 같이 대답했다.

나는 답한다—산다는 것은 단지 움직이는 것만을 뜻하지 않는다. 자신의 의지에 따라 움직이는 것을 의미한다. 즉 행동은 살아가는 일의 전부가 아니다. 그리고 그저 살아간다는 것에는 아무런 의미도 없다. 행위가 있고서야 비로소 살아 있다고 말할 수 있다. 따라서 자신의 의지에 따라 움직였을 때, 그 행위가 비록 육체의 파멸을 초래한다 하더라도 그것은 생명의 부정이 아니다. 긍정이다—라고.(『재판기록』, 589쪽)

요컨대 이 비전향선언은 권력에 대한 자율사상의 선언이었다. 이 사상은 다음과 같이 표현되기도 한다.

나는 자주自主와 자치自治 즉 모든 사람이 자기 생활의 주인이 되고 자신의 생활을 올바르게 다스리는 데에서, 어렴풋하긴 하지만 내가 좋아하는 사회의 환영을 그려보고자 했습니다.

내가 나 자신의 행위에 요구하는 모든 것은 자신으로부터 나와서 자신으로 돌아옵니다. 결국 처음부터 끝까지 나 자신을 위해 자신을 표준으로 삼습니다. 따라서 내가 '올바르다'라는 말을 사용할 때 그것은 완전히 '자율적'이라는 것을 의미합니다.(『재판기록』, 740쪽)

이러한 자율사상의 배후에는 자아를 가질 수가 없었던 유소년기 이후의 반생半生이 놓여 있다. 그녀는 반생 동안 유소년기의 침울한 기억에서 벗어나고자 암중모색하면서 힘겨운 싸움을 벌였다. 그 과정을 기록한 것이 그녀의 자서전이다. 중복되긴 하지만 자서전을 통해 그녀의 반생을 되돌아보기로 하자. 조선에서 생활하던 때, 할머니는 "우리 집안은 신분이 낮은 가난한 사람들과는 격이 맞지 않는다"는 이유로 이웃 아이들과 마음대로 놀지도 못하게 했다.(『자서전』, 121쪽) 요코하마에 있을 때, 도쿄로 가려고 하자 아버지는 "바보 같은 소리, 넌 여자가 아니냐"라며 후미코의 희망을 거부했다.(『자서전』, 250쪽) 이에 반항하여 야마나시에 있는 외가로 돌아왔지만, 외할아버지 부부도 후미코를 고마쓰야에게 맡겨 재봉학교에 다니도록 했다. 후미코는 '여자'라는 틀을 강요받았으며 '내가 아닌' 생활에 속박되었다.(『자서전』, 251쪽) 그리하여 후미코는 자아의 발견을 목표로 삼고 도쿄 여행길에 올랐던 것이다. 고학하기로 마음먹고 도쿄로 왔지만 생각처럼 되지 않았다. 작은외할아버지는 "우리 집에 머물면서 미싱이라도 배워 건실한 상인에게 시집이라도 가는 게 훨씬 나을지도 모른다"라며 그녀가 공부하는 것에 반대했다.(『자서전』, 282쪽) 이처럼 "나는 내가 아닌 생활에 속박될 수밖에 없는" 상태를 강요받아야 했던 것이다.(『자서전』, 251쪽) 그리고 후미코는 이에 저항하는 과정에서 자기가 자기일 수 있는 것을 향한 전망을 개척해왔던 것이다. 박열과 동거를 시작할 때 서로 평등한 관계를 맺을 것을 약속했던 것도 남녀의 평등 없이는 자율을 확보할 수 없었기 때문이다.

천황제에 굴복하는 것 다시 말해 전향하는 것은, 자기가 자기일 수 있다는 것과 그 조건으로서 평등의 획득을 목표로 하여 고투해온 생활을 내팽개치고 무의미한 것으로 만들어버리는 일일 터, 후미코에게 그것은 죽음보다 고통스러운 일이었다. "그녀가 정해진 시간이 다가오는 순간에 자신이 왜 천황에게 굴복하지 않는가를 자문했을 때, 맨 마지막까지 남아 있었던 것은 지식 따위가 아니라 스스로의 인생 그

자체"였던 것이다.[7]

괴사진 사건과 재판에 대한 박열의 자세

'괴사진 사건'이란 박열과 후미코가 함께 찍은 사진 한 장이 감옥 밖으로 유출되었는데, 정우회政友會와 정우본당政友本黨 등 야당이 이 사진을 개전의 정이 없는 옥중의 대역 범죄인을 우대했다는 것을 보여주는 '괴사진'으로 간주하고, 이를 와카쓰키若槻 내각 사퇴운동에 이용한 사건이다. 이 사건은 가네코 후미코의 사상과 생활방식을 주제로 하는 이 책과는 아무런 관계가 없다. 그러나 다테마쓰 예심판사를 포함한 재판소 관계자들이 박열·가네코 후미코로 하여금 천황과 황태자에 대한 폭탄투척 계획을 자백하도록 그들을 우대하고 또 회유하기도 했다는 '괴문서'의 선동적 문장이 오늘날에도 재판에 대한 박열의 자세를 해석하는 데 영향을 미치고 있다는 것을 간과할 수 없기 때문에 최소한도의 선에서 언급해두기로 한다.

1926년 9월 1일 사법성이 발표한 바에 따르면, 문제가 된 사진은 1925년 5월 2일 다테마쓰 예심판사가 도쿄지방재판소 예심 제5호 조사실에서 촬영한 것이라고 한다. 이시구로 에이치로石黑鋭一郎의 수기에 따르면, 그들과 함께 이치가야형무소에 수용되어 있던 이시구로는 박열에게서 이 사진과 예심결정서 등을 받았고 1925년 10월 29일 보석 출옥할 때에 이불 속에 감춰 가지고 나왔다.[8] 이 사진은 이시구로에게서 그의 처남 히라이와 이와오平岩巖를 거쳐 이와다 후미오岩田富美夫의 손으로 넘어갔으며, 1926년 7월 이와다가 센다가야에 있는 기타 잇키北一輝의 집에서 사진 내용을 설명했다. 이 자리에서 대역죄인 박열과 가네코 후미코의 '우대'에 대한 내각의 책임을 규탄하는 문서를 기초起草했는데, 사진을 첨부한 이 문서는 7월 29일에 인쇄를 완료하여 신문사와 기타 관계자들에게 뿌려졌다.[9] 이것이 바로 '괴문서'라고 일컬어지는 것이다. 그러나 야마우라 간이치山浦貫一가 편수한 『모리 가쿠森恪』에 따르면, 기타 잇키는 정우회를 통해 이 문서를 정치 문제화하려는 생각에서 정우회 제1간사 모리 가쿠에게 문서를 가져왔고, 모리 가쿠는 원외단원 쓰쿠모 구니토시津雲國利에게 이 사실을 널리 알리라 명하고 뒤에서 총지휘를 했다고 한다.[10] 당연히 괴문서의 인쇄 및 살포는 모리 가쿠의 지원으로 진행되었을 것이다. 계속해서 정우본당도 내각 규탄에 합세하였고, 1927년 1월 20일 정우회와 정우본당은 제휴하여 내각불신임안을 의회에 제출하기로 결의했다. 그러자 와카쓰키 내각은 3일간 의회 정지를 결정한 뒤, 총리가 정우회의 다나카 기이치田中義一, 정우본당의 도코나미 다케지로床次竹二郎 양 총재와 회담하고 정쟁 중단을 합의함으로써 이 문제는 일단락되었다. 이 사건으로 인해 다테마쓰는 1926년 8월 9일에 사직서를 제출했고 11일 사표가 수리되었다.[11]

이미 서술한 바와 같이 문제는 이 사건 또는 '괴문서'에 씌어진 내용이 박열의 예심 증언을 해석하는 데 오늘날까지도 영향을 미치고 있다는 점이다. 모리나가 에이자부로森長英三郎는 "박열이 이 진술('나는 일본의 천황과 황태자를 폭탄투척의 가장 중요한 대상으로 삼았다'는 예심 진술—인용자)을 한 1925년 5월 2일은 바로 다테마쓰 판사가 앞서 말한 괴사진을 촬영한 날이다. 그 뒷얘기는 굳이 덧붙이지 않겠다. 당시 사람들이 말한 것처럼 이날을 전후하여 감옥과 예심 조사실에서 두 피고를 우대했다는 점은 말할 필요도 없을 것이다"라고 말한다.[12] 결국 모리나가는 박열이 다테마쓰의 우대에 우쭐하여 "천황과 황태자

이른바 '괴사진'이라 알려진 박열과 가네코 후미코의 사진. 뉘우치는 기색이 없는 대역 죄인들을 감옥 안에서 특별 대우했다고 야당에서 정치 문제로 삼으려고 이 사진을 인쇄 살포했다.

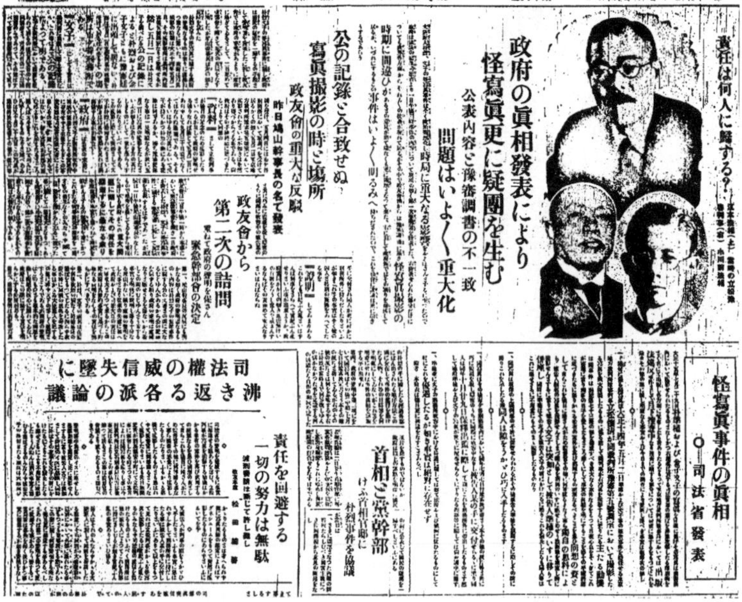
責任は何人に歸する？

政府の眞相發表により 怪寫眞更に疑團を生む

公表內容と豫審調書の不一致 問題はいよく重大化

公の記錄と合致せぬ 寫眞撮影の時と場所

政友會の重大な反駁 昨日鳩山幹事長の名で發表

政友會から 第二次の詰問

司法權の威信失墜に 沸き返る各派の議論

責任を回避する 一切の努力は無駄

首相と黨幹部 けふ首相官邸に 朴烈事件を協議

怪寫眞事件の眞相 司法省發表

당시 야당은 '괴사진' 사건을 정치 문제화하여 내각에 책임을 추궁하였다. 『도쿄아사히신문』 1926년 9월 2일 자 기사.

를 폭탄투척의 중요한 대상으로 삼았다"고 진술한 것으로 보고 있다.

김일면도 박열에 대한 대역죄 적용이 성공한 원인으로 모리나가의 주장을 답습하고 있다. 즉, 김일면은 박열과 가네코 후미코로 하여금 대역범죄계획을 자백하게 하기 위해 "다테마쓰 가이세이는 어떻게 해서든 박열과 후미코를 달래고 치켜올려서 영웅심리를 조장하는 공작을 할 수밖에 없었다"고 말한다. 김일면 자신도 인정하듯이 이는 물론 실증할 수 없는 문제여서 여러 방향에서 "정확한 추측"을 해본 다음 "다테마쓰의 회유는 멋지게 성공했다"고 단정지었다. 그리고 그 이유로 박열이 "다테마쓰 판사를 전적으로 신용하고 있었다"는 점을 들고 있다.[13]

이러한 견해는 이미 최초의 '괴문서'에 이어 나타난 제2의 '괴문서'에도 씌어져 있는 것이었다. 그 괴문서에는 다음과 같이 적혀 있다.

> 다테마쓰 예심판사가 박열과 가네코 후미코를 취조할 당시, 뻔뻔하기 짝이 없는 박열은 오만한 태도로 국가의 재판을 부정하면서 오랫동안 취조의 핵심을 언급하지 않았다. 그리하여 다테마쓰는 상사와 협의한 끝에 두 피고를 파격적으로 대우하고 한결같이 회유하여 자백시키려 획책했다는 것은 잘 알려진 사실이며, 예의 그 추악하고 괴이한 사진은 저간의 사정을 말해주는 편린에 불과하다. 그보다 더욱 기괴한 것은 하루의 취조를 마친 후 다테마쓰는 왜 예심 법정에 박열과 후미코 두 사람만을 남겨놓은 채 변소에 간다는 핑계로 퇴정하여, 이 중대한 두 피고를 아무런 감시도 하지 않은 채 문만 잠그고서 약 30분 동안이나 내버려두었냐는 점이다. 수인의 몸으로 감옥에 갇혀 오랫동안 서로 떨어져 있다가 감시의 눈에서 완전히 해방된 이 30분 사이에, 인적 하나 없는 법정 안에서 그처럼 불령한 남녀가 무슨 짓을 했을지는 어렵지 않게 추측할 수 있다. 그 후부터 박열과 후미코는 생리적인 어떤 기능이 조절되어 점차 유순해졌고, 그들은 다테마쓰를 이해자이자 동정자라고 부르게 되었던 것이다.[14]

결국 우대정책이 성공하여 박열과 후미코는 회유되었고 그 결과 결정적인 증언을 했다는 것이다. 후미코의 공술供述 방식이 그녀의 사상가적 기질로 보아 정치적 홍정으로서는 썩 훌륭하지 않다는 것을 나도 인정하긴 하지만, 앞에서 서술한 바와 같이, 회유의 결과가 아니라 동지에게 누를 끼치지 않으려는 배려에서 결정적 증언을 하기에 이르렀다고 보는 게 타당할 것이다. 남은 문제는 박열 쪽이다. 박열이 우대정책에 의한 회유에 넘어가 결정적 진술을 했는지 그렇지 않은지를 검토해보기로 하자. 검토할 사항은 두 가지이다. 하나는 5월 2일의 다테마쓰, 박열, 후미코 세 사람의 행동의 경과를 살피는 것이다. 그리고 나머지 하나는 5월 2일을 전후한 예심조서를 통하여 박열이 다테마쓰에게 회유되었다고 의심할 만한 얘기를 했는지 그렇지 않은지를 검토하는 것이다.

먼저 첫 번째 문제와 관련하여 하야시 사법차관의 담화[15]와 다테마쓰의 성명[16]에 의거하여 복원해보기로 한다. 하야시의 담화에 따르면, "5월 2일 형무소에서 박준식(박열—옮긴이)의 예비조서만 작성되었다. 5월 1일 밤부터 2일 오전 0시 50분까지 다테마쓰 판사가 형무소에서 박준식을 신문했기 때문에 조서가 그때 씌어진 것이라는 사실은 형무소의 숙직일지에 기재된 사항을 보아도 인정할 수 있다." 그 후 다테마쓰는 "박열을 재판소 신관 예심 제5호 조사실로 불러 재차 동 피고에게 읽어준 다음, 가네코 후미코를 법정으로 들어오게 했"다(다테마쓰의 성명). 형무소 장부에 기재된 사항에 따르면 그 시간은, 박열은 오전 11시 20분부터 오후 3시 10분, 후미코는 오후 2시 40분부터 3시 10분까지이다(하야시의 담화). 박열의 기억에 의하면, 사진을 촬영한 날은 메이데이가 아니면 그다음 날인데, 1일에는 박열의 예심만이 있었기 때문에 두 사람이 함께 예심에 출석하여 사진을 촬영한 것은 2일이라는 얘기가 된다(하야시의 담화).[17]

사진촬영을 한 동기는 두 가지였다고 다테마쓰는 말한다. 하나는 "박열이 마지막 소원으로 '어머니가 나를 보지 못한 지가 오래되었는데 우리 부부가 함께 사진을 찍어 판사의 손을 거쳐 조선에 계시는 어머니와 다른 두세 사람에게 보내 넌지시 결별의 뜻을 전하고 싶다'는 취지의 얘기를 했다"는 것이다. 다른 하나는 다테마쓰의 다음과 같은 얘기에서 알 수 있다. 즉 그는 "이 사건에 대하여 정말이지 심혈을 기울였다. 범죄 사실이 대역에 관한 모의였다는 점으로 보아 나는 그 진상을 명확히 함으로써 이 나라의 불상사를 미연에 방지할 수 있다는 것을 알고 이 사건이야말로 드러나지 않게 국가에 충성을 다할 수 있는 기회라 생각하고 있었다. 그래서 이러한 뜻을 달성한 다음 이를 나 자신의 기념으로 삼고 싶다는 생각도 갖고 있었다"는 것이다. 그리고 이 시각에 사진을 찍었다.

다테마쓰와 하야시 두 사람의 말은 필시 아무런 생각없이 내뱉은 게 아닐 것이다. 하야시는 박열의 기억을 확인하는 한편 기록을 조사했다. 다테마쓰 쪽의 기억이 애매한데 "나는 처음 그것을 1925년 5월 말경이라고 생각하고 있었다"고 말하고 있기 때문이다(다테마쓰의 성명). 박열이 어머니에게 부부의 사진을 보내고 싶다고 얘기했다는 것도 다정했던 그의 마음씨를 생각한다면 그리 이상할 게 없다. 그리고 천황제 국가의 관료 기질을 떠올린다면 다테마쓰가 기념사진을 남기고 싶었다고 말한 것도 당연한 것처럼 생각할 수 있다. 사진이 박열의 결정적 증언 전에 찍힌 것이었다면 모리나가의 주장은 설득력을 얻을 수 있지만, 두 사람의 증언이 틀림없다고 한다면, 사진촬영은 결정적 증언이 있고 난 다음에 있었기 때문에 사진촬영이 박열을 회유하는 데 도움이 되었다고는 말할 수 없다.

그러나 첫 번째 문제에 관해서는 하야시와 다테마쓰의 발언을 뒷받침할 만한 결정적 증거가 없고 더이상 검토해도 의미가 없기 때문에 이제 두 번째 문제점을 살펴보기로 한다. 앞서 서술한 바와 같이 5월 2일에 있었던 예심에서 박열은 다테마쓰로부터 후미코가 황태자가 투척 대상이었다고 말했다는 얘기를 듣고 그것을 인정하는 진술을 했다. 판사의 부추김에 넘어가 이렇게 말한 것은 아니라고 생각한다.

김일면은 그의 책에서 박열이 다테마쓰를 완전히 신용했다고 단정하고, 박열이 폭탄투척 대상에 관하여 중요한 발언을 한 1925년 5월 2일 전날에 진행된 제15차 예심조서를 그 증거로 들었다. 이 조서에 따르면, 다테마쓰가 박열에게 진술 내용 중 사실이 아닌 것이 있어서는 안 되니까 신문조서 전부를 읽어주기를 원하는가라고 묻자 박열은 읽어주지 않아도 괜찮다고 말하고, "나는 지금까지 일본의 사법 관헌을 모욕해왔지만 당신은 그렇게 모욕할 수가 없었다. 적이든 아군이든 진실한 사람이라면 나는 그를 모욕할 수가 없다. 아니 존경한다"고 덧붙였다.(『재판기록』, 68쪽) 김일면이 박열은 다테마쓰를 완전히 신용했다고 판단한 이유는 여기에 있다.[18]

그러나 다테마쓰는 "사법관이면서도 체제의 조직 안에 얌전히 붙어 있지 못하고 종종 돌발적 행동을 하는 경우도 있었다"고 하는데, 후미코에 대한 예심이 열리고 있던 무렵에는 그의 아내에게 "오늘 곰곰이 생각해보니까 말이야, 가네코 후미코가 살아온 과정이 참으로 딱해. 들어보니 그 정도라면 세상을 저주하고 싶어지는 것도 당연하겠구나 하는 생각이 들더군"이라고 말하면서 예심조서를 건넸다고 한다.[19] 따라서 박열이 다테마쓰를 진실한 사람이라고 평가한 것을 회유된 증거라고 보기는 어렵다. 사실 다테마쓰는 박열이 평가한 대로 보아도 좋을 것이다. 박열은 입장이 달라도 진실한 삶을 사는 인간은 충분히 평가하는 관점을 지니고 있었다. 1922년경에 쓴 것으로 보이는, 무아애無我愛 운동을 이끈 이토 쇼신伊藤証信의 제자 운노 도모쥬海野友壽에게 보낸 편지에서도, "나는 좌든 우든 항상 자신을 속이지 않고 정직하고 대담하게 그리고 강하면서도 한결같이 전 생애를 살아온 사람에 대하여 존경을 표하지 않을 수가 없습니다"라고 적고 있다.[20]

하지만 박열은 다테마쓰의 진실성이라는 것도 권력에 봉사하는 사법관으로서의 범위를 넘어서는 게 아니라는 점 역시 정확히 인식하고 있었다. 김일면이나 모리나가 에이자부로 모두 이 점을 간과하고 있다. 예심조서에는 다음과 같은 그의 말이 기록되어 있다.

그러나 오해해서는 곤란하니까 다시 한번 분명히 해두겠는데, 이렇게 말했다고 해서 **내가 당신의 업무처리 방식이 문자 그대로 공명정대하다고 믿거나 또는 당신이 그러리라고 신뢰하는 것은 결코 아니다. 나는 원래 소위 재판이나 권위 따위는 전혀 인정하지 않는 사람이다.**

원래 재판이라는 것은 그 본질에 있어 권력자들이 무지한 민중을 속여서 자신을 보호하기 위한, 그렇게 정교하지도 못한 일종의 조작에 불과하다.(『재판기록』, 69쪽. 강조—인용자)

박열은 개인 다테마쓰를 믿었지 천황제 국가에 봉사하는 사법관 다테마쓰를 믿은 게 아니었다. 그러므로 박열이 회유당했다고 보는 것은 타당하지 않다.

5월 3일에 열린 제17차 예심에서 다테마쓰는 뭐든 자신의 생각을 반성할 수 없겠느냐고 물었다. 이에 대해 박열은 "반성이 소위 개전改悛을 의미하는 것이라면 그것은 나에 대한 중대한 모욕이다"라고 되받아쳤다.(『재판기록』, 72쪽) '불령선인'도 최후에는 반성하고 뉘우치며 천황의 백성이 되었다는 '천황제 미담'을 지어낼 수 있었더라면 예심판사로서 다테마쓰의 공적은 더욱 커졌을 것이다. 그러나 박열은 개인 다테마쓰의 진실한 성격을 인정하면서도 사법관 다테마쓰에게는 조금도 타협하지 않았다는 것을 다시금 기억할 필요가 있다.

이상에서 본 바와 같이 추측을 배제하고서 예심조서를 검토하는 한, 회유 성공설은 성립하지 않는다.

어찌됐든 1925년 7월 17일, 검사총장檢事總長은 폭발물단속벌칙위반죄에다 형법 제73조에 해당하는 죄의 혐의를 덧붙여 박열과 후미코를 기소했다.(『재판기록』, 219, 220쪽)

제11장

죽음을 준비하다

자서전 집필과 결혼신고서 제출

가네코 후미코, 자서전 『무엇이 나를 이렇게 만들었는가』 집필

1926년 2월 1일 자 도쿄제국대학 조교수 스기타 나오키杉田直樹의 「대역죄 및 폭발물단속벌칙위반 사건 피고인 가네코 후미코의 심신 상태 감정서」에 따르면, 후미코가 자서전을 쓰기 시작한 것은 대심원 회부가 결정된 다음, 그러니까 1925년 여름 또는 가을 이후였다. 감정서에는 그 모습이 다음과 같이 기록되어 있다.

> 1925년 여름 이래 후미코는 밤낮 틈만 나면 펜을 들고 자서전을 비롯한 글을 원고지에 쓰느라 휴식이나 운동을 거의 안 하는 날도 있었다. 아침 일찍부터 간수가 취침을 강요할 때까지 펜을 놓지 않았는데 이로 인해 그녀의 손가락 끝에는 못이 박혔으며, 잉크 자국을 씻지도 않은 채, 희미한 등불 아래서 깨알같은 책자를 적었기 때문에 눈꺼풀에 결막염이 생길 정도였다고 한다. 또 그사이에 각종 사상적 서적들을 탐독하느라 제대로 휴식도 취하지 못하는 것을 보고 감독관도 그녀의 인내력에 경탄할 정도였다.(『재판기록』, 625쪽)

> 작년 가을 이후 자서전인 듯한 글을 쓰는 데 열중하여 거의 휴식도 운동도 하지 않은 채 오로지 원고 쓰는 일에만 매달렸다. 희미한 등불 아래에서 밤새도록 깨알같은 책자를 쓴 까닭에 1925년 12월 상순경에는 안구피로 및 눈꺼풀 결막염으로 인한 충혈로 진료를 받기까지 했다. 나의 제1차 검진(1925년 12월 상순—인용자)에 따르면 위에서 말한 소견 외에 신경쇠약증상의 진전을 확실히 인정할 수 있다. 1926년 1월 중순에 검진했을 때에는 위 증상은 대체로 가벼워졌는데, 그러자 피고는 다시 집필을 속행했다고 한다.(『재판기록』, 627쪽)

이처럼 자서전은 예상되는 사형을 눈앞에 두고 육체를 갉아먹을 정도의 고통스런 수고를 거듭하고 독서와 깊은 사색을 거친 끝에 씌어진 것이었다.

1926년 2월 14일 자 『도쿄아사히신문』은 "후미코는 지금 쉬지 않고 성장기를 집필 중인데 이미 1,000매를 다 썼다고 한다"고 보도했다. 박열과 후미코에 대한 대심원 공판은 1926년 2월 26일에 시작되어 3월 1일의 결심까지 이어졌다. 3월 23일 자 『도쿄아사히신문』은 판결이 25일에 있을 예정이라고 전하면서, 이와 함께 "후미코가 앞서 쓰기 시작한 『성장기』가 현재 3,000매 정도에 이르렀는데, 그녀는 이것을 완성하고 싶다고 말하면서 이미 죽음을 각오하고 있는 것처럼 붓을 재촉하고 있다고 한다. 한편 박열은 변함없이 침묵 속에서 독서를 계속하고 있으며 두 사람 모두 아주 건강하다고 한다"고 보도했다. 그렇다면 사형판결이 있었던 3월 25일경 후미코는 자서전 집필을 마쳤을까.

후미코는 스기타에게 옥중 심경과 자서전 집필 의도를 다음과 같이 말했다.

> 이번 사건은 1923년 9월경에 내가 품고 있던 사상이 낳은 문제입니다. 그러므로 누가 이 사건에 대하여 묻는다면 분명히 변함없는 사실이라고 말할 수 있을 뿐, 지금 와서 바꿀 수 있는 성질의 것이 아닙니다. 그러나 1926년 현재 내가 생각하고 있는 사상이 그 당시의 사상과 완전히 일치한다고 보증할 수는 없습니다. 그 이후 이렇게 만 2년 이상 감옥에 갇혀 살면서 나도 많은 생각을 했지요. 생각해보면 그동안 다소간 사상이 진전된 것은 당연한 일일 겁니다. 나는 원래 그때그때 가장 좋다고 생각하는 것을 실천에 옮기며 또 그것이 나의 최선의 행

위라고 믿고 있습니다. 2년간이나 감옥에 갇혀 자유를 빼앗긴 채 지냈는데, 어떻게 현재의 사상이 이전의 사상과 똑같을 수 있겠습니까. 그러나 그것을 내가 개심改心했다거나 권력에 굴복했다는 의미로 받아들인다면 용납할 수 없습니다. 나의 반역적 사상은 결코 위축되지 않았습니다. 다만 반역의 실행이 불가능하다는 것을 알았을 때, 그 실행 방법에 관한 생각이 바뀔 수밖에 없지 않느냐고 말하는 것입니다.

나는 학문도 뭐도 없습니다. 그렇다고 소양도 없다고 할 수 있을까요? 나를 과대평가해서는 곤란합니다. 사람들이 나를 당신들처럼 박식하다거나 훌륭한 사람으로 생각해주어도 나는 조금도 기쁘지 않습니다. 또 나를 동정하실 필요도 없습니다. 나에겐 나의 신념과 입장이 있기 때문에 다른 사람들로부터 동정이나 존경을 받고 싶지 않습니다. 다만 나만의 생각을 실행할 수만 있다면 그것으로 만족합니다. 그 이상 세상 사람들에게 요구할 것이라곤 아무것도 없습니다. 더구나 지금 나는 사회와 접촉할 수 없는 처지여서 세상일을 생각할 재료도 없습니다. 오직 나 자신만을 생각할 수 있는 재료가 있을 따름입니다. 그래서 나는 지금 자서전을 쓰고 있는 것입니다. 가까운 시일 안에 형을 받을 것이기 때문에 나는 서둘러 자서전을 쓰고 있습니다. 이것이 출판되어 하나라도 내게 공명해주는 사람이 세상에 있다면 그것으로 만족하며, 나의 시작부터 생명이 끝나는 날까지 이 세상의 절멸과 나의 죽음에 의미를 부여할 수 있을 거라 믿고 있습니다.(『재판기록』, 628, 629쪽)

후미코는 가까이 다가온 죽음을 앞두고 현재 사상의 도달점을 글로 남김으로써 훗날 자신을 이해해주는 사람이 있기를 기대했던 것이다. 고난으로 가득 찬 자신의 인생에 과연 어떤 의미가 있었는가, 이것이 후미코가 자서전을 쓰면서 스스로에게 던진 물음이었다. 이와사키오뎅집 이후 죽 알고 지낸 사람이자 대심원 공판 당시 변호인이기도 했던 야마자키 게사야山崎今朝彌에게 보낸 1926년 1월 22일 자 편지에서 후미코는 다음과 같이 쓰고 있다.

어렵게 마련해주신 1월도 어느 사이에 지나가버렸습니다. 오늘이 벌써 22일. 결산할 때가 다가오고 있습니다! 그런데 무엇을 어떻게 계산해야 한단 말입니까? 주판을 한 손에 들고 어찌할 줄 모르고 있습니다. 22년의 삶-고통-실패. 플러스? 마이너스? 이퀄? 제로? 하지만 **그 고통을 넘어 그리고 실패를 넘어, '제로'와 같은 삶에서도 자신이 추구한 뭔가를 얻었다는 생각이 들기도 합니다. 적어도 얻고자 했으며 지금도 그렇다는 것은 사실입니다.**[1] (강조—인용자)

그리고 이 편지에는 다음과 같은 단카短歌가 덧붙여져 있다.

펜을 잡으면 다시금 가슴에 밀려드는
내 과거의 수많은 슬픔들

이 노래를 통해 우리는 사형에 직면하여 수많은 괴로움과 고난으로 얼룩졌던 자신의 인생에서 적극적 의미를 발견하려는 후미코의 열성적인 모습을 엿볼 수 있다.

사형판결이 있었던 것은 3월 25일. 그로부터 6일 후인 31일에 후세 다쓰시에게 보낸 편지에는 다음과 같은 얘기가 씌어 있다.

어느 때보다 지금은 한층 더 말하는 것을 제한받고 있습니다. 그래서 말을 할 수도 없고 말하고 싶지도 않습니다만, 단 한 가지만은 말해둬야 할 것 같습니다. 요즘 내 자신의 마음을 가만히 응시하다가 '나는 예전부터 너무나 많이 자신을 의심했으며 자신에 대하여 지나치게 겁을 먹었다는 확신을 갖고서야 죽으러 갈 수 있다'는 생각을 했습니다. 바로 이것을 말씀드리고 싶었던 것입니다.[2]

이 시기에 이르러 후미코는 자신이 살아온 의미에 관하여 확신을 갖게 되었던 것이리라. 그런데 그것은 자서전을 쓰고 나서 얻을 수 있었던 확신임에 틀림없다.

여기에서 다시 한번 후미코가 자서전을 쓴 의미를 생각해보기로 한다. 앞에서 본 야마자키와 후세에게 보낸 편지가 시사하는 바와 같이 후미코의 자서전은 단순한 회고록도 아니며, 고난으로 가득 찬 개인사를 써서 다른 사람들로부터 동정을 사려는 데 목적이 있었던 것도 아니다. 후미코는 죽음을 목전에 두고 자신이 살아온 의미를 총괄해보고자 했다. 그리고 그 결론으로서 자신의 인생 자체가 마이너스였기 때문에 그것을 플러스로 역전시킨 게 스스로의 인생이라는 역설에 도달했던 것이다. 후미코에게 마이너스가 의미하는 것은 무엇이었을까. 그것은 가난이 아니었다. 후미코는 자서전에서 가난의 괴로움을 호소하지 않는다. 그녀가 고통스럽다고 호소한 것은 "나는 내가 아닌 생활에 속박되지 않으면 안 되었"던 상태에 놓여 있다는 점이었다.(『자서전』, 251쪽) 그러나 후미코는 그러한 생활에 감사한다고 말한다. "나의 부모에게도, 어머니에도, 외할아버지와 외할머니에게도, 고모와 고모부에게도, 아니 나를 부유한 가정에 태어나지 않게 하고, 이르는 곳마다, 생활의 모든 범위에서 힘겨운 고통만을 안겨준 나의 운명에 감사한다"고 말한다. 왜인가?

왜냐하면 만약 내가 아버지의 집에서, 외가에서, 그리고 고모부의 집에서 아무런 부족함 없이 자랐다면, 아마 나는 내가 그렇게도 혐오하고 경멸해 마지않는 그 사람들의 사상과 성격과 생활을 그대로 수용하였을 테고 결국에는 나 자신을 발견할 수 없었을 것이기 때문이다. 운명이 나에게 은혜를 베풀어주지 않았기에 나는 나 자신을 발견할 수 있었다.(『자서전』, 280쪽)

자신을 억압하는 힘과 고투를 벌였기 때문에 자신을 발견할 수 있었다는, 그야말로 역전의 논리인 셈이다. 바로 그러한 고투의 과정에서 발견한 자기였기 때문에 천황제 앞에 굴복하여 자기를 포기할 수가 없었던 것이다. 사형이라는 말로 협박을 받아도 왜 양보할 수가 없었던 것인지 그 기본적인 이유를 유서와도 같은 자서전에 써서 남김으로써 후세에 호소하고 싶었던 것이다. 히라바야시 히사에平林久枝는 후미코의 생애를 총괄하여 "후미코는 고립무원의 상태에서 맨손으로 싸우는 과정에서 발견되고 심화되었으며 강화된 자아를 천황제 국가와 맞세웠고 거기에서 한 걸음도 물러서지 않았다"고 말했다.[3] 자서전은 천황제 국가와 맞서 한 걸음도 후퇴하지 않았던 후미코의 자아 형성의 역사를 묘사하였고, 그것을 후대에 전하는 통로가 되었다.

후미코의 자서전 집필 관점을 이론적으로 지탱한 것은 "일반적으로 신성한 것이란 하나같이 억압의 굴레이며 차꼬"라고 말함으로써, 국가와 가족 등 신성시되는 모든 것에 매몰되어버린 자아의 해방을 추구한 막스 슈티르너의 저서 『유일자와 그의 소유』(1844)였다. 이 책은 1920년 4월에 쓰지 준辻潤이 『자아경自我經』이라는 제목으로 번역, 출판했다. 이미 서술한 바와 같이, 후미코는 니야마 하쓰요의 영향을 받아 슈티르너를 읽기 시작했다. 후미코는 "기나긴 봄날 감옥에서 읽고 또 읽는 슈티르너"라는 단카를 남긴 바 있다.[4] 옥중에서 몇 번이고 되풀이하여 슈티르너를 읽으면서 자기의 입각점을 재확인하고 이를 토대로 자서전을 구상하고 가다듬었을 것이다. 동시에 그것은 천황제와 대결하는 그녀의 방식이기도 했을 것이다. 슈티르너는 국가와 개인의 자아의 상호 용납할 수 없는 관계를 다음과 같이 서술하고 있다.

> 국가는 언제나 개인을 제한하고 순치하며 종속시킨다—즉 그를 어떤 일반성 및 기타에 복종시킨다—는 유일한 목적을 지니고 있다. 국가는 개인이 모든 것 중의 모든 것Alles in Allem이 아닐 때에만 지속된다. 그리고 그것은 지극히 명확하게 자아의 억제Beschraenktheit Meiner, 자아의 제한, 자아의 노예화를 목표로 삼는다.[5]

이 부분은 후미코의 옥중수기 「26일 밤」의 다음 구절과 완전히 일치한다.

> 나를 다분히 개인주의적 아나키스트라고 불러도 큰 잘못은 아니라고 생각합니다. 설명할 것도 없이, 국가와 개인은 서로 용납할 수 없는 존재입니다. 국가의 번영을 위해 개인은 자신의 의지를 가져서는 안 됩니다. 개인이 자아에 눈을 뜰 때 국가는 무너집니다. 물론 나는 안에서 타오르는 질서 아닌 질서 아니 참된 질서 외에, 국가나 정부의 간섭을 거절하고 싶습니다.(『재판기록』, 740, 741쪽)

슈티르너는 후미코가 생활체험에서 획득한 것을 의식화하고 이론화하는 데 유용한 길잡이였을 것이다.

후미코는 옥중에서 단카를 짓기도 했다. 1925년 6월 구리하라 가즈오에게 보낸 편지에서 "노래 짓는 연습이라도 해볼까 하는데 어떨까요?"라고 말하면서 『다쿠보쿠선집啄木選集』을 차입해달라고 부탁했다.[6] 단카를 처음 지은 것은 자서전 집필 시작과 비슷한 시기였을 것이다.

마음에서 솟아나는 대로 부르는 노래
참된 노래라 불러야 하리
유파流波도 모르고 법식도 없지만
나의 노래는 억눌린 가슴의 불꽃
타오르는 마음을 사랑으로 전하는
노래의 가치를 찾게 하라[7]

산문으로는 표현할 수 없는 생각들이 단카를 빌려 표현될 수 있었던 것이리라.

1925년 12월 4일, 『조선일보』 특파원(당시 특파원은 이석李奭)이 이치가야형무소에서 가네코 후미코를 면회했다. 이때 후미코는 "일반 여성에게 호소할 만한 감상感想은 별로 없지만, 조선의 여성은 활발하고 재능이 있으며 경성에서는 여성동우회가 폭넓게 활동하고 있음을 진심으로 기뻐하여 앞으로도 더욱 분투하기를 기원한다"고 말했다. 이 자리에서 후미코는 자신의 사건을 정확하게 보도하지 않는 일본 신문을 비판하기도 하면서 마지막으로 "조선은 내가 7년이나 머무른 곳이어서 그런지 몹시 그립다"고 말했다.[8] 이 면담은 서양의 여성해방운동에만 관심을 가질 뿐 조선에는 눈길도 주지 않았던 일본 여성해방운동과 후미코가 전혀 무관하며, 그녀가 조선 여성의 운동에 공감하고 있었다는 것을 보여준다.

대심원 공판에서

형법 제73조와 폭발물단속벌칙위반 혐의로 기소된 다음 날인 1925년 7월 18일, 즉시 박열과 후미코에 대한 새로운 예심이 진행되었다. 도쿄지방재판소 예심판사였던 다테마쓰 가이세이가 이번에는 '대심원의 특별권한에 속한 피고사건 예심을 담당하는 도쿄항소원 판사'로서 신문에 참가한 후, 9월 30일에 두 사람이 형법 제73조 및 폭발물단속벌칙 제4조(치안방해를 목적으로 폭발물을 이용해 협박, 교사, 선동 또는 공모한 죄)의 혐의가 충분하다는 의견서를 대심원장 요코타 히데오横田秀雄에게 제출했다. 검사총장 고야마 마쓰키치小山松吉는 대심원 제2특별형사부 재판장 판사의 요청을 받고 10월 12일 자로 대심원 공판에 회부해야 한다는 의견서를 제출했으며, 대심원은 10월 28일에 공판개시 결정을 내렸다.

이 대심원 예심에서는 박열, 후미코의 부모, 형제, 친척 기타 관계자에 대한 증인신문이 중심이었고, 박열과 후미코에 대한 신문에서 이렇다 할 만한 새로운 문제점은 나오지 않았다. 다테마쓰도 도쿄지방재판소 예심에서 상세하게 신문한 바 있었기 때문에 지난번 공술을 그대로 재확인하는 게 대부분이었다.

박열과 후미코의 태도상의 특징을 보면, 먼저 두 사람 모두 시종일관 저항의 자세를 유지했으며, 사형을 면하고자 하는 태도는 티끌만큼도 찾아볼 수 없었다. 예심신문 마지막 날인 1925년 9월 22일, 다테마쓰가 두 사람 각각에게 반성하거나 뉘우치는 마음은 없느냐고 물었는데, 이에 대해 박열은 "나는 후회 따윈 하지 않는다. 냉정하게 반성하고 뉘우치는 마음이 없느냐는 말은 거꾸로 내 쪽에서 당신들에게 던져야 할 말이다. 당신들이야말로 진정으로 뉘우쳐야 할 사람이라는 것을 알아달라"라며, 사건을 조작한 국가권력에 항의했으며(『재판기록』, 271쪽) 후미코는 "반성할 여지가 없다"라고 간결하게 전향을 거부했다.(『재판기록』, 272쪽)

다음으로 두 사람 모두 주변의 관련 인물들에게 누를 끼치지 않으려고 세심한 주의를 기울였다. 박열은 김중한과의 관계에 관하여 "테러리즘 운동에 대하여 김중한이 어떠한 생각을 갖고 있는지 조금 마음을 떠보았을 뿐이다. 결코 폭탄 입수를 의뢰할 정도까지는 아니었다. 이 점만을 이 자리에서 분명히 말해둔다. 그럼에도 불구하고 당신들이 변함없이 김중한을 모욕한다면 그것은 돌이킬 수 없는 비열한 태도를 스스로 드러내는 것이나 다름없다"라고 말했다.(『재판기록』, 267쪽) 김중한은 폭발물단속벌칙위반 혐의로 기소된 상태였기 때문에 박열은 이 기소를 면하게 해주고 싶었던 것이리라. 박열과 후미코 등에게 생활비와 운동자금을 대여해준 혼다 센타로本田仙太郎에 대한 사법경찰관의 청취서에 기초하여 다테마쓰가 신문하자, 후미코는 "당신들과 같은 사법 관계자들은 사람을 제멋대로 호출하여 폐를 끼치는 걸 아무렇지도 않게 생각하는 모양인데, 나는 지금 당신이 읽어준 혼다의 공술을 전적으로 인정하고 있으니까 이제 더이상 혼다 씨에게 심려를 끼쳐드리지 않았으면 좋겠다"고 말했다.(『재판기록』, 270쪽) 이처럼 두 사람은 공통적으로 사법부에 대해서는 강하게 저항했으며 주변 인물들에겐 세심한 배려를 아끼지 않았던 것이다.

대심원은 10월 22일에는 아라이 요타로新井要太郎를, 23일에는 다사카 사다오田坂貞雄를 관선변호인으로 임명했다. 박열과 후미코는 11월 12일에는 야마자키 게사야山崎今朝彌를, 14일에는 후세 다쓰지와 우에무라 스스무上村進를, 20일에는 나카무라 다카이치中村高一를, 그리고 12월 3일에는 진직현晋直鉉을 사선변호인으로 한다는 신고서를 대심원에 제출했다. 게다가 박열은 1926년 2월 13일 조선 대구의 변호사 김완섭金完燮에게 공판 출석을 요청하는 전보를 보냈고 25일에는 그를 사선변호인으로 한다는 신고서를 제출했으나, 김완섭은 대구의 재판이 바빠 공판에는 출석할 수 없었다.(『재판기록』, 670~672쪽) 박열과 후미코 둘 다 변호사는 필요 없다고 말했는데(『재판기록』, 271, 273쪽), 아마 관계자의 설득이 있었던 듯하다. 진직현이나 김완섭 등 조선인 변호사를 의뢰한 것은 조선인의 입장에서 변호해주기를 기대했기 때문일 것이다.

처음에는 11월 19일이 공판 첫째 날로 예정되어 있었으나, 11월 14일 야마자키, 후세, 우에무라 등 세 변호인이 준비할 시간이 충분하지 않다는 이유로 공판기일 연기를 신청했다.(『재판기록』, 561쪽) 이 때문에 공판은 12월 8일과 9일로 변경되었다.(『재판기록』, 564, 565쪽)

11월 17일에는 박열에 대해서 그리고 17일과 21일에는 후미코에 대해서 공판 준비 조서 작성을 위한 신문이 진행되었다. 여기에는 아라이, 다사카, 야마자키, 우에무라 등 변호인도 입회했다. 이때에 이르러 후미코의 생각에 변화가 보이기 시작했다. 이 자리에서 후미코는 "나는 지금까지 대단히 강력하게 만물의 절멸을 얘기해왔는데, 그것은 조금 지나친 발언이었으며 과대망상증에 사로잡힌 말이었다는 것을 알게 되었다"고 말하고(『재판기록』, 573, 574쪽), "공존공영이 피고의 이상인가"라는 신문에 대하여 "그렇다"고 대답하면서, "공존공영은 목적이며 권력에 반역하는 것은 그 목적을 달성하기 위한 수단이다"라고 하여 둘의 관계를 설명했다(『재판기록』, 578쪽) 이렇듯 후미코는 니힐리즘에서 탈각하기 시작하고 있었다. 한편, 박열은 "인생을 추악함의 중심으로 간주하고 모든 것의 절멸을 최종적인 이상으로 삼는 것이 그것인가"라는 신문에 대하여 "그렇게 보아 큰 잘못은 아닐

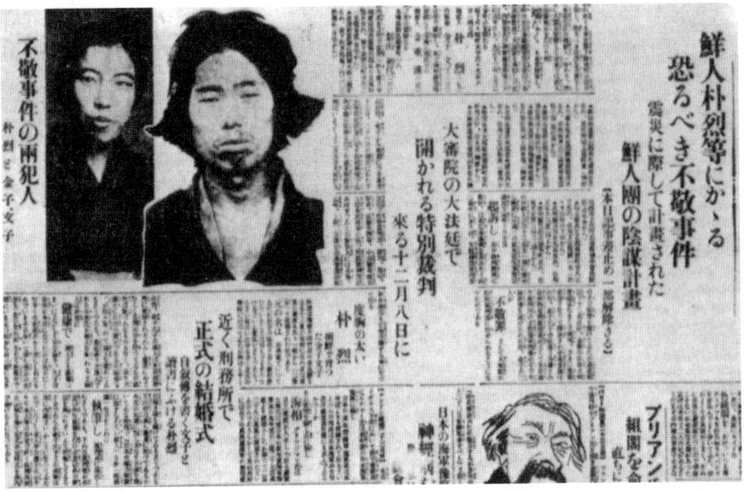
鮮人朴烈等にかゝる
恐るべき不敬事件
震災に際して計畫された
鮮人團の陰謀計畫
大審院の大法廷で
開かれる特別裁判
來る十二月八日に
近く刑務所で
正式の結婚式
不敬事件の兩犯人
朴烈と金子文子

박열·가네코 후미코 사건에 관하여 해금된 날짜인 1925년 11월 25일 『도쿄아사히신문』 석간에, 「불경사건의 양 범인 박열과 가네코 후미코」라는 체포 기사를 실었다.

것이다"라고 답변했다.(『재판기록』, 567쪽) 그는 의연히 니힐리즘 사상을 품고 있었던 것이다.

박열·가네코 후미코의 결혼신고서 문제

박열·가네코 후미코 사건에 관한 기사가 해금된 것은 1925년 11월 25일이었다. 해금이 있기 4일 전인 11월 21일, 『동아일보』는 박열과 가네코 후미코가 "후세 변호사를 경유하여 정식 부부관계를 맺는 결혼식을 하고자 한다는 내용의 신청서를 요코타橫田 대심원장에게 제출했는데, 가까운 시일 안에 이치가야형무소에서 이 중대범죄자들의 화촉을 밝히는 행사가 열릴 듯하다"고 보도했다. 12월 6일 자 같은 신문은 "두 사람의 정식 결혼은 형무소 측에서도 승낙했고 이번에 도쿄로 가는 박열의 형도 동의했기 때문에 머지않아 우시고메구청에서 법적 절차를 밟을 것으로 보인다"고 보도했다. 다음 날에는 "3일 이내에 정식 결혼 수속을 마치고 이치가야형무소 회의실에서 간단한 결혼식을 거행할 예정인데 두 사람이 악수하는 것 정도는 허락될 듯하다"고 보도했다. 12월 6일 자 일본의 『요미우리신문』도 같은 내용을 보도했다. 그러나 12월 11일 자 『조선일보』는 "옥중결혼은 근거 없는 풍설"이라는 아키야마 가나메秋山要 이치가야형무소 소장의 담화를 보도했으며, 12월 14일 자 『동아일보』는 "서면상의 결혼만 이루어질 듯하다"는 이치가야형무소 당국의 담화를 보도했다.

그 후 두 사람의 결혼 문제를 둘러싼 보도는 일시 중단되었다. 그러다가 1926년 3월 30일 자 『동아일보』는 두 사람이 결혼신고서를 제출했다는 내용을 다음과 같이 보도했다.

> 두 사람이 죽음을 앞둔 상황에서 갖고 있는 하나의 희망은, 이 세상에 있는 동안 세상 사람들 앞에서 떳떳한 부부로서 최후의 사랑을 나누며 살고 싶다는 것이었다. 후세 변호사가 이에 극력 반대하고 있는 후미코의 외삼촌 교지와 외할머니 세이를 설득하여 마침내 정식 결혼식을 진행하게 되었고, 사형선고 이틀 전인 23일 동 변호사가 이치가야형무소에서 박열과 후미코의 지장을 찍어 간수장 오쿠무라 아키라娛村輝 씨의 자필 설명서를 첨부한 결혼신고서를 우시고메구청에 제출했으며 이는 그날로 수리되었다.

가네코가의 호적에 3월 23일 우시고메구청에 결혼신고서를 제출했다는 기록이 있는 것으로 보아 이 기사는 틀림이 없다. 1926년 9월 2일 이른바 괴사진 문제로 담화를 발표한 하야시 법무차관은 이 결혼

문제를 언급하면서 "1925년 11월 25일 피고인의 변호인이기도 한 후세 변호사가 결혼신고서 세 통을 들여보내 피고인들의 서명날인을 요구했기 때문에 형무소 측에서 통상적인 절차에 따라 서명날인하게 했고, 이를 증명하는 서류를 덧붙여 동 변호사에게 전달한 바가 있다. 형무소가 관계한 것은 오직 이 한 가지 일밖에 없다"라고 하여 옥중결혼식 거행설을 부정했다.[9] 다음과 같은 후세의 회상에 비추어보면 하야시의 이 담화 내용은 사실이라고 보아도 좋을 것이다.

> 그것(결혼—인용자)은 세상 사람들이 호기심에서 상상하는 그런 것이 결코 아니다. 니힐리스트로서 마지막까지 죽음을 재촉한 박열과 후미코는 자신들의 유해를 어떻게 처리할 것인지에 관해 각오한 바가 있었다. 당시 후미코의 아버지나 어머니가 그들의 유해를 거두어주리라고는 생각도 하지 않았고, 또 유해를 떠맡겠다는 동지들에게는 형무소 당국이 인도해줄 리가 만무했다. 결국 허공으로 흩어져버릴 후미코의 유해를 합법적으로 거두어줄 사람을 확실히 하기 위해 결혼신고서를 제출했던 것이니, 정말이지 비장하고 처참한 결혼신고서였던 셈이다. 우리들은 형식적인 결혼신고서가 상사相思의 열매를 맺게 할 수 없는 것이었다면 법률적 형식에 복종할 생각도 하지 않았을 것이다.[10]

결국 후미코가 자신의 유해를 거두어주리라 기대할 수 있었던 사람은 박열의 형 박정식밖에 없었던 것이다. 박정식의 아들 박형래朴炯來는 "후미코가 자신이 죽으면 박씨 집안의 묘에 묻어달라는 내용의 편지를 보내왔기 때문에 의리가 두텁고 성실한 아버지는 그것을 지켰던 것이다"라고 회상한다.[11] 이 회상을 어떻게 해석하면 좋을까. 조선인을 사랑한 후미코의 마음속에는 조선에 뼈를 묻고 싶다는 희망이 있었을 것이다. 그러나 이는 죽어서도 일본에 안주할 땅을 구할 가망성이 없다는 것을 안 후미코가 택할 수밖에 없었던 사후 대책이기도 했을 터이다.

제12장

대심원 법정에서 박열과 가네코 후미코

대심원 개정

박열과 가네코 후미코의 대심원 공판은 1926년 2월 26일에 시작되었다. 이미 서술한 바와 같이 1925년 11월 19일로 예정되어 있던 공판은 야마자키, 후세, 우에무라 등 사선변호인의 준비 문제로 12월 8일 및 9일로 연기되었는데, 12월 1일 다사카, 야마자키, 후세 세 변호인이 박열과 후미코에 대한 정신감정을 신청함에 따라(『재판기록』, 590, 591쪽) 스기타 나오키가 감정을 진행했기 때문에 공판은 다시 1926년 2월 16일과 17일로 연기되었다. 그러나 후미코가 생리로 심신이 편치 않은 상태여서 또다시 2월 26일로 연기되었던 것이다.(『재판기록』, 659쪽)

삼엄한 경계하에 대심원 대법정이 개정되었다. "이날 아침 일찍부터 히비야경찰서 서장 다무라田村를 총지휘관으로 하여 제복 차림의 순사 150명이 경계에 나서 재판소 각 입구를 비롯한 법정 안팎이 마치 비상선으로 둘러싸인 것처럼 보였다. 그리고 도쿄헌병대에서도 하마시마濱島 소좌 이하 약 30명의 헌병을 파견하여 삼엄한 경비를 도왔는데, 그야말로 개미 한 마리 들어갈 틈도 없는 대경계를 펼쳤다."

일반 방청권 140매는 오전 7시에 모두 배포되었고 "입장자는 일일이 엄중한 신체검사를 받아 그 과정에서 나온 성냥이나 종이들은 입구에 놓인 책상 위에 수북히 쌓여 있"었다.[1] 방청인 가운데 조선인 학생이 많다는 게 눈길을 끌었다. 『도쿄아사히신문』은 계속해서 "방청자는 오전 2시 30분경에 한 조선인 학생이 정면 대현관으로 뛰어들어온 것을 시작으로 6시부터 속속 몰려들었는데 대부분이 조선인 학생들이었다"고 보도했고, 같은 날짜 『호치신문報知新聞』은 "조선인 학생 50여 명이 무리를 이루어 오늘의 결과에 대해 얘기를 나누고 있었다"

1926년 2월 26일 대심원 법정에서 가네코 후미코와 박열.

고 보도했다.

박열의 민족적 저항과 후미코의 공동투쟁

이윽고 8시 40분 후미코가 법정에 나타났다. 후미코는 "엷은 분홍색 셔츠에 하얀 비단저고리와 하카마(겉에 입는 주름 잡힌 옷—옮긴이) 비슷한 검은 조선식 두루마기를 입고, 뒤로 늘어뜨린 머리카락을 두 개의 장식용 빗으로 꽂아 단장한 아름다운 모습이었으며, 손에는 체홉단편집 한 권을 들고" 있었다. "후미코는 차분한 표정으로 뒤돌아서서 조용히 둘러보고는 테 없는 안경 너머로 동지들의 면면에 일일이 미소 띤 무언의 인사를 한 다음 피고석 왼쪽에 앉았"다. 10분 후에 마찬가지로 조선식 예복 차림의 박열이 유유히 법정에 들어섰다. "하얀 비단 바탕에 보라색을 띤 상의와 쥐색 바지를 입고 허리에는 두 날개를 활짝 펴고 날아가는 학을 새긴 각대角帶를 둘렀으며, 신발과 관 등도 모두 예복에 딸린 것들로 아름답게 장식한 데다 비단 부채를 든" 모습으로 동지들에게 인사한 후, 후미코와 웃으며 얘기를 나누고서 피고석에 앉았다.[2]

이처럼 박열은 조선 예복을 입음으로써 천황제 국가에 대한 민족적 저항의 자세를 보였던 것이며, 후미코가 치마와 저고리를 입은 것은 천황제 국가에 대한 조선 민족의 투쟁에 함께한다는 의지의 표명으로 읽을 수 있다. 박열은 법정에 서기에 앞서 1월 18일 재판장에게 다음과 같은 네 가지 조건을 제시했다.[3]

1. 공판정에서는 일절 죄인 대우를 하지 않아야 하며 또 '피고'라고 부르지도 말 것.
1. 공판정에서의 조선 예복 착용을 허락할 것.
1. 자리도 재판장과 동일한 좌석을 마련할 것.
1. 공판 전에 자기의 선언문 낭독을 허락할 것.
1. 만약 이상의 요구에 응하지 않을 때에는 입을 닫고 일절 신문에 응하지 않을 것임을 결심한다.

1월 19일 자 『조선일보』도 이와 동일한 보도를 했다. 그런데 이들 보도는 후세 다쓰시가 『운명의 승리자 박열』에서 말한 것과 차이점이 있다. 후세의 말에 따르면 박열은 조선의 왕관과 왕의王衣 착용을 인정하라고 요구했다는데,[4] 반권력주의자反權力主義者인 박열이 아무리 자기 민족이라고 하더라도 왕권을 인정하는 것으로 보일 수 있는 요구를 했다고는 믿기 어렵다. 『동아일보』가 보도한 것처럼 그는 조선 예복 착용을 인정하라고 요구했을 것이다.

또 후세 다쓰시는 조선어 사용을 인정할 것을 요구했다고 말한다. 후세에 따르면 대심원은 왕관·왕의의 착용과 선언문 낭독을 인정했지만, 조선어 사용과 자신의 자리를 판사의 자리와 같은 높이에 설치하라는 요구는 박열이 스스로 철회했다고 한다.[5] 결국 대심원은 조선 예복 착용과 선언문 낭독을 인정했던 것이다. 박열은 이런 식으로 자신은 죄인이 아니며, 법정에서 천황제 국가를 대표하는 재판장과 대등한 입장에 서서 민족적 자기 주장을 펼치고자 했던 것이다.

박열과 후미코의 조선복 착용에는 재일조선인의 많은 지원이 있었다. 내무성 경보국 보안과에서 발간한 『1925년 현재 재일조선인의 상황』에 따르면, "흑우회에서는 재일조선인 단체인 1월회, 3월회, 학우회 등과 함께 박정식에게 여비 일부를 보조하고, 박열·가네코 후미코 공판의 경우에는 조선복을 착용할 수 있도록 각 단체 간부들이 협의했으며, 3월회에서는 이미 가네코 후미코가 입을 하얀 비단으로 만든 조선옷을 차입했다. 박준식에게도 11월 4일 흑우회의 한현상이 박정식과 함께 그를 방문하여 각 단체에서 모금한 기부금으로 만든 조선옷을 차입했다.[6] 흑우회는 1923년 8월 11일 자로 이미 해산을 결의했기 때문에 1925년에 이 모임이 존재했다고는 말할 수 없다. 옛 흑우회 회원이 중심이 되어 모금운동에 분주했을 것이다.

9시에 야마자키, 우에무라, 후세, 다사카, 아라이, 진직현 등 여섯 명의 변호사가 법정으로 들어왔다. 2월 27일 자 『도쿄아사히신문』에 따르면 진직현은 조선인 변호인단의 대표라고 말했다. 뒤를 이어 마키노 기쿠노스케牧野菊之助 재판장을 비롯한 재판관들이 입정, 먼저 마키노 재판장이 인정질문人定質問을 했다.

2월 27일 자 『동아일보』는 재판장과 박열의 문답을 다음과 같이 보도했다.

주소, 성명을 신문하기 시작했다.

문 피고인의 이름은 무엇인가.

답 '나는 박열이다'라고 박열은 조선말로 명쾌하게 대답했다.

문 그것은 조선말인가.

답 그렇다(조선말로).

문 박준식이라는 이름과 박열이라는 이름이 있는데 어느 쪽이 본명인가.

답 둘 다 나의 본명이다(조선말로).

이렇게 재판장의 신문에 대하여 박열은 확실한 조선말로 대답했고, 박열에 대한 신문이 끝난 다음….

생각난 김에 말하자면 27일 자 『조선일보』도 재판장이 "예에 따라 박열의 주소와 성명을 질문하자 박열은 아무런 망설임 없이 조선말로 대답했다"고 보도했다. 인정질문에 대해서만 그랬는지는 모르지만 박열은 이렇듯 조선말로 대답했던 것이다. 그러나 대심원 공판조서와 『도쿄아사히신문』, 『고쿠민신문國民新聞』, 『도쿄니치니치東京日日』, 『호치신문』, 『지지신문時事新聞』 등 일본의 신문들은 성명을 조선말로 대답했다고만 기록했을 뿐 그 나머지는 전혀 언급하지 않았다. 박열은 조선의 예복을 착용했을 뿐만 아니라 조선어를 사용함으로써 천황제 국가에 대하여 철저한 민족적 저항의 자세를 보였고, 후미코는 치마와 저고리를 입음으로써 조선 민족의 천황제 국가에 대한 투쟁에 연대 의지를 표명했던 것이다. 그것은 동시에 민족이 다르다는 이유로 두 사람의 공동투쟁을 갈라놓으려 했던 천황제 국가의 판사 다테마쓰 가이세이의 전향 강요 책략에 대한 후미코의 저항 의지를 표명한 것이기도 했을 터이다.

마키노 기쿠노스케 재판장은 이어서 후미코에 대한 인정질문을 했으며, 그것이 끝나자 "본건의 개심開審은 안녕질서를 어지럽힐 우려가 있기 때문에 일반인의 방청을 금지한다"고 선언하고 휴식에 들어갔다. 방청석에서는 항의 표시로 탁자를 계속해서 두드려댔으며 법정은 졸지에 소란스러워졌다. 신문 개시 후 약 6분이 지났을까, 퇴정을 거부한 13명의 방청인이 검거되었다. 일반 방청인을 대신하여 특별방청인 100여 명이 법정으로 들어왔다.[7]

후미코는 변호인에게 다음과 같은 내용이 적힌 편지를 건넸다.[8]

> 변호인께
>
> 오늘 저는 제가 가진 모든 것을 보여드리려고 합니다. 그래서 무슨 일이 있어도 저의 동지인 구리하라 가즈오와 곤도 겐지近藤憲二 기타 2, 3명의 특별방청을 인정하도록 힘써주시기 바랍니다.
>
> 가네코 후미코

변호인이 교섭한 결과 오후부터 구리하라 가즈오만이 특별방청을 허락받았다.(『재판기록』, 684쪽)

9시 40분, 다시 개정. 후세와 우에무라 두 변호인이 나서서 공개 금지에 이의를 신청했지만 각하되었다. 그리고 후세와 야마자키가 다시 나서서 관리들의 특별방청 허락에 대해 이의를 신청했지만 이 역시 각하되었다. 검사의 공소사실에 관한 진술이 끝난 다음 박열은 1925년 12월 22일에 작성한 「소위 재판에 대한 나의 태도」를 낭독했다.(『재판기록』, 674~678쪽) 여기에서 박열은 인간의 신체, 생명, 재산, 자유를 끊임없이 침해하고 유린하는 조직적 대강도단大强盜團인 국가의 틀 속에 있는 재판관이 공명정대한 판결을 내릴 리가 없다고 하여 국가와 재판의 권위를 부정했으며, 자신이 이 자리에 선 것은 재판을 받기 위해서가 아니라 자기자신을 정확하게 선언하기 위해서라고 밝혔다.(『재판기록』, 600~605쪽)

재판장이 검사가 말한 사실에 대하여 진술할 것이 있느냐고 묻자 박열은 1924년 12월 30일에 작성한 「나의 선언」을 낭독했다.(『재판기록』, 679쪽) 이것은 박열의 허무주의적 세계관을 피력한 것이다. 여기에서 박열은 지배자와 부자의 민중에 대한 지배와 수탈, 타민족에 대한 강대국의 지배, 피압박민족인 조선 민족 사이에서 볼 수 있는 백정에 대한 차별 또는 노동자 사이에서 볼 수 있는 고참노동자의 신참노동자에 대한 압정壓政 등의 예를 들면서 약육강식은 인류의 본성이자 자연의 대법칙이라고 단정한 다음, 이에 반역하여 인류를 절멸시키지 않으면 약육강식의 세계는 사라지지 않을 것이라며 자신의 입장을 천명했다.(『재판기록』, 78~88쪽)

그리고 천황과 황태자를 위해하려는 것은 어떤 생각에서인가라는 질문에 박열은 1924년 2월에 작성한 「어느 불령선인이 일본의 권력자에게 주는 글」을 낭독하는 것으로 대답을 대신했다.(『재판기록』, 684쪽) 이 글에서 박열은 일본제국주의의 조선에 대한 침략과 수탈·동화·우민화정책, 관헌과 결탁한 재조선일본인의 조선인에 대한 수탈 등을 폭로하고, 나아가 일본이라는 국가가 유지될 수 있는 것은 천황의 신성神聖을 일본 민중에게 강요할 수 있을 동안만이며, 그 허위성이 일본 민중에 의해 밝혀질 때 일본 민중은 일본 국가의 불구대천의 적인 '불령선인'의 벗이 될 터인데, 일본 민중은 현재 빠른 속도로 그 시기에 다가서고 있다고 말함으로써 천황제 국가의 멸망을 예언했다.(『재판기록』, 74~78쪽) 이 글은 조선 민족의 일원으로서의 박열의 진면목을 여실히 보여주고 있다. 이렇듯 박열은 조선을 식민지화하여 지배와 수탈을 자행하는 천황제 국가에 대한 민족적 저항의 사상을 표명하는 장으로서 법정을 활용했던 것이다.

후미코에게 자율, 천황제 국가 그리고 박열에 대한 사랑

후미코는 이날 박열과 함께 김중한과 교섭했다는 지난번 예심에서의 공술을 번복하여 "김중한과의 관계는 박열이 단독으로 교섭했으며 그에 관하여 나는 정말로 아는 바가 없다. 다만 뒤에 이야기를 들었을 때 처음으로 알았다"고 진술하고(『재판기록』, 688쪽), 이어서 다음과 같이 말했다.

> 우리들이 계획했던 이번 사건은 상대가 나빠서 실패로 돌아가고 말았는데 그 파탄의 책임은 박열에게 있습니다. 그리고 나는 그 문제에 관하여 깊이 고민했습니다. 지금도 그 파탄에 관하여 피차 말하지 않고 있습니다만, 내면적 상황의 요구에 따라 희생되리라 마음먹고 있습니다. 김중한의 일에 관하여 박열이 그와 교섭할 때 나와 상담하지 않았던 것은 나를 지나치게 신뢰했기 때문이라고 생각합니다.(『재판기록』, 688쪽)

재판소의 서기는 이날의 발언에 관하여 "그 의미를 잘 이해할 수 있도록 다시 쓸 수 있게 해주었으면 한다"고 후미코에게 요구했다. 후미코는 "서기는 말할 것도 없고 중요한 변호인들마저도 잘 이해하고 있지 못한 듯한데, 그들이 이해를 하든 못하든 아무 상관이 없으며 나 자신이 말하는 것만을 얘기하고 싶다는 생각에" 「26일 밤」이라는 제목의 수기를 집필했다.(『재판기록』, 739쪽)

다음 날인 27일 9시 19분부터 여전히 공개 금지인 채 제2차 대심원 공판이 진행되었다. 이날 두 사람은 "전날의 조선옷을 일본옷으로 바꿔 입었는데, 박열은 검은 명주로 만든, 다섯 개의 북두칠성 무늬가 박힌 하오리에 센다이산 견직물로 만든 하카마를 입었으며, 후미코는 거친 비단으로 만든, 어두운 보라색 세로 줄무늬 겹옷에다 연분홍색 하오리를 입고 그 위에 복숭아꽃 모양의 두 겹으로 된 오비(일본식 여성 정장 위에 매는 허리띠—옮긴이)를 두르고서" 입정했다.[9] 먼저 후미코가 「26일 밤」을 낭독한 다음 이를 대심원에 제출했다.(『재판기록』, 695쪽)

이 수기의 끝부분에는 이 책의 「책을 펴내며」에서 인용한 "나는 박열을 알고 있다. 박열을 사랑하고 있다. (중략) 부디 우리 둘을 함께 단두대에 세워달라. 박열과 함께 죽는다면 나는 만족스러울 것이다"라는 선언이 씌어 있다. 이 선언을 둘러싸고 두 가지 해석이 있다. 세토우치 하루미는 이것을 "당당한 연애선언문"이라고 해석했다.[10] 이순애는 "가네코의 사상성이 내실에 있어 '불령선인' 박열의 그것을 능가하는 것"이라며 박열로부터의 자립성을 인정하고, 이 선언을 "연애니 뭐니 하기보다는 자기의 생명을 사이에 두고 권력과 대치하고 있는 인간의 가장 소박한 반권력적 연대의식"의 표현이라고 해석했다.[11]

「26일 밤」은 후미코가 현실과 대치하면서 자율적으로 자기의 사상을 형성하는 길을 엄정하게 추구하려 했다는 것을 표명한 글이었다. 그녀의 자율에 대한 열렬한 희구는 박열로부터의 자립과 이별도 포함한 것이었다.

이 수기에서 후미코는 모든 행위는 자율적으로 이루어진다고 선언했다.

> 내가 나 자신의 행위에 요구하는 모든 것은 자신으로부터 나와서 자신으로 돌아옵니다. 결국 처음부터 끝까지 나 자신을 위해 자신을 표준으로 삼습니다. 따라서 내가 '올바르다'라는 말을 사용할 때 그것은 완전히 '자율적'이라는 것을 의미합니다.(『재판기록』, 740쪽)

그러나 그것은 독선적인 사상에 안주하고자 하는 게 아니다. 후미코는 끊임없이 실천을 통하여 자기의 사상을 검증하고 변혁해간다는 방법론을 갖고 있었다.

> 나는 '스스로 자신의 생각을 실행해보'는 것 외에는 그것을 시험할 만한 적당한 방법을 갖고 있지 않습니다. 나는 리얼리스트입니다. 그리고 실천가입니다. 누가 뭐라 해도 자신의 생각, 자신이 말한 것만은 모조리 실행합니다. 적어도 실행해보려고 했습니다. 아름다운 말이나 훌륭한 논리가 내 앞에 널려 있습니다. 하지만 실천할 수 없는 말이라면 어쩔 도리가 없습니다. 그런 까닭에 실행의 시련을 거쳐야만 비로소 확실한 것이 생겨납니다. 그래서 나는 자꾸만 실행해봅니다. 한곳에 고착되지 않고 흐르면서 자신의 생명의 성장을 추구하는 나는 내일 일을 걱정하여 오늘 말하고 싶은 것을 견딜 수 있을 만큼 영악하지 못합니다. 동시에 어제 말한 것에 얽매어 오늘 말하고 싶은 것을 거둬

들일 정도로 갇혀 있지도 않습니다.(『재판기록』, 741쪽)

이것은 실천을 통해서 발견한 인식론이라고도 말할 수 있을 터인데, 어린 시절부터 가혹한 현실에 방치되어 생활하면서도 진실을 추구해온 후미코가 그 생활 속에서 획득한 인식의 방법론이었다.

실천을 통하여 자율적으로 사상을 형성하고자 한 후미코의 자세는, 설령 상대가 박열이든 다른 동지든, 다른 사람에게 의지하는 것을 거부하는 엄정한 주체적 정신을 동반하고 있었던 것이다. 따라서 박열과 결별할 가능성도 얼마든지 있었다. 김한이 검거됨으로써 폭탄입수 계획이 실패로 돌아간 다음 폭탄 사진을 보았을 때, 후미코는 팔짱을 낀 채 좁은 방을 서성거리면서 다음과 같이 생각했다.

> 나는 분명히 저런 계획을 세웠다. 그런데 그것은 혹시 단지 권력에 대한 반역이라는 기분 좋은 상상에 현혹되었기 때문이 아니었을까? 만약 지금 내 눈앞에 폭탄이 있다면 어떻게 할까? 나는 나 자신 이외의 어떤 것에도 속박되어서는 안 된다. 내가 추구하는 것은 나 자신의 진실이다. 나는 확고하게 생각하지 않으면 안 된다.(『재판기록』, 742쪽)

후미코는 이때 품었던 의심을 끝까지 파고들지 않았던 자신을 냉엄하게 추궁했다.

> 나는 자신에게 의심을 가졌던 바로 그때 끝까지 자신을 추구했어야만 했다. 그랬다면 박열과 나 사이에 거리가 생겼을는지도 모른다. 박열과 나는 함께 살았다. 하지만 그것은 두 사람의 생활이 아니었다. 한

사람과 한 사람의 생활이었다. 어떠한 개성에도 다른 개성을 흡수해 버릴 권리는 없다. 박열이 그의 길을 가는 것처럼 나는 나의 길을 간다. 자신의 세계에서는 자신이 절대자이다. 누구로부터도 방해받지 않고 자신의 길을 곧바로 걸어가기 위해서 나는 혼자가 될 수밖에 없었던 것이다.(『재판기록』, 743쪽)

박열과 김중한의 교섭 실패가 후미코에게 지닌 의미는 무엇이었을까.

박열은 조금도 바뀌지 않았다. 그래서 김중한에게 또 저런 말을 한다. 그런데 거리낌없이 말하자면 그가 사람을 잘못 골랐기 때문에 우리들은 이렇게 되었다. 하지만 그때 박열은 나와 그 일에 관해 논의하지 않았다. 모두가 자신의 독단이었다. 결국 밖에서 사정을 바라본다면 나는 전적으로 다른 사람의 과실로 인해 희생된 것이다.(『재판기록』, 743쪽)

요컨대 후미코는 자기가 자율적으로 결단한 일이 아님에도 불구하고 그 결과를 떠안을 수밖에 없었던 것인데 이는 본의가 아니었을 것이다.

후미코는 타인의 과실로 희생되는 것을 피하기 위해 전향을 선언하고 출옥하는 것도 생각해보았다고 말한다. 만약 그렇게 한다면 4년간의 옥중생활을 경제적·정신적으로 지탱해준 동지들도 등을 돌릴 것이라고 후미코는 예상했다. "그러나 나에게는 백 명의 동지보다 나 한 사람의 자아가 훨씬 소중했으며, 설령 적과 우군으로부터 동시에 버림받아 감옥 문을 넘는 순간 자살을 한다 해도 나는 지금의 나 자신을

획득할 필요가 있다"라고 그 당시 후미코는 생각했던 것이다.(『재판기록』, 745, 746쪽)

박열과 그녀의 사상에 차이가 있을 뿐 아니라 박열의 행위가 실패함으로써 자신이 희생되고 있다는 것을 알면서도 후미코가 그와 함께 죽겠노라고 각오한 것은, 이미 서술한 바와 같이, 대역사상을 갖고 있었기 때문이다. 이 점에서 그녀는 사상적 차이를 뛰어넘어 박열과 함께 투쟁해야 할 공통점을 지니고 있었다. 대심원 공판 첫째 날 후미코는 "민족적 독립사상을 갖고 있는가"라는 신문에 대하여 "권력에 반역한다는 점에서 공명한다"고 대답했다.(『재판기록』, 686쪽)

후미코는 예심 석상에서도 "나는 조선인으로서 민족적 학대를 겪은 체험이 없기 때문에 박열의 생각과 조금 다르긴 하지만 큰 차이는 없다"고 진술한 바 있다.(『재판기록』, 28쪽) 이러한 후미코의 발언들을 통해 분명히 볼 수 있듯이, 그녀는 피억압민족인 조선인과의 민족의식의 차이를 명확하게 의식하고서 천황제 국가와 대결하기 위한 공동투쟁 혹은 연대를 지향하고 있었던 것이다. 자기와 조선인의 민족의식상의 차이를 의식했다는 것이 조선인에 대한 몰이해를 의미하는 것은 아니다. 이해 없이는 차이를 의식할 수 없을 것이다. "가네코는 나와 같은 조선 민족의 일원이 아니기 때문에 민족적 반역심을 갖고 있는 것 같지는 않았지만 조선 민족에 대해 깊은 동정을 보였다"라는 박열의 증언도 나의 추정을 뒷받침한다고 할 수 있다.(『재판기록』, 44쪽)

제10장에서 서술한 바와 같이 천황제 국가에 대한 후미코의 투쟁은 자기의 자율을 건 싸움이었다. 이러한 저항이 박열과의 차이나 그의 실패를 넘어 천황제 국가에 대한 박열의 민족적 저항과 공동투쟁하는 접점이 되었던 것이라 할 수 있다. 대심원 공판 첫째 날에 후미코가 박열과 함께 조선옷 차림으로 법정에 나온 것도 그 표현이었을

것이다. 그리고 이것이 바로 박열과의 공동투쟁을 가능하게 한 기본적인 원인이었을 것이다. 그러나 이와 동시에 박열 개인에 대한 사랑이 깊었다는 것 또한 부정할 수 없다. 대심원 공판 첫째 날에도 후미코는 "내가 설령 보통 여자로서 이 사건에 휘말려들었다고 해도 나는 이미 충분히 만족하고 있기 때문에, 만약 박열이 내게 상의를 했다면 나 자신도 김중한에게 의뢰했을지도 모른다"는 이유로 "나는 박열을 사랑하고 있다. 그와 함께 죽을 것이다. 나는 나 자신이 희생되는 걸 후회하지 않는다"고 말했다.(『재판기록』, 689쪽)

박열이 김중한에게 폭탄입수를 의뢰하는 문제를 그녀와 상의했다면 반천황제사상 때문에 자신도 찬성했을지 모르며, 동시에 여자로서도 박열에게 만족하고 있었기에 몇 가지 문제를 뛰어넘어 박열과 함께하는 죽음을 긍정할 수 있었던 것이다. 후미코는 구리하라 가즈오에게 보낸 것으로 보이는 편지에서도, 한 달에 60전 이상 차입해줄 여유가 있다면 박열에게 주고 싶다, 뭔가를 먹게 하고 싶다, 자신을 포함하여 동료들의 박열에 대한 몰이해(니야마나 김중한 등의 몰이해를 뜻하는 듯하다)가 실패의 희생물로 그의 쇠약한 신체를 옥사에 갇히게 하고 말았다고 말한 뒤, "그가 뭔가 먹을 수 있게 해주세요. 간절히 바랍니다. 그의 부탁은 가능하다면 뭐든 들어주세요"라면서 박열에 대한 아내로서의 생각을 적고 있다.[12]

그리고 옥중에서 쓴 단카에서도 여성으로서 후미코가 간직하고 있는 박열에 대한 사랑을 다음과 같이 읊고 있다.

> 웃을 틈도 없이
> 또다시 떠오르는 B의 모습
> 나는 열아홉 그는 스물하나

둘이 함께 살다니 조숙했다 할 수밖에
집을 나와 그를 만나
밤늦도록 길을 걸은 적도 있었지
너무도 뜻이 높아
동지들에게마저 오해를 산 니힐리스트 B
적이든 우리편이든 웃을 테면 웃어라
○○○○나 기꺼이 사랑에 죽으리니[13]

후미코와 박열의 공동투쟁은 민족과 개성이 모두 다른 주체라는 것을 의식하면서 반천황제라는 공통점을 바탕으로 수행된 싸움이었으며, 동시에 민족을 넘어선 사랑으로 묶인 투쟁이기도 했다. 이처럼 양 측면이 공존했다고 생각한다.

그 후의 법정

이날 후미코의 옥중수기 낭독이 끝난 후, 오하라 다다시小原直 검사의 논고가 약 한 시간가량 진행되었고 형법 제73조에 의거해 사형이 구형되었다. 그리고 박열의 진술, 아라이와 후세 양 변호인의 변호를 마지막으로 이날의 재판은 막을 내렸다.

다음 날인 28일은 일요일이었는데도 제3차 공판이 열렸다. 일요일에 개정하는 것을 변호인들이 반대했기 때문에 오전 11시 22분이 되어서야 가까스로 공판이 개시되었다.[14] 전날과 마찬가지로 박열과 후미코는 일본옷 차림으로 법정에 나왔다.[15] 이날에는 다사카, 나카무라, 진직현 등 세 변호사의 변론이 있었다.

제4차 공판은 3월 1일 오전 9시 30분에 열렸다. 박열과 후미코는 "연일 계속되는 공판에도 불구하고 원기를 잃지 않았으며 긴장한 표정으로 법정에 나왔"다.[16] 우에무라, 야마자키 두 변호인의 변론이 끝난 후, 재판장이 박열과 후미코에게 마지막으로 진술할 게 있는가라고 묻자 후미코는 최후진술을 했다. 후미코는 변호인들의 변론을 비평한 다음 최후로 다음과 같이 말했다.

> 다음으로 판사 여러분께 말씀드립니다. 내가 감옥에 들어온 지 햇수로 4년이 되었는데 그동안 나의 사상에 관하여 어디서든 강연을 하고 싶다고 생각하고 있었습니다. 그런데 이번에 재판정에 나와 그 강연을 한 듯한 기분입니다.(『재판기록』, 773쪽)

판결에 대한 효과 따위는 전혀 염두에 두지 않고 재판을 자기 사상을 표명하기 위한 장으로 삼았던 후미코의 기질 또는 입장을 보여주는 말이다. 박열은 "아무것도 말할 게 없다"고 하면서 최후진술을 하지 않았다.(『재판기록』, 773쪽)

후미코의 『조선일보』 기자들 면회와 사형판결 직전의 심경

앞에서 서술한 바와 같이 1925년 12월 4일 『조선일보』 특파원이 옥중에 있는 후미코를 방문한 바 있었다. 그런데 대심원 공판이 끝난 지 얼마 되지 않은 1926년 3월 8일 다시 『조선일보』 특파원과 기타 남녀 각 1명의 조선인이 면회를 했다. 이 면회 기사는 후미코가 자살한 후, 그녀를 추도하여 1926년 7월 31일 및 8월 1일 자 『조선일보』에 게재되었다.

그날 후미코는 하얀 치마저고리를 말쑥하게 차려입고 얼굴에는 엷은 화장을 하고 있었다. 미소를 띤 그녀의 모습은 이 세상에서 가장 두려운 죽음이라는 것을 앞에 둔 사람이라 볼 수 없을 정도로 지극히 태연자약했다. 후미코는 밝은 목소리로 "예, 제가 가네코 후미코입니다", "이렇게 멀리 찾아와주셔서 뭐라 감사드려야 할지 모르겠습니다"라고 말했다. 후미코는 저고리 앞섶에 손을 비비며 기자들을 보고 "어때요, 제가 입고 있는 조선옷 말예요. 어울리지 않나요?"라고 물었다. 함께 온 조선 여성이 "입으신 옷이 잘 어울립니다"라고 대답했다. 후미코는 "낙낙해서 참 좋아요"라고 말했다.

이러한 일상적인 대화가 끝난 후 기자는 사형을 앞둔 감상을 묻고 싶었지만, "사형을 앞둔 당신의 옥중 감상은 어떻습니까"라는 말을 차마 꺼낼 수가 없어 대신 "최근의 옥중생활은 어떻습니까"라고 물었다. 후미코는 또 미소를 지으면서 "그렇죠, 뭐. 무슨 감상이라고 말할 게 있을까요?"라고 되묻고 나서 잠시 침묵한 뒤, "뭐, 그저 그래요. 특별한 감상은 없지만 모든 것을 초월한, 그런 조용한 마음으로 앞으로 받을 것을 말없이 기다리고 있습니다. 정말이에요. 이런 상황에 놓이면 마음이 참으로 차분해져요. 조금도 동요하지 않고 차분한 마음으로 세월을 보내고 있습니다"라고 말했다. 말을 끝내고 후미코는 조용히 미소를 지었다. 그녀는 "박열은 언제 만났습니까"라고 물었다. 기자들은 곧 만날 예정이라고 대답했다. 후미코는 "조선에 돌아가면 조선의 여러분들에게 안부 전해주세요"라고 말하고 기자들에게 작별인사를 했다고 한다.

사형을 예상하고서 판결 직전에 쓴 옥중서간에서도 후미코는 "바로 지금 최후의 날이 왔습니다. 두 번 다시 이 추한 몸을 법정에 드러내고 싶지 않습니다"라고 말하고 이어서 "돌이켜 생각하면 참으로 어리석었고 줄곧 번민에 시달렸으며 불만스러웠던 것도 같습니다. 하지만 그날이 된 오늘은 의외로 차분하며 일종의 마음의 여유를 찾은 듯합니다"라고 적고 있다.[17] 여기에 씌어진 심경이 면회 기록에도 나타나 있다. 그러나 후미코가 쉽게 이런 심경에 이르렀다고는 할 수 없다. 이 편지에서도 다음과 같은 고투의 흔적을 남기고 있다.

> 저 자신에 관해서 말하자면 정말이지 오랫동안 이런 날이 올 것을 예상하고 있었습니다. 그래서 이날을 위해 몇 번이나 강한 각오와 결심이 필요하다고 생각하여, 될 수 있으면 정말로 편안하게 그리고 담담하게 잠자는 듯한 상태에서 오고야 말 그 순간을 달게 받아들이려고 노력해왔습니다.[18]

아무리 강한 정신력을 지닌 후미코였다고 하더라도 이처럼 자기자신과의 고통스러운 싸움을 통하여 천황제와 대결을 계속했던 것이다. 인간으로서 당연한 일이긴 하지만 그렇다고 빠뜨려서는 안 될 대목이기도 하다. 후미코가 죽음을 서둘렀다고 보는 견해가 의외로 많기 때문에 다시 한번 이 점을 강조하고 싶다.

제13장

사형 판결과 '은사(恩赦)'

『조선일보』와 『동아일보』의 박열 · 후미코 성원

식민지 지배를 받고 있는 민족으로서 공통된 감각을 지닌 많은 조선인들이 박열 · 후미코 사건 재판에 관심을 집중했으며 두 사람에게 지원과 성원을 아끼지 않았다. 이미 서술한 것처럼 대심원 공판 첫째 날에 박열과 후미코가 입었던 조선옷은 주로 재일조선인과 조선인유학생들의 모금운동으로 마련한 것이었다.

그리고 조선의 신문들은 이 사건에 깊은 관심을 보였다. 공판 결심이 있던 3월 1일, 재판장 마키노 기쿠노스케가 박열의 사상은 차별대우, 가네코 후미코의 사상은 학대받은 반생의 소산이며 위정자는 이 점을 깊이 생각하지 않으면 안 된다는 내용의 담화[1]를 발표하자, 이에 빗대어 3월 4일 자 『동아일보』에 「박열의 사상행위와 환경: 마키노 재판장의 관찰」이라는 제목의 사설이 발표되었다. 이것은 처벌받아야 할 사람은 박열이 아니라 식민지를 지배하고 있는 일본인이라는 것을, 합법적인 틀을 아슬아슬하게 벗어나지 않는 선에서 쓴 글이었다. 이하 전문을 인용한다.

1

박열 사건이 세상에 공개된 후, 설령 그 전부가 발표되지는 않았다고 하더라도, 이 사건이 세상에 미치는 영향에 대해서는 관찰하는 입장에 따라 여러 가지 비판이 있겠지만 중대한 문제로 여겨지고 있는 것이 사실이기 때문에, 이 사건을 직접 취급해온 사람의 보고는 일반인이 숙고할 필요가 있을 것이다. 마키노 박사는 "주위의 환경이라는 것이 얼마나 위대한 힘으로 인간의 사상과 행동에 영향을 미치는가를 절실히 느꼈다"라고 말하고, "죄로 말하자면 일본인으로서는 말로 표현할 길이 없지만, 인간으로서 박열 부부는 뛰어난 재자才子"라고 하면서, 입장을 바꾸어 생각하면 박열 부부만이 그렇게 나쁘다고 말할 수는 없다는 점을 지적하고 오히려 동정을 금할 수 없다는 뜻을 표했다.

2

박열은 아나키스트이다. 따라서 사상적인 측면에서나 그 사상에 기초를 둔 행동에 대하여 공명하지 않는 사람이 많을 뿐만 아니라 그에게 적대적인 사람 또한 적지 않다는 것은 말할 것까지도 없다. 게다가 아나키즘 사상을 행동으로 옮기는 데 대하여 현대 국가가 가장 엄격한 수단으로 대한다는 것도 그다지 괴이하게 생각할 수 없으며, 그것 또한 피할 수 없다고 말할 수 있다. 그러나 이렇듯 현대 국가의 생활에서는 받아들일 수 없는 사상이 어떤 곳에서 발생했으며, 그 사상이 이상理想으로 끝나는 게 아니라 자기의 모든 것을 포기하고 생명을 희생하면서까지 행동으로 옮기게 된 유래를 관찰한다면, 일본인으로서는 말로 표현할 길이 없다고만 말하고 어떻게 그처럼 대할 수가 있을까. 조선인이 인간인 것처럼 일본인도 인간인 이상, 제도와 국가에 필요한 직책에 있는 사람의 입장에서만 볼 것이 아니라 인간이라는 지점에서 그들의 모든 행동을 있는 그대로 정확히 관찰하고, 인간의 정으로서 그 내용을 고려하고 사색하는 것이 당연한 일이다. 마키노 박사가 새롭게 발견한 진리도 아니고 그가 이 사건에 봉착하기 전에 이 정도의 도리를 이해하지 못했을 리도 없을 터인데, 그래서 박열 사건을 직접 취급하고 그 사건에서 '절실'하게 느낀 체험이 더욱 음미할 만한 것이라고 말할 수 있다.

3

일본인으로서는 말로 표현할 길이 없는 죄를 감행하기에 이른 동기가 만일 일본인 자체의 행동에서 배태된 것이라고 한다면, 일본인은 박열의 죄를 논하기 전에 일본인 자신의 죄를 논의하지 않으면 안 될 것이다. 마키노 씨는 박열의 행위를 그가 조선인이라서 일본인으로서는 말로 표현할 길이 없는 죄라고 판단한 것이 아니라 일본인이었다고 해도 이런 판단을 내렸을 것이기 때문에, 박열의 죄를 논의하는 위정자는 그러한 사상행위를 야기한 환경에 대하여 '절실'하게 반성할 필요가 있다. 금일 조선에 사는 조선인에게 영향을 미치는 생활환경은 일본인으로서는 표현할 길이 없는 죄를 범한 것에만 인과관계가 있는 것이 아니라 조선인으로서도 차마 입에 담을 수 없는 처참한 비극을 무수히 연출하고 있는 바, 이것은 누구의 죄가 큰 것인가 더욱 깊이 있게 논의하고 반성해야만 할 것이다.

『조선일보』는 박열과 함께 후미코에게 주목했다. 앞서 서술한 바와 같이 이미 1925년 12월 4일과 1926년 3월 8일, 『조선일보』 기자들은 옥중에 있는 후미코를 방문한 적이 있었다. 또 이 신문은 3월 8일부터 10일에 걸쳐 「주목의 초점이 된 가네코 후미코의 반생」을 게재했다. 그리고 3월 17일에는 「박열 사건을 보고」라는 제목의 사설을 실었다. 이것은 유대인에 빗대 일본에 대한 조선 민족의 저항의 정당성을 완곡하게 주장함과 동시에 피압박민족의 일원인 박열과 운명을 함께하려 한 후미코의 자세를 높이 평가했다. 이 사설은 당시 『조선일보』 주필이었던 안재홍安在鴻이 집필했다.[2] 이하 전문을 인용한다.

1

'대역범大逆犯' 명목으로 내외인에게 주목의 초점이 되어온 박열 사건에 관하여 천하의 신사숙녀가 모두 그 개략槪略은 알 만큼 널리 보도된 바이다. 죄명이 그러하고 또 당사자가 조선인인 까닭으로 이 사건은 일층 세인의 주의를 끌게 된 것이 명백한 사실이라 할 것이다. 이 문제는 관계가 매우 중대하기 때문에 가벼이 비판하기는 어렵지만, 매우 중대한 만큼 우리는 한층 긴장된 책임감을 갖고 그에 대한 견해 및 비판을 시도하지 않을 수 없다. 그와 그 사건의 관계는 세계의 한 주민으로서 하였는지 혹은 조선인으로서의 민족적 입지를 의식하고서 행한 일인지는 우리들이 알아볼 수 없는 문제요, 더욱이 공판의 일부 공개 외에 방청을 금지하여 그 내용을 비밀에 부친 바 있은즉 우리의 자유로운 논평은 바랄 수 없는 일이다. 다만 그의 모든 동기와 사건의 경과가 어떠하였는가를 불계不計하고 그의 심경을 만들기까지 조선인으로서의 사회적 환경에 관하여 한마디하고자 하는 바이다.

2

마키노 재판장의 담화에 의하면, 그의 허무사상은 어려서부터 부대낀 환경이 혹심한 영향을 미쳤으므로 처지를 바꾸어보면 덮어놓고 악하다고만은 할 수 없다, 두뇌가 날카로운 짭짤한 재사才士로서 사회적으로 유용한 인물이 될 수 있었으리라고 하였다. 이 담화는 이미 내외 평자가 인용한 바 있거니와 이로써 박열이 품은 사상과 그와 동일한 환경에 있는 조선인의 장래를 논함에 중요한 암시가 되는 것이다. 그리고 박열의 처인 가네코 후미코가 그 민족의 소속을 달리함에도 불구하고 철두철미 그녀가 애모하는 박열과 운명을 함께하려는 태도를 보건대, 이것이 곧 피압박민족인 조선인의 문제인 동시에 다시 민족의 경계선을 떠난 계급적 공명이 얼마나 진지하고 뜨거운 것인지를 간파할 수 있는 것이다. 그것은 또 조선인의 장래와 함께 일본의 사회적 변동이 어떠할지를 상상할 수 있게 한다.

3

유대인은 세계적으로 학대를 받아온 불우한 민족이다. 그들이 제국 러시아로부터 받았던 온갖 학대는 세계에서 비교할 대상이 드물었다. 그리고 러시아혁명이라는 비상시국 상황에서 유대인들이 취한 행동에 대해서는 세계의 식자와 나아가 이민족을 포용한 통치군統治群들이 심각하게 고려를 거듭하는 바이다. 그것은 유대인에 한정되지 아니하고 무릇 결정적으로 불우한 처지에서 침체되어 있는 민족집단에 관해서는 언제든지 항상 고려할 요건이 될 것이다. 우리는 조선 2천 3백만의 집단적인 일민족으로서 세계적 표랑군漂浪群인 유대인에게 견주려 하지는 않는다. 그러나 압박과 기아 및 온갖 불행을 겪는 와중에서 자못 저주적咀呪的이고 반항적인 태도를 지속할 수밖에 없을 조선인의 장래와 관련하여 유대인의 운명을 상상하는 경우가 전혀 없지는 않다. 아니 상당한 식자계급 사이에서 '유대'라는 명사를 입에 올리며 자못 절망적인 비탄의 소리를 듣게 되는 것은 본의가 아님에도 불구하고 매우 한심하지 않을 수 없는 사실이다. 이는 조선인의 전도前途와 또는 일본인의 장래를 말하는 자가 깊이 유의해야 할 것이다.

4

다이라노마사카도平將門의 모반이 일본 역사상 특기할 사건이라 한다. 그리고 현대에 있어서는 예의 고토쿠 슈스이, 간노 스가菅野スガ 등의 사건이 전대미문의 대변大變을 낳은 것으로 일컬어진다. 그러나

최근 수년간 이러한 사건은 박열에 한정된 사건이 아니었다. 이런 점에 관해서는 우리가 장황한 비판을 원치 아니하는 바이거니와, 일본의 정치적 중추를 담당하고 있는 사람들과 일반 통치자들은 이것을 일본의 국정 변화라는 점에서 또 조선인의 민족적 심사心事라는 점에서 깊이 성찰해야만 할 것이다. 더욱이 도도하게 밀려드는 세계적 변조變潮에 대하여 일단의 성찰이 있어야 할 것이다. 다만 소위 '정책의 일부 변경' 운운하는 말로 해결되기 어려운 문제라는 것은 너무 명백하다고들 한다. 이 점에 관해서는 우리들이 더 무한한 언외言外의 뜻을 남기고 이 붓을 던지려 한다.

쓰루미 슌스케는 "박열과 가네코 후미코의 체포에 관하여 당시 일본 민중이 강하게 항의했다는 기록은 없다"고 지적한다.[3] 과연 일본인들은 이 재판을 어떻게 보았을까. 후세 다쓰시는 대심원 제2차 공판에서 "본건은 1923년 9월 1일 인류역사상 큰 불행이었던 대진화재大震火災의 재해 이상으로 불행을 초래한 조선인학살사건을 변명하기 위해 조선인을 검거함으로써 비롯된 것이라는 의심을 떨칠 수 없다. 나는 그동안 일본을 대표하는 최고 권위의 재판소로서 세계를 향하여 자신의 입장을 명확하게 하지 않으면 안 된다는 것을, 그리고 이 두 사람을 위해서가 아니라 진실로 세계로부터 의심을 받고 있는 일본의 오명을 씻기 위해서라도, 이 사건으로 야기된 의문에 대답할 것을 요구한다"라고 하여 일본 국가권력의 가장 아픈 곳을 찔렀다.(『재판기록』, 729, 730쪽)

재일조선인이 발행한 잡지 『조선시론朝鮮時論』[4] 창간호(1926년 6월호)에는 「박열 사건을 보고」라는 『조선일보』 사설이 일본어로 번역되어 실려 있다. 이 잡지는 "현실을 직시하는 조선 문제 비판/ 조선 민중의 여론 및 문예 소개/ 조선 및 조선인의 미적 탐구/ 조선 문제의 몰이해에 대한 철저한 규탄/ 민중을 기조基調로 하는 양 민족의 공영 제창" 등을 강령으로 내걸었는데, 이에 비추어보면 이 잡지를 발행한 무명의 일본인들이 「박열 사건을 보고」에 공감하는 바가 있었다는 것을 알 수 있다.

나카니시 이노스케中西伊之助는 『문예전선文藝戰線』 제3권 제1호(1926년 1월)에 「박열 군의 경우를 비롯하여: 겨울일기」에서 1925년 11월 11일의 접견금지 해제 후 옥중에 있는 박열을 면회했을 때의 모습을 적은 다음, "이 이상 나는 그때의 추억을 쓸 수가 없다. 내 마음이 너무나 무거워서 더이상 쓸 수가 없다"라고 말했다. 소설가 사토무라 긴조里村欣三는 "나는 또한 한번 본 적이 있는 박열 부부에 대한 금일의 단죄를 가만히 받아들일 수가 없다. 아무것도 할 수 없는 자신의 나약함을 생각하면 다시금 내가 싫어진다"라고 썼다.[5] 구리하라 가즈오는 석방 후 박열과 후미코를 위한 차입과 외부와의 접촉을 알선하는 일에 많은 힘을 기울였다.[6] 구리하라의 활동은 여기에 그치지 않았다. 후미코의 자서전 『무엇이 나를 이렇게 만들었는가』와 유고를 발표한 공적도 높이 사야 한다.

후미코는 「26일 밤」에서 "내 뒤에는 동지라고 할 만한 사람들이 많이 있다. 햇수로 4년에 걸친 영어囹圄생활 동안 부모나 친척들은 편지 한 통 보내주지 않았지만, 이 동지들은 경제적으로나 정신적으로 나를 지탱해주었다"라고 기록하고 있다.(『재판기록』, 745, 746쪽) 이 동지들 중에는 아마 조선인이 많았을 테지만 구리하라처럼 아무 조건 없이 구원 활동을 한 일본인이 있었다. 나카니시와 사토무라도 박열과 후미코에 대해 깊은 아픔을 느끼고 있었다.

그렇다고는 해도 일본인들이 조선인들처럼 공공연하게 이 사건에 대해 자신의 견해를 표명했던 것은 아니다. 그와 같은 연약함은 일본인이 조선인에 대한 지배민족이며 천황제와 조선지배에 비판적인 일본인은 일본인 대중들 속에서 고립될 수밖에 없다는 조건에서 비롯된 것이었을 터이다.

사형 판결과 박열·후미코에 관한 보도의 양상

판결 공판은 3월 25일에 열렸다. 재판소에는 이날 이른 아침 5시부터 경시청과 히비야경찰서의 제복경관 및 사복경관 약 200명, 도쿄헌병대 헌병 약 30명이 출동하여 경계했고, 법정 출입자는 하나하나 검문을 통과해야 했다. 대다수의 조선인 학생과 구리하라 가즈오, 가토 가즈오 등 이른바 '주의자' 그리고 부인 3명도 뒤섞여 재판소로 몰려왔는데, 엄중한 신체검사를 받고 입정한 일반 방청인은 약 100명이었다.[7] 예상대로 조선인의 관심이 대단해서 재판소 근처에서는 "오전 5시 30분경 흑색운동사 소속 학생이 조선문제강연회 선전삐라 수천 장을 살포하고" 있었다.[8]

9시 12분 먼저 가네코 후미코가, 뒤를 이어 박열이 각각 수 명의 간수에 둘러싸여 침착한 모습으로 입정했고 방청인들은 일제히 기립했다. 후미코는 화살깃 모양의 비백무늬가 새겨진 메인센(꼬지 않은 실로 만든 거친 비단—옮긴이) 겹옷과 검은색 바탕에 붉은 무늬를 물들인 비단 하오리 차림에다 여느 때처럼 머리카락을 단정하게 묶은 차분한 모습이었으며, 박열은 하얀 깃이 이중으로 달린 조선옷을 입고 있었다.[9]

9시 28분, 마키노 재판장이 배석판사와 입회검사를 대동하고 입정

1926년 3월25일 판결 공판을 받을 때의 가네코 후미코(왼쪽)와 박열(중앙의 흰옷).

하여 바로 박열과 후미코에게 기립을 명했지만 두 사람은 일어서지 않았다.[10] 마키노는 두 사람 모두에게 형법 제73조 및 폭발물단속벌칙 제3조 위반을 적용하여 사형을 선고했다.

사형 판결 뒤 두 사람이 취한 태도에 관한 보도는 각 신문의 자세를 반영이라도 하듯 서로 달랐다. 이와 관련된 보도는 네 가지로 구분할 수 있다.

첫째, 박열과 가네코 후미코의 판결에 대한 발언 내용을 일절 보도하지 않은 유형이다. 『도쿄아사히신문』은 판결 언도가 있었던 순간, "후미코는 좌우로 얼굴을 돌리다 일순 표정이 바뀌었으나 곧 원래 모습을 되찾았다. 박열은 시종 씁쓸한 미소를 지으며 말없이 의자에 앉아 있었다", "마키노 재판장을 비롯한 재판관들이 자리를 뜨고 난 다음 두 피고는 삼엄하게 대기하고 있던 간수의 손에 끌려갔는데, 그 과정에서 법정을 가득 메운 사람들을 바라보고 있던 가네코 후미코

大逆の朴夫妻に
けふ死刑の判決
毅たる裁判長の宣告下つて
聲なき法廷のせつ那

大審院特別公判

判決

朴準植

金子文子

主文

被告朴準植及金子文子を各死刑に處す

理由

ふたりに死刑の判決が下された(『東京朝日新聞』大正15年3月26日付夕刊)

박열과 가네코 후미코의 사형 판결이 실린 『도쿄아사히신문』 1926년 3월 26일 자 석간.

는 애처롭게 눈길을 떨구고 작은 목소리로 뭔가 중얼거리면서 두 손을 흔들었고, 이어서 박열도 '재판장…' 하고 말을 걸려 했으나 곧바로 법정 밖으로 끌려나갔다"라고 보도했다. 결국 두 사람의 발언 내용을 들을 수 없었다고 말함으로써 사실 보도 책임을 회피했던 것이다. 4월 3일 자 『호리츠신문法律新聞』도 발언 내용을 전하지 않았다. 이 신문은 "박열은 일어서서 뭐라고 시비를 걸었지만…"이라고 전했는데 이는 여러 신문들 중 가장 낮은 수준의 내용이었다. 후미코에 관해서도 "뭐라고 소리를 질렀다"라고밖에 보도하지 않았다.

둘째, 박열의 항의발언 내용만을 보도한 유형이다. 26일 자 『지지신문』은 "후미코는 곧바로 일어서서 두 손을 간신히 들어 ○○라고 외쳤고, 박열은 분연히 '마지막으로 재판장에게 한마디하겠다'라며 뭔가를 말했으나 이때 재판장 이하 재판관들이 모두 퇴정해버렸고, 방청객들이 웅성거리는 중에 '재판관은 비열하다'고 소리쳤다"라고 보도했는데 후미코의 '만세'라는 외침을 복자로 처리했다. 같은 날 『요미우리신문』은 박열이 "재판은 비열한 연극이다"라고 말했으며 또 "재판장 고생 많았다"라고 말한 것으로 전했다. 단 후미코의 발언은 보도하지 않았다.

셋째, 후미코의 발언 내용까지 보도한 유형이다. 26일 자 『호치신문』은 "사형 선고에 후미코 만세를 외쳐/ 박열은 재판장을 뒤에서 매도/ 술렁거리던 그 순간"이라는 큼지막한 제목을 내걸었다. 기사 본문에는 "박열은 사형 선고를 받고 나서 퇴정하는 재판장에게 뭔가 욕설을 퍼부었고, 후미코는 사형 언도가 끝나자마자 자리에서 일어서더니 두 손을 들어 만세라고 외쳤다. 이 모습을 보고 방청객의 주의자들은 갑작스럽게 술렁거리기 시작했다"라고 보도했다. 26일 자 『고쿠민신문』은 "선고가 끝나는 찰나 후미코 '만세'라고 외쳐/ 박열의 소리는 들리지 않아/ 재판관들, 두려워하며 퇴정"이라는 큼지막한 제목을 달았다.

그러나 일본의 신문들은 모두 한계가 있었다. 26일 자 『조선일보』는 "판결을 듣고 돌연 '만세'를 고창/ 박열은 조선어로 뭔가 말해/ 가네코 후미코는 웃으면서 만세!"라는 커다란 제목을 내걸었다. 기사 본문에는 "이때 박열이 조선어로 목소리를 높여 뭐라고 외치고 가네코 후미코도 웃으면서 '만세'를 외치자 일시 법정은 소란스러워졌다"라고 씌어 있다. 당시 『동아일보』는 정간 상태에 있었기 때문에 이보다 늦은 4월 21일에 "박열은 조선어로 재판장을 질책하고 가네코 후미코는 법정에서 '만세'를 외쳤다"라고 보도했다. 이처럼 『조선일보』와 『동아일보』는 박열이 조선어를 사용하여 항의한 것과 후미코의 발언 내용을 함께 보도했다. 이것이 네 번째 유형이다.

박열이 의식적으로 조선어를 사용한 것인지 아니면 분노한 나머지

무의식적으로 모국어가 튀어나온 것인지는 알 수 없지만, 일본의 신문은 민족적 저항이라는 의미를 지닌 그의 조선어 사용에 관한 보도를 또다시 회피하고 말았다. 물론 언론탄압이 두려웠기 때문이었을 것이다. 그러나 조선의 신문들이 합법의 틀을 아슬아슬하게 넘어서지 않는 선에서 용기를 갖고 보도한 것에 비하면 일본 신문들의 보도는 이에 한참 미치지 못했다.

어머니의 면회

3월 26일 자 『도쿄니치니치』에 따르면, 최종 판결이 있던 날 후미코의 어머니는 사형 판결을 받고 이치가야형무소에서 돌아온 후미코를 오쿠무라 간수장 입회하에 5분간 면회할 수 있었다. 그다음 날 박열을 면회하러 간 후미코의 어머니에게 들었다는 이다 도쿠타로飯田德太郎의 이야기에 따르면 어머니는 후미코와 30, 40분 동안 면회했다고 한다.[11] 어느 쪽이 사실인지는 알 수 없지만, 박열에게는 동료나 어머니가 면회는 할 수 있어도 얘기를 주고받는 것은 허용되지 않았다는 이다의 말에서도 알 수 있듯이, 어머니와 후미코의 면회도 5분밖에 허용되지 않았다는 게 맞을 것이다. 결국 어떻게 면회가 이루어졌는지에 대해서는 알려진 바가 없다. 다만 다음의 단카가 저간의 사정을 희미하게나마 전해주고 있다.

뜻밖에도 어머니가 고향에서 올라와
감옥에 있는 나를 방문했네
어머니는 잘못했다며 울고

가네코 후미코가 체포된 후 도쿄로 온 가네코 후미코의 어머니 기쿠노.

나 또한 영문도 모른 채 눈물 삼킨다
어쩌다 만나지도 못했구나,
6년 만에 눈여겨보는 어머니 얼굴[12]

후미코는 어머니가 면회를 오리라고는 전혀 예상하지 못하고 있었다. 앞에서 말한 바와 같이 어머니의 기억에 따르면, 그녀는 1922년 도쿄 구경을 왔을 때 후미코 부부를 만났다. 그로부터 4년의 세월이 흐른 것이다. 6년이란 후미코가 도쿄로 올라오고 난 다음의 세월이다. 후미코는 이 점을 잘못 생각한 것이리라. 감옥에 들어오고 나서 아무런 소식도 없었기 때문에 후미코는 어머니의 방문을 기대하지 않았다. 어머니가 잘못했다고 말한 것은 그 때문이었을 것이다. 3월 26일자 『도쿄아사히신문』에 의하면, 어머니는 후세 다쓰시의 재촉을 받고 25일 오전 5시 41분에 고슈 구사카베역을 출발하는 첫 열차를 타고 도쿄로 왔다. 이다의 이야기에 따르면, 26일에 옥중에 있는 박열을 면회하러 왔다가 역시 그를 면회하러 온 이다와 장상중, 한현상, 정태성 등을 만났다. 뒤에서 서술하겠지만, 이날 와카쓰키 총리가 박열과 후미코의 은사恩赦를 청하는 상주上奏가 있었다는 사실이 신문에 보도되었다. 이 자리에서 이다와 장상중 등이 어머니에게 "제발 2, 3일 더 도쿄에 머무르면서 구경도 하고 후미코가 사형을 받을지 아니면 무기로 감형될지 확실히 결정되는 것을 보고 귀향했으면 한다"고 권했으나 한시라도 빨리 돌아가겠다고 말했기 때문에 신주쿠역까지 가서 배웅했다고 한다. 그렇게 서둘러 돌아간 것은 시댁인 수쿠자와 지사쿠宿澤治作가 사람들을 대하기가 어려웠기 때문이었을 것이다.

어머니는 1925년 8월 11일 고후지방재판소에 증인으로 불려나와 다테마쓰 판사의 신문을 받을 때, "후미코는 나의 딸이지만 지진 때 죽은 것으로 알고 있습니다. 딸이 당한 일이어서 분명히 불쌍하긴 합니다만, 후미코의 사고방식이 몹시 잘못되었기 때문에 그런 일을 당해 마땅하다고 생각하고 있었습니다"라고 진술했다.(『재판기록』, 229쪽) 어머니는 '주의자'인데다 조선인인 박열과 결혼한 딸의 행동을 당혹스럽게 여겼을 것이다. 그러나 그것은 어머니의 가치관이 후미코와 달랐기 때문만은 아니었을 것이다. 딸로 인해 시댁 수쿠자와가를 대하기가 어려웠다는 점도 진술에 영향을 미쳤으리라. 그러했기 때문에 사형 판결이 내려지는 날이 되어서야 어렵사리 고슈를 출발했을 것이다. 그런 어려움 때문에 딸이 사형을 당할지 아니면 무기징역을 받을지도 모른 채 황황히 고슈로 돌아갈 수밖에 없었음에 틀림없다. 후미코는 그것을 충분히 헤아리고 있었기 때문에 조선에 뼈를 묻기 위해 결혼신고서를 제출했던 것이다. 어머니는 틀림없이 딸에 대한 사랑과 식민지를 경영하는 천황제 국가가 배양한 가치관 사이에 끼어서 괴로워했을 것이다. 그리고 후미코는 그것 역시 잘 알고 있었을 것이다. 후미코는 어머니를 원망할 수가 없었다.

'은사', 황실의 연출된 인자함

3월 26일 자 『지지신문』은, 판결이 있었던 3월 25일 "두 사람에 대하여 사형에서 한 등급 감형한다는 의론이 일었는데, 같은 날 오후 중의원 원내에서 긴급 각료회의를 열어 에기 다스쿠江木翼 사법대신으로부터 상세한 보고를 받고 협의한 결과, 당일 오후 5시 30분 와카쓰키 총리는 섭정궁 전하의 어전에 나아가 상주하고 재가裁可해주실 것을 아뢰었다. 이에 따라 에기 사법대신은 고야마 마쓰키치小山松吉 검사총장과 협의한 뒤 다시 동 총장으로부터 가능한 한 은사령에 의한 감형을 상주해달라는 요청을 받고…"라고 보도했다.

이 보도에서 볼 수 있는 바와 같이 검사총장 고야마는 사법대신 에기에게 25일 자로 「은사신청서」를 제출했다. '은사' 신청 이유는 다음과 같다.

피고들이 황실을 본건의 범죄 대상으로 삼은 것은 명백하지만 황실을 유일한 대상으로 삼은 것은 아니다. 피고들의 공술을 보아도 그들은 황실에 대하여 하등의 원한을 갖고 있지 않다. 오로지 자기의 경력과 환경에 비추어 권력자에 대한 반역적 복수를 하고자 하였고, 황실은 곧 권력을 총람하는 곳이라 생각하여 권력계급과 황실을 폭탄투척 대상으로 삼았던 것이다. 하지만 폭탄을 입수한 다음의 문제를 생각할 때에는 사건이 발각될 것을 우려하여 그것을 입수한 후 가장 빠른 시일 안에 가장 좋은 기회에 가장 유효한 방법에 따라 사용할 생각이었다고 말한 바도 있으며, 피고들의 소행이 형법 제73조에 해당하는 것은 물론이지만, 그들은 동시에 제국의회 및 기타 장소에 폭탄을 투척할 의사를 갖고 있었던 것으로 보아 황실을 위해危害하는 것이 반드시 유일한 목적은 아니었던 듯하다.

피고들은 본건 범죄를 저지르는 데 사용할 목적으로 해외로부터 폭발물을 입수할 계획을 세우긴 했지만 그것을 획득하지는 못한 상태에서 사건이 발각되었기 때문에, 그 계획이 과연 실현될 수 있었을지 의심하지 않을 수 없다. 동시에 대역을 실행하는 시기에 관해서도 확정한 바가 없기 때문에 전항에 기재한 사정과 더불어 피고들의 대역 기도는 확실하지도 않았으며 급박하지도 않았던 것 같다. 더욱이 피고들 각자의 입장에서 보자면, 가네코 후미코는 박준식을 알게 되어 그와 동거했고 또 그의 감화로 인해 그 사상이 점차 과격해졌으며 마침내 그의 본건 기도에 찬동하기에 이르렀는데, 그 행위에 있어 박준식이 주主이고 가네코가 종從인 관계에 있다고 할 수 있는 바 가네코에 대해서는 그 정상을 특별히 참작할 여지가 있다. 앞의 사유와 더불어 은사를 받을 수 있는 조건에 상당한다고 생각한다.

그리고 가네코 후미코에게 은사를 내린다면 박준식에 대해서도 역시 앞의 사유에 따라 은사를 부여해야 할 것이다. 그럼으로써 우리 황실의 일시동인一視同仁의 혜택을 나라 안팎에 알릴 때, 걸핏하면 조선에 대한 우리의 통치 방침을 두고 내선인內鮮人을 구별하여 저들에게는 가혹하고 이들에게는 너그럽다고 하면서 시기하는 일부 조선인의 오해를 풀 수도 있을 것이다. 따라서 이 조치는 정말로 시기적절한 것으로 사료된다.[13]

이 신청서는 그 경과를 보아 고야마 개인의 판단에 기초하여 씌어진 것이 아니라 고야마가 와카쓰키 내각의 정치적 선택을 예상하고 쓴 것일 가능성이 높다. 이 신청서에서 볼 수 있는 '은사'의 이유를 요약하면 다음과 같다. 첫째, 박열·가네코 후미코의 폭탄투척 대상은 황실이 유일무이한 것이 아니었다. 둘째, 폭탄투척 계획의 실현 가능성이 희박했다. 셋째, 가네코는 종범從犯이기 때문에 정상참작의 여지가 있다. 넷째, 가네코에게만 은사를 인정한다면 차별한다는 이유로 조선인들의 반발을 불러일으킬 것이기 때문에 박열에게도 '은사'를 부여해야만 한다. 이 가운데 첫째와 둘째는 판결이유서에서 박열과 가네코는 "함께 도모하여 놀랍게도 황실에 대한 대역 범죄를 기획"했다고 말한 것, 즉 공모에 의한 대역이라고 인정한 것을 크게 변경한 셈이다. 왜 판결 이유를 부인하면서까지 은사 조치를 취할 필요가 있었던 것일까. 이후의 경과를 보면 명확해질 것이다.

「은사신청서」를 고야마에게서 전달받은 사법대신 에기는 다음 날인 26일 자로 「은사를 건의하는 상주」라는 제목의 상주서를 총리 와카쓰키 레이지로若槻禮次郎에게 제출했다.[14]

27일 오전 10시 에기는 대신실大臣室에서 하야시 사법차관, 모토지泉二 행형국장과 협의하고 계속해서 10시 30분부터는 총리관저에서 와카쓰키 총리와 박열 문제에 관하여 간담회를 가졌고, 다른 한편 이치가야형무소 소장 아키야마 가나메가 정오에 사법성을 방문하여 하야시 사법차관과 간담회를 가졌다.[15] 29일에는 조선총독 사이토 마코토가 총리관저를 방문, 와카쓰키 및 에기와 이야기를 나누었다.[16] 이들의 움직임은 다양한 정치적 예측이 작용하고 있어서 결론을 내리기가 그다지 쉽지 않았다는 것을 보여주는 것이라 할 수 있다. 사이토는 와카쓰키와 에기에게 박열에 대한 조치가 조선에서 초래할 영향에 관하여 자신의 견해를 피력했을 것이다.

4월 5일에 와카쓰키의 '은사' 상주에 대한 재가가 있었고, 그날 오후 4시 35분 하야시 사법차관은 박열과 가네코 후미코를 사형에서 무기징역으로 감형한다고 발표했다. 이때 와카쓰키, 에기 및 조선총독부 정무총감 유아사 구라헤이湯淺倉平가 발표한 다음과 같은 담화를 보아도 어떠한 정치적 계산에 의해 감형이 결정되었는지를 대략 추정할 수 있을 것이다.

먼저 와카쓰키 총리는 "이번 박준식 및 가네코 후미코가 각별한 은명恩命에 따라 감형된 것을 보건대 광대한 성은이 황공할 따름이다. 박열처럼 무분별한 자가 나온 것은 심히 유감스러운 일이지만, 광대무변한 성은을 접한 이상 반성하여 참된 인간이 되리라 믿는다. 아무쪼록 드넓으신 인덕仁德에 감읍할 수밖에 없다"라고 말했다.[17] 이것은 황실의 은덕에 대한 선전이다.

한편 에기 사법대신은 "박준식 및 가네코 후미코에 대하여 대심원이 사형을 선고한 것은 지극히 당연하며 그들이 저지른 대역죄에는 하등 정상을 참작할 만한 것이 없다는 것은 명확하다. 그럼에도 불구하고 고마우신 은명에 따라 감형되기에 이른 것은 우리 황실의 드넓은 인의仁義를 입증하는 것이어서 그저 황공할 따름이다"라고 황실의 인의를 강조한 다음, "이러한 상황에서 사상상의 문제나 조선인에 대한 영향 등의 논의를 할 방도가 없다"고 덧붙였는데,[18] 결국 말하고자 한 바는 이것이었을 터이다. 유아사 구라헤이 조선총독부 정무총감의 담화는 이 점을 정직하게 말하고 있다. 유아사의 담화는 다음과 같다.

> 당사자들이 전혀 생각하지도 못한 은명을 받았다고 생각한다. 금후 살아가는 동안에 반드시 뉘우치리라고 생각하며 우리들도 그러기를

> 바라 마지않는 바이다. **은사를 내림으로써 새롭게 신민이 된 조선인들도 마찬가지로 바다와 같이 넓고 태산과 같이 높은 성은에 감읍할 것이라 생각한다.** 일찍이 일한합병 때에 선제 폐하께서 발포하신 조칙에 일시동인一視同仁이라는 말씀이 계셨던 바 이후 새로운 신민들에게 한결같이 두터운 황실의 은명이 젖어들어왔는데, **이번 일로 또다시 조선의 신민들에게 크나큰 황은이 스며들어 조선을 통치하는 데 좋은 영향을 미칠 것이라고 생각한다.** (강조—인용자)[19]

앞에서 본 바와 같이 박열과 후미코에 대하여 모금운동이나 재판방청과 같은 방식으로 많은 조선인의 지원과 성원이 있었으며, 『조선일보』와 『동아일보』는 합법의 틀을 아슬아슬하게 넘지 않는 선에서 이 정치재판에 대해 저항의 의지를 표명했다. 고야마 검사총장의 「은사 신청서」에서도 볼 수 있듯, 이 사건은 지배자마저 판결의 근거가 박약하다는 것을 자인할 수밖에 없을 만큼 정치적인 성격을 지니고 있었다. 박열과 가네코 후미코를 대역 범죄인으로 처리함으로써 이를 간토대지진 당시의 조선인학살에 대한 변명 재료로 삼을 수는 있었지만, 다른 한편으로는 속이 빤히 들여다보이는 정치재판이 야기할 조선인의 비판과 반발을 우려하지 않을 수 없어 '은사 감형에 의한 황실의 일시동인'이라는 연극이 연출되었던 것이다.

그러나 후미코는 이 연출에 철저하게 저항했다. 이치가야형무소 소장 아키야마의 회상에 따르면 "박열은 감형장減刑狀을 말없이 담담하게 받아들었다. 그런데 후미코는 그것을 받자마자 갑자기 갈기갈기 찢어버렸다." 세간에서는 후회하고 반성하는 기색을 조금도 보이지 않는데 은사를 주청하는 법이 어디 있느냐는 여론이 드셌기 때문에, 아키야마는 "이런 걸 공표하면 당시의 내각이 완전히 무너질 것"이라 생각하고 상사인 모토지 행형국장 이외에는 아무에게도 말하지 않았으며, 기자들에게는 "두 사람은 감사히 받았다"라고 발표했다.[20] 그의 회상은 틀림이 없는데 신문에 게재된 아키야마의 담화를 보면 명확히 알 수 있다. 그는 담화에서 "박열은 침묵하고 있다가 몇 번씩이나 고개를 숙였으며 후미코는 대단히 고맙다며 경건한 태도로 감사의 말을 전했다"고 말했다.[21]

『도쿄아사히신문』 1926년 4월 6일 자는 아키야마의 이야기를 더욱 부풀려 감형장을 받을 당시 후미코의 모습을 "박열도 함께 은전을 입었다는 얘기를 듣고 그녀는 웃음 띤 얼굴로 심심한 경의를 표하며 머리를 조아렸다. 감옥에서 규칙만 잘 지키면 머지않아 세상에 나올 수 있을 것이며 박열도 마찬가지라는 말을 듣고 있던 후미코의 눈은 눈물로 빛났다"라고 보도했다. 이리하여 온정으로 가득한 황실의 상과 후회하며 반성하는 신민의 상, 요컨대 아름답고 훈훈한 천황제 국가의 이미지가 연출되었다.

그렇다면 박열은 아키야마가 말한 대로 얌전히 '은사'장을 받아들였을까. 후세 다쓰시에 따르면 박열은 일단 '은사'장 수령을 거부했는데, 어찌할 바를 모르는 아키야마의 얼굴을 보고 "당신을 위해 은사장을 맡아두겠다"라고 말하면서 받았다고 한다.[22] 아키야마는 격렬하게 저항했던 후미코에 비하면 박열은 얌전하게 받았다고 느꼈을지도 모른다.

그런데 은사란, 와카쓰키의 담화에서 볼 수 있듯, 두 사람의 전향에 대한 기대감과 이에 따른 전향 정책의 강요까지 포함하고 있었다.

제14장

가네코 후미코의 죽음

가네코 후미코의 죽음을 둘러싼 수수께끼

후세 다쓰시 등이 쓴 『운명의 승리자 박열』에 따르면, 박열은 소위 '은사'에 의해 감형을 받은 다음 날인 4월 6일에 이치가야형무소에서 지바형무소로 이감되었다.[1] 후미코는 이치가야형무소에서 도치기현 시모쓰가군 도치기쵸(현재의 도치기시栃木市)에 있는 우쓰노미야형무소 도치기지소로 옮겨졌다. 1926년 7월 31일 자 『고쿠민신문』과 같은 날짜 『요미우리신문』도 그날을 1926년 4월 8일이라 전하고 있다. 그러나 사법대신 에기 다스쿠는 1927년 1월 19일에 열린 중의원 본회의 답변에서 그날을 4월 7일이라고 했다.[2] 어느 쪽이 정확한지 알 수 없다. 이 형무소는 주로 여성 죄수를 수용했다.[3]

이곳으로 와서 3개월 반쯤 지나 가네코 후미코는 자살했다. 그 날짜와 자살 수단에 관하여 지금까지 잘 알려진 것처럼 얘기되어왔으나 사실은 확실하지 않다. 자명하다고 여겨져온 자살 일시와 자살 수단에 관한 사료를 먼저 검토해보자.

세토우치 하루미는 "후미코는 7월 22일에 받은 마닐라삼으로 노끈을 꼬기 시작했고, 23일 한여름날 아침 밝은 햇볕이 내리쬐는 독방의 창가에서 목을 매달아 죽은 채 발견되었다"고 썼다.[4] 마쓰모토 세이초는 "가네코 후미코는 1926년 7월 23일 이른 아침, 자신이 만든 노끈으로 목매달아 죽었다"라고 말한다.[5] 마쓰모토는 도치기지소 촉탁의사 아와타구치 도미조粟田口富藏가 작성한 검안서에 그 근거를 두고 있다. 세토우치의 근거도 마찬가지이다.

이 사체검안서를 그대로 신용해도 좋을지 여부에 관해서는 뒤에서 말하겠지만, 신용한다고 해도 이 검안서에는 자살 수단이 씌어 있지 않다는 점만은 지적해두기로 한다.

검안서		
이름		가네코 후미코(金子文子)
성별		여
출생연월일		1902년 1월 25일
직원	사망자가 겸한 직업	인삼 행상
	가계(家計)가 겸한 직업	같음
사망 종류		자살
병명(病名)		액사(縊死)
발명연월		
사망연월일		1926년 7월 25일 오전 6시 40분경
사망 장소		도치기현 시모쓰가군 도치기쵸 다이지 도치기 19번지
위를 증명함 1926년 7월 23일 우쓰노미야 형무소 도치기지소 촉탁의사 이와타쿠치 도미조		

*세토우치 하루미, 『여백의 봄』(중앙공론사, 1972), 80쪽에서

야마자키 도모코山崎朋子도 "7월 23일 아침, 후미코는 수감되어 있던 도치기형무소 독방에서 노끈 꼬기 노동에 사용되는 마닐라삼으로 스스로 목매달아 죽"었다고 말한다.[6]

이상과 같이 후미코는 7월 23일 아침 자신이 꼬고 있던 삼실로 목매달아 죽은 것으로 널리 알려져 있다. 그러나 그렇게 간단히 사실을 인정할 수 없다. 그 이유는 후미코의 죽음에 관하여 당시 신문들이 서로 다른 보도를 하고 있어 어느 것이 진실인지 쉽게 판단할 수 없기 때문이다.

7월 30일 자 『도쿄아사히신문』은 후미코는 "23일 간수가 없는 틈을 타 뭔가를 각오하고 자살한 것을 조금 지나 간수가 발견"했다고 보도했다. 31일 자 같은 신문은 "22일 오전 6시 30분, 간수가 순찰할 때에는 분명히 희미한 아침햇살이 비치는 옥창 바로 아래 앉아 조용히 마닐라삼으로 노끈을 꼬고 있던 후미코가 6시 40분, 그러니까 10분도 채 안 되는 사이에 철봉에 삼실을 걸고 목매달아 죽어 있는 것을 다시 순찰을 돌다가 발견"했다고 보도했다. 자살 날짜가 23일에서 22일로 바뀌었다. 7월 30일 자 『고쿠민신문』의 보도는 "22일 오후 12시부터 23일 오전 4시 30분 사이에 형무소 안에서 자살한 것을 순찰을 돌고 있던 간수가 발견"했다고 보도했는데, 같은 날 같은 신문 석간에 게재된 「가네코 후미코의 자살 후」에서는 "23일 오전 간수가 없는 틈을 타 각오하고 자살했다. 동 지소支所의 한 간수의 말에 따르면 그녀는 두르고 있던 허리띠로 목을 매달았다"고 보도했다. 30일 자 『요미우리신문』 석간은 사망 시각은 23일 오전 6시 30분, 자살 방법에 관해서는 "붉은 띠를 창에 있는 철봉에 걸고 목을 매 죽었다"고 보도했다. 31일 자 같은 신문은 이와 약간 다르게 "23일 오전 6시 40분경 갑자기 가느다란 끈을 이용하여 스스로 목을 매달았"다고 보도했다. 같은 날짜 『오사카마이니치』 석간은 "22일 오전 6시 30분부터 40분 사이에 독방에서 자살했다"고 말하고, 자살 방법에 관해서는 "허리에 두르고 있던 붉은 끈을 창의 철봉에 걸고 목을 매달아 죽은 듯하다"고 보도했다. 앞에서 본 에기 사법대신의 답변에서는 "7월 23일 오전 9시경 감시가 소홀한 틈을 이용하여 자신이 꼬고 있던 노끈으로 감방 안에서 목매달아 죽었다"고 말했다.[7] 관헌 측의 발표에서도 사체검안서에 기재된 자살 시간과 상당한 차이를 보이고 있다. 어느 것을 믿어야 좋을지 모르겠다.

昭和二年一月二十一日 【金曜日】 第二千二百八十五號

……괴문서사건주인공박렬과문자……

『鐵窓監房이 結婚新房 姙娠한채 文子變死』

=어린애를버게해노코선후책에고심 자살했단문자시테에의심점이만타=

所謂怪文書事件解禁

총독부에서시방연구중 空中赤化宣傳對策

嫡子殺害事件 無罪判決言渡

海外에散在한密偵을 朝鮮內地로召集

取調한후同僚

가네코 후미코의 죽음을 기사화한 『조선일보』 1927년 1월 21일 자.

어찌됐든 이처럼 신문 보도와 관헌 측의 발표를 보아도 후미코의 자살 날짜를 7월 22일, 23일, 혹은 22일부터 23일 사이라고 하여 서로 다르게 말하고 있으며, 자살 시각에 관해서도 보도는 가지각색이다. 자살 도구에 관해서도 삼실이라는 설, 허리띠라는 설, 붉은 끈이라는 설, 가는 끈이라는 설 등이 뒤섞여 있어 어느 것이 사실인지 판정하기 어렵다. 요컨대 자살 일시 및 자살 수단을 명확하게 할 수 없는 것이다.

형무소 당국은 처음부터 후미코의 자살을 공표할 의지가 없었으며 오히려 은폐하기에 바빴다. 따라서 신문 보도는 억측일 수밖에 없었고 그 결과 가지각색의 '소설'을 썼던 것이다. 7월 30일 오전 0시에 『도쿄아사히신문』 기자가 도치기지소를 방문하자 "간수 미우라는 잘 모르겠다는 한마디만 했다." 다음으로 우쓰노미야형무소 소장 요시가와를 찾아갔더니 그는 당혹스런 표정으로 "이것 참 난처한데요. 이러쿵저러쿵 말들이 많은 모양인데 사건이 사건인지라 세간의 오해를 살 것 같아서 모든 걸 비밀에 부치고자 합니다. 자살했다구요? 하아, 그런 얘기가 있습니까? 사람들이 얘기한다면 별 도리가 없습니다만, 그러나 그런 걸 신문에 싣는 것은 오히려 사회 선도라는 목적에 반합니다"라고 말했다.[8]

신문기자들은 후세 다쓰시를 방문한 후미코의 어머니에게서 그녀의 자살에 관한 최초의 정보를 얻었을 가능성이 높다. 야마나시현 히가시야마나시군 나나사토촌에 사는 기쿠노가 도치기지소로부터 "후미코사망급래요"라는 연락을 받은 것은, 7월 23일 오후 0시에 발신하여 2시 35분에 수신한 전보를 통해서였다. 후미코의 어머니 기쿠노는 남편과 상담한 후, 후미코는 박씨 집안으로 입적 결혼했으니 조선에 있는 박열의 집으로 전보를 보내 사체 인수를 의뢰하고 싶다는 뜻의 답전을 보냈다. 그러나 그녀는 모든 걸 후세 변호사와 상담하겠다는 마음을 먹고, 아침 일찍 엔잔을 출발하여 도쿄로 왔다. 7월 29일이었다.[9] 신문에서 후미코의 죽음을 보도한 것은 30일부터이다. 아무튼 7월 23일 오후 0시 이전에 후미코가 죽었다는 것만은 확실해진 셈이다.

후세의 의견을 듣고서 기쿠노는 "후미코의 사체를 우리들의 손으로 거두어 작은 정성이나마 공양을 해주기로 하고 조선의 박씨 집안에도 그 뜻을 타전"했다.[10] 7월 30일 오전 6시 8분, 가네코 기쿠노, 후세 다쓰시, 후미코의 동지인 구리하라 가즈오와 후루카와 도키오古川時雄, 도쿄시 촉탁 노동자진료소 소장 마지마 간馬島僴 등은 도치기역에서 하차하여 도치기형무소지소를 방문, 마에다前田 지소장과 회견하고 후미코의 사체 인도를 요구했다. 마에다는 우쓰노미야형무소 소장 요시가와의 명령 없이는 인도할 수 없다고 하며 이를 거부했다. 또 "내가 책임을 회피하려는 게 아니라 상세한 이야기는 일절 금지되어 있기 때문에 말할 수 없다"고 하면서 후미코의 옥중 자살과 자살 상황에 관한 설명을 거부했다.[11] "마지마 의사는 후미코의 사체검안서를 작성한 형무지소 촉탁의사 아와타구치 도미조와의 면회를 요구했지만 절대로 그럴 수 없다는 이유로 거절당했으며, 결국 후미코의 죽음의 실상을 확인할 수 없었다."[12] 후세 다쓰시도 형무소 당국은 "사건의 진상을 규명하는 데 필요한 자살 수단, 자살 전후의 작업 상태, 목을 매는 데 쓰인 물건 등에 대해서는 지극히 완강한 비밀주의에 입각하여 몰래 감추고 있다"라고 기록하고 있다.[13] 아와타구치와의 면담 거절을 비롯한 형무소 당국의 비밀주의라는 대응을 보면 알 수 있듯, 발표할 경우 국가권력에 심대한 타격을 주어 사태를 악화시킬 수도 있었기 때문에 이렇게 철저한 비밀주의를 취했을 것이다. 내가 후미코의 사체검안서를 깨끗이 인정해도 좋은가라는 의문을 제기하는 이유도 여기에 있다. 어찌됐든 후미코의 사망 상황은 형무소 당국에 의해 오늘날까지도 계속 은폐되고 있는 실정이다.

후세 다쓰시는 오전 8시 30분 마에다와의 교섭을 중단하고 물러나온 뒤, 도치기 읍내에 있는 여관 모미지칸紅葉館에 기쿠노와 마지마 의사를 남겨두고, 구리하라 및 후루카와와 함께 자동차를 타고 우쓰노미야형무소로 가서 형무소 측으로부터 사체인수 허가를 받았다.[14] 사체는 24일 시모쓰가군 이에나가촌 갓센바에 있는 형무소 공동묘지에 매장되었다.[15] 후세 등은 31일 오전 1시 도치기쵸를 출발, 인부를 데리고 공동묘지로 가서 사체를 발굴했다. 이미 죽은 지 7일이 지났기 때문에 생전의 모습은 찾아볼 수 없었으며, 후세가 "알아보겠습니까"라고 묻자 기쿠노는 "모르겠어요"라고 대답했다.[16] 마지마 의사가 후미코의 목뼈를 조사해보니 목매단 흔적이 뚜렷하게 남아 있었다고 한다.[17] 후미코의 유체遺體는 화장하기로 하고 후세와 다른 한 명은 아침 일찍 도쿄로 향했다.[18]

가네코 후미코가 자살한 이유는 무엇인가

왜 후미코는 자살했을까. 우선 여러 설들을 검토해보기로 하자.

세토우치 하루미는 "국가권력에 저항했다는 이유로 그녀에게 부과된 사형은 후미코의 사상이 선택한 것이기도 했다. 그 영광을 박탈당한 후미코가 국가권력이 부여한 삶을 부정하고, 자살 말고는 자신의 사상을 관철할 방법이 없다고 판단하여 뜻을 굳힌 것은, 평소 후미코의 공공연한 말들을 생각한다면, 오히려 당연한 결과였다"고 말한다.[19] 평소의 공공연한 발언이 무엇을 말하는지 분명하지 않지만 그것은 묻지 않기로 한다. 그러나 후미코의 사고방식에서 나온 '당연한 결과'였다고 한다면, 감시를 제대로 하지 않았다는 것 외에는 형무소 측으로서도 별다른 책임이 없다. 그런데 형무소 당국은 후미코의 죽음을 둘러싼 상황을 철저하게 비밀로 했다. 그만큼 비밀로 하지 않으면 안 되는 어떤 중대한 행위를 형무소 당국이 후미코에게 했다고 볼 수는 없는 것일까.

모치즈키 가스라가 사망 직전에 그린 가네코 후미코의 초상화.

또 후미코가 만약 '은사' 직후에 자살을 했다면 그녀의 죽음을 국가권력이 부여한 삶을 부정한다는 의미의 자살로 이해해도 부자연스럽지는 않다. 뒤에 서술하겠지만 박열은 '은사' 직후에 단식에 의한 자살을 시도했다. 그러나 후미코의 자살은 '은사' 후 3개월 반 정도가 지난 시점의 일이다. 당연하게도 그 3개월 반 사이에 후미코의 주변에 무슨 일이 있었는지를 조사할 필요가 있다. 결국 자살을 전후한 시기 형무소 지소의 후미코에 대한 처우를 가능한 한 복원하지 않고 그녀의 자살 원인을 논할 수는 없다.

마쓰모토 세이초의 견해를 들어보자. 그는 "아마 후미코는 무기징역이라는, 전 생애를 감옥에서 보내야 하는 생활에 불안을 느꼈던 게 아닐까. 그리고 그녀가 고토쿠사건幸德事件에 연루되었던 간노 스가의 경우를 의식하고 있었다면, 그 불안은 사형은 기꺼이 받을 수 있을지

언정 무기형이라는 고통스러운 삶에 의해 자신의 사상이 붕괴되는 것은 차마 견딜 수 없다는 생각에서 비롯된 것이 아닐까"라고 말한다.[20] 그렇게 예상할 수도 있다. 하지만 그 근거를 제시하지 않았기 때문에 이는 상상에 지나지 않는다. 역사연구 과정에서 추정은 할 수 있지만 추정의 근거가 되는 사실을 명확하게 밝히지 않으면 안 된다.

한편 야마자키 도모코는 다음과 같은 견해를 제시했다.

> 앞서 인용한 재판신문조서에서 볼 수 있는 사상(반천황제사상—인용자)을 갖고 있던 후미코로서는 천황의 이름으로 내린 결정에 복종하는 것 자체가 굴욕이었으며, 그런 까닭에 국가권력에 대한 최후의 범죄로서 '자살'을 선택했을 것이라고 생각한다. 권력으로부터 최고형인 사형을 선고받은 자가 선택할 수 있는 반항의 길은 집행을 기다리지 않고 스스로 죽는 것 외에는 다른 방법이 없다. 인자仁慈라는 이름 아래 천황제를 강화하기 위한 계산에서 나온 '특사'('은사'를 가리키는 것이리라—인용자)를 부정하는 데는 더더구나 다른 방도가 있을 리 만무하기 때문이다.[21]

이것은 세토우치의 의견을 계승한 것으로 보인다. 따라서 여기에서도 같은 문제점을 발견할 수 있다. 여기에서 먼저 형무소 지소의 후미코에 대한 처우를 검토해보기로 하자.

7월 31일 자 『요미우리신문』에 따르면 "후미코는 수용 당시 900매의 원고지, 만년필 두 자루, 잉크병 두 개, 75전어치 우표를 갖고 있었으나 허가가 없어 한 차례의 편지도 주고받을 수 없었다"고 한다. 박열과의 편지 왕래도 중단되었다.[22] 가네코 기쿠노는 "도치기지소와 지바형무소에 연락을 하려고 엽서를 몇 장 보내도 본인에게 전달되지 않았는지 아니면 전달됐는데도 답장을 보내지 않는 것인지 한번도 소식이 없었다"고 말하고 있다.[23] 이것도 편지 왕래를 금지했기 때문이었을 것이다. 기쿠노에게 위임받아 후미코의 안부를 묻는 입장에 있던 나카니시 이노스케의 아내도 신문에 후미코의 죽음이 발표되고 나서, "기결수가 된 후에는 편지 한 통 쓰는 것도 허용되지 않았던 듯하며 그래서 나도 어디에 있는지조차 알지 못했다"고 술회했다.[24] 이처럼 외부와의 편지 왕래가 단절되어 있었던 것이다.

문제는 여기에 그치지 않는다. 7월 31일 자 『도쿄아사히신문』은 우쓰노미야형무소에서는 "후미코에게 특별히 주의를 기울였는데, 한 주에 한 번씩 훈계를 통하여 그녀에게 회개할 것을 설득해왔다. 옥중에서 그녀의 독서는 주로 철학과 관련된 것이었고, 조금이라도 감정을 자극할 만한 책은 허용되지 않았다"라고 보도했다. 다시 말해 형무소 지소로 오고 나서도 전향을 요구받았고 독서 내용도 제한되었던 것이다. 편지 왕래를 일절 허용하지 않은 것도 전향 정책의 일환이었던 것으로 보인다.

에기 사법대신은 앞의 중의원 본회의 답변에서 형무소 안에서 보인 후미코의 저항을 다음과 같이 말했다.

> 처음에는 상당히 완강하게 규칙을 무시했으며, 감시가 소홀한 틈을 타 자살을 시도하는 듯한 행동을 하기도 했습니다. 그런데 점차 마음의 안정을 찾았으며 7월경부터는 간수의 명령과 지시를 순순히 따르게 되었습니다.[25]

또 우쓰노미야형무소 소장의 증언에 따르면 "후미코는 옥중에서 처음엔 단식을 하여 간수를 애먹였다"고 한다.[26] 후미코는 7월의 자살이 있기 전부터 이미 자살시도와 단식으로 저항하고 있었던 것이다. 이 저항은 추상적인 국가권력에 대한 저항이 아니라, 이상과 같은 형무소 당국의 전향정책으로 미루어보건대, 옥중의 일상생활 속에서 하루하루 후미코에게 가해지는 국가권력의 구체적인 전향정책에 대한 저항이었을 가능성이 높다고 말할 수 있다.

다음으로 유품의 상황을 검토해보기로 하자. 유품 처리방식을 통해 형무소 당국의 정책을 엿볼 수 있을 것이기 때문이다. 7월 3일 자 『요미우리신문』에 따르면 "그녀에게는 한 통의 유서도 없었으며 빈틈없이 빽빽하게 써서 묶은 세 권의 수첩은 당국이 검게 칠한 다음 찢어" 버렸다. 다른 유류품으로는 빗 세 개, 현금, 만년필, 알티바셰프의 『노동자 세리요프』, 다눈치오의 『죽음의 승리』, 슈티르너의 『자아경』(『유일자와 그 소유』) 등이 있었다. 이 "서적들은 여러 곳이 절취되어 있는" 상태였다. 같은 날짜 『고쿠민신문』에 의하면 잡지 또한 "뭔가 비밀스러운 사항을 기록했을 듯한 부분은 절취되어 있었다." 이것은 형무소 당국이 후미코의 독서 내용을 제한하기 위해 책이나 잡지를 부분적으로 잘라낸 것이거나 아니면 후미코가 써넣은 부분이 외부로 흘러나가는 것이 두려워 절취했다는 점을 보여준다. 제2장에서 서술했듯이 후미코의 자서전 원고도 누더기처럼 가위질당한 상태로 건네받았다.

후미코의 유서도 남아 있지 않았다. 1947, 48년 무렵 구술한 것을 필기한 자신의 제목 없는 원고에서 후세 다쓰시는 후미코의 신분장身分帳을 조사한 적이 있다고 말하고 이와 관련하여 형무소 당국을 다음과 같이 규탄했다.

> 특히 이상한 것은, 도치기형무소에 수용된 후 50일 사이에 900매의 원고지와 두 병의 아테나이 잉크 그리고 두 자루의 만년필을 사용

한 흔적이 뚜렷함에도 불구하고, 한 장 아니 한 글자의 유서도 없다는 사실이다. 그만큼 달필이었던 그녀가, 더구나 죽음을 앞두고 번민했을 그녀가 스스로 죽음을 결행하면서 유서를 남기지 않았을 리가 없다. 뿐만 아니라 유품으로 남은 서적에서 잘려나간 곳이 대단히 많다는 점만 보아도 사법 형무 당국이 유서를 비밀로 했다는 것을 엿볼 수 있다.[27]

그리고 후미코의 사고방식에 비추어보아도 그녀가 유서를 쓰지 않았다고 생각하기는 어렵다. 앞에서 살펴본 바와 같이, 조선에서 생활할 당시 할머니의 학대를 견디지 못하고 강물에 투신하려고 했을 때, 후미코는 "내가 만약 여기에서 죽는다면 할머니와 고모 등은 뭐라고 말할까. 어머니와 세상 사람들에게 내가 무엇 때문에 죽었다고 말할까. 그들이 어떤 거짓말을 한다 해도 죽어버린다면 다시는 '그렇지 않다'라고 말을 할 수가 없다"고 생각하고서 자살을 그만두기로 마음먹었다고 자서전에 기록하고 있다.(『자서전』, 168쪽) 이것은 후미코가 조선에서 자살을 단념한 이유를 밝힌 진술이며 동시에 옥중에서 유서로서 자서전을 집필한 이유를 설명해주는 것이기도 하다. 서적과 잡지의 잘려나간 부분에는 후미코가 형무소의 처우에 대하여 저항 혹은 항의한 문장이나 옥중의 상태를 기록한 문장이 씌어 있었을 가능성이 높다. 이렇게 예상하는 이유는 옥중의 처우를 있는 그대로 쓰는 일이 억압받고 있다는 것을 기록한 다음과 같은 단카가 남아 있기 때문이다.

가죽수갑 차고 어두운 방에 처박힌 밥벌레
단 한마디의 거짓말도 쓰지 않으리니

있는 것을 다만 있는 그대로 쓴 것뿐인데
감옥의 관리는 투덜대면 빼버리는구나
말하지 않는 게 그렇게 맘에 들지 않는다면
왜 사실을 없애버리지 않는단 말인가[28]

그리고 후미코는 자신이 저항 방법으로 자살을 한 후 형무소 관리들이 취할 태도를 정확하게 간파한 단카를 짓기도 했다.

손발은 비록 부자유스러워도
죽겠다는 의지만 있다면 죽음은 자유로운 것
하지만 손발이 묶여 있음에도 죽은 건
'우리들의 과실이 아니다'고 말할 터인데
죽이고서도 어떻게든 책임을 회피하려는 모습
참으로 끔찍하구나[29]

이처럼 후미코는 자살 이외에 다른 저항 수단은 남겨두지 않았다는 의미에서 자신의 자살이 형무소 관리들의 살해 행위임에도 불구하고 책임을 모면하고자 하는 그들의 추악한 모습을 정확하게 꿰뚫고 있었다. 실제로 형무소 당국은 후미코가 쓴 것을 말살하고 사망 상황에 대해서도 애매한 태도를 취함으로써 그녀를 자살로 몰고 간 전향 강요의 흔적을 지워버리고자 했을 것이다. 유감스럽게도 도치기지소의 후신인 도치기형무소는 "당사자의 명예와 인권을 침해할 우려가 있어…"라는 구실로 지금까지도 필자의 가네코 후미코 관계자료 열람 요구를 거부하고 있어서, 안타깝지만 후미코의 상황에 대해서는 더이상 접근할 수가 없다.[30]

그런데 이미 서술한 바와 같이 7월 31일 및 8월 1일 자 『조선일보』에는 「다시 기억에 새로운 가네코 후미코의 인상/ 그녀가 도쿄형무소에 살아 있을 때 면회하고 돌아온 본사 기자의 인상/ 가네코 후미코의 옥중 자살 소식을 듣고」라는 제목의 기사가 실렸다. 또 8월 9일 자 같은 신문에 게재된 논설 「1주기 회고」에도 후미코에 대한 다음과 같은 추도문이 실려 있다.

> 후미코 씨는 어쩔 수 없이 이 방법(옥중 자살—인용자)을 선택했던 것이다. 사형에서 한 등급 감형되어 종신징역에 처해졌기 때문에 절망의 극에서 최후의 수단을 선택하지 않을 수 없었다는 것이다. 그러했을진대 누가 그녀를 위해 눈물을 흘리지 않겠는가. 그녀의 애인이자 동지였던 박열의 향토인 조선에 묻힌다면 그 영혼은 오히려 만족하지 않을까.

가네코 후미코의 묘

후미코의 유체는 7월 31일 정오 도치기 화장장에서 다비를 치른 다음 루바시카 차림의 흑우회 회원(옛 흑우회 회원이라는 말일 것이다—필자)에 의해 유골이 수습되었고, 6시 46분 도치기역을 출발하여 오후 9시에 조시가야에 있는 후세의 집에 도착했다.[31] 기쿠노와 구리하라 가즈오가 후미코의 유골을 맞이했고 사람들은 고인을 위로하며 밤을 새웠다. 문 앞에는 정·사복 경관 60명이 몰려와 엄중한 경계를 펼쳤다.[32]

육홍균이 「가네코 후미코 동지의 묘비 제막에 부쳐」에 쓴 회상에 따르면, 이곳에 모인 사람은 도쿄에 사는 일본인 및 조선인 아나키스트 80여 명이었다고 한다.

그런데 이때 이른바 '가네코 후미코 유골분실 사건'이 일어났다. 이케부쿠로에 있는 자아인사自我人社에 모였던 나카니시 이노스케, 구리하라 가즈오, 후루카와 도키오 등 23명 중 몇 명이, 8월 1일 오전 5시경 경관들이 철통같은 경계를 하고 있는 가운데, 후세 다쓰지의 집 안쪽 다다미 열 장 크기의 방에 놓아두었던 후미코의 유골을 가지고 유유히 빠져나간 것이다. 이것을 알아챈 경찰은 이케부쿠로에 있는 자아인사를 포위하고 나카니시 등을 검거했다. 수사 결과 유골은 시모오치아이에 있는 옛 자연아연맹自然兒聯盟 회원 무쿠노키 가즈유椋木運勇의 집에 있는 것으로 판명되었고, 이를 압수하여 이케부쿠로경찰서에 보관했다.[33] 경찰은 후미코의 유골이 조선에 매장되는 것을 일종의 선전으로 간주하여 후미코의 어머니에게 맡기려고 했다.[34] 나카니시 등이 유골을 비밀리에 옮긴 이유는 유골의 조선 이송에 대한 경찰의 방해를 피하기 위해서였을 것이다. 그러나 경시청은 박열의 형 박정식이 도쿄에 도착하면, 이 유골을 이념의 선전 재료로 이용하지 않는다는 조건을 달아, 조선으로 보내는 것을 허가하기로 했다.[35]

박정식이 장남 형래를 데리고 일본에 왔다. 박정식은 8월 14일 경상북도 상주를 출발하여 시모노세키를 거쳐 16일에 도쿄에 도착했다.[36] 17일 지바형무소에 있는 박열을 찾아갔지만 형무소 측은 이들의 면회를 거부했다.[37] 26일 자 『조선일보』는 박정식이 25일에 이케부쿠로경찰서에서 후미코의 유골을 건네받았다고 보도했으나 이것은 오보였다. 8월 28일 자 『도쿄아사히신문』에 따르면 "가네코 후미코의 유골은 박열의 형 박정식이 가지고 고향으로 돌아가려 했으나, 문제가 따라다니는 유골이라 잘못이 생겨서는 안 된다는 우려에서 이케

가네코 후미코의 시신을 처리하는 문제로 일본에 온 박열의 형 박정식(오른쪽에서 두 번째)과 그의 아들(왼쪽 끝), 그리고 후세 변호사(오른쪽 끝)

부쿠로경찰서에서 직접 상주경찰서로 소포로 보냈다. 박정식은 27일 밤차로 귀국길에 올랐다." 8월 30일 자 『조선일보』는 박정식이 차안에서 '후미코의 유해는 철도편으로 우송하게 되었다'고 말한 내용을 게재한 것이기 때문에 『도쿄아사히신문』의 보도가 정확할 것이다. 후미코는 죽어서도 경찰의 감시 아래에 있었던 것이다.

유골은 11월 5일 박열의 고향인 경상북도 문경시 마성면 오천리에서 북쪽으로 약 8킬로미터 떨어진 곳에 있는 문경읍 팔령리 산중턱에 묻혔다.[38] 묘는 조선의 전통적인 흙만두식이다. 1987년 11월 3일 후미코의 묘로 나를 안내해준 박정순 씨가 들려준 바에 따르면 천황에 대한 역신逆臣이었기 때문에 경찰은 후미코의 묘에 흙을 높이 쌓지 못하도록 했다. 또 묘가 다 만들어진 뒤에도 "국적國賊에 대한 성묘는 부당하다"는 이유로 박씨 집안사람들의 성묘도 허락하지 않았다.[39]

한국인들에 의해 묘 옆에 '金子文子女史之墓'라고 새겨진 묘비의 제막식이 있은 것은 후미코가 죽은 지 47년째인 1973년 7월 23일 오

경상북도 문경시 문경읍 팔령리 산중턱에 홀로 묻힌 가네코 후미코의 묘소(위)와 묘소가 마주 보고 있는 겨울 주흘산(아래). (이 사진은 2002년 『가네코 후미코』 초판 발간 당시 산처럼 편집부에서 찍은 사진으로, 지금 가네코 후미코 묘소는 문경시에 있는 박열의사 기념공원 입구에 옮겨져 있다.)

후 2시였다.[40] 묘비 뒤쪽에 새겨진 비명은 다음과 같다.

소백산 조령 기슭 여기 이곳에 여류 아나키스트 가네코 후미코가 고이 잠들어 있다. 여사는 1905년 1월 5일 일본 야마나시현에 본적을 두고 요코하마시에서 태어났다. 가난하고 불우한 가정환경 속에서 자라난 여사는 한때 고모의 유인으로 한국 땅 부강에서 방랑했다. 영민한 감수성과 명석한 두뇌의 여사는 당시 일본제국의 포악한 침략하에서 도탄에 빠져 있는 한국인의 처참한 모습에 남달리 민감했다.

고모의 학대에 못 이겨 일본으로 되돌아갈 때는 벌써 여사의 가슴 속 깊이 자기의 모국 일본의 부정과 불의에 대한 의분이 도사리고 있었다. 그런 여사가 일본제국주의에 항거 항쟁하던 혁명투사 박열 선생과 생사를 같이할 동지일 뿐만 아니라 부부로서 결합했던 것은 필연의 결과이다.

흑도회와 흑우회의 맹원盟員으로 활약하던 박열 선생은 여사와 같이 일본제국주의의 상징인 천황을 모살할 계획을 세워 비밀리에 공작을 펴오던 중, 1922년 4월에 김중한 · 육홍균 · 장상중 · 한현상 · 서동성 · 서상경 · 정태성 · 하세명 · 홍진유 · 최규종 · 니야마 하쓰요 · 구리하라 가즈오 · 오가와 다케시 · 노구치 시나니 등 제씨와 더불어 혁명결사 '불령사'를 조직하고 『현사회』라는 기관지를 발간하여 과감한 투쟁을 전개했다. 1923년 9월 간토대지진 당시에 불령사 맹원 전원이 검거 투옥되었다.

이렇게 검거되어 예심을 받던 과정에서 육홍균 씨 외 13명은 석방되고 박열 선생과 여사는 4년이라는 긴 세월 동안 17회의 예심을 거쳐 1926년 2월 26일 제1차 재판 개정을 보게 되었으나, 그들의 사상은 추호의 동요 없이 천황유해론天皇有害論, 약소민족 해방, 한국 독립의 정당성, 인간의 자유를 시종여일하게 주장했다. 급기야 그들은 대역죄로 사형선고를 받자 여사는 만세를 외치고 박열 선생은 재판장에게 '수고했군' 하며 조소를 지었다. 이 사상의 일관성, 이 태도의 침착성, 이 생사의 초월성은 만세萬世에 있어 사상가의 귀감이 아닐 수 없다.

동년 7월 23일 여사는 수감 중이던 도치기형무소에서 의문의 횡사로 그 한 많은 일생을 마쳤으니 향년 23세이다. 동년 동월 여사의 유해는 그 무서운 일본 경찰의 눈을 피하여 많은 동지와 시숙 박정식 씨 등의 정성으로 본국에 반장返葬되었으나, 일경의 날카로운 감시로 성분成墳조차 제대로 하지 못한 채 50성상을 거치는 동안에 풍마우세風磨雨洗로 그 흔적도 찾기 어렵게 되었다.

이를 안타까이 여겨 동지들은 모든 성의를 모아 유지들의 찬조를 얻어 봉분을 개축하고 묘비를 세워 그 투혼을 영원히 기념하기로 한다.

1973년 7월 23일

가네코 후미코 묘비건립준비위원회에서 세우다

진성眞城 이원기李源箕 쓰고

위진慰珍 장종만張宗萬 새김

찬조위원 김선구金善求

강석해姜錫海

묘비의 측면에는 묘비건립준비위원회에 참여한 사람들의 이름이 다음과 같이 새겨져 있다.

가네코 후미코 묘비건립준비위원회

대표위원 정화암

1976년 3월 20일 야마나시현 히가시야마나시군에 있는 가네코가 정원에 세운 시비.

위 원	고성희	김신원	김형윤	김금순	김재현	박기성
	박승한	양희석	구리하라 가즈오		양일동	오남기
	안형근	육홍균	우한기	이정규	이지호	이강훈
	이 초	이동순	이창근	이홍근	장홍염	정찬진
	정래동	최갑룡	최중헌	최학주	하기락	하경상
	하종진	하춘영	한현상	한 길	홍성환	

그 후의 박열과 김중한

박열은 지바형무소로 이감되자 단식을 시작했다.[41] 그러나 앞서 인용한 후세 다쓰시의 문서 「가네코 후미코의 자살과 은사 전후의 처우」에 따르면, 4월 11일에 전날 형무소를 출옥한 어떤 사람이 후세에게 "6일 은사 전달 후 박열 씨가 곧바로 단식을 결행하여 생명을 팽개치고 자결이라는 '단두대'에 섰다. 그러자 형무소 당국은 도쿄에서의 단식 문제가 외부로 누출될 위험성이 있었고 또 몸이 상당히 약했기 때문에 이송에 신경을 쓰다가 다음 날인 7일에 지바형무소로 보냈다"고 말했다. 4월 15일 및 16일 자 『도쿄아사히신문』에 따르면, 12일에 지바형무소로 이송되자 박열은 "사형을 언도받은 이래 죽음을 각오했으며 은사에 따라 1등급이 감형되었는데도 죽기를 바라고" 단식을 시작했다. 그러자 지바형무소 소장 아이스미相墨는 몇 명의 교도관과 함께 단식 중지를 설득했고 박열은 15일부터 아침을 먹었다고 한다. 후세 문서와 『도쿄아사히신문』 기사 사이에 약간의 차이가 있긴 하지만 어쨌든 박열이 '은사'를 거부하려 했던 것만은 사실이다.

지바형무소는 박열에게 후미코의 죽음을 알리지 않은 채 비밀에 부쳤다. 후세 다쓰시는 후미코의 자살을 박열에게 알리지 않는다는 조건으로 면회를 허락받고 7월 26일 그를 만났다. 후세가 "후미코가 죽었다"고 말하는 순간 막이 가려져버렸다.[42] 후미코의 자살을 안 박열은 슬퍼하면서 일시 단식을 했다고 한다.[43] 8월 1일 자 『도쿄아사히신문』은 박열은 이 무렵 폐결핵을 앓고 있었지만 "자기 마음대로 하는 바람에 간수와 기타 관계자들이 골치를 썩이고 있다"고 보도했다. 단식을 그친 후에도 저항을 계속하고 있었던 것이다.

박열은 1935년에 옥중에서 전향했다. 내무성 경보국 『특고월보特高月報』 1935년 4월호에 따르면, 박열은 1935년 3월 8일 지바형무소 교무주임과 면접하는 자리에서 천황제를 긍정하고, "나 자신도 천황폐하의 적자赤子이자 권속眷屬이니만큼 그 신분에 맞는 책임을 분담하는 영광을 주셨으면 한다고 대단히 유쾌하게 말하며" 사상 전향을 표명했다. 조선총독부 고등법원 검사국 사상부 『사상휘보思想彙報』 제16호

(1938년 9월)에 의하면, 박열은 내선일체론을 설명한 현영섭玄永燮의 『조선인의 나아갈 길』(1938)을 읽고, "우리 조선인은 자기의 존립을 도모하기 위해서라도 그리고 세계 역사의 창조에 함께 참여하는 영광을 누리기 위해서라도 하루속히 내지인과 합체하여 신민족을 형성하고, 조속히 내선융화를 완성하여 일한병합의 결실을 거둘 필요가 있다"라고 기록했다. 박열의 전향은 1935년 8월 9일 자 『도쿄니치니치』에도 보도되었다. 이 기사에 따르면 박열에게는 "신문 잡지의 열람 및 구독은 금지되어 있으며 종교와 과학에 관계된 단행본 한 부만이 허락되어 있을 뿐"이었다. 이는 삼엄하게 사상 전향을 강요했다는 것을 보여주는 예이다.

박열은 1936년 8월에 고스게형무소로 이감되었다가 1943년 8월 아키타형무소로 옮겼으며, 일본의 패전과 함께 1945년 10월 27일 출옥했다.

1945년 10월 17일 아키타형무소를 찾은 『야마가타신문山形新聞』 기자에게 박열은 "전향 이후 일본인으로 살아간다고 맹세한 이상, 사회가 받아들여주지 않아도 나는 일본인으로 살아가고 싶다. (중략) 현재의 심경은 나 자신의 생명과 인격을 단순하게 여기며 살아가고 싶을 뿐이다. 무사히 오늘에 이른 것은 내가 생각해도 참으로 불가사의하다. 이는 폐하의 위광威光에 의한 것이라 믿고 있다"라고 술회했다.[44] 이것이 박열의 본심이었는지는 의문이지만, 적어도 과거와 같은 저항정신을 상실한 것만은 확실하다. 10월 27일 출옥한 날, 아키타사키가케신문사秋田魁新聞社를 방문한 박열은 "금후의 방침이라고 해봐야 특별한 건 없다. 다만 새로운 시대를 맞이하여 지금까지 내가 체험한 것을 활용, 조선인으로서 조선을 위해 일하고 싶다. (중략) 그러나 일본을 적대적으로 대할 생각은 없다"고 말했다.[45]

11월 20일 야마가타시에서 재일본조선인연맹의 환영강연회가 개최되었을 때, 박열은 신문기자에게 "군대가 나라를 보호한다는 본래의 사명을 망각하고 침략 전쟁을 일삼은 결과 일본 국가와 국민을 고난의 구렁텅이로 빠뜨렸다. 이것은 분명히 불행한 일이지만, 이번 패전으로 일본의 진실이 어디에 있는가를 국민이 알았을 것이기 때문에 그나마 다행이라고 생각한다"고 말했다. 또 "나는 외국인이기 때문에 일본의 천황제에 관해서 뭐라 말하는 것을 좋아하지 않는다. 하지만 개인의 자격으로 내 생각을 말하자면 천황제는 지나친 전제로 흐를 위험이 있다. 국민이 존경하면 할수록 위험성은 커진다. (중략) 그러나 천황제를 강력하게 반대하는 것은 결코 아니다. 다만 일본의 전체주의와 제국주의가 다른 나라와 국민을 강압하려 하는 경우는 절대 반대하며 감히 말하건대 말살하고 말 것이다"라고 말했다.[46] 이처럼 그는 타국과 일본인에 대한 천황제의 강압을 확고하게 반대했던 것이다.

그런데 그 후 그의 행동 방향은 보수적이었다. 1945년 10월 15, 16일에 일본제국주의에 협력한 친일파를 배제한 재일조선인연맹(약칭 조련朝聯)이 결성되자 이에 대항하여 1946년 1월 20일 신조선건설동맹(약칭 건동建同)이 결성되었는데 박열은 건동의 위원장이 되었다. 우익 진영의 결집을 도모하고 있던 건동은 1946년 10월 3일 조선건국촉진청년동맹과 기타 군소 단체를 합쳐 재일본조선거류민단(약칭 민단民團)을 결성, 박열이 단장에 취임했다. 민단은 1948년 8월 15일에 성립한 한국 정부로부터 9월 8일 '재일교포 유일의 민주단체'로 공인을 받았고, 10월 4, 5일 제5회 전국대회 때 재일본대한민국거류민단으로 개칭했다. 1947년 4월 24일 남조선과도입법의원에 상정된 대일협력자처단수정안에 대하여 박열은 동 법안은 이미 지나간 것이라며 개정을 요구하는 견해를 발표했다.[47] 1949년 4월 1일부터 2일까지 이틀에 걸쳐 교토에서 열린 민단 제6회 전국대회에서 박열은 단장 선거에서 낙선했다.

1946년 3월 24일 자 『요미우리호치신문』 광고란에, 다음 날인 25일 즉 박열과 가네코 후미코가 사형을 선고받은 기념일 날 오전 10시부터 도쿄 히토쓰바시공립강당에서 '박열 선생 부인 고 가네코 후미코 여사 추도회'가 개최된다는 것을 알리는 광고가 게재되었다. 주최는 박열후원회일본총본부, 협력단체는 조선건국촉진동맹, 조선건국촉진회, 조선순국열사유골봉환회, 신조선건설동맹, 조선학생동맹, 조선정보사 기타라고 되어 있다. 조련은 참가하지 않았다. 반조련파反朝聯派가 후미코의 추도회를 명분으로 삼아 결집한 것으로 보이기도 한다. 『운명의 승리자 박열』에 수록된 후세 다쓰시의 「후미코 씨를 말한다」라는 글은 이 회합에 서 그가 한 강연일 것이다.

박열은 1947년에 장의숙張義淑과 재혼했다. 재혼하고 나서도 그는 후미코의 기일에는 종일 집안에서 정좌한 채 묵상을 계속했다. 그리고 장의숙에게 "당신도 함께 기도해줘. 참 불쌍한 사람이었어"라는 말만 하고는 하루 종일 한마디도 하지 않았다고 한다.[48]

단장직을 사임한 후 한국으로 돌아왔는데 한국전쟁 때 조선민주주의인민공화국으로 갔다. 반공주의자였던 그가 자진해서 갔다고는 생각되지 않는다. 연행되었을 것이다. 1956년 7월 2일 결성된 재북평화통일촉진협의회의 상임위원장이 되었다.[49] 그 후 회장이 된 것으로 알려져 있다. 평양방송에 따르면 1974년 1월 17일에 이 세상을 떠났다. 향년 77세.[50]

박열, 가네코 후미코와 분리되어 재판을 받은 김중한에 관해서는 지금까지 알려진 바가 없는데 여기에서 그의 훗날 행적을 언급해두기로 한다. 김중한에 대한 공판은 1926년 10월 14일 도쿄지방재판소에서 열렸다.[51] 같은 달 26일에 징역 3년을 선고받았다. 단 미결구류 기간을 계산하여 실형 기간은 1년 6개월이었다.[52] 김중한은 항소했고 1927년 2월 1일에 항소 공판이 열렸다. 그리고 4일 징역 1년 6개월을 선고받았다. 그 결과 형기보다 미결구류 기간이 20일 많았기 때문에 5일 석방되었고, 20일 도쿄를 출발하여 귀국했다.[53]

제15장

일본 근대사상사와 가네코 후미코의 위치

들어가며

저는 일본인이긴 하지만 일본인이 너무 증오스러워 화가 치밀곤 합니다. 그때 그저 눈에 비쳤을 뿐인 사건들이 지금은 크나큰 반항의 뿌리가 되어 제 가슴속에 깊이 새겨져 있습니다. 조선 생활 동안의 견문 때문에 저는 조선인들의 일본제국주의를 향한 모든 반항운동에 동정심을 갖게 되었습니다. 저는 도쿄로 오자마자 많은 조선인 사회주의자 혹은 민족운동가와 벗이 되었습니다. 저는 정말이지 이런 운동을 속 편하게 남의 일이라고만 치부해버릴 수가 없습니다.[1]

이것은 가네코 후미코가 부강공립심상고등소학교 재학 당시 은사였던 핫토리 도미에에게 보낸 편지의 한 부분이다. 편지를 보낸 날짜는 명확하지 않다. 후미코는 이 편지에서 "언젠가 보내드린 『현사회』는 우리들이 힘을 합쳐 만들고 있습니다"라고 썼다. 『뻔뻔스러운 조선인』을 개제하여 『현사회』라는 이름으로 제3호가 발간된 것이 1923년 3월, 제4호가 간행된 것은 같은 해 6월이다. 그리고 후미코가 검거된 것은 같은 해 9월 3월이다. 따라서 이 편지는 1923년 3월에서 9월 2일 사이에 씌어진 셈이다. 그런데 "도쿄에는 때마침 장마비가 내리고 있습니다"라는 구절이 있는 것으로 보아 이 편지가 씌어진 것은 1923년 6월 아니면 7월일 것이다.

후미코는 도쿄로 온 후부터 사회주의 문헌을 읽었고, 기존의 가치관에서 탈피하여 세상 사람들이 말하는 '훌륭한 사람'이 된다는 자신의 지향을 극복해가고 있었다. 조선인 유학생 및 지식인과 교류하고 박열과 결혼도 하였으며 또 자기의 조선 체험이 이론적으로 자리를 잡아가던 때의 견해가 이 편지에 나타나 있다. 후미코의 이러한 진술은 천황제 국가의 조선지배와 조선지배의 첨병이 되어버린 일본 민중을 마음으로부터 부정하는 말이며, 근대 일본에서는 극히 찾아보기 힘든 말이기도 하다. 근대 일본을 향해 철저하게 항전할 각오 없이 이런 말을 할 수는 없다. 이 장에서는 이러한 말을 할 수 있었던 가네코 후미코의 성장 과정이나 사고방식이 일본 근대사상사 안에서 얼마나 묵직한 의미를 지니는지 그 위치를 가늠해보고자 한다.

메이지유신 이후 문명개화주의의 도달점 또는 일본인의 청일전쟁관

후쿠자와 유키치福澤諭吉는 청일전쟁에서 일본이 승리했을 때의 기쁨을 다음과 같이 말했다.

> 세상을 되돌아보면 참으로 어려운 일도 많은 것 같지만, 한 나라 전체의 대세는 개진진보改進進步라는 한 방향으로 조금씩 조금씩 나아가, 몇 년 후 그 모습을 구체적으로 드러낸 것이 청일전쟁이다. 이 전쟁에서의 승리는 관민일치의 승리이며, 유쾌하다거나 고맙다는 말만으로는 그 기쁨을 이루 다 표현할 수가 없다. 살아만 있었다면 이런 기쁨을 함께했을 텐데, 먼저 죽은 동지와 벗들이 참으로 불행하다. 아아, 보여주고 싶다는 생각을 할 때마다 나는 눈물을 흘렸다.[2]

후쿠자와에게는 청일전쟁에서 승리한 것을 포함하여 생애 두 가지 큰 기쁨이 있었다. 다른 하나는 폐번치현廢藩置縣이었다. 폐번치현 당시 "우리들은 삼삼오오 모이기만 하면 서로 기뻐하였으며, 신정부의 이 경사를 본 이상 죽어도 여한이 없다며 외치기도 했다"라고 후쿠자와는 회상한다.[3] 후쿠자와는 유신 이전 신하로 있을 때부터 바쿠후幕府가 폐번廢藩을 실시하여 중앙집권 국가를 수립할 수 있기를 바라고 있었다. 그런데 후쿠자와는 양이주의攘夷主義를 채택하고 있다고 생각한 메이지 정부가 개국주의開國主義를 취하여 폐번치현을 단행했기 때문에 기쁨을 감출 수가 없었었던 것이다. 이후 후쿠자와는 메이지 정부가 주도하는 문명개화에 기대를 걸고 앞장서서 이것을 지지하게 된다.

폐번치현을 보고 후쿠자와는 여기에 이어지는 '제2의 서원誓願'을 제시했다. '제2의 서원'이란 "이런 기세를 타서 다시금 서양문명의 공기를 한껏 들이마시고 전국의 인심을 뿌리부터 뒤집어 고립무원 상태에 있는 동양에 하나의 신문명국을 열어보임으로써, 동양에는 일본, 서양에는 영국 두 나라가 상대해도 뒤지지 않도록 되어야 한다"는 것이었다. 요컨대 일본을 문명대국으로 만들자는 얘기였던 셈이다.[4]

일본의 독립을 확보하기 위해서는 문명개화가 필요하다는 것을 체계적으로 설명한 것이 1875년에 간행된 『문명론의 개략』이었다. 이 책에서 그는 일본 독립의 위기를 강조하고, "이 독립을 보존하는 방법은 문명 외에는 어디서도 구할 수가 없다. 오늘날 일본 사람들을 문명으로 이끌고자 하는 것을 이 나라의 독립을 확보하기 위해서일 따름이다. 그러므로 나라의 독립이 목적이다. 국민의 문명은 이 목적을 달성하기 위한 수단이다"라며 문명개화의 필요성을 강조했다.[5] 후쿠자와 유키치의 이러한 테제는 구체적으로는 자신의 특권을 고집하는 사족士族들이나 국체론자와 민권론자 모두에게 메이지 정부가 추진하는 문명개화 정책에 협력할 것을 요구한 것이었다.

후쿠자와는 이러한 문명개화주의라는 관점에서 청일전쟁의 의미를 부여하고, "실제 전쟁은 청일 양국 사이에 벌어진 것이었다고 해도, 그 근원을 살펴보면 문명개화의 진보를 도모하는 자와 그 진보를 방해하려는 자의 싸움이었지 결코 양국 간의 싸움이 아니"었다고 말한다.[6] 결국 청일전쟁은 문명을 대표하는 일본과 야만을 대표하는 청국과의 전쟁이었다는 것이다.

이러한 청일전쟁관은 후쿠자와만의 견해가 아니라 당시 일본인의 일반적인 견해였다. 『마이니치신문』은 "**유신 이래 일본의 국시國是는 암흑 속의 조선을 밝은 곳으로 이끄는 데 있다. 연약한 조선을 도와 독립시키는 데 있다**(강조—원문)"라고 일본의 대조선정책을 해석하고,[7] "**조선의 입장에서 볼 때 일본과 청국의 싸움은 수구와 진보의 충돌이다. 문명과 야만의 알력이다.** 일본이 승리한다면 이것은 진보주의의 개선凱旋이다. 청국이 이긴다면 그것은 수구주의의 승리이다(강조—원문)"라고 말한다.[8] 『유빈호치신문郵便報知新聞』은 "일본과 청국의 싸움은 문명과 야만의 싸움이다. 시험 삼아 그 대략을 말하자면, 우리는 입헌의 미美를 채택했는데 그들은 전제專制의 악습을 묵수한다. 우리들은 4천만 모두 동등한 권리를 지니고 있는 데 비해 그들은 4억만 모두 노예이다. **일청 양국의 정체政體가 다른 것만 보아도 그 국민의 문명과 야만의 정도에 있어 하늘과 땅만큼이나 현격한 차이가 있음을 충분히 알 수 있다**(강조—원문)"고 했다.[9]

이처럼 문명개화 의식은 그 출발점부터 아시아에 대한 우월의식 또는 차별의식을 내포하고 있었다. 1875년 9월 29일 자 『쵸야신문朝野新聞』 투고란에 게재된 자유민권파 구사마 도키요시草間時福의 「변혁을 논함」은 메이지유신을 다음과 같이 파악하고 있다.

> 오늘날 우리 일본제국의 개화진보 정도를 헤아리건대 이미 완우頑愚한 청국을 넘어섰고 고루固陋한 조선을 능가했으며 다만 몇 등급 앞서느냐가 문제일 따름이다. 그리고 우리나라가 청국과 조선 양국을

업신여기고 동양의 거벽巨壁임을 자부하는 이유는 무엇 때문일까. 우리는 그 공적을 메이지유신 초기의 변혁에 돌리지 않으면 안 된다. 만약 복고復古의 변혁이 없었다면 오늘날 일본은 청국이나 조선과 그 우열장단을 다투어야만 했을지도 모른다.

구사마 도키요시는 "메이지 초기의 변혁을 제1의 변혁"으로 간주하고 "제2의 변혁을 이루지 않으면 안 된다"고 말한다. 제2의 변혁이란 자유민권에 의한 변혁을 일컫는 것일 터인데, 그렇다면 제1의 변혁과 제2의 변혁 사이에는 어떤 차이가 있을까. 그는 "메이지 초기의 변혁은 실로 문명을 향해 첫걸음을 내디딘" 것이고 제2의 변혁은 "문명을 완전하게 하여 크게 이루는" 것인데, 그것이 바로 "우리 문명을 서구의 수준에 이르게 하는 것을 의미한다"고 말한다. 결국 그는 제2의 변혁 없이는 서구를 따라잡을 수 없다고 생각하긴 했으나, 이미 메이지유신에 의해 일본의 문명은 중국과 조선을 저만치 따돌렸다고 보았던 것이다.

물론 자유민권파 사이에 자국의 전제정체의 변혁이라는 과제는 일본뿐만 아니라 아시아 여러 민족이 함께 추구해야 한다는 점을 인정하는 견해가 없었던 것은 아니다. 예컨대 스에히로 시게야스末廣重恭는, 아시아에는 열몇 개의 나라가 있지만 정체조직政體組織이 유럽 제국諸國만 한 나라는 하나도 없으며, 인민의 기상이 유럽 제국만 한 나라도 없고, 군주 하나 또는 관리 두셋이 무상無上의 대권을 장악하여 인민을 노예시하며 정부의 위력은 천지신명도 측량할 수 없을 정도라면서 아시아 여러 나라들의 공통적인 특징을 거론한다. 이러한 인식 아래 그는 "**정체 조직을 일변하여 정치사상을 지닌 인민이 애국정신으로 가득 차 사회활동을 용감하고 활발하게 하지 않는 한, 결코**

그 국세國勢를 떨쳐 아시아의 강국이 되기를 바랄 수는 없는 노릇(강조—원문)"이라면서 아시아 제국諸國이 함께 나아가야 할 방향을 제시했다.[10]

그러나 일본은 국내 변혁의 과제를 아시아의 제국과 공통적으로 지니고 있다는 자유민권파의 인식이 아시아에 대한 일본의 문명개화의 우월의식을 누를 수 있을 정도로 철저했는지에 대해서는 의문이 남는다. 1882년 8월 18일 자 자유당 기관지 『지유신문自由新聞』에 「전제 정부의 외교에 응하지 말 것을 논함」이라는 제목의 사설이 게재되었다. 이 사설은 먼저 지난달 조선에서 일어났던 임오정변壬午政變을 논하면서, 그것은 개국에 반대하는 '완고한 무리'가 외교를 꺼렸을 뿐만 아니라 정부의 전제가 국민을 만족시키지 못했기 때문에 발생한 사건이라고 지적한 다음, 조선의 정치 개혁의 필요성을 언급하고 이어서 일본의 상황을 다음과 같이 논했다.

> 그러나 오늘날 우리들 스스로 일본의 현실을 돌이켜보건대, 정치를 자유롭게 하고 입헌정체를 수립한다는 한 가지 일만은 아직 우리나라가 정돈整頓하지 못하고 있으며, **이러한 상황에서 우리들 역시 조선 인민과 마찬가지로 아직 국정에 참여하는 권리를 갖고 있지 못한 인민이다.** 어찌 다른 나라에 대해서 이런 일을 하지 못한다고 질책할 겨를이 있겠는가.(강조—인용자)

다시 말해 일본 인민이나 조선 인민 모두 국정 참가라는 동일한 정치적 과제를 안고 있다는 것이다. 그러나 이어서 그는 "지금 우리 정부가 세계의 형세를 제대로 파악하고 잘못된 점이 있으면 개량해 나갈 것을 위임받은 정부라면, 애당초 고루하기 짝이 없는 조선 정부와는 같은 하늘 아래에서 더불어 얘기할 필요조차 없다"라고 말한다. 한편으로는 조선 인민과 공통적인 국내 변혁이라는 과제를 갖고 있다는 것을 의식하고 있지만, 다른 한편으로는 일본 정부가 조선 정부에 비해 문명이 훨씬 앞선 정부라는 문명개화적 우월의식이 자리 잡고 있다. 그런데 전자는 후자에 의해 애매해질 수도 있다는 약점을 포함하고 있다. 그래서 자유민권파도 메이지 정부와의 대결을 미뤄두고, 문명개화라는 우월의식에서 비롯된 일본의 침략적 대조선정책을 문명을 지도한다는 이름으로 여러 차례 정당화했던 것이다.

1875년 9월 20일, 일본은 조선을 도발하여 강화도사건을 일으켰고 1876년 2월 26일에 강화도수호조규가 조인되었다. 같은 해 3월 5일자 『쵸야신문』 사설은 이를 페리 제독이 미일화친조약을 체결했던 것과 같은 역할을 일본이 수행한 것으로 간주하고, "만약 조선이 지금부터 나라를 널리 열어 점차 개화세계와 교제하고 그럼으로써 개명開明의 지경에 이른다면, 우리가 미국에 그러했던 것처럼 조선 또한 우리에게 고마워하며 오늘의 일을 논할 것이다"라고 평가했다. 결국 일본측은 군함의 위력을 배경으로 불평등조약을 강요했던 것인데, 『쵸야신문』은 이것을 문명 선진국인 일본의 조선에 대한 은혜라고 파악했던 것이다.

1882년 7월 23일 서울에서는 민씨 정권과 일본에 반대하는 군사들의 반란이 일어났다. 임오정변이다. 이때 『쵸야신문』은 "**국왕 이하 개화당을 원조하여 완고당을 눌러 복종하게 하는 것은 지극히 긴급한 일**(강조—원문)"이라며 내정간섭론을 주장하고, 이를 실현하기 위해 "조속히 전함과 병사를 파견하여 대사가 임의로 처리하도록 할 것"을 제안했다.[11] 이 신문은 이러한 내정간섭은 "조선국의 개명"을 위해서 뿐만 아니라 "개명한 제국의 공리", 나아가 "만천하 전 세계의 개진改

進"을 위해 필요한 것으로 정당화했다.[12]

아시아관에 있어서도 조선과 중국을 대하는 태도에는 차이가 있었다. 이미 서술한 바와 같이 중국에 대해서도 우월의식을 보이고 있긴 하지만 1880년대에 들어서는 전적으로 우월의식만 보였던 것은 아니다. 아시아에서 중국은 일본의 입장에서 보자면 대결을 피할 수 없는 두려운 경쟁 상대이기도 했다. 임오정변 때 중국은 군대를 파견하여 정권을 장악한 대원군을 납치하고 민씨 정권을 재건, 이 정권을 중국에 종속시켰다. 이 사건은 『지유신문』에 충격을 주었다. 이 신문은 "조선 경성에 변이 일어났는데 이미 청인清人이 감히 그 웅장한 전함과 정밀한 총포로 우리 육해군 앞에서 자랑하고 있는 상황에 처해서 우리는 결코 이를 간과해서는 안 된다. 만일 우리가 그저 바라보기만 한다면 지금과 같은 사태가 또다시 이어질 것"이고, 따라서 "금일의 사태로 말미암아 일청 사이에는 반드시 어려운 일이 일어나고 말 것"이며 그것도 머지않았다고 판단했던 것이다.[13]

청일전쟁의 승리는 중국에 대한 두려움을 한꺼번에 날려버렸고 일본인의 대중국 우월의식이 결정적으로 자리 잡았다. 『마루마루진문団団珍聞』 제1007호(1895년 3월 30일)에는 「지나인의 개화」라는 문답이 실려 있다. 한 사람이 중국도 일본과 함께 동양의 개화국開化國이라는 의견을 펼치자 다른 한 사람이 다음과 같이 말하며 반대 의견을 내놓는다.

자네 머리가 어떻게 된 거 아냐? 도대체 뭘 보고 지나支那(중국)가 개화했다는 말 따윌 하는 건가. 두말할 것 없이 전쟁 이후의 모습을 보란 말이야. 물론 뤼순旅順이나 웨이하이웨이威海衛가 튼튼한 걸 보면 신식 병기들도 꽤나 있고 아울러 놀랄 만한 구석이 없는 것은 아니지

『니로쿠신문』에 실린 만평.

> 만, 그건 단지 겉모습일 뿐, 안을 들여다보면 바보스럽기 짝이 없단 말이야. 개화하지 못했다는 첫 번째 증거는 그들의 머리를 보아도 알 수 있지 않은가. 뭐랄까, 돼지나 말 꼬락서니가 아닌가?[14]

이미 중국은 일본의 경쟁 상대가 아니었다. 이 풍자잡지에서는 '중중 때깨중'이라는 중국인을 모멸하는 말을 남발하고 있다.

그러나 조선에 대한 모멸은 그 이상이었다. 『마루마루진문』에서는 "조선의 야만을 보세요. 혼찌검을 내도 못된 버릇을 고치지 않는다니까요",[15] 또는 "오늘날 조선은 야만의 추성醜聲을 천하에 유포하여 '우리 제국은 원래 구미 각국의 애물단지로 실로 문명적 개혁 수단 따위는 단념해야 할 상황'이라 한다"와 같은 말에서 볼 수 있듯 '야만'이라는 말을 남발하고 있다.[16] 그러나 일본인의 대조선의식의 심각성은 청일전쟁 무렵부터 조선인이라는 말이 '가소로운 놈'이나 '비열한 놈'을 대표하는 말이 되었다는 데에서 찾을 수 있다. 여기에 실린 만평을 보기 바란다. 이것은 1895년 1월 12일 자 『니로쿠신문二六新聞』에 게재된 「조선인」이라는 제목의 만평이다. 이 만평 안에는 'Oh Chosenjin!'이라고 씌어 있고 그림 오른쪽에는 "도쿄 구경을 하고 있던 시골사람이 우에노공원을 거닐다가 미술학교 생도를 가리키며 **'저것 봐, 조선인이닷'** 한다(강조—원문)"라는 설명이 붙어 있다. 즉 미술학교 학생의 복장이 통상적인 복장과 달랐기 때문에 조선인으로 간주되었다는 것을 묘사하고 있는 셈이다. 1899년에 간행된 『후쿠자와 유키치 자서전福翁自傳』의 소제목에는 "본 한藩에서는 그 비열함이 조선인과 같다"라는 말이 씌어 있다.[17] 이것 역시 청일전쟁 후의 풍조를 보여주는 하나의 예이다.

러일전쟁이나 조선 침략에 반대했던 초기 사회주의자의 의식에서도 이러한 사례를 찾아볼 수 있다. 1904년 7월 17일 자 주간 『헤이민신문平民新聞』에 게재된 「시립목욕탕 계획」이라는 제목의 기사에는, 프랑스 사회당이 파리시의회에서 다수를 차지하자 사회주의적 조건 특히 시립목욕탕 설치에 진력하고 있는 데 비해 "일본의 시청, 시참사회, 시의회는 언제나 조선의 내각과 같다. 우리는 파리 시민을 참으로 부러워하지 않을 수 없다"라고 적혀 있다. 이 날짜와 같은 신문에는, 일본이 '영토보전'이나 '합동'이라는 미명으로 조선병탄을 의도하고 있다는 점을 지적하고 "일본이 문명을 위해 싸워 동양 제국을 지도한다"라는 방침의 기만성을 비판한, 「조선병탄론을 평한다」라는 제목의 논설이 실려 있다. 이처럼 같은 신문의 기사라도 한쪽에서는 조선 침략을 비판하고 다른 쪽에서는 차별 발언을 서슴지 않고 있어 기묘하기까지 하다. 하지만 시립목욕탕론의 필자는 일본의 시 기관을 비판하다가 불쑥 "조선의 내각과 같다"는 말을 했으며, 이것이 민족차별적 발언이라는 데까지는 생각이 미치지 못했던 것이다. 이처럼 일본인의 의식 저변에는 조선에 대한 민족차별의식이 침전되어 있었으며 그 결과 말하는 사람도 차별적 언사를 차별적 언사로 의식하지 못할 정도였던 것이다.

이와 마찬가지로 사회주의자들의 신문인 『히카리光』 1906년 7월 20일 자에는 「혁명의 역사가 주는 교훈」이라는 제목의 사설이 실려 있다. 이 사설은 "조선에서조차 충직한 신하들과 이토 히로부미 후작에게 돌을 던지는 자들이 끊임없이 줄을 잇고 있다. 세상을 걱정하는 선비들도 적지 않은 것처럼 보인다"라는 말로 시작하고 있다. 이 글은 조선인의 투쟁을 찬양하는 의도에서 씌어진 것이라 할 수 있겠으나, '조선에서조차'라는 말 속에는 조선은 다른 나라에 비해 혁명의 기운이 뒤처져 있다는 차별과 편견이 잠재되어 있다. 이것 역시 무의식적인 차별 발언이다.

초기 사회주의자는 문명 극복을 지향하고 있긴 했지만, 그들 역시 타민족을 억압하는 문명국의 일원이었기 때문에 무의식적으로 문명국의 편에 섰고, 동시에 문명국 의식으로부터 자유롭지 못했다. 1904년 6월 19일 자 『헤이민신문』 영문란英文欄에는 「일본 사회주의협회의 결의」라는 제목의 논설이 게재되었다. 이 논설은 일본의 사회주의가 식민지 편에 서서 문명국의 움직임을 철저하게 비판하지 못했다는 것을 보여주었다. 그 내용은 다음과 같다.

> 오는 8월, 암스테르담에서 열리는 만국사회당 대회에 호소하기 위해 일본 사회주의자는 다음과 같은 결의를 채택했다.
>
> '러일전쟁은 양국의 자본주의 정부에 의해 치러진 것이며 그 결과

러시아와 일본의 노동자계급에 심대한 고난을 초래했기 때문에, 일본 사회주의협회는 오는 8월 암스테르담에서 개최되는 만국사회당 대회의 회원이 그들의 정부를 독려하여 러일전쟁을 가능한 한 조속히 중지시킬 수 있는 적절한 조치를 취한다는 결의를 통과시킬 것을 요청한다.'

위 결의를 실천하는 데 있어 우리들은 서구의 동지들에게 그들이 각 정부에 전쟁을 방해하도록 촉구하기 위한 어떤 직접적인 수단을 행사할 것을 요구하는 것이 아니다. 다만 간접적으로 영향력을 행사할 수 있는 펜과 입을 사용할 수 있으리라고 믿는다. (중략)

만약 문명국이 평화적 수단에 의해 국제 문제를 해결할 수 없다면 그것은 문명국의 커다란 치욕이다. 국제분쟁의 해결을 위해 헤이그의 중재법정에 나오는 것은 이상적인 정책이 되지 못한다. 영국과 프랑스는 최근 중재법정에 도움을 구하지도 않고 식민지에 관한 분쟁을 해결했다. 이것은 랜스다운 및 데르카세의 탁월한 정치적 수완과 더불어 영국과 프랑스 문명의 높은 수준을 증명한다.

여기에서 말하는 식민지 분쟁의 해결이란 1904년 4월 8일에 성립한 영불협상을 가리킨다. 이 협상에서 프랑스는 영국의 이집트 점령을 인정하고 영국은 프랑스의 모로코에서의 권익을 인정하기로 약속했다. 이것은 식민지와 종속국을 희생하여 지배 지역의 분할에 관한 협정을 맺고, 문명국 간의 타협과 '평화'를 도모한 것이었다. 그러나 이러한 제국주의 국가 간의 식민지 종속국의 분할지배협정은 식민지 종속국의 평화가 아니라 제국주의국가에 의한 지배의 안정과 강화를 의미하는 것일 뿐이었다. 일본의 사회주의자는 이를 두고 "영국과 프랑스 문명의 높은 수준을 증명한다"고 말했는데, 이것은 그들이 문제를 식민지와 종속국의 입장에서 보는 게 아니라 문명국 즉 제국주의의 시점에서 파악할 수밖에 없었다는 것을 보여준다. 결국 그들은 '문명국'이 식민지와 종속국을 야만적으로 침략하는 제국주의라는 사실을 관념적으로만 이해했을 뿐, 문명 선진국이라는 의식에서 생겨난 민족차별의식에서 자유로울 수 없었던 것이다. 이것은 청일전쟁에 의해 확립된 아시아 특히 조선에 대한 민족차별의식을 극복한다는 게 얼마나 어려운 문제였는지를 여실히 말해주고 있다.

청일전쟁과 민중의식 속의 천황제

민중의식의 측면에서 본 청일전쟁 시기의 또 하나의 특징은 천황제의 권위가 민중의식 속에 뿌리를 내리기 시작했다는 점이다. 전쟁에 승리함으로써 일본이 문명국의 반열에 오르게 되었다는 자부심과 함께 천황의 권위는 급격히 높아졌으며 빠른 속도로 민중의식을 장악해 갔다.

『마루마루진문』은 "이번에 크게 승리하여 우리들마저도 어깨를 활짝 펼 수 있게 된 것은 과연 그 누구의 힘인가. 황공하옵게도 예성叡聖, 문무文武, 지인至仁, 지애至愛하신 우리 천황 폐하의 여광餘光과 폐하의 충실한 육해 군인의 힘에 의하지 않은 것이 없다"라며 천황과 군대를 예찬했다.[18]

1894년 9월 13일 대본영大本營이 도쿄에서 히로시마로 이전했다. 대원수인 천황의 '친정親征'이라는 형식으로 히로시마로 옮긴 것이 천황의 위신을 고양하는 데 한층 높은 효력을 발휘했다. 후쿠자와 유키치는 10월 30일 자 『지지신문』에 「천황 폐하의 성덕」이라는 제목의 사설을 게재하여 다음과 같은 주장을 펼쳤다.

> 개전開戰 이래 천황 폐하께서 대본영을 히로시마로 옮겨 밤낮 침식마저 잊고 친히 군사 문제를 보살피신다는 것을 알고서 국민 일반은 감격해 마지않는 바이다. (중략) 우리 육해군이 연전연승, 가는 곳마다 적을 모조리 물리치는 것은 실로 폐하의 위령威靈 덕분이다.

가나가와현 고자군 하시모토촌에 사는 아이자와 기쿠타로相澤菊太郎는 이 사설을 읽었는지 10월 31일 자 일기에 "대원수 폐하 출정 이래 하늘의 부름을 받아 주요 문무백관을 바르게 하셨고, 해외에 출정한 육군은 연전연승하고 있으며 해군 또한 마찬가지이다. 너무나 기뻐 어떻게 경하해야 할지를 모르겠구나. 삼가 대원수 폐하의 만세를 간절히 축원하며 받들 수밖에 없다"고 적었다.[19]

'천황탄신기념일天長節'을 이틀 앞둔 11월 1일 자 『니로쿠신문』 사설은 전국 각지에서 관민이 하나가 되어 금년 '천황탄신기념일'을 축하하자고 제안했다. 이유는 다음과 같다.

> 일본 속의 일본에 머무르지 않고 일본제국으로 나아가 세계 속의 일본으로 거듭나서 일본제국으로 우뚝 설 수 있게 된 것은 금상今上 폐하의 위광威光 덕분이다. **그리고 장차 세계 속의 일본제국을 밀고 나가 일본의 세계를 건설하는 것 역시 실로 금상 폐하께서 널리 도모하고 계신 바이다.** (강조—원문)

청일전쟁 시기부터 '대일본' '대국민'이라는 말이 저널리즘에 범람했다.[20] 이러한 대국의식大國意識의 등장과 함께 천황의 권위도 상승

했다.

11월 3일 '천황탄신기념일'이 왔다. "신민의 금년 천황탄신기념일 축하는 예년과 다른 점"이 있었다. 도쿄는 아침부터 쾌청했으며 집집마다 일장기가 펄럭이고 있었다. 각 소학교에서는 생도들을 모아놓고 '고귀하신 존영尊影' 앞에 절을 올렸으며, 기미가요 노랫소리가 아코디언 반주와 함께 들려왔다. 일장기를 교차하여 내건 철도마차는 승객들이 넘쳐 입추의 여지조차 없었다. 긴자와 니혼바시는 사람들로 북적였고, 우에노, 아사쿠사, 시바, 유시마 등 여러 공원은 몰려드는 사람들로 발 디딜 틈마저 없었다. 요코하마에서도 거리마다 일장기가 펄럭이고 있었으며 그중에는 군기와 '육해군 만세'라고 크게 쓴 깃발도 섞여 있었다. 각 소학교 생도들은 씩씩하게 군가를 부르며 대열을 지어 당당하게 걸었다. 이세자키쵸 요시다바시 대로는 특히 복잡했다.[21]

농촌 지역은 어떠했을까. 이날, 사이타마현 하타라군 쓰마누마촌에 있는 간키손텐지歡喜尊天社에서 각 소학교 연합대운동회가 열렸다. 단상에 '성영聖影'을 모셔두고 생도들에게 세 번 절하도록 했다. 생도는 2,000여 명, 현의회의원 · 징병참사관 · 군수 · 경찰서장 · 촌장 · 학무위원 등 지방 유지들이 대략 70명, 학부형 등 일반 참관자는 4,000명 이상이었다. 아코디언 반주에 맞춰 '기미가요' 부르기, 폭죽 터뜨리기, 청일전쟁을 흉내낸 모의전쟁, 체조, 군가 합창 등이 있었고, 하스누마와 하다 등 멀리서 온 생도들은 도네가와를 오르내리며 해군을 흉내냈다.[22]

1895년 4월 17일 청일강화조약이 조인되었다. 같은 달 27일 대본영은 교토로 이전했으며 동시에 천황도 교토로 옮겼다. 5월 29일 대본영은 다시 도쿄로 이동했고 천황은 30일에 도쿄로 왔다.

이날, 후쿠자와 유키치가 집필한 사설 「천황 폐하의 환궁을 삼가 환영합니다」가 『지지신문』에 게재되었다. 후쿠자와는 "이번 전쟁은 우리나라 미증유의 대전쟁이었음에도 불구하고 연전연승, 훌륭하게도 일본의 승리로 귀결되어 실질적인 실적을 우리에게 안겨주었고 나아가 제국의 판도를 뒤바꾸기에 이르렀다. 이는 필경 천황 폐하께서 메이지 초년에 일찍이 개국진취開國進取라는 대방침을 확정하시고 널리 서양문명을 채용하여 문무文武에 걸쳐 개량진보를 장려하신 결과이다. 실로 금상 폐하의 공적은 진무천황神武天皇 이후 역대 한 번도 볼 수 없었던 성업成業"이라고 평가했다. 요컨대 후쿠자와는 청일전쟁에서 일본이 승리하고 영토를 확대할 수 있었던 것은 천황이 문명개화에 앞장선 결과라고 말한다. 일본 문명의 대국의식이나 천황숭배는 그 대척점에서 조선침략의 진행에 따른 중국인, 특히 조선인에 대한 민족차별의식을 심화, 고양했던 것이다. 이 두 측면의 내적 연관성을 떼어놓고 생각하기란 불가능하다. 가네코 후미코가 천황제와 대결함과 동시에 조선인과 연대해야 했던 역사적 필연성은 바로 여기에 있다.

천황의 '개선'을 보기 위해 지바, 사이타마, 군마, 도치기, 이바라키 등 각 현의 민중이 29일부터 도쿄로 속속 밀려들었다. 31일 자 『만쵸호萬朝報』는, 단체별로 나누어 길가에서 천황을 맞이했는데 "단체에 포함되지는 않았지만 배관拜觀을 위해 근처 현에서 상경한 남녀노소가 몇 만 명인지 헤아리기 어렵다"고 보도했다. 그렇다면 단체로 온 자들까지 포함한다면 가까운 현에서 몇 명이나 왔던 것일까. 이 신문에 따르면, 평일 평균하차 여객 수를 초과한 숫자를 천황을 보기 위해 온 여객수로 간주할 경우, 신바시역 초과 여객 수는 28일 5,800여 명, 29일 8,900여 명, 우에노역은 28일 12,000여 명, 29일 21,000여 명이었다고 한다. 같은 신문은 여기에 "더구나 당국자의 말에 의하면 30일 도쿄로 온 사람은 28일과 29일에 도착한 사람을 합친 숫자의 두 배라 한다. 그렇다면 지방에서 올라온 사람 수는 대략 200,000명가량 될" 것이라고 덧붙였다. 이는 급상승하고 있는 민중들의 천황열을 보여주는 예라 할 수 있을 것이다.

고토쿠 슈스이 등이 중심이 된 대역사건의 피고인 미야시타 다키치宮下太吉는 민중의 천황신앙이 강고해지는 것을 보고 천황암살을 계획했다고 말했다.

> 나는 1907년 이래 가메자키 지방 사람들에게 사회주의를 설파해왔습니다. 그런데 정부나 관리들에 관해 얘기할 때는 납득해주는 것 같았던 사람들이 황실에 관해 말하면 우리나라는 외국과는 국체가 다르다, 황통皇統은 연면連綿하다 하면서 내 말에 귀를 기울이지 않았습니다. (중략) 나는 우리나라 사람들이 이렇듯 황실에 대한 미신을 갖고 있어서는 사회주의를 실행할 수 없다고 생각했습니다. 그리하여 폭탄을 만들어 천자에게 던져서 천자도 우리와 마찬가지로 피를 흘리는 인간이라는 것을 보여줌으로써 국민의 미신을 타파하지 않으면 안 된다고 각오했던 것입니다.[23]

메이지 말기에 이르러 민중의 천황제 신앙은 확고부동해지고 있었던 듯하다. 그것은 메이지 초기의 상황과 비교하면 커다란 변화였다.

메이지 초기 민중의 천황제관과 문명개화관

메이지 초기에는 천황제 국가에 저항감을 갖거나 천황에 무관심한 민중이 많았다.

'가이지로開次郎'가 문명개화에 저항적인 관점을 지니고 있는 '규헤이舊平'에게 문명개화를 설명하는 대화 형식으로 씌어진 오가와 다메지小川爲治의 『개화문답』(1874)에는, 천황은 백성을 위해 왕정복고를 단행했다는 가이지로의 설명에 대하여 다음과 같은 규헤이의 말이 기록되어 있다.

> 유신 이래 운조運上(중세 때 공물을 교토로 운반하여 바치던 일—옮긴이)에 관한 모든 일을 제멋대로 결정하여 방귀 뀌는 것까지 공물로 바치라고 성화네. 이래서야 백성의 안락을 위해 정치를 한다고 할 수 없지 않은가. 그 때문에 일반 백성들이 우스갯소리로 요즘 천자님이 천식에 걸리셔서 그런지 어쩐지 이렇게 세금을 거둬들인다는 등 험담을 하고 있는 걸세.[24]

물론 이것은 픽션이다. 그러나 저자는 메이지 정부의 문명개화정책을 대변하여 '우민愚民'을 설득하고자 이 책을 썼기 때문에 민중들 사이에 이러한 소리가 있었다고 생각해도 좋을 것이다.

메이지 정부는 1873년 1월 4일, 진무천황 즉위일과 천황탄신일을 축일로 정하면서 고셋쿠五節句를 폐지했다. 그리고 3월 7일에는 진무천황 즉위일을 기원절紀元節로 개칭했다. 고셋쿠란 1월 7일人日, 3월 3일上巳, 5월 5일端午, 7월 7일七夕, 9월 9일重陽 등 다섯 명절을 말한다. 정부는 민중생활에 뿌리내리고 있던 고셋쿠를 폐지하고 그 대신 천황제 축일을 지정함으로써 이 축일행사를 통하여 천황제를 민중의식에 정착시킨다는 의도를 갖고 있었던 것이다. 그러나 이에 대한 민중의 저항이 적지 않았던 듯하다. 오가와의 『개화문답』 제2편(1895)에는 다음과 같은 규헤이의 이의신청 장면이 나온다.

> 개력改曆 이래 고셋쿠나 우란분재盂蘭盆齋(음력 7월 보름날 조상의 영혼에 제사지내는 불교 행사—옮긴이)와 같은 큰 명절들을 폐지하고 천장절이니 기원절이니 하는 듣도 보도 못한 날들을 축하하라고 하시더구먼. (중략) 기원절이나 천장절의 유래는 이 규헤이와 같이 소고기전골을 먹는 늙은이도 모르는 일이야. 이 세상 사람들의 마음에도 없는 날을 기념하라고 하면서, 정부에서 굳이 환약 파는 집에서나 쓸 법한 깃발과 등을 내거는 것은 한 번도 들어보지 못한 얘기란 말이지. 원래 기념일이란 게 세상 사람들이 축하할 생각이 있어서 축하하는 것일진대, 세상 사람들의 마음에도 없는 날을 억지로 축하하라는 건 무리여도 보통 무리가 아니란 말이야.[25]

민중의 이러한 저항은 당연했다. 1875년 11월 9일 자 『쵸야신문』에 실린 도쿄 아타고시타쵸 요리루에 사는 사메지마 무네하루鮫島宗春의 투서에 따르면, 11월 3일 '천황탄신기념일' 날 도쿄에서도 천황이 탄 "마차를 향해 경례를 하는 자는 관헌과 병사들뿐이다. 거리에 있던 인민들 중에서 경례를 하는 사람은 볼 수 없(물론 마음이 있는 사람은 다르겠지만)"었다고 한다. 게다가 에돗코江戸っ子(도쿄 토박이—옮긴이)와 화류계 한량이라 자칭하는 사람은 천황이 탄 수레를 보고 "유원遊園의 꽃 보는 듯하다고 하고, 심한 경우는 오늘 무슨 날인가라고 묻기도" 하는 상태였다. 사카모토 기에몬坂本儀右衛門의 증언에 의하면, 치치부사건秩父事件 당시 가사후촌의 지도자였던 오노 후쿠지로大野福次郎, 오노 미쓰요시大野苗吉, 이시다 미키하치石田造酒八 등은 "황송하게도 천자에게 적대시하는 사람들이 있어 이에 힘을 보태지 않으면 안 되겠다"라는 표현을 했다고 한다.[26] 이상과 같은 상황들에 비춰보면 이러한 표현법이 있었다고 해서 조금도 이상할 게 없다.

민중이 천황제를 그렇게 간단히 받아들이지 않았던 것과 마찬가지로 문명개화 역시 순순히 수용했던 것은 아니다. 메이지 국가가 추진하는 문명개화가 안고 있는 반민중성에 저항했기 때문이다. 기쿠치 간페이菊地貫平나 오가시와 쓰네지로小柏常次郎 등 치치부사건의 지도자들에게는 민중들이 봉기하여 "나카센미치의 철도를 파괴하고 또 전신선을 절단"한다는 구상이 있었다.[27] 그러나 1876년 12월 19일에 미에현에서 일어나 아이치, 기후, 사카이 등 여러 현으로 파급된 지조개정반대地租改正反對 봉기에서는 구상으로만 그치지 않았다. 『공부성연혁보고工部省沿革報告』에 따르면, 농민들이 미에현의 욧카이치시로 들어와 전신국에 불을 지르고 전주를 넘어뜨려 불태우는 바람에 전신 업무가 일시 정지되기도 했다. 그 후 다시 세워진 전신주는 200여 개에 달했다.[28] 농민들은 전신이나 철도가 농민반란 진압을 위해 군사력과 경찰력을 반란 지점에 집중 배치하는 데 사용되고 있다는 것을 인식하고 이러한 행동을 했다. 결국 이들의 행동은 근대국가에 의해 문명이 민중 지배를 강화하는 데 사용되고 있는 사태에 대한 저항이었던 셈이다.

천황제와 문명개화에 대한 일본 민중의 저항감각은 언제부터 사라졌던 것일까. 확실하지는 않지만 청일전쟁을 기점으로 거의 사라졌다고 보아도 좋을 것이다.

다른 한편, 그 당시 조선에서는 일본 문명에 대한 저항이 구체화되었다. 청일전쟁 중 대구와 낙동강 사이에 가설된 일본 육군의 전신선이 조선 민중에 의해 자주 절단되었고 이것을 방지하는 데 많은 어려움을 겪었다. 전신부대電信部隊를 "호위하는 병사는 그때마다 폭도들을 수사하는 데 힘을 기울였지만 쉽게 체포할 수가 없다. 지방관을 엄중하게 독촉하여 보아도 그들은 겉으로만 다짐을 할 뿐 한 사람의 폭도도 잡은 적이 없다. 거의 손을 쓸 수가 없는 상황이다. 전신 공사를 방해하는 자는 우민愚民들만이 아니라 무지몽매한 지방관들도 별반 다르지 않다"[29] 일본 민중의 문명에 대한 저항보다 훨씬 격렬하다. 그것은 민중만의 저항이 아니라 지방관을 비롯한 지배층까지 포함한 전 민족적인 투쟁이었기 때문이다.

1895년 10월 8일, 조선주재 일본공사 미우라 고로三浦梧樓는 조선 지배층 중 친러파를 타도하기 위해 일본 군인과 대륙 낭인을 이용하여 친러파를 결집하고 있던 왕후 민비를 살해했다. 그리고 12월 30일 개화파 정권에 의해 단발령이 시행되었다. 민비학살과 더불어 전통적 예속禮俗을 부인하는 단발령의 시행은 민심에 충격을 주었다. 그 결과 각지에서 반일의병투쟁이 일어났다. 1896년 2월 11일, 국왕 부자와 친러파 관료는 궁정에서 빠져나와 러시아공사관으로 옮겼으며, 개화파 정권이 타도되고 나서 다시 친러파 정권이 성립했다. 그 무렵, 전라도 전주에서 일본 문명에 저항하는 사건이 일어났다. 일본 육군 사관에게 훈련을 받고 있던 전주 주재 조선 진위대鎭衛隊는 아관파천俄館播遷 때문에 일본인 사관이 서울로 간 틈을 이용하여 일본식 훈련을 중지해버렸다. 술에 취한 조선인 병사가 일본인 상점에 와서 "일본은 개화한 나라이다. 그 근원은 서양이다. 그런데 거들먹거리는 얼굴로 우리나라에 와서 가르칩네 어쩌네 하다니 가소롭기 짝이 없다"고 말하며 제멋대로 상점의 물건을 가지고 가버렸다.[30] 신흥 졸부처럼 문명개화 했노라고 거들먹거리는 일본인에 대한 저항이었던 것이다.

이러한 사례들은 일본 민중이 조선 민중과 연대하여 일본 침략에 저항할 수 있는지 여부가 일본인이 개화를 상대화하여 비판할 수 있는지 또는 일본인의 문명화에 따른 대국의식과 결부되어 있었던 천황제 숭배를 비판할 수 있는지 여부에 달려 있었다는 것을 보여준다. 그리고 이것을 실천에 옮긴 사람이 가네코 후미코였다. 그러나 그녀가 나타나기 이전에 이미 그러한 발걸음이, 어찌 보면 의외라고 할 수 있는 곳에서 시작되고 있었다. 이것에 관하여 간단하게나마 언급해두고자 한다.

다나카 쇼조의 조선론

> 의사는 환자만 있으면 번창합니다. 오늘날 경제인은 나쁜 일을 저지르면 번창합니다. 법률가는 어리석은 사람을 기만하면 번창하고 정치가도 뇌물로 번창하여 국가는 비관적인 형세를 이루고 있습니다. 비가 새는 부서진 집에서 농민과 노동자는 가난에 시달립니다. 옷은 더러워 이가 들끓습니다. (중략) 이것이 일본의 형세입니다. 그 위태로움은 조선보다 더합니다. 조선의 금일은 미래의 안전을 기약할 수 있을 것이지만 오늘날 일본의 허세는 모든 것이 빌린 것일 따름입니다.[31]

이것은 정치가 다나카 쇼조田中正造(1841~1913)가 1907년 7월 24일 하라다 간타로原田勘七郎에게 보낸 편지의 한 구절이다. 그는 왜 일본이 조선보다 위태롭다고 말했던 것일까. 그는 "조선의 멸망은 건너

편 강가에서 일어나는 일처럼 눈에 보인다. 자신의 내부에서 심장이 썩어가는 것은 보이지 않는다"고 말한다.[32] 즉 다나카 쇼조는 조선의 망국 과정은 눈에 보이기 때문에 미래에는 이런 상태에서 벗어나 새로운 역사를 모색할 수 있을 것이라고 생각한다. 그러나 일본의 경우는 부패 상태에 있으면서도 그것을 자각하지 못하고 있다. 따라서 일본의 망국 쪽이 훨씬 심각하다는 것이다.

쇼조의 견해는 급선회하고 있었다. 1903년경 그는 조선인과 아이누를 경멸했다. 아시오광독足尾鑛毒 반대운동에 열심히 나서지 않는 아시오 사람들을 평하여 "홋카이도 북부의 토인과도 같고, 또 조선의 우민愚民과도 같다"고 말하고,[33] "조선이 오늘날과 같은 처지에 이른 것도 국민이 타락하여 항심恒心을 잃었기 때문이다. 결코 다른 강국 때문이 아니다"라고 말하기도 했다.[34] 쇼조도 청일전쟁 당시에는 "그들의 야만을 대체하여 우리는 문명을 대표하고 그들은 야만을 대표하게 한다"라고 하여 일본의 관민일체의 전쟁 수행을 지지했으며,[35] 아시오광독 문제를 두고서도 정부와 휴전했다. 그러나 그는 비록 전쟁에 찬성하긴 했으나 전쟁이 초래한 일본 민중에 대한 부담에 관하여 깊이 배려했다. 여기에 다나카 쇼조의 독자성이 있었다. 예를 들면 "우리 아소군 안에서 청나라 정벌에 나선 장수를 따라 출발한 사람들의 가족 중 극빈층인 사람들에게 위로의 뜻을 표하고 싶다"며, 가장 가난한 병사의 가족에게 위로금을 보내기도 했다.[36] 또 증대하는 군비를 국민이 부담하도록 하는 정책에 반대하고, 그 대신 관리와 의원의 봉급을 반액으로 삭감하라고 주장했다.[37] 쇼조가 청일전쟁에 찬성하긴 했지만 그때에도 잊지 않고 국민 특히 빈곤한 민중에게 관심을 기울였기 때문에, 곧바로 아시오광독 문제를 둘러싸고 근대 일본과 날카롭게 대결할 수 있었으며 동시에 조선관도 변화시킬 수 있었던 것이다.

1907년 7월 쇼조의 조선관이 급격히 변하는데 그렇다면 그 배경은 무엇이었을까. 같은 해 1월 26일, 정부는 야나카촌谷中村의 유수지화遊水池化를 강행하기 위해 그곳에 토지수용법土地收用法의 적용을 인정한다는 내용을 공고하고, 야나카촌을 유수지화하기 위한 토지매수에 응하지 않고 야나카제방 내에 남아 있던 열여섯 가구를 도치기현에서 6월 29일부터 7월 5일까지 강제로 철거한 사건이 있었는데, 이것을 직접적인 원인으로 들 수 있다. 쇼조는 토지수용법 적용 인정에 관하여 "야나카촌이 망한다면 그것은 정부의 비도덕적인 행위가 성공했다는 것을 의미하며, 이것이 성공한다면 일본이라는 나라는 비도덕적이라는 비난을 면치 못할 것이다. 아니 정부라고 부를 수도 없다"라고 정부를 탄핵했다.[38] 정부는 광독을 흘려보낸 아시오구리광산에 광업 정지를 명하지는 않고 도리어 광업 정지를 요구하는 피해 농민의 집단청원을 경찰과 헌병의 힘으로 탄압, 저지했다. 게다가 정부는 야나카촌을 아예 없애고 이곳을 유수지로 만들어 광독을 포함하고 있는 물의 범람을 막고자 했다.

아시오구리광산의 이익을 옹호하고 오로지 피해 농민의 희생만으로 광독 문제를 처리하는 정부의 조치를 본 다나카 쇼조가 문명에 회의를 품게 된 것은 당연하였다. 그는 1904년 9월에 "기찻길 닦아놓았더니 청원하러 가는 길이 되고, 오래된 시골길은 황폐해가니 참으로 기괴하구나. 물질적 진보는 고래의 도의를 잊고 이 길을 가지 않는다. 사람의 도리를 지키며 하늘을 받드는 사람도 없다. 오늘날의 문명은 기계이다. 사람이 아니다"라고 적었다.[39] 또 1905년 10월에는 "인륜, 국법, 인도人道 등은 그 터전을 잃어가고 있다. 피상적으로 보면 문명의 기계는 점차 증가하고 있는 것 같지만 그 내부는 조선이나 지나支

邪보다 심각하다"는 생각을 피력했다.[40] 그리고 1911년에는 "오늘날 세계 인류의 다수는 기계문명이라는 것에 억눌려 죽어가고 있다. 문명은 당신들을 삼키는 사악한 도구이다"라는 수준까지 인식이 깊어졌다.[41] 쇼조는 조선이나 중국에 대한 문명개화에서 오는 우월의식을 완전히 극복하고 있었다. 그것은 아시오광독 문제의 해결이라는 한 가지 과제를 고집함으로써 근대 일본과 철저하게 대결한 결과였다.

다나카 쇼조는 "나는 광독을 절멸시키는 일에 분주하다. 또 신문을 혐오하며 특히 외국에 건너가는 것은 단점 중의 단점이라고 생각한다"고 말한다.[42] 분명히 그러했다면 그는 조선이나 중국에 대한 지식이 많지는 않았을 것이다. 그러나 외국관外國觀의 질은 지식의 양만으로 결정되는 게 아니다. 외국관은 어느 일면에서는 자유관自由觀의 반영이다. 자유에 관한 생각이 날카롭지 못한 자의 외국관은, 그가 외국에 관한 지식을 아무리 많이 갖고 있다 할지라도, 진부할 수밖에 없다. 아시오광독 문제에 전력을 기울여 싸우는 과정을 통하여 근대 일본과 대결한 쇼조의 조선관에는 질적으로 날카로운 점이 깃들어 있었다.

마무리

쇼조와 후미코의 개성이나 그들이 놓였던 상황은 상당히 다르다. 쇼조는 지역의 공해로 인해 재산뿐만 아니라 생명까지 빼앗기고 있던 민중들에게 지속적으로 관심을 기울였다. 후미코는 밑바닥에 살고 있는 여성이라는 이유로 자신의 생활방식의 자율적 결정을 거부당하고 있는 '자기'에게 지속적인 관심을 기울였다. 그러나 두 사람 모두 자

叛逆者傳 (12)

金子ふみ子 —日本—

栗原一男

一九〇六年、ふみさんは山梨縣東山梨郡諏訪村の淋しい農家に生れた、が又「私が両親から聞いたことによると、橫濱らしい。」と ふみさん、自身は云ふ。

戸籍面では父金子富太郎、母よし、と言つてゐるが、事實はそれは、母の両親にあたり、つまり祖父母にあたる…」とはふみさん自身が言ふ、が更に眞實の事實は、父は佐伯文一と云ひ、現在靜岡縣濱松市に酒店を開業し、母はとくの、と呼んで、その詳細の消息を秘さねばならない、とも言ふ。以上は凡て、ふみさん自身が書きつけてゐる匿名そのまゝを轉記したのである。

ふみさんの生そのものが既に幾多の波瀾を重ね、迂餘曲折の、鮮明し難い雰圍氣に包まれてゐた。そして、彼女が、あの短生涯を通じての、然も全我こめての叛逆魂は、知不識の間に、こうした波瀾曲折の出生そのものに根ざしてゐたことは見逃せない事實である。七歳の時、ふみさんの生みの両親は夫婦離別をした。ふみさんは母方に引とられると、時に又その母からすら見放れて行かねばならなかつた。この時既に、朝鮮に待つてゐる巨大な悪魔の口は彼女を呑吐する爲に開かれてゐた。七歳の末、朝鮮の伯母の許に引とられてからの生活には、幼年期無意識の不安が來た。がその不安を第一にかき破る鳴聲は「萬歳事件」の罪人が身をもつて喚起する叛逆の雄さけびであつた。續けて彼女は、伯母の家業と、そのモルヒネ密輸の不正を覺知した。社會の一切を生みつゝ、殊に直接、朝鮮民族を破滅せしめる爲に、その一家が繁榮して行くその事實を覺知した。物慾か人類の理性と良心を抹殺して、人類か、物慾の奴隷で、その第一目的が、守錢奴となることの不合理とパラドツクスとを看破した。それから、言ひ難い生的苦悩と社會的正義、且つそれに殉ずることの眞實を、やがて覺知した。朝鮮に於けるふみさんの生活はさして長い間ではない。普通學校を終るや否や、この伯母の家での生活の不滿と、燃ゆる樣な勉學の希望と、無意識的ではあるが、やがて、明確な識標に向つて、燃え上らなくてはならない叛逆魂とが遂に彼女を、朝鮮から驅り立てた。漂浪する數年の歳月は、苦惨に充ちてゐた。僅に十數年を出でない、純情可憐な乙女が、生活と内的苦悶の痛撃と抗爭しつゝとまれその生活を營んで行くことが、如何に悲慘と劇的陰慘さに富んでゐるかは、今更敍述するの必要を見ない。飢の爲に深夜支那ソバ賣りの賣殘りを恵まれ、オデン屋の落として行く一片の蒟蒻に生命をつなぎ、寒さと飢の交々に襲ひ來る淋しさに、大阪驛待合室のベンチの下に夜明した事實や、新聞賣子となつて、ふしだらな主人の二階の闇に、捨鼠猫に追詰られた小鼠のやうな哀れさで、夜を徹した事實や、ふみさんの口から口に傳へきかされた事實を敍述するだけでも、自分は胸をふさがれる、明かに彼女もこうした類の昔語りに話がそれ込んだ時、両頬に涙を傳へ啜び泣きつゝ遂に聲を擧げて泣き

伏す、その言ひ樣のない悲しさをさけてはゐたがたま〳〵彼女は、あまりにも不合理な現實の問題から遂にそうした身の古傷に思ひが喰込んだ時、よくその昔語りの中に於ける者の眞實を呼號した、が彼女はそれのみに止まつてはゐない。このいはゞセンチメンタルに止まつてはゐない。彼女はこの悲泣のどん底から、眞實の已れを生かし抜く爲に悲泣の底から蹶起する、女性として踏にじられた自分、人間としてさいなまれた自分、彼女はかくして、悲むことの正と抗爭それ自身の中に、眞實の人類愛の巨大な胚芽を知つた。關東の大震災を口實として鮮人間に大風呂敷を擴げたとのめくゝりを、あの大叛事實にもまであつたことの事實は、何人も知してゐる。そしてその後、彼女が牢獄に四年、遂に死刑から無期役に減じられて栃木監獄に於れ、一九二六年七月廿三日朝六時半縊死したことはあまりに周知の事實である。從つてくど〳〵しい状況を述するに換て、彼女の[illegible]な思想の子、牢獄の所産である歌を擧から、そして我々の戰線に立てる彼女が、ひどく一女性として觀られるゝを排斥し、常に一人の人間として、虐げられた者が當然に蹶起せずにはゐられない所の叛ける一人としてその資格に於て戰ふことを念願とし主張したことを附記して散漫なこの稿を終らう。

×

女看守が火を吹きつ
熾く目ざしの臭ひ
鼻にしむなり獄の晝時

×

塩からき目ざしあぶるよ
女看守の暮らしもさして
樂にはあらまし。

×

今日はしも吾等の爲に
同志等が戰ふ日なり
明晰れよかし。

×

友の眼は破れ
我には白き株價
哀しきまどひよ、[illegible]の窓。

×

今日は亡き友の遺筆を
つくづくと見つ想ひぬ。
友てふ言葉。

×

夏の夜をそゞろに集ふ
若人の群を想ひば
我れも行きたし。

×

彼はブチまけぬ
冷えし紅茶を床の上に
ダイナマイトを投ぐる眞劍さもて。

附記——自分はもつとふみさんの日常生活とその思想について書いて見たいと思つた、がそれには、もつとふみさんが殘して行つたいろ〳〵の書類や何やかやを一讀し精讀を期する必要があつた、がそれにはあまりに多くの日時を要し、一寸何時果し得るか見當もつかない、自分としては、實に心外であり、不本意ではあるが、とまれこの雜文によつて、一先づ稿を終へやがて自分の落付いて、改まつた眞劍な氣持で、ふみさんの一切の思想と行爲とを、詳細に披瀝して見たいと思つてゐる(七月十九日)

구리하라 가즈오가 『자유연합신문』에 썼던 1929년 9월 1일 자 『반역자전 — 가네코 후미코』.

기가 직면한 근대 일본에 내재하는 문제에 대하여 자기자신을 기만하지 않고 성실하게 대결하여 몸소 독자적인 사상을 형성했으며 근대를 넘어설 수 있는 관점을 구축했다. 그들에게서는 서구 근대의 사상을 수입 소개하여 중앙 논단에 등장한 사상가들과 같은 화려한 활동은 찾아볼 수 없다. 사상이 독자적이면 독자적일수록 근대 천황제 국가에서 만들어진 정치적·사상적 상황 속에서 쇼조와 후미코는 다수파가 될 수 없었다.

후미코의 경우 그녀는 쇼조와 달리 여성이었기 때문에 그 이상으로 고통스럽게 투쟁해야 했다. 1898년에 시행된 메이지 민법은 남성 호주의 강한 권한을 중심축으로 아내에 대한 남편의 우위와 딸에 대한 아들의 우위 특히 장자의 우위를 법적으로 강화했다. 천황제 국가는 가족을 통하여 국민을 지배하였으며, 호주에 대한 가족 특히 아내나 딸의 순종이 천황제 국가에 대한 복종을 배양하는 것으로 간주하고 이를 중시했다. 후미코가 천황제 국가와 직접 대결하기 이전에 아나키스트 난바 다이스케와 마찬가지로 집 안에까지 침투해 있는 천황제와 먼저 싸우지 않을 수 없었던 것도 바로 이 때문이다.

이처럼 일상적인 가족생활 속까지 천황제가 침투해 있는 상황에서 이에 저항하려면 육친이나 친구와의 단절을 피할 수가 없다. 그녀의 어머니가 보기에 후미코는 "죽을 때까지 정체를 알 수 없는 아이"였다. 또 후미코의 어린 시절을 기억하고 있는 마을의 친절한 사람들은 어머니에게 "어쩌다 후미코가 저런 일을…"이라며 미심쩍어했다.[43] 내가 후미코의 어린 시절 동무들에게 박열·가네코 후미코 사건이 일어났을 때의 감상을 물었을 때 그녀는 "조선인 따위와 결혼하다니 참 불쌍하다고 생각했지요"라고 대답했다. 후미코가 자살했는데도 어머니가 곧장 형무소로 달려오지 못했던 것도 조선 사람과 결혼해서 불쌍하다는 '세상'의 시선에 신경이 쓰였기 때문일 것이다.

게다가 후미코는 대의사代議士 자리까지 올랐던 다나카 쇼조와 달리 완전히 무명이었던 탓에 소수의 동지를 제외하면 대다수의 일본인으로부터 무시되었다. 그녀의 여성으로서의 삶의 방식에 주목하고 공공연하게 대서특필해준 것은 『조선일보』뿐이었다. 또 그녀의 유골을 맞이하여 묻어준 것도 조선의 땅이었다. 조선인이 주목해주는 일본인이 있다는 게 일본인으로서는 다행스럽고 또 일본인에게 일본과 조선의 장래 관계에 대한 희망을 주는 것은 틀림없는 사실이지만, 다른 한편 그녀를 묻을 공간조차 없었던 일본의 냉엄한 역사적 현실도 분명히 인식하지 않을 수 없다. 그렇다고 해서 그녀의 생활방식이 일본의 근대 속에서 완전히 고립되어 있다는 뜻은 아니다. 다나카 쇼조를 언급한 것도 그 점을 말하고 싶었기 때문이다. 그럼에도 불구하고 후미코가 걸었던 길은 참으로 가혹한 길이었다.

근대 일본의 그렇게 냉엄한 역사적 현실이 과거가 되어버렸다고는 아직 말할 수 없다. 오늘날 '종군위안부'에 대하여 '국민기금' 운운하며 국가의 책임을 모호하게 만들어버리는 '보상'이 진행되고 있다. '보상'이 그런 식으로밖에 이루어질 수 없는 것일까. 그렇다면 '종군위안부'를 훨씬 웃도는 강제 연행된 조선인 노동자, 군인, 군속에 대한 보상은 어찌할 셈이란 말인가. '종군위안부'에 대한 '보상'으로 끝내겠다는 말일까. 일본의 국가에 압력을 넣어 국가의 책임을 인정하게 하고 국가가 보상하도록 역량을 모으지 못했던 우리들의 역사를 슬퍼하지 않을 수 없다. 이것이 오늘날 일본의 냉엄한 역사적 현실이 아니고 무엇일까.

"저는 일본인이긴 하지만 일본인이 너무 증오스러워 화가 치밀곤 합니다"라고, 근대 일본인으로서의 자기를 부정했던 후미코는 조선인에 대한 사죄도 전후 보상도 깔끔하게 처리하지 못하는 오늘날의 일본을 어떻게 보고 있을까. 아니 타민족에 대해서만이 아니다. 사법 당국이 자신의 인권침해의 역사를 바로잡으려는 노력은 전혀 하지 않은 채, 인권침해의 우려가 있다고 태연하게 말하며 인권을 침해당한 후미코의 사료를 계속 은닉하고 있는 오늘의 일본을 어떻게 보고 있을까. 오늘날 일본인은 근대 일본 국가에 의해서 살해당한 후미코와 함께 투쟁하지 않으면 안 될 것이다. 올해는 후미코가 죽은 지 70년이 되는 해이다. 지금 여기 살고 있는 자들이 후미코를 추도한다고들 하지만, 진정한 추도는 현대 일본 국가와 대치하여 오늘도 그녀와 함께 싸워나가는 일 말고는 없을 것이다. 오늘날보다 훨씬 가혹했던 일본의 역사적 현실과 대치하여 쉼 없이 자기 발견의 길을 찾았던 후미코는 오늘 우리의 걸음을 계속해서 격려해줄 것이다.

부록

가네코 후미코·박열 서간집

일러두기

1. ( ) 안의 주는 원문에 있는 것이다.
2. 명백한 오류는 정정했다. 그리고 구두점이나 철자법 등은 현대어 표기에 맞게 수정했다.
3. 출전으로 기록한 「여사형수의 편지: 가네코 후미코가 모씨에게 보낸 옥중 통신」은 문예춘추사에서 간행한 『부인살롱』 제3권 제4호(1931년 4월)에 게재된 것이다. 이 서간집의 편집자는 알 수 없다. 아마도 구리하라 가즈오가 자신에게 보내온 가네코 후미코의 편지를 편집했을 가능성이 높다. 구리하라는 불령사 동인이었으며, 옥중에 있는 후미코에게 차입을 넣어주었다. 뿐만 아니라 가네코 후미코의 자서전 『무엇이 나를 이렇게 만들었는가』를 교정, 간행하는 데 힘쓴 인물이다.
4. 예심판사 다테마쓰 가이세이에게 지급으로 다음번 신문을 요청한 가네코 후미코의 편지(재심준비회 편, 『박열 · 가네코 후미코 재판기록』, 105쪽. 날짜 없음. 1925년 5월 9일에서 20일 사이에 씌어진 것) 및 1925년 12월 3일 자 가네코 후미코의 정신감정 거절장, 같은 달 4일 자 박열의 정신감정항의서(『재판기록』, 596, 597쪽)는 생략했다.

가네코 후미코의 편지

1. 부강소학교 재학 당시의 은사 핫토리 도미에에게 보낸 편지, 1923년 6~7월경(추정)

여기에 실린 편지는 가네코 후미코가 충청북도 청주군(현 청원군) 부용면 부용리에 살면서 다녔던 부강심상고등소학교의 은사 핫토리 도미에에게 보낸 것이다. A는 쇼지 후미오의 「세상의 어머니들에게: 두 명의 반역아를 키운 충북의 시골마을—가네코 후미코와 사고야 도메오의 조선 시절(2)」(『조선공론』 제263호, 1935년 2월)에 실린 것이고, B는 1926년 7월 31일 자 『도쿄아사히신문』에 「가네코 후미코가 죽기 전에 은사에게 보낸 편지/ 학대받았던 일생을 세세하게/ 세상을 저주하고 사람을 증오하며 눈물로 쓴 편지」라는 제목으로 실린 것이다. A와 B는 같은 것인데, 둘 다 발췌이며 문장이 다른 곳도 있어서 함께 싣기로 한다. 『도쿄아사히신문』 기사는 '현 청주 심상고등소학교 교장 핫토리 도미에'에게 보낸 것이라 설명하고 있다. 이 편지의 집필 연월의 추정 근거는 이 책의 316쪽 참조. A의 원문에는 단락이 없지만 이해를 돕기 위해 편자가 적절히 나누었다.

후미코는 이 편지에서, 조선에서 일본으로 돌아온 것이 1920년 4월 12일이라고 하는데, 이는 1919년 4월 12일이 맞다. 논증은 미주 제3장 1 참조.

A

언제나처럼 따뜻한 엽서를 보내주신 데 그저 감사드릴 뿐입니다. 뭐라고 말씀드려야 좋을지, 그리움과 기쁨 그리고 당시를 회상할 때마다 밀려오는 슬픔으로 가슴이 찢어질 듯합니다. 지금 막 시내에서 돌아와 현관에 나뒹굴고 있던 엽서를 읽고 그 자리에 엎어져 그만 소리 내어 울고 말았습니다. 저는 벌써 스물한 살이 됩니다만, 지금껏 이처럼 따뜻하고 자애로운 편지를 부모는 물론 그 누구에게도 받아본

적이 없습니다. 저는 마치 뭔가 만나지 못할 것을 만난 것만 같은 기분입니다. 이렇게 쓰고 있는 사이에 또다시 눈물이 넘쳐흐릅니다.

5월경에 있었던 일인데, 친구와 함께 간 간다에 있는 어느 밀크홀에서 우연히 한 구석에 놓여 있던 직원록을 뒤적이다가 선생님의 이름을 발견했고, 선생님이 청주에 살고 계시다는 걸 알았습니다. 오쿠와 미에 그리고 데쓰코도.

—저는 세상을 알고 있습니다.

—행복한 태양 아래 저는 무사히 잘 지내고 있습니다. 선생님께선 작년에 도쿄에 오셨다지요? 정말이지 아쉽고 서운합니다. 만약 앞으로 다시 오신다면 꼭 알려주세요. 무슨 일이 있어도 찾아뵙고 싶습니다. 너무 흥분이 되어 무슨 말을 해야 할지…. 선생님과 헤어지고 난 후 저의 생활을 대략 말씀드리겠습니다. 지금까지 몇 번이고 편지를 써야지 생각하면서도 말로만 그치고, 편지를 썼다가 찢고 썼다가 찢고 하다가 오늘에야 소식을 드립니다. 그렇지만 저는 믿습니다. 당시의 저와 여전히 어려움을 겪고 있는 오늘의 제 생활 및 사상… 그것은 아무에게도 말할 수 없지만, 선생님께만은 이해를 구하고 싶습니다. 이 지구상에 저의 과거를 조금이라도 정당하게 이해하고 비판해주는 사람이 있다면 저는 그것으로 충분합니다. 하지만 그런 사람이 없다는 것은 저 자신이 잘 알고 있으며, 그래서 저 혼자 과거를 꼭 끌어안고 싸워 나가고 있습니다. 저는 지금 순수한 사랑의 마음으로 이 편지를 쓰고 있습니다. …괜히 성가시게 하는 건 아닌지 모르겠습니다.

어떤 소설가의 배려로 지금 저는 제 자서전을 쓰고 있습니다. 9월이나 10월쯤에 어떤 부인잡지에 실릴 거라 하니까 꼭 한번 읽어주세요. 조선에서 생활하던 때의 일을 중심으로 하여 조선인을 소개하고 당시 제가 겪었던 일들을 낱낱이 얘기함으로써 세상의 많은 어머니들이 이 글을 육아자료로 사용할 수 있었으면 좋겠다는 생각을 갖고 있습니다. 나아가 미흡하나마 학대받았던 인간이 어떻게 변하는지에 관해서도 쓰고 싶습니다.

제가 귀향한 것은 1920년 4월 12일이었습니다. 운명의 손에 인정사정없이 이끌려온 저는 역시 불행했습니다. 그 후에도 저는 이용을 당했으며, 아차 하고 깨달았을 때 저는 이미 어떤 사람의 아내가 되어 있었습니다. 더욱이 귀향한 지 고작 6일째 되던 때의 일이었습니다. 그리고 그 상대는 어머니의 동생 그러니까 외삼촌이었습니다. …그리고 그 일을 결정한 사람은 여섯 살 때 저를 버리고 이모와 눈이 맞아 달아났던 아버지였습니다. 선생님, 어떻게 제가 속임수에 빠져들 수 있겠습니까? 열일곱 살이나 된 저 자신이 알지도 못하는 사이에 자신의 의무도 다하지 못한 아버지가 또다시 아버지라는 권리를 이용하여, 게다가 10년 이상 남의 손에서 자라난 제가 어떻게 성격이 바뀌었는지 생각하지도 않고 이런 일을 벌이다니… 저는 참으로 어처구니가 없었습니다. 아버지의 계략에 의해 남의 아내가 되어야 할, 그것도 시골 중의 아내가 되어야 할 지경에 처했던 제가 여학교를 무단으로 퇴학하고 도쿄로 올라온 것은 1920년 5월이었습니다.

저는 그때부터 고학을 시작했습니다. 우에노에 있는 삼마이다리에서 신문을 팔기도 하고, 노점상, 행상, 사무원, 가정부, 외교원, 찻집 등등 형편이 나은 일자리를 찾아 전전하면서 공부를 했습니다. 간다의 세이소쿠영어학교를 비롯하여, 기하는 다이세이중학, 한학은 니쇼학사, 대수는 연수학관 등 주로 남자들이 다니는 학교를 돌아다니며 중학교 졸업 정도의 실력을 쌓았습니다. 그사이 생각에도 많은 변화가 있었습니다. 일년 남짓 진실한 크리스천으로서 과거의 고통스러웠던 체험을 돌아보지 않고 오로지 천국만을 꿈꾼 적도 있었습니다. 하지만 저를 괴롭힌 과거의 사람들에 대한 반항은 신앙이라는 이름으로 어물어물 넘겨버릴 수 있는 게 아니었습니다. 저의 반항은 날이 갈수록 뜨겁게 타올랐고, 지금은 모든 것을 깊이 새겨두지 않으면 안 된다는 생각을 하고 있습니다. 저는 지금 아나키스트라는 이름으로 위정자들의 리스트에 올라 있습니다. 그리고 경시청의 관계자들이 저의 일거일동을 감시하고 있습니다. (중략)

저는 일본인이긴 하지만 일본인이 너무 증오스러워 화가 치밀곤 합니다. 그때 그저 눈에 비쳤을 뿐인 사건들이 지금은 크나큰 반항의 뿌리가 되어 제 가슴속에 깊이 새겨져 있습니다. 조선 생활 동안 보고 들은 바 저는 조선인들의 일본제국주의에 대한 모든 반항운동에 동정심을 갖게 되었습니다. 저는 도쿄로 오자마자 많은 조선인 사회주의자 혹은 민족운동자와 벗이 되었습니다. 저는 정말이지 이런 운동을 속 편하게 남의 일이라고만 치부해버릴 수가 없습니다. 저는 작년 4월부터 조선인인 허무주의적 아나키스트와 동거하고 있습니다. 언젠가 보내드린 『현사회』는 우리 두 사람이 중심이 되어 만들고 있습니다.

이상 말씀드린 것을 대략 이해하셨으리라 생각합니다. 선생님, 지금 제가 갖고 있는 이런 사상의 결과만을 가지고 저를 꾸짖지 말아주십시오. 저를 책망하시기 전에 먼저 저를 이렇게 만든 저의 부모와 친척들의 태도를 생각해주십시오. 그리고 외로운 저를 괴롭히고 학대한 사람들을 옹호하고 있는 지금의 자본주의사회를 생각해주십시오. 아니 이렇듯 잔혹한 존재를 묵인하고 있는 우주의 대자연을 저주하여 주십시오.

글이 길어졌습니다만, 눈물 속에서 저도 모르게 펜이 달려갑니다. 참으로 오랜만에 실컷 울었습니다. 지금 저는 하마마쓰의 아버지는 물론이고 야마나시의 어머니와도 절교하고 있습니다. 처음엔 자세하게 쓸 생각이었습니다만 왠지 초조한 마음에 쓸 수가 없습니다. 혹시 오해하실까봐 걱정스럽긴 합니다만, 어쨌든 저는 자신을 표준으로 하여 선하다고 생각하는 방향으로 나아갈 뿐이라는 것만 말씀드리기로 하고, 자세한 내용은 잡지를 참고하시기 바랍니다.

정말로 그리워 어찌할 줄 모르겠습니다. 때로는 혹시 부강에서 함께 공부한 친구가 있을지도 모른다는 바보 같은 생각에 전차 안을 구석구석 돌아다닌 적도 있습니다. 하지만 불행하게도 한 사람도 만나지 못했습니다. 모두 어디로 갔는지. 귀향하고 나서 일년 남짓 대전의 병원에 있던 야마다 이치에가 종종 소식을 전해왔는데, 그것도 언제부터인지 끊어지고 말았습니다. 도쿄에는 때마침 장맛비가 내리고 있습니다. 지금도 기세 좋게 쏟아지고 있습니다. 저의 집에서 요요기에 있는 연병장을 가로지르면 메이지신궁입니다. 미에코 씨는 어쩌면 그렇게 귀여운지요. 저는 아직도 꼬마입니다. 9전짜리 왜나막신 하나도 제대로 신지 못하고 모든 운동을 금지당한 채 살아온 제가 커서 환자처럼 된 것도 무리는 아닐 겁니다. 저는 변함없이 가난합니다. 하지만 이와시타가 사람들처럼 돈을 지키며 사는 것보다는 훨씬 인간적인 생활입니다.

12전짜리 그림물감을 사주지 않아 선생님께 빌린 적도 있었습니다. 냄비를 파손했다고 제가 고향에서 가지고 온 저금을 꺼내 변상한 적도 있었습니다…. 청주로 하루 동안 여행을 갈 때 용돈 10전을 준 것이 조선 생활 7년 동안 딱 한 번 … 아아.

선생님께서 옥천으로 전근을 가시고 난 다음인 한여름 어느 날, 자살을 하려고 철길로 갔지만 아직 신호가 내리지 않아 다시 꿈속에서처럼 쏜살같이 금강 가에 있는 옛 장터의 오동나무 아래로 달려갔습니다. 나무 아래에서 가까이에 있는 돌을 주워 모아 유모지(속치마처럼 허리에 감는 천—옮긴이)를 풀어 그 안에 싸서 몸에 묶었을 때의 저를 사로잡던 기분이란! 작년에 그 짧은 유모지는 다 해져서 더 이상 형체도 찾아볼 수 없게 되었지만 비참했던 그때의 생각만은 뚜렷하게 남아 있습니다.

두서없는 글입니다만 잘 헤아려서 읽어주시길 바랍니다. 조금은 즐겁고 또 조금은 혼란스럽지요?

그리고 심장이 좋지 않아 의사에게 보였더니, 판막증은 아닌 듯하고 선천성 비대증인 듯싶은데 결국은 수축력이 부족하다고 하더군요. 엑스레이광선요법을 받아보기도 했습니다만 별 효과가 없었고, 식이요법은 해도 그만 안 해도 그만이었습니다. 아무리 손을 써봐도 절대로 완치는 할 수 없을 거라 생각하고 평상시 생활에 신경을 쓰기로 마음먹었습니다. 처음, 벌써 9년이 됐습니다만, 사범학교 입학을 결심한 적이 있었습니다. 그런데 공부 쪽에는 자신이 있었지만, 체조를 감당할 수가 없으니 무리하지 말고 그만두는 게 좋겠다는 시험관의 권유를 받아들여 생각을 접었습니다. 하지만 지금은 제 몸이 비교적 괜찮아져서 심장 문제는 까맣게 잊어버렸습니다. 지금까지 부모에게 편지를 받아도 이처럼 세세한 내적인 일은 한번도 말한 적이 없습니다. 저는 세상 사람들이 말하는 '사랑'이라는 걸 극단적으로 부정합니다. '부모가 자식을 기르는 게 사랑이라면 인간이 돼지를 치는 것도 사랑일 터인데, 그렇다면 양돈업과 양아업養兒業 사이에 아무런 차이가 없지 않은가.' 이런 생각을 갖고 있는 제가 지금 선생님의 짧은 글을 보고 당황해하는 것도 무리는 아니겠지요. 바쁘시겠지만 짬을 내셔서 저와 함께 가르치신 아이들의 동정과 부강의 모습을 전해주십시오. 그리고 고모 일가(이와시타)는 아직도 부강에 살고 있는지요? 그 덕분에 옛날처럼 누더기를 입지 않습니다. 아무리 무더운 태양 아래 서 있을지라도…. '여차하면 모시를 지어 입게 옷이 타버렸으면 하는 모양이구나…' 이런저런 잔소리를 늘어놓는가 하면, 끝내는 '농업시간에는 일찍 집으로 돌아오라'는 말을 듣고 슬픈 표정을 지으면 두 자쯤 되는 회초리로 마구 때리고… 아아!

저는 그때, 학교와 가정 사이에 끼어 어느 쪽 말을 들어야 좋을지 몰랐습니다. 아니 학교에서 하는 말이 옳다고 판단할 수는 있었지만 그럴 경우 이와시타 쪽의 사정이 더욱 악화되었고, 결국 이러나저러나 맞을 수밖에 없었습니다. 그리고 왜 때리냐며 정당한 이유를 들어 따지기라도 하면 회초리 수만 늘릴 따름이었습니다. 그러한 모순은 거의 모든 일에서 드러났습니다. 저는 정말이지 정의라는 것, 선이라는 것이 있는지 의심스럽습니다. 정의? 선? 도대체 무엇을 표준으로 하여 날조된 말입니까? 당치도 않습니다.

이 세상에 소위 정의나 선이라는 게 있기는 한가요….

저 자신이 생각하는 것 모두가 선이며 아름다움입니다.

도쿄에 볼일이 있어 오신다면 걱정 마시고 말씀해주십시오. 가능한 한 도와드리겠습니다. 긴 글로 괜히 성가시게나 하지 않았는지 염려스럽습니다. 부디 모든 분들에게 안부 전해주십시오. 마지막으로 한 가지 소원, 부디 자중하시기를 거듭 기원합니다.

펜을 든 지 세 시간 후

도쿄에서 후미코 올림

B

—먼저 서두에 끝없는 온정과 자애로 충만한 옛 스승의 태양과 같은 마음에 감사의 뜻을 표한 다음— 지금 저는 너무나 흥분한 나머지

무엇을 말씀드려야 할지 모르겠습니다. 우선 선생님과 헤어지고 난 뒤 저의 생활을 대략 말씀드리겠습니다. 지금까지 몇 번씩이나 선생님께 편지를 썼습니다만, 모두 제가 어리석은 탓에 쓰고는 찢고 또 쓰고는 찢고 하다 보니 오늘에 이르고 말았습니다. 그 당시의 저와 여전히 어려움을 겪고 있는 오늘의 제 생활 및 사상—그것은 아직껏 누구에게도 말하지 못했습니다. 선생님께만은 그것을 말씀드리고 이해를 구하고 싶습니다. 이 지구상에 저의 과거를 조금이라도 정당하게 이해하고 비판해주는 사람이 있다면 저는 그것으로 충분합니다. 저는 지금 순수한 사랑의 마음으로 이 편지를 쓰고 있습니다. 저는 그때 학대받은 인간이 어떻게 변화하는가를 말하기 위해 자서전을 쓰고 싶다고 생각한 적이 여러 번 있었습니다. 제가 조선에서 귀향한 것은 1920년 4월 12일이었습니다. 운명의 손에 인정사정없이 이끌려온 저는 언제나 불행했습니다. 그리고 운명과 사람들에게 이용되었고, 아차 하고 깨달았을 땐 저는 다른 사람의 아내가 되어 있었습니다. 더욱이 귀향한 지 고작 6일째 되던 때의 일이었습니다. 그리고 그 상대는 어머니의 동생 그러니까 외삼촌이었습니다. 그리고 혼담을 결정한 사람은 여섯 살 때 저를 버리고 이모와 눈이 맞아 달아났던 아버지였습니다. 선생님, 제가 어찌 굴종할 수 있었겠습니까. 아버지의 의무도 다하지 않은 아버지, 학대하는 아버지, 저는 반항했습니다. 그리고 도쿄로 올라왔습니다.

제가 가는 곳은 어디나 비참한 길이었습니다. 그러나 고심참담, 모든 역경과 싸우며 고학을 했고, 중학 정도의 실력을 쌓았습니다. 그사이 사상 방면에 있어서는 일년 남짓 진실한 크리스천으로서 과거의 고통스러웠던 체험을 돌아보지 않고 오로지 천국만을 꿈꾼 적도 있었습니다. 하지만 저를 괴롭힌 과거의 사람들에 대한 반항은 신앙이라는 이름으로 어물어물 넘겨버릴 수 있는 게 아니었습니다. 저의 사상은 (중략) 만족할 만한 게 아니었습니다. 저는 도쿄로 오면서부터 조선인 주의자와 친구가 되었습니다. (중략) 선생님, 지금 저의 상황을 꾸짖지 말아주십시오. 저를 학대하여 이렇게 만든 저의 부모와 친척들의 태도를 생각해주십시오. 그리고 외로운 저를 괴롭히고 학대한 사람들을 (중략) 생각해주십시오. 아니 이렇듯 잔혹한 존재를 용인하고 있는 대자연을 저주하여주십시오.

글이 길어졌습니다만, 눈물 속에서 저도 모르게 펜이 달려갑니다. 이와시타 고모부의 가족들은 변함없이 돈을 잘 지키고 있는지요. 12전짜리 그림물감을 사주지 않아 선생님께 돈을 빌린 적도 있지 않습니까. 냄비를 파손했다고 제가 고향에서 가지고 온 저금을 꺼내 변상한 적도 있었습니다. 청주로 하루 동안 여행을 갈 때 용돈 10전을 준 적이 조선 생활 7년 동안 단 한번 있었습니다. 선생님께서 옥천으로 전근 가시고 난 후인 어느 여름 날, 자살을 하려고 근처에 있는 경부노선으로 가, 유마키(치마에 두르는 천—옮긴이)에 돌을 가득 담아 몸에 묶었을 때의 그 싸늘했던 느낌! 그 유마키는 작년에 그림자도 형체도 없이 사라져버렸습니다. 아아, 모두가 꿈이었습니다. 정의란 무엇인가? 선이란 무엇인가? 이런 체험에 비추어보면 어떤 표준도 없습니다. (후략)

2. 예심판사 다테마쓰 가이세이에게 보내는 편지, 1925년 5월 21일

(재심준비회 편, 『박열 · 가네코 후미코 재판기록』, 흑색전선사, 1977)

아침 여섯 시가 지나고 있습니다. 아침식사를 하기 전, 2, 3일 전 차

입된 어떤 러시아 작가의 논문집을 펼쳐보다가, 우연히 다음과 같은 구절이 눈에 띈 것을 실마리 삼아 당신에게 말하고자 합니다.

"살기를 바라는 인간에게 살기를 바라지 말라고 설교하는 것은 웃기는 일이다. 인생이 직접적인 만족을 주는 인간을 보고, 그에게는 살아가는 일이 지극히 유쾌하지 못하다고 말하는 것은 참으로 웃기는 일이다. 마찬가지로…" 운운.

그렇다면 나는 당신에게 이렇게 말하겠습니다.

"살기를 바라지 않는 인간에게 살기를 바라라고 설교하는 것은 웃기는 일이다. 인생이 직접적인 만족을 주지 못하는 인간을 향해 그에게는 살아가는 일이 지극히 유쾌하다고 말하는 것은 참으로 웃기는 일이다."

살아 있다는 것 그 자체로는 아무런 가치도 없습니다. 살아 있다는 것을 기뻐할 수 있는 사람이어야 비로소 가치를 발견할 수 있습니다. 인간에 관한 모든 것은 개인적입니다. 그런데 그중에서도 살고 죽는 문제는 그 무엇보다 강하게 개인적인 색채를 띠고 있습니다.

빌어먹더라도 살고 싶다고 말하는 인간에게는 살아 있다는 것이 최상의 가치일 것입니다. 하지만 빌어먹느니 차라리 죽고 싶다고 말하는 인간에게 그것은 서푼어치의 가치도 없습니다.

살고 싶은 인간이 단지 '살아 있는 것'만을 목표로 하여 살고 싶지 않은 인간을 질질 끌면서 '살아 있게 하는 것'은 웃기는 일이자 가소로운 일이며 고맙지만 괴로운 일입니다. 그것은 자신의 천박함과 현실에 대한 맹목을 광고하는 것이나 다름없습니다.

인생의 프로세스, 그것이 그에게 유쾌한가 또는 그의 생활이란 무엇인가라는 물음에 의미를 부여할 수 있고 충실하게 할 수 있을 때에만 인간은 살아갈 수가 있습니다.

어떤 사람이 있다 칩시다. 고통으로 뒤틀린 현실을 버리고 기꺼이 어둠 속으로 가고자 하는데, 그를 되돌아오게 하여 그 고통을 감내하라고 요구할 수 있는, 그 어떤 권리를 우리들이 갖고 있다고 생각하십니까? 그리고 또, 마지못해 되돌아와서는 고통스러워하고, 번민하며, 어쩔 수 없이 걸어가야만 하는 그에게 우리들은 무슨 의무를 부여할 수가 있겠습니까?

마지막으로, 알티바셰프는 이렇게 말했습니다.

"—인생에서 기쁨을 발견할 수 있는 자만이 살아갈 자격이 있다. 인생에서 아무것도 발견하지 못하는 자는 오히려 죽는 게 낫다."

다시 마지막으로 나는 말합니다.

"살고 싶은 자는 살려주라. 그리고 죽고 싶어 하는 자는 죽게 내버려두라.— 여기에 참된 인생이 있다."

판사 선생! 당신은 철저하지 못해서 곤란합니다. 일년 반이나 서로 만났으면서도 어쩌면 그렇게 나를 이해하지 못할 수가 있지요? 정말이지 지긋지긋합니다. 이 속에 들어 있는 나의 말과 기분을 자-알 생각해보세요.

나의 편지를 빨리 돌려주십시오. '불허'인 것도 빨리 돌려주세요. 5월도 끝나갑니다. 서둘러주십시오.

21일 아침

가네코 후미코

3. 구리하라 가즈오에게 보낸 편지, 1925년 6월 16일

(가네코 후미코 옥중수기, 『무엇이 나를 이렇게 만들었는가』 증보개정판, 흑색전선사)

지금 막 『태양을 쏘는 자』와 함께 『민본주의자』를 받았어요. 형이 보내신 차입물이라 참 재밌긴 하지만, 이제 필요 없게 될 것이기에 이 물건을 함께 보관해주기를 부탁드릴게요.

『전사—』를 읽어보면 저자는 빈민굴이라는 인간쓰레기의 추악함 속에서 은밀히 자신이 우월하다는 걸 자랑하는 것처럼 보이기도 하더군요. 어쨌든 바보 같은 이상주의자예요.

> 지구를 단단히 끌어안고 눈물 흘리는 나,
> 저 높은 곳에 계시는 천제의 앞.
> 누가 뭐래도 짜디짤 따름이다.
> 후이산은 말한다.
> 발로 차고 또 발에 채이며 돌아가는 지구를,
> 양자강 물에 잠기게 하고 싶다.
> 물안개 걷히고 지구가 잠기면,
> 나 웃음 지으리라, 물보라 그늘에서.

철인이라는 둥 뭐라는 둥 가장 어려운 신분에 어울리지 않는 자격을 부여받은 자들이어서 형이 구하는 바를 함축하고 있지 못합니다. 그런데 나의 '걸작'은 화들짝 놀라 뒤로 물러서버려요. 목에 무엇이 걸린 듯 나오질 않아요.

노래짓는 법을 좀 배워보고 싶어요. 미안하지만, 신쵸사판 『다쿠보쿠啄木선집』이 있다고 하는데, 이 책을 찾아봐서 있으면 한 권 사주실래요? 돈은 내게도 있어요. 용어나 색채를 보아하니 그 사람이 좋을 것 같아요. 흉내를 낼 거라면 그 사람을 흉내내고 싶습니다. 난 말하는 법을 잊었어요. 보내주신 옷 고마워요. 감색을 보면 고학 시절이 떠오르고, 소맷자락이 달린 홑옷을 보면 백분白粉과 치킨라이스 냄새가 나요.

조선옷은 복잡한 게 한 가지 흠입니다. 하나 더 부탁할 게 있어요. 소매에 레이스가 달린 옷이 만약 있다면 더러워도 상관없으니까 하나 들여 보내주세요. 그리고 정말로 말하기 어려운 게 있는데, 화려한 모슬린으로 만든 속옷 —그게 없으면 고시마키(허리에 두르는 여성용 의복—옮긴이)— 그것도 없으면 여자들이 입는 잠방이라도 있을 거예요. 부탁하는 김에 그것도 하나 넣어주지 않을래요? 두 벌밖에 없어서 좀 불편해서요. 구할 수 없으면 굳이 애쓰지 마세요. 형의 안사람 것을 빌려주면 되니까.

한韓형은 언젠가 귀경했다는 말이 있던데 맞나요? 소식 전하는 김에 박열에게『태양』독후감은 도모에야를 거쳐 한형에게 보내라고 전해주세요. 동지들은 모두 잘 있겠지요? 마스오카, 나가타 두 형은 어떻게 되었는지 모르겠어요. 좋은 친구들이었는데. 잘 있는지, 어떻게 살고 있는지. 아무래도 흙 위를 걷고 있을 것만 같아요. 모두에게 안부 전해주세요. 그런데 뭐라고 안부를 전하지요? 뭐 있잖아요, 위장은 튼튼하고 등등. 스기하라, 고이즈미, 스즈키 등 여러 형들에게도요.

"죽어 흙으로 돌아갈 뿐."

"살아 흙에서 숨쉴 따름."

지당한 문답.

다쿠보쿠의 시 가운데 잊혀지지 않는 게 하나 있어요. 들어보세요!

'핑계대지 말고 당당하게 살아가라. 언젠가 흙으로 돌아갈 몸이니까.'

비 내리는 날.

(긴급) 요즘의 포고. 헌법 제1조에 의거, 신성한 존재여서 어느 누구도 침해할 수 없다. 그거야 그렇다 치고. 별것 아니라고 생각하고는 있지만 종이가 너무 형편없어요. 펜이 아까울 정도라니까요. 그래서 또 부탁이 있어요. 내일 영치금을 맡겨둘 테니까 형이 와서 8엔을 받아서, 미안하지만 종이 좀 사서 들여보내주었으면 해요. 급해요. 이렇게 꺼칠꺼칠하지도 않고 또 너무 미끈거리지도 않는 것, 그리고 판版이 가장 큰 것이었으면 좋겠어요. 루비(한자 옆에 토를 다는 작은 활자—옮긴이)를 달 수 있도록 칸이 넓은 것으로—보시다시피 내 글씨는 깔끔하지도 않고 크기만 해서 썼다 지웠다 하다 보면 어지러울 정도로 지저분하잖아요. 그러니까 형이 잘 생각해서 구해주었으면 해요.

4, 5일 전 동지들로부터 15엔을 받았어요. 40첩이든 50첩이든 좋아요. 그리고 흰 수건도 하나—이런 종이만 해도 10전이니까, 돈이 충분하진 않을 거예요. 어떨지 모르지만 우선 종이를 먼저 사고 남는다면, 『다쿠보쿠선집』이 눈에 띄거든 사서 보내주세요. 분명히 50, 60전을 할 거예요.

급하게 부탁만 해서 미안해요. 이 종이는 지금 세 첩밖에 안 남았어요. 10장씩 사용한다 해도 6일밖에 쓰지 못해요. 기다릴게요. 종이만은 좋은 걸 쓰고 싶어요. 다른 건 형편 닿는 대로 하면 되구요.

15일 낮

후미코

4. 재판장 마키노 기쿠노스케에게 보낸 편지, 1926년 2월 15일

(재심준비위원회 편, 『박열 · 가네코 후미코 재판기록』. 원고지에 기재)

내가 정확하게 말해야 되겠지만 그럴 수는 없고, 부인께 물어보고 알아서 결정하도록 하세요. 따라서 내가 이러쿵저러쿵할 게 아닙니다. 16, 17일 양일은 성가시게도 몸이 좋지 않아 기분이 나빠서 나는 가지 못합니다. 곤봉으로 협박한다 해도 움직일 수 없습니다. 그럴 생각입니다. 공평을 가장하고 있는 재판관 제군! 이 가네코 후미코가 연루된 형법 제73조 대역죄 및 폭발물단속벌칙위반 피고사건은 피고인이 없어도 아무 손해 날 게 없으니 그냥 재판하세요.

1926년 2월 15일 아침
이부자리에서 뒹굴며
가네코 후미코

5. 수취인 불명, 4월 16일(연도 불명)

(「여사형수의 편지: 가네코 후미코가 모씨에게 보낸 옥중통신」, 원제는 「4월 16일 밤 7시 30분」)

지금 재판소에서 돌아온 참입니다. 자세한 내용은 판사에게서 들으실 수 있을 겁니다. 여러 가지로 신세만 지게 되는군요.

T씨가 하오리를 비롯해 입을 것을 넣어주었기 때문에 더 이상 필요한 게 없습니다. 아무리 오래 걸린다고 해도, 이렇게 질질 끌다 보니 내가 견딜 수가 없습니다. 성인聖人처럼 선경仙境에 안주할 수 없을 바에야 누구처럼 난폭하게 날뛰기라고 해야겠지만, 알 만한 여자가 그

럴 수도 없는 노릇 아닙니까. —그러기보다 생각하는 것, 할 수 있는 것만을 내 뜻대로 하면서 이 세상에 대한 아쉬움을 달래지만, 허무하다는 생각뿐 아,— 그 순간에 이 세상을 떠난다면 나는 너무 행복할 거라 생각합니다.

나를 낳아준 어머니! 아니 아버지마저도 내가 죽음의 지경에까지 이르리라곤 생각하지 못했을 겁니다. 그래요, 아버지나 어머니가 아무리 행복하다고 여긴 생활이라 해도 그것이 소중한 딸에게는 불행이었다고 한다면, 역시 나는 불행한 여자입니다! 어떻게 죽든 나는 행복합니다. 이렇게 죽어서—이렇게 생각하는 건 내가 에고이스트이기 때문일까요? 당신은 어떻게 생각하십니까?

하지만 사람의 목숨이란 건 정말이지 주사위 같은 것이더군요. 나는 일찍이 태어나면서부터 주사위의 운명을 맛보았습니다. 아버지는 내 이름을 가메코龜子라고 짓고 싶어 했는데, 왜 그랬는지 모르지만 대단한 기세였다고 합니다. 그런데 외삼촌과 어머니가 반대하고 나서며 평범하지만 후미코가 낫다고 주장했답니다. 그래서 신의 선택에 맡길 수밖에 없어서 가메코와 후미코라고 쓴 종이조각을 가미다나(집 안에 신주를 모셔 놓은 감실—옮긴이)에 바치고는 등불을 켜고 '나무카미사마…' 어쩌고 알 수 없는 기도를 마친 후, 박수를 치고서 눈을 딱 감고 종이 한 장을 집어들었답니다—그것이 후미코였습니다. 아버지는 반대했지만 신의 선택인데 하계의 인간인지라 입도 뻥긋하지 못했다는군요. 그리하여 나는 후미코, 태어나서 20여 년, 갓난아기에서 소녀를 거쳐 후미코 씨라고 불리게 된 것도 우연이겠지요? 아니면 운명인가요? 나는 그게 우연인지 운명인지 알지 못하며 또 알고 싶지도 않습니다. 곰곰이 생각해보면 살기도 어렵고 죽기도 어렵습니다. 어쨌든 태어나는 자는 살고 죽어가는 자는 죽는 것이겠지요.

나는 지금 따스한 봄 공기를 가슴 가득 들이마시고, 좁은 세 장짜리 다다미방에서 당신에게 편지를 쓰고 있습니다.

나는 지나치다 싶을 정도로 뭘 따지고 드는 건지도 모릅니다. 단조로운 생활에 마음만 날카로워진 나는, 저쪽에 있는 뭔가를 바라면서 언제까지 이렇게 있어야 하나 생각하며 슬픔에 잠깁니다.

밖에 살고 있는 당신들에게는 자유의 대가로 의식주라는 족쇄가 있다는 것을 잘 알고 있습니다. 그런데 밖에 있는 동지들은 뭘 하고 있는지요? 내가 이렇게 생각하는 것도 당연합니다.

궤변가, 이론가, 그것은 니체뿐만 아니라 내게도 해당되는 말입니다. 생활을 잃어버린 생활자, 이것만큼 씁쓸한 느낌을 지닌 말도 없습니다.

"그렇게 오래가지는 않을 거야." 당신은 이렇게 말합니다. 나는 장래의 운명을 잘 알진 못하지만, 당신의 상상과는 조금 거리가 있는 듯합니다. 다른 얘기이지만, 혹시 내가 가진 물건 중에 쓸 만한 것이 있으면 저녁 한끼 대접하는 셈치고 넝마주이에게 나누어주세요. 내 몸은 걱정해주신 덕분에 별 탈 없이 강아지처럼 살이 쪘고, 보기 민망할 정도로 건강합니다. 조금도 걱정하지 마세요.

그럼 건강하시길.

6. 수취인 불명, 4월 20일(연도 불명)

(「여사형수의 편지: 가네코 후미코가 모씨에게 보낸 옥중통신」, 원제는 「4월 20일 저녁 식사를 하고 나서」)

오늘 아침, 정말로 반가운 손님이 문안차 찾아왔는데, 누굴까요?

놀랍게도 ○○신문사 이사님! 그 큰 몸을 이끌고 와서는 조그마한 의자에 당당하게 앉아서 사람 좋은 미소를 짓고 있더군요. 간단한 인사만 하고 얘기는 끝났지만, 일찍부터 무슨 생각이 있었던 듯합니다. 그것을 생각하니 나도 모르게 웃음이 나는 일 하나가 떠오르네요.

내가 막 체포되어 ○○경찰서의 누추한 유치장에 있을 무렵, 맨 먼저 면회를 와 깨끗한 홑옷을 차입해주었을 때의 일입니다. 경찰서 이층에서 서장이 입회한 가운데 얘기를 했는데, 좀 길긴 하지만, 어쨌든 이런 얘기였어요. '어차피 이렇게 됐으니 어쩔 수 없지만 다시 세상에 나오면'이라는 조건을 달더니, 그 이사님이 말하기를 "돈을 좀 빌려줄 테니까 어디 장소를 골라 싸고 간단한 술집이나 오뎅집을 차리고, 또 동지들이 살 수 있게 상쾌한 안식처를 짓고, 당신은 틈나는 대로 하고

* 이것은 의외에도 박열과 후미코의 후원자가 있었다는 것을 말해준다. 이와 관련된 회상을 기록한 옥중 편지가 1926년 7월 31일 자 『고쿠민신문』에 다음과 같이 소개되어 있다. 「후미코가 놓친 단 한 번의 행복: 간이식당 개업 후원자가 나타나 나물 무치는 법까지 알려줘」 (전략) 불우했던 환경이 낳은 저주받은 운명에 죽어간 후미코의 인생행로는 여러 번 기록한 바와 같다. 후미코가 옥중생활을 하면서 조용히 과거의 여러 가지 일들과 사람들을 떠올리다가, 문득 어떤 사람을 기억하고 쓴 「놓쳐버린 행복」이라는 편지를 최근 친하게 지내는 어느 동지 편에 보내왔다. 이 편지의 서두에는 다음과 같이 씌어 있다.
"오늘은 일요일이라 붉은 제복을 입은 군인도 편하게 기대어 쉬고 있습니다. 오늘 조금 다른 이야기, 내가 놓쳐버린 행복에 관한 얘기를 들려드릴게요."

■

'놓쳐버린 행복에 관한 이야기', 대역죄를 짓고 무기징역을 살다가 자살한 여성, 한 편의 드라마와도 같은 그 이야기—. 박열과 후미코가 사상운동을 하고 있을 때, 두 사람이 늘 존경하던 모씨는 어느 날 후미코에게 "자네들의 운동도 경제적인 측면을 고려하지 않으면 안 될 걸세. 그쪽에도 힘을 써야 해. 어떤가, 내가 돈을 줄 테니까 밥집이든 뭐든 해보는 게"라고 권했다. 후미코는 두말없이 승낙했으며, 며칠 후 모씨의 지인인 여자의전 학생의 집에서 얘기를 매듭짓기로 했다. 가게를 낼 장소, 집세, 그릇, 테이블, 된장, 간장 등의

싶은 일을 해도 좋다"고 내게 말하더군요.

그런데 일이 얽히고 설켜 3년이 지난 오늘, 아무래도 숨이 붙어 있는 동안에는 세상의 바람을 쐬기란 도저히 불가능하게 된 상황에서, 그때 내가 무더운 유치장에서 꿈에 그리던 것들, 가메자와 근처에 있는 조그만 가게의 모습과 물건을 구입하는 가게 앞 풍경과 집의 문패와 나물 무치는 법 등등 손에 잡힐 것만 같던 꿈들이 정말 꿈이 되어 꽃처럼 산산이 흩어져버리고 말았습니다.*

이 무렵 나의 꿈은 참으로 컸습니다. 왜냐하면 무엇보다 나는 그런 일에 경험자였습니다. 그리하여 장사를 해서 얼마간 이윤이 남으면 동지들의 도움을 받지 않고도 기관지 정도는 별 걱정 없이 만들 수 있었을 겁니다. 지금 생각하면 정말이지 달콤한 꿈이었지만, 그분이

비용에 대한 견적을 뽑았고 이제 돈만 내면 되는 상황이었다. "이렇게 고마운 행운이 나를 찾아왔던 것입니다. 내가 도쿄에 와서 약 4년, 이렇게 즐거운 얘기를 다른 사람에게 들려준 적은 한번도 없었습니다.

■

후미코는 당시 이 행운에 의지하여 인생의 지침을 결정하고자 했던 것이다. 그런데 인생은 알 수 없는 수수께끼가 아닌가. 간이식당 주인이 될 뻔했던 후미코, 그녀에게 굴러온 주사위의 눈은 대역(大逆) 계획, 폭로, 검거, 수감이었다. 모처럼 찾아온 밥집의 꿈도 그만 깨져버렸다. 단 한번의 행운은 실현되지 못한 채 영원히 남게 된 것이다. "정말이지 사람을 바보로 만들어버리는 운명입니다. 나는 나물 무치는 법까지 연구했는데…"라고 후미코는 말했다.

■

간이식당 주인으로 살아갈 수도 있었던 대역죄인 후미코, 무기수로서 생을 마감한 그녀에게는 또 한번 쓰디쓴 운명의 장난이었는지도 모른다. 그녀를 죽음으로 이끈 쓸쓸했던 과거와 여성으로서 쓸쓸하게 살아가야 하는 현재가 착종하여 그녀를 이런 죽음으로 유혹하여 짓찢어버린 것은 아닐까.

베풀어준 후의厚意를 토대로 하여 참으로 달콤한 꿈길을 걸었던 것입니다.

생각이 나기에 이렇게 몇 자 적어봅니다. 다음에 이사님을 만나거든 부디 안부 전해주세요!

7. 수취인 불명, 4월 24일(연도 불명)

(「여사형수의 편지: 가네코 후미코가 모씨에게 보낸 옥중통신」, 원제는 「4월 24일」)

정말 봄인가 봅니다. 석 자나 되는 높다란 창문에서 화창한 햇살이 세 장 다다미 위에 뚜렷하게 가로 빗기어, 푸른 하늘 저 먼 쪽에 흐르는 단면斷面이 피로에 지친 나의 눈에 편안한 휴식을 전해줍니다. 아무 생각 없이 멀거니 푸른 하늘을 바라보고 있노라니, 교외에 있던 집에서 여러 벗과 함께 웃으며 종잡을 수 없는 이야기를 하던 그 어떤 날의 일과 지금은 이미 저 세상으로 간 '아사요'(니야마 하쓰요일 것이다—저자)와 같이 즐겁게 두서없는 이야기를 나누던 그 어떤 날의 일 등등이 참으로 잊기 어려운 로맨틱한 추억으로 되살아옵니다.

이때 똑똑 하고 무거운 널빤지 문을 두드리는 소리가 환상의 세계에 거닐던 나를 불러들입니다.

"49호!"

이것은 언제나 친절하게 불러주는 주임 간수의 목소리—.

나는 한 통의 두툼한 편지를 받았습니다. 그것은 말할 필요도 없이 그저께 면회한 후에, 당신이 나를 위해 애써 마련한 여러 가지 차입물에 관해 상세하게 쓴 편지였습니다. 내가 그것을 다 읽을 때까지 N(그냥 이렇게 부르겠습니다)간수는 페이지를 넘기는 나의 손끝과 글자 위를 달리는 나의 눈동자를 줄곧 바라보고 있었습니다.

"오늘은 정말 봄날처럼 날씨가 좋네요…."

이런저런 날씨 이야기를 하다가 나는 날씨에 이끌려, 이렇게 좋은 날에는 천천히 마당을 산책하면서 아무런 생각도 하지 않고 마당 잔디 위에 드러누워 놀고 싶다는 생각을 했습니다.

그래요. 정말 자연의 아름다운 세계는 내가, 아니 갇혀 있는 사람들이 가장 먼저 요구하는 세계입니다. 자연은 쉼터이며 양식입니다. 그리고 자유로운 마음의 빨래터입니다.

마당에는 잡초가 무성히 자라고 있습니다. 그래서 나는 N간수와 함께 풀 뽑으러 나가는 걸 허락받았습니다.

쭈그리고 앉아 마당 나무 그늘에서 작은 풀을 뽑네
감옥의 한낮은 참으로 조용하구나

정말로 조용합니다. 지붕 위에서는 참새들이 재잘거립니다…. 또다시 많은 생각들이 가슴을 누릅니다.

손끝에 잡히는 이름도 없는 작은 풀, 불쑥 뽑으면
들릴 듯 말 듯 울먹이네 '나 살고 싶어요'라며

손가락 끝이 떨려서 손을 내밀 수가 없습니다. 어쩐지 슬퍼져서요…. 하지만 또,

뽑히지 않으려 제자리에서 몸부림치는

그 모습 정말이지 밉고도 애처롭구나

그래서 다시 화풀이라도 하듯 풀을 뽑아버립니다. 조금은 통쾌하지요. 하지만 또,

다리 사이에 고개 숙인 채 사람을 보지 않고
거꾸로 세상의 모습을 보고 싶어

이렇게 별난 재주도 부려본답니다.

그날은 마침 일요일—일이 없는 날이었습니다. 여수女囚 대여섯 명이 간수 두 명의 호위를 받으며 풀을 뽑고 있었습니다. 놀이를 겸해서요.

일이 없는 날, 젊은 여수가 머리를 땋아
은행잎 모양으로 묶어도 오늘은 헝클어지지 않네

젊은 여자의 머리카락은 헝클어져 있지 않습니다. 당연한 일이겠지만, 그처럼 당연한 일도 이렇게 하늘과 땅에 둘러싸여 있다 보면 말할 수 없는 쓸쓸함을 자아냅니다. 그들 곁에, 그들의 옷과 같은 색의 철쭉꽃이 피어 있었습니다. 그들은 아름답다고 말하며 멈춰 섰습니다. 하지만,

단두대에서 사라져간 사람의 혼인가
마당에 핀 철쭉의 붉은 표정

나에게는 철쭉이 그렇게 보였습니다.

2, 3일 전, 오랜만에 법정에 나가면서 보니 요쓰야에 있는 미쓰케 부근의 훌륭한 저택 같은 집 문간에 같은 색깔의 철쭉꽃이 피어 있었습니다.

부르주아의 정원에 철쭉꽃이 피어 있네
프롤레타리아의 피와 같은 색깔을 띠고

이렇게밖에 볼 수 없는 내가 슬프기도 했습니다. 아름다운 것을 그저 아름답다고 긍정하지 못하는 나의 마음이….

붉게 핀 철쭉 위로, 여수들의 은행잎 모양의 머리 위로 때늦게 핀 벚꽃잎이 하나둘 소리 없이 휘날리고 있었습니다.

꽃이 흩날리네, 꽃은 흩날려도 단두대에
흩어져 꽃으로 피어나는 ○○자主義者들이여

그래요―. 이럴 때 나는 이상하게도 기운이 납니다. 하지만 문득 마당에 선 채, 깊은 생각에 빠지기도 합니다.

붉게 타는 석양을 등뒤에 두고…
푸른 나무 그늘에 멈춰 서면
무서움에 떨리는 나의 마음
저 멀리 은빛으로 종이 울린다
이 의미와, 이렇듯 로맨틱한 마음을 이해할 수 있으시겠어요?

오후 4시— 나는 지금 풀 뽑기를 마치고 기분 좋게 피곤해진 몸을 이끌고 가로 두 자 세로 한 자밖에 되지 않는 작은 책상 앞으로 왔습니다. 단 한 사람! 내가 좋아하는 생활, 단 한 사람뿐인 그런 생활— 나는 언제라도 혼자서 이렇게 꼼짝 않고 흘러가는 시간을 응시하고 싶다…. 이런 갖가지 상념에 빠져듭니다.

우에노야마, 삼마이다리에 기대어
석간신문을 판 적도 있었는데

그래요, 살아 있다기보다 그날의 밥을 얻기 위해 온통 마음을 쏟던 그 무렵 자신의 모습을 반성해봅니다.

바구니를 들고 밤 길가에 우두커니 서 있던
젊은 여자는, 지금 감옥에 있네

참으로 알 수 없는 몸의 전변轉變! 정열과 넘쳐흐를 정도의 원기로 뜨거웠던 자신을, 그게 바로 나였던가 생각하면서 놀라 바라봅니다.

앉아서, 앉아서 졸고 있어도 들려오는 종소리
슬프게 떠오르는 다섯 해 전의 내 마음

말할 수 없이 슬프고 아파 침울한 기분에 빠져버립니다. 앉은 채 눈을 감으면,

폭포 하얗게 부서지고 소나무 푸르던 산

바로 그 모습 어른거리네 감옥의 환영처럼

기차를 타고 가다 내 고향 길과 산의 풍경을 혹시 보시거든 저에게 꼭 전해주세요.

저녁 무렵이 되면 지는 해를 아쉬워하는 것인지, 술렁이는 세상의 온갖 소리들이 저 높은 철창 너머로 손에 잡힐 듯이 들려옵니다.

왜일까요, 세상의 저녁 무렵은 5월 파리들만큼이나 시끄럽습니다. 경적-전차-자동차 아이들, 아이들, 여자들. 뭔가를 손에 들고 바쁜 듯 차에 오른 사람들 물결이 이곳에서 저곳으로, 거리에서 골목으로 흘러갑니다.

홍수— 갖가지 머리 모양과 모자, 상점 앞에 놓인 온갖 물건들이 주마등처럼 내 눈앞에서 빙글빙글 돕니다. 말없이 걷고 있는 남자, 갖고 싶은 듯 가게 앞에 눈길을 던지며 가는 여자… 여자. 사람은 모두 자신을 자각하려 하지도 않은 채, 그저 살아가기 위해 살고 있는 것만 같습니다. 이를테면 살아야 한다고 말하는 어떤 힘에 이끌리고 있는 셈이지요.

살려고, 살아보려고 분주하게 애쓰는 사람들
세상의 소음, 모두가 남의 일이 되어가네

이렇게 살아보려고 애쓰는 모습과 그 때문에 일어나는 시끄러운 싸움을 가만히 응시하고 있을 때, 나의 마음은 이상할 정도로 조용하게 가라앉아 '진여眞如'라고 말하고 싶을 만큼 고요해집니다. 이른바 슬픔과 기쁨을 넘어선, 쓸쓸할 정도로 조용한 허무의 경지가 이곳에 펼쳐지는 것입니다. 하지만 천천히 이 현실로 눈을 돌려보면 그렇게 초월하고만 있을 수는 없습니다. 인간적인—그렇습니다, 너무나 인간적인 욕구가 고개를 듭니다. 그러나 나는 이 인간적인 욕구를 꾹 누르고, 마치 아무렇지도 않은 듯 가면을 쓰고 있지 않으면 안 됩니다. 그런데 여기에 있는 나만 가면을 쓰고 있는 것은 아닙니다. 모두가 가면을 쓰고 있습니다.

곰곰이 생각해보면, 우리는 화를 내면서도 가면무도회 연기자들처럼 살고 있는 것인지도 모릅니다. 답답한 가슴을 휘젓는 것만 같아 이 가면이 너무 싫어집니다.

또다시 밤이 오면 언제까지나 깨어 있겠노라
희망을 안고 잠드는 요즘의 나

정말로 이렇게 생각하고 있습니다. 모포를 뒤집어쓰고 남몰래 눈물을 흘린 적도 있습니다. 게다가 창백한 죽음의 세계를 알리는 흉물스러운 달이 나를 괴롭힙니다.

젊은 나이에 갇힌 몸, 움직이지도 않고
다만 혼자서 쓸쓸히 앉아 있네
—달빛
오늘 밤 또다시 높은 창문 너머로
검은 격자를 잠자는 얼굴에 드리우는구나…

감옥의 밤은 무덤입니다. 말 그대로 죽음의 잠자리입니다. 나의 의식도 모두 이 묘지에서 쉬고 있습니다. 하지만 아침이 되면 또다시 제정신을 찾습니다.

아침이 오면 이 주검에 심장이 다시 뛰고
철로 만든 격자 어둡고 밝게 눈에 들어오네

웃지 마세요! 사방이 닫힌 방일망정 상쾌한 아침 공기는 뜨겁게 타오르는 희망을 나의 가슴에 불어넣습니다.

하지만 나 자신이 이렇게 있을 수밖에 없다는 것을 깨닫자 오늘 하루도 어두운 기분에 휩싸입니다.

나의 혼이여, 불멸하기를 간절히 바라노라
감옥에 갇혀 있는 이 몸에서

왜냐하면…

육체라는 구속을 벗어버린 내 영혼이
원수에게 복수하는 모습을 상상하네

당신은 아마 이런 마음을 이해하지 못하실 겁니다.

하지만 이런 상태에 있는 사람이라면 누구나 한 번쯤은 이런 생각을 할 것입니다. 미련을 버려야 한다고 말씀하시렵니까? 나도 그렇게 생각하지 않은 건 아닙니다. 이런 싸움을 계속하고 있는 나의 혼도 사라져버려 인간 세상에 존재하는 모든 추악함으로부터 떠날 수만 있다면, 그 모든 것을 넘어서는 게 아닌가 하고….

언제나 허겁지겁 말하던 내가 오늘은 기나긴 편지를 썼군요. 참 이상하지요? 그럼 안녕히.

8. 수취인 불명, 4월(연도 및 일자 불명)

(「여사형수의 편지: 가네코 후미코가 모씨에게 보낸 옥중통신」, 원제는 「4월 어느 날에」)

"건강해야 한다. 동지들은 모두 잘 있다!" 군이 이렇게만 말하지 말고 가끔씩은 안 좋은 소식도 알려주세요! 차입까지 해주던, 그리고 견실하고 유망했던 동지와 아무런 죄도 없는 우리들의 동료가 두 사람이나 옥사하지 않았습니까?

'건강해야 한다', 그처럼 흔하디흔한 말에 새로운 희망을 품을 수도 있을 겁니다. 하지만 그런 흔해빠진 말보다 있는 그대로의 얘기가 마음을 다잡게 합니다—. "○○의 압정에 맞서 용감하게 싸우던 동지가 그렇게 감옥에서 죽었구나…. 그렇다면 나는? 나는 결코 나약하게 이따위 감옥에서 죽지는 않겠다"고 생각하면서, 해이해진 마음을 다시금 비끄러맵니다.

생전에 만났던 동지 G형의 빈틈없는 태도와 얼굴이 ○○○○에 실려 있는 시를 생각나게 하여 뭐라 말할 수 없는 비통한 기분입니다. 아깝습니다, 정말로 아깝습니다. 주변에 있던 잘난 사람들과 달리 그는 불온삐라를 뿌린 것 정도로 목숨을 잃을 사람이 아니었습니다.

이런 생각을 하면 나는 가슴속 울음이 가득 차올라 견딜 수가 없습니다. 이러한 때에 진심으로 같은 길을 걷는 자로서의 확고한 결속이 더욱 필요하다고 생각합니다. 이름이나 팔아먹는 자들, 타협주의자, 기회주의자, 그런 쓸개 빠진 자 모두를 넘어 ○○에 대한 복수를 실감나게 외쳐보고 싶습니다. 그걸 행동으로 보여주고 싶습니다.

그런데 당신들은 한통속이 되어 내게 생생한 피가 흐르는 세상의 뉴스는 들려주지 않으려 작정이라도 한 모양이죠? 좋아요, 알겠습니다. 내가 저세상에 먼저 갈 테니까 그때 내가 얼마나 무서운 얼굴로 당신들을 만날지 똑똑히 기억해두세요.

이렇게 쓰다 보니까 며칠 전에 당신에게 보낸 편지—'불령스런 꿈에 대한 보고'가 이상한 내용을 담고 있다는 이유로 '불허'라는 도장이 찍혀 되돌아왔던 게 생각나네요. 아니, 꿈에서마저 불령스러운 짓을 해서는 안 된다는 모양입니다. 누군가가 나의 말이 너무 강렬하다고 했습니다. 난 무슨 말인지 모르겠습니다. 생활을 박탈당한 자로서는, 특히 P(그녀의 남편 박열)처럼 니힐리즘에 철저하지 않은 나로서는… 누가 뭐래도 그렇게 쓸 수밖에 없습니다.

허리띠가 너무 낡아버렸기 때문에, 사치스런 핑계이지만, 허리에 맬 게 하나밖에 남지 않았습니다. 그러니까 내 물건 중에서, 혹시 쥐의 복수로부터 무사하다면, 허리띠, 비단으로 만든 오비아게(띠가 흘러내리지 않도록 매듭에 대어 앞으로 돌려 매는 헝겊 끈—옮긴이), 검은색 빗, 이상의 물건을 들여보내 주셨으면 합니다. 그럼 부탁드립니다.

9. 수취인 불명, 2월 27일(연도 불명)

(「여사형수의 편지: 가네코 후미코가 모씨에게 보낸 옥중통신」, 원제는 「2월 27일 오후」)

당신이 너무 '지급至急'이라는 말을 남용하기 때문에 아무래도 판사 양반이 면역이 된 것 같습니다. ○○(대역)죄인으로 살아가는 나처럼.

오늘은 2월하고도 벌써 27일, 감옥에서 보내는 날은 왜 이렇게 빠른지! '시간'이라는 썰매가 나를 홱 낚아채어 재빨리 묘지로 데려가버릴 것만 같습니다.

지금 내 방에 벌레 한 마리가 기어가고 있습니다. 긴 더듬이로 머뭇머뭇 갈 길을 찾으면서, 추운지 발을 질질 끌면서. 이렇게 '살아가지 않으면 안 되는구나—.' 그런데 무엇 때문에? '산다는 것'은 자연이 생명에 부과한 성가신, 지극히 귀찮은 의무라고 해야 할지.

책상에 턱을 괴고 앉아 그 '맨발의 여행자'를 가만히 바라보고 있노라니, 뭔가 참혹한 방법으로 죽여버리고 싶다는 생각마저 듭니다.—여행자로부터 등을 돌려야만 할 것 같아 일어섰습니다. 그리곤 벽을 향해 책상에 앉았습니다. 두 발을 포개고 어떤 소설을 이어서 읽기 시작했습니다.

권태롭다거나 초조하다는 말로는 부족한, 아니 이 둘을 뒤섞은 듯한 묘한 기분을 느낍니다. 모든 것을 닥치는 대로 매도해버리고 싶은 기분, 누구든 그 앞에 쓰러져 맘껏 울고 싶은 기분, 아니 내 심장이라도 갈기갈기 찢어버리고 싶은 기분, 혹은 온 세상을 깡그리 태워버리곤 나 몰라라 하고 싶은, 그런 기분.

오늘은 지방재판소 예심판사가 감옥을 순시하러 온다는 통지가 돌았습니다. 흥, 마치 '돼지우리를 방문하는 니체'라고도 말하고 싶습니다. '그 교만한 네 놈의 얼굴을 보면 울화가 치민다'… 라고는 말하지 않았지만 조금만 기다려주세요. 나… 아니 우리들의 판사에게, 적어도 나의 판사나리에게 이상의 말을 바치는 것은 정당하지 않은가요? 뭐가 잘못됐나요?

전에 말했던 세 권의 책, 함께 들여보내면 큰일이에요! 가뜩이나 나쁜 머리가 깨져버릴 거예요. 구할 수 있으면 한 권이라도 좋으니까 이른바 최근에 유행하는 작가의 소설도 함께 들여 보내주세요.

이 편지가 당신 손에 도착할 때쯤 『문명의 구제救濟』와 『단결』을 취소해 놓을 겁니다. 그리고 다른 책은 그렇게 급하게 보내지 않아도 괜잖아요. 우연히 새로운 책이 올지 몰라 미리 길을 열어두는 것입니다.

오늘 아침 또 구류갱신결정서가 왔습니다. 구류 날짜가 아주 많이 남아 있더군요. 이것은 나 한 사람만이 소유하고 있는 재산이니까 당신에게 단 하나의 유품으로 나눠드릴 수 있을 겁니다.

이상 27일 저녁을 먹은 후에 적은 것입니다…. 창밖에서 눈이 녹아 떨어지는 소리를 헤아리면서….

■

이상하게도 단게 먹고 싶어 4, 5일 전에 빵을 샀습니다. 그런데 빵이 오기도 전에 이빨이 아프기 시작하더군요. 아니 아픈 것처럼 느낀 것에 불과했지만. 아무튼 일단 산 것을 되돌릴 수도 없어서 도시락으로 바꿔달라고 했습니다. 지금 그것을 다 먹었습니다. 자신의 의지로 먹어야 한다는 운명을 부여한 것이 후회스럽습니다.

—당신에게 털어놓고 얘기하고 싶은 게 있습니다.

책, 통신용지, 통신비 약 30전, 일상잡비 약 30전(잉크, 비누 등) 정도만 있으면, 그러니까 한 달에 60전 정도만 있으면 충분히 지낼 수 있습니다. (좀 사치를 부리자면 이것 외에 나의 심심풀이 손장난에 필요한 원고지를 3개월에 한 번 정도씩 들여 보내주면 좋고요.) 그리고 혹시 여유가 있어서 나에게 줄 게 더 있다면, 부탁하건대, 그것은 P(그녀의 남편)에게 주셨으면 합니다. P에게 뭘 좀 먹여주고 싶어요. 그 말고도 다른 동료들이 감옥에서 생활하고 있다는 것을 모르지는 않습니다. 모두가 같은 사건에 연루되었기 때문에 다른 동료들도 생각해야만 한다는 것을 알고 있습니다. 하지만 나는 이렇게 원합니다. "다른 사람에게 줄 선물은 물론 그 사람들에게 주되, 나에게 줄 선물이 있다면 뭐든 P에게 건네주십시오"라고….

그래요. … 나는 알고 있었습니다, 일찍이 많은 동료들이 얼마나 P

에 대해 몰이해했던가를. 그리고 아마 나 자신도 그중 한 사람이었을 겁니다. 우리들의 몰이해가 P의 약한 신체를 실패에 대한 대가로 감옥에 가두고 말았던 것입니다. 저 힘과 정열로 충만했던 손과 발을 억누르고 말았던 것입니다. 이런 생각을 하면 나는 앉아 있을 수도 서 있을 수도 없을 것만 같습니다. 울 수도 울지 않을 수도 없을 것만 같습니다. P 앞에 손을 내밀어 고맙다는 마음을 전하고 싶습니다.

그래요. … 나는 무슨 일이 있어도 헛되이 옥사하고 싶지는 않습니다. 그것은 P에게 그렇게 많은 빚을 지고도 다 갚지 못하는 게 될 것이기 때문입니다. 너무나 아깝다는 생각 때문입니다. 우리들이 감옥에 갇혀 있는 동안에 만약 죽음이 저 남자의 생명을 요구한다면, 나는 기꺼이 그를 대신하겠습니다. 만약 죽음의 모습이 눈에 보일 수만 있다면, 스스로 나아가 그 앞에 나의 심장을 내밀고 양손을 벌리어 P 앞에 설 수만 있다면 얼마나 좋을까. 이런 생각을 하기도 했습니다.

지금까지 동료라는 사람에게는 나 자신이 생각해도 부끄러울 정도로 전혀 스스럼없이 얘기를 했습니다. 하지만 그 마음은 위에서 말한 대로입니다.

동지여! 아무쪼록 이런 나를 경멸하지 않았으면 합니다.

P의 추상적이고 이론적인 지식이 어느 정도였는지는 잘 모릅니다. 하지만 그를 보고 실감한 것은 그가 단순히 '알기 위한' 독서를 필요로 하지는 않았다는 점입니다. 그는 틀림없이 이러한 현실적 생활에서 많은 것을 배우고 있을 것입니다. 그에게는 뭔가를 먹여주고 싶습니다. 나의 바람입니다. 그의 부탁은 가능한 한 들어주기 바랍니다. 그리고 만약 그에 대하여 다른 동지들이 '동지로서의 대가'를 요구한다면 내가 기꺼이 응하겠습니다. — 이상 나의 이 말을 보증하고 그를 비호하고 싶은 기분을, 우리 동료들이 '무늬가 있는 이 옷'을 벗을 때

가 되면 또는 머잖아 '최후의 편지'를 쓸 무렵이 되면, 당신이 이해할 수 있으리라 생각합니다.

부디 내가 말한 것을 헤아려주시길….

10. 수취인 불명, 9월 1일(연도 불명)

(「여사형수의 편지: 가네코 후미코가 모씨에게 보낸 옥중통신」, 원제는 「9월 1일의 기억」)

오늘은 9월 1일— 지진이 있었던 그날은 그 집의 풀밭에 깔아놓은 다다미 위에 앉아 제각기 의미를 알 수 없는 얘기를 나누면서, 없는 쌀을 몽땅 털어 밥을 끓여 먹고 있었습니다. 당신과 ○○형과 ○○씨, 그리고 P와 나 이렇게 넷이었지요…. 이웃에 사는 중학생이 멍하니 서서 듣고 있었습니다.

둑 아래에서 임신한 여인이 다이쇼고토大正琴(두 줄의 쇠줄을 매고 건반을 갖춘 간단한 현악기. 다이쇼 초기에 발명—옮긴이)를 타고 있었습니다. 드넓은 초원 저쪽에는 벼가 진홍빛으로 불타고 있었습니다. 달이 저녁놀의 태양처럼 둥실 떠오르고…. 아아, 무섭도록 아름다운 황혼이었습니다…. 그런데 참 이상하게도 아주 머나먼 옛날 일들이 꿈속에서처럼 다가오는 듯합니다….

■ 당신은 요즘에도 담배를 피우시는군요. 오늘 아침에 온 편지에서도 그리고 수일 전에 차입해준 책 틈에서도 담배 부스러기가 떨어졌습니다. 그렇게 생각하고 책을 펼치자 어쩐지 담배 냄새가, 그것도 아주 강하게 훅 끼쳐오더군요. 아니 그보다 더했지만 내가 담배를 피우지 못하는 까닭에 더 이상 까다롭게 굴지는 않겠습니다….

■ 그리고 당신은 정말이지 이사하는 데 이력이 났나 봅니다. 그래서 결국 당신의 주소를 기억하지 않는 게 낫다고 생각합니다. 어렵게 기억해 놓으면 엉뚱한 곳에 가 있지 않습니까.

연분홍빛 흡묵지吸墨紙에 스며 있는
벗의 거처를 더듬으며 책을 읽는다

■ 오늘은 오전 중 두세 번이나 아주 좋은 일이 있었습니다. 그중 하나는,

유리창 밖에 비치는 허리띠의 모습
젊은 여수女囚가 출정하는 아침

이라고 말해야 할 터인데, 얼마 전에 부탁해두었던 '기원祈願의 건'으로 법정에서 호출이 있어 참으로 오랜만에 한가로운 세상의 공기를 들이마셨습니다. 그 두 번째는 다음과 같습니다.

쪽빛 드높은 향기 겹옷 속에 감추고
칠칠치 못한 이 몸 나 혼자 슬퍼라

칠칠치 못한 자신을 슬퍼하는 것은 여자의 천박함 때문일까요, 아니면 새 옷을 입었으니 누가 봐주었으면 싶은데 봐주는 사람이 없어서일까요? 못내 불만스럽습니다. 하지만 세 번째가 있습니다.

감시의 눈길, 시멘트 복도에서 ○○라는 동지를

우연히 만날 수 있는 감옥의 저녁 무렵

정말로 뜻하지 않은 만남이었기 때문에 너무나 기쁜 나머지 밥맛을 잃을 정도였습니다….

그렇지만 저녁 무렵 법정에서 돌아오고 나면 왠지 모르게 세상이 그립습니다. 자조하면서 아무렇게나 누워보노라니, 맑은 달 그림자가 희미한 5촉 전등 불빛을 가리고 높은 창의 철격자를 넘어와 이곳에서 노닐고 있습니다. ―내가 좋아하는 것은 아니지만―세상에 있는 당신들과 비교할 때 내가 참담한 패배자라고 생각하지는 않습니다. 하지만 뭔지는 모르지만 세상의 당신들을 시샘하고 있습니다. 그냥 웃어주세요. 가끔씩은 이런 기분이 들 때도 있답니다…. 안녕히.

11. 수취인 불명, 연월일 불명

(「여사형수의 편지: 가네코 후미코가 모씨에게 보낸 옥중통신」, 원제는 「나의 선언」)

오늘은 금요일, 대청소. 다다미 세 장을 들어올렸다 깔았다 하며 몸이 더워질 만큼 기분 좋게 청소를 마치고, 옷 갈아입을 준비를 하고 있는데 당신에게서 편지가 왔습니다. 그리고 상반신을 벌거벗은 채 이불 위에 앉아 그다지 크지 않은 소리로 재빨리 읽어 내려갔습니다.

“당신도 여성이라 세상에 있었을 때의 모든 것이 그리울 것입니다. 그래서 이 세상에 있을 때 사용하던 물건을 감옥 안에서도 사용할 수 있다면, 부족하나마 기분 좋은 추억이라도 떠올리는 데 도움이 되었으면…” 하는 내용이 있더군요. 어쨌든 항수병 환자에게 정을 전하고

자 하는 그 뜻은 충분히 알겠습니다. 그러나 나에게 그런 로맨틱한 상상을 뒤집어씌우려고 하는 것은 '여성으로서의 나'만 알았지 '인간으로서의 나'를 모르고 있기 때문입니다. 사람을 좀 제대로 보고 설교를 하시든지 할 일이지….

따라서 당신이 그런 생각에서 이불이나 모포 등을 차입해준다면 나는 단호하게 거절하겠습니다.

이불은 여성인 내가 (당신들이 내게 부여한 자격을 역이용하여) 인간의 자격으로 과감하게 되돌려드리겠습니다. 그리고 이렇게 선언합니다.

"당신들은 나를 도대체 뭘로 보는 겁니까. 여성으로 보는 겁니까, 인간으로 보는 겁니까? '당신도 여성'이라니…." 나에 대해 이런 말을 사용하지 마십시오. 엄하게 금지합니다. 내가 여성으로서 이 세상을 살았던 것일까요? 하지만 여성인 나, 아니 한갓 여성에 지나지 않는 나와, 인간으로서의 나를 압제하고 있는 ○○ 사이에 무슨 교섭이 있었단 말입니까—간통제재姦通制裁 철폐운동이라도 하는 게 더 낫지 않을까요.—

나는 인간으로서 행동하고 생활해왔습니다. 그리고 내가 인간이라는 사실 바로 그 기초 위에서 많은 동료들과의 교섭도 성립했던 것입니다. 또 당신들도 나를 인격을 갖춘 한 인간으로 보아주어야 할 것입니다. 그리고 그렇게 볼 수 있을 때에야 비로소 참다운 동지가 될 수 있지 않을까요? 평등하다는 관점에 선 결속만이 진실로 자유롭고 인격적인 결속이 아닐까요?

물론 P와 나 사이에는 동지로서뿐만 아니라 그 외의 교섭도 있었습니다. 하지만 그것은 다른 것이 아닙니다.

지금의 나—지금의 입장에서 나는 P의 동지이며 P는 나의 동지였습니다. 그리고 나는 지금 동지로서 P를 생각하는 것 이외에 아무런 생각도 갖고 있지 않습니다.

또한 동일한 전선戰線에 서 있는 자들 사이에 무슨 성적 차별이 필요하겠습니까. 성욕의 대상으로 보지 않는 다음에야 여자니 남자니 하는 특수한 자격이 무슨 쓸 데가 있겠습니까. 똑같이 인간이라는 것만으로 충분하지 않습니까. 그리고 그 이상 무엇이 필요하겠습니까.

나는 섹스에 관하여 지극히 두서없는 생각밖에 갖고 있지 않습니다. 성적인 직접행동에 관해서는 아무런 조건이 없습니다. 하지만 그와 동시에 내가 하나의 인간으로서 일어설 때, 즉 반항자로서 일어설 때, 성에 관한 모든 것—남자라는 자격으로 살고 있는 동물—은 나에게 떨어진 헌신짝 하나만 한 값도 지니지 못한다는 것을 선언합니다.

지금 내가 찾고 있는 것은 남자가 아닙니다. 여자도 아닙니다. 인간일 뿐입니다.

나는 인간으로서 살고 있습니다. 나는 이상의 이유에 기초하여 '연약한 성을 지닌' 여성으로 간주되는 것을 거부함과 동시에 그런 전제 위에서 내게 제공되는 모든 은혜를 단호하게 거절합니다.

상대를 주인으로 간주하여 시중드는 노예, 상대를 노예로 간주하여 딱하게 여기는 주인, 이 둘 모두를 나는 배척합니다. 개인의 가치와 평등한 권리 위에 선 결속 그것만을, 오로지 그것만을 긍정합니다. 그것이 바로 인간 상호 간의 정당한 관계이기 때문입니다. 따라서 나와 타인의 모든 교섭을 그 기초 위에서 구할 것임을 나는 다시금 소리 높여 선언합니다.

12. 수취인 불명, 연월일 불명

(「여사형수의 편지: 가네코 후미코가 모씨에게 보낸 옥중통신」, 원제는 「최후의 편지」. 편지 안에서 "두 번 다시 법정에 이 추한 몸을 드러내는 일은 없을 것입니다"라는, 사형판결을 예상하고 말한 대목이 있는 것으로 보아, 이 서간은 1926년 3월 25일 대심원 판결을 가까이 둔 시점에 썼을 것이다.)

여기는 지옥의 맨 밑바닥—지하 몇천 척의 갱 안으로 끌려들어가고 있는 듯한, 뭔가 위압하는 듯한 기분, 이제는 도저히 돌이킬 수 없는 최후의 한 점에 서 있습니다. 바로 오늘에야 그러한 상황에 있는 나 자신을 진실한 눈길로 응시합니다.

오랫동안 여러 가지 신세를 진 것도, 직간접적으로 폐를 끼친 것도 모두 잊기 어려운 추억입니다. 감사드립니다.

그런데 바로 지금 최후의 날이 왔습니다. 두 번 다시 이 추한 몸을 법정에 드러내고 싶지 않습니다. 동시에 참으로 슬프고 외롭게도 이제 더 이상 기운차고 밝은 당신들과 만날 기회도 없을 것입니다.

이제 이별입니다. 그럼 안녕히. 이렇게 말하면 묘하게도 멜랑콜리해지지만, 만약 이것이 진정으로 최후의, 마지막 편지라고 한다면 나는 정말로 울고 말 것입니다.

여름 밤 어슬렁어슬렁 모여든 젊은이들
그 모임을 생각하면 나도 그곳에 가고 싶어진다

■

하얀 깃, 짧은 겹옷에 헝클어진 머리카락
나와도 잘 어울리는 벗이 있었는데

■

지금은 없는 벗의 유필遺筆을 곰곰이
떠올려보아도, 생각나지 않네 벗이 한 말

■

벗과 둘이서 일자리 찾아 헤맸지
여름날 긴자銀座의 돌길이여

■

육체와 영혼, 두 마음이 다투는데
오랫동안 기다리리, 지금 나의 이 몸은

모든 것은 추억—아슴푸레한 감상과 더불어 이 세상에 남기고 갑니다. 나 자신에 관해서 말하자면 정말이지 오랫동안(3년간이나) 이러한 날이 올 것을 예상하고 있었습니다. 그래서 이날을 위해 몇 번이나 강한 각오와 결심이 필요하다고 생각하여, 될 수 있으면 정말로 편안하게 그리고 담담하게 잠자는 듯한 상태에서 오고야 말 그 순간을 달게 받아들이려고 노력하고 해왔습니다. '신神'—때로는 대단히 산만해지는 나의 마음을 질책하고 그것을 통솔하기 위해, 사상에 핵심을 부여하기 위해 '신'을 생각한 적도 없지 않았습니다. 만약 신이라는 관념에 의해 영원히 불변하는 이른바 안심安心을 얻을 수만 있다면, 이 경우 나는 그것으로 충분합니다. 하지만 선천적으로 내가 외곬수인 데다 억지를 부렸기 때문인지도 모르지만, 신은 나를 조소하고 말았습니다. 왜일까요, 신의 사도가 제대로 잠도 자지 못하고 쓰다 남겨둔 저서著書를 내가 조롱하고 싶어지는 것은.

오랫동안 고뇌하다가 나는 결국 나 자신을 비웃으면서, 신이나 안심 따위에 매달리고 있는 자신으로부터 깨끗히 빠져나와버렸습니다.

신이나 '죽음의 공포'를 잊어버렸던 것입니다.

그로부터 약 2년의 세월, 길다면 길고 짧다면 짧은 그 시간을 지나 이제 홀연히 최후의 순간과 마주해야 할 듯합니다.

돌이켜 생각하면 참으로 어리석었고 줄곧 번민에 시달렸으며 불만스러웠던 것도 같습니다. 하지만 그날이 된 오늘은 의외로 차분하며 일종의 마음의 '여유'를 찾은 듯합니다.

거창하게 '깨달음'이니 '대오大悪의 지경'이니 하면 당신은 분명 웃어버리겠지만, 결국 고뇌하는 인간이 승리자가 될 것입니다. 약 1년 반 동안 '이래서는 안 돼'라면서 초조해하던 내가, 그 근심과 걱정을 잊어버린 이후 2년이 지난 오늘, 의외에도 이런 거창한 말을 쓰게 될 줄이야!

슬프게도 서로 다투는 마음을 보면서
3일만 편안하게 있으면 돼

이것은 2년도 훨씬 더 된 어느 날의 감상입니다. 요즘은 매일매일 편안하게 지내고 있는지 어떤지 잘 모르겠지만, 이처럼 갈등하고 있는 마음을 그대로 받아들인 적도 없습니다.

나는 여전히 이상주의자여서 오늘의 나 자신을 체념하고 있는 것도 아니며, 널리 세상에 대해서도 지금 이 상태가 좋다고는 결코 생각하고 있지 않습니다. 따라서 나는 소위 '끌려가는 자의 노래'를 부를 기분도 아닙니다.

이대로 좋다라고 생각하지도 않지만 그렇다고 그것을 어떻게 해보겠다고 고민하는 것도 아닙니다. 그렇다면 운명이라는 것 앞에 엎드려 빌어볼까 생각도 해보지만, 그처럼 대담하고 영웅적인 요소가 내

몸에 깃들어 있는 것도 아닙니다.

참으로 정체를 알 수 없는 기분입니다. 올 게 온 것입니다. 와야 할 곳에 오고야 만 것입니다.

이 만년필과 보잘것없는 나의 『죽음의 승리』라는 책이 당신에게 보내는 유일한 유품이 될 것입니다. 일찍이 이런 불령스런 한 인간이, 여성답지 못한 인간이 존재했다, 그리고 잠깐 살다간 이 인간이 당신과 오랫동안, 그리고 꽤 깊은 관계를 맺어왔다—는 사실을 가끔씩 생각해주십시오. 만약 당신이 나를 추억 속에서 그리다가 혹시 적막한 나의 마음을 채워주고 싶은 생각이 들거든, 새싹을 피워 올리고 있는 상록수 한 가지를 내 묘석墓石 앞에 산뜻하게 놓아주세요.

나는 피었다가 곧 시들어버리는 풀과 꽃을 전혀 좋아하지 않습니다. 화려함을 자랑하듯 앞다투어 피어나는 꽃들을 그다지 좋아하지 않습니다. 화려하지도 않고 사람의 눈에 띄지도 않지만, 언제나 푸르게 하늘을 향해 활짝 피어나는 상록수의 새싹을 나는 끝없이 사랑합니다.

그럼 새롭게 뻗어오를 상록수의 새싹, 하늘을 향하여 당당하고 기운차게 피어오를 새싹이 그 어느 날엔가 다시 돌아올 것을 믿고, 나는 이렇게 당신에게 최후의 편지를 드립니다.

방랑자vagabond—당신의 행복을 기원합니다… 그럼 정말 안녕히.

13. 변호사 야마자키 게사야에게 보낸 편지, 1926년 1월 22일

(원고지에 기재. 스미야 미키오隅谷三喜男 씨 소장)

오랫동안 소식 전하지 못했습니다. 조금 날씨가 좋아진 듯한데 어떻게 지내시는지요. 저는 변함없이 원기왕성하게 잘 지내고 있습니다.

어렵게 마련해주신 1월도 어느 사이에 지나가버렸습니다. 오늘이 벌써 22일. 결산할 때가 다가오고 있습니다! 그런데 무엇을 어떻게 계산해야 한단 말입니까? 주판을 한 손에 들고 어찌할 줄 모르고 있습니다. 22년의 삶-고통-실패. 플러스? 마이너스? 이콜? 제로? 하지만 그 고통을 넘어 그리고 실패를 넘어, '제로'와 같은 삶에서도 자신이 추구한 뭔가를 얻었다는 생각이 들기도 합니다. 적어도 얻고자 했으며 지금도 그렇다는 것은 사실입니다.

그런데 당신의 연하장 겸 복중伏中 문안 엽서가 그날 여자감옥으로 돌아와보니 와 있더군요. 어중간하게 『현관玄關』만을 보여주셨기에 『해방』을 읽고 싶어 견딜 수가 없습니다. 그리고 오랫동안 체념하고 있었습니다만, 미련이 남아 다시 부탁드립니다. 월간잡지와 관련된 일 빨리 교섭해주시기 바랍니다. 그렇지 않으면 제 쪽에서 '그만두라'고 말해버릴 작정입니다. 저는 아시다시피 워낙 성질이 급합니다. 얼마 전 후세 씨가 기록을 빌려주었습니다. 이번에도 자신인 직접 쓴 것입니다. 이것에 관해서도 당신의 신세를 져야만 할 것 같습니다. 잘 부탁합니다.

만약 만나신다면 다무라, 우에무라, 나카무라 등 여러분께도 안부 전해주십시오. 그럼 이만 안녕히 계십시오.

하시는 일 두루 잘 되길 빕니다.

1월 22일 아침. 기상 전, 이부자리에 뒹굴면서

후미코

야마자키 씨께

펜을 잡으면 다시금 가슴에 밀려드는
내 과거의 수많은 슬픔들.
홀로 어루만지며 부질없이 안타까워하네
내 손가락에 박힌 못의 안타까운 기다림을.
내가 손가락을 주목하지 않는 사이
철격자 밖에서 겨울비 내리네.
애처로운 취사장 기적소리는 겨울 하늘로
천식에 걸린 목소리처럼 울려퍼지는데.

14. 변호사 후세 다쓰시에게 보낸 편지, 1926년 3월 31일

(조선대학교 소장, 후세 다쓰시 문서, 원고지에 기재)

오랫동안 소식 전하지 못했습니다. 그 후 병은 어떠하신지요? 부디 건강하시길 바랍니다.

27일에는 틀림없을 거라 각오하고 있었는데 무슨 일인지 아직 살아 있습니다. 어쨌든 오랫동안 별일이 없습니다. 여러 가지로 신세가 많았습니다. 그리고 앞으로도 많은 신세를 지겠지요. 고맙기도 하고 죄송스럽기도 하고 또 부끄럽기도 합니다. 하지만 달리 어찌할 수가 없어 그저 잘 부탁드릴 따름입니다.

어느 때보다 지금은 한층 더 말하는 것을 제한받고 있습니다. 그래서 말을 할 수도 없고 말하고 싶지도 않습니다만, 단 한 가지만은 말해둬야 할 것 같습니다. 요즘 내 자신의 마음을 가만히 응시하다가

'나는 예전부터 너무나 많이 자신을 의심했으며 자신에 대하여 지나치게 겁을 먹었다는 확신을 갖고서야 죽으러 갈 수 있다'는 생각을 했습니다. 바로 이것을 말씀드리고 싶었던 것입니다.

안녕히 계십시오. 마지막 인사입니다.

3월 31일 밤

가네코 후미코

15. 변호사 우에무라 스스무에게 보낸 편지, 1926년 3월 31일

(1926년 7월 30일 자 『고쿠민신문國民新聞』 석간. 원고지에 기재)

오랫동안 소식 전하지 못했습니다. 그동안 여러 가지로 신세가 많았습니다. 진심으로 감사드립니다. 행복하시기를. 마지막 인사를 전합니다.

3월 31일 밤

미결수 독방에서

박열의 편지

16. 훈노 도모쥬에게 보낸 편지, 1922년 12월 2일

(가시와기 류호 소장. 원고지에 기재)

운노 도모쥬海野友壽는 무아애無我愛운동을 불러일으켜 정신운동사精神運動社를 이끈 이토 쇼신伊藤証信의 제자로 이와나미서점에서 근무하고 있었다. 편지를 보낸 연도는 씌어져 있지 않고 날짜만 12월 2일이라고 적혀 있다. 가시와기 류호柏木隆法의 조사에 따르면 운노가 이와나미서점에 입사한 것은 1922년 6월이다. 1923년 12월 박열은 옥중에 있었기 때문에 이 편지는 1923년 12월 2일에 씌어진 것으로 추정된다.

운노 씨.

오랫동안 소식 전하지 못했습니다. 당신의 진실하고도 간절한 편지를 지금 막 받았습니다.

운노 씨.

"나는 한결같이 강하게 살아갈 수 있는 힘을 갖고 싶다"고 당신은 말했습니다. 그것은 나도 바라는 바입니다. 나는 좌든 우든 항상 자신을 속이지 않고 정직하고 대담하게 그리고 강하면서도 한결같이 전 생애를 살아온 사람에 대하여 존경을 표하지 않을 수가 없습니다.

그러한 사람은 물론 평생 동안 우열愚劣한 사람들로부터 수많은 박해와 모욕을 받으리라는 걸 각오하지 않으면 안 될 것입니다. 그러나 그 어떤 박해나 모욕도 진실로 그를 굴복시키거나 더럽힐 수는 결코 없을 거라고 생각합니다. 할 수만 있다면 나도 시종일관 그런 사람처럼 살고 싶습니다.

어쩌면 당신과 나는 그 사상적 입장에 있어 서로 멀리 떨어져 있는지도 모릅니다. 그러나 "나는 한결같이 강하게 살아갈 수 있는 힘을 갖고 싶다"는 당신의 진정한 욕구와 노력에 대하여 나는 어떤 악의도 보일 수가 없습니다. 그것에 대하여 나는 마음속 가득 호의와 존경을 가지고 있습니다. 그렇게 하지 않을 수가 없습니다. 동시에 고귀한 그 마음으로 당신이 평생을 완강하게 살아가기를 진심으로 희망하지 않을 수 없습니다.

운노 씨.

나는 언제나 외부의 힘에 의해 잃어버릴 수도 있는 모든 것을 걸고 살아왔습니다. 일찍이 어떠한 협박도 나를 두렵게 할 수 없었던 것입니다.

외부의 어떤 것도 두려워할 게 없는 강하고 과감한 혼을 향하여 그 어떤 협박 비슷한 것을 하는 자가 있다면, 아마도 그는 그 대가로 오직 신랄한 조소와 깊은 모멸을 받을 뿐 어떤 것도 얻을 수 없으리라고 생각합니다. 지금 내 앞에 서 있는 그들은 그것을 알고 있을는지. 저 가련한 동물. 어리석고 열등한 동물!

운노 씨.

설령 가까운 장래에 내 신상에 무슨 일이 일어날지 모르지만 내겐 그런 건 아무것도 아닙니다. 나의 마음은 언제나처럼 평온합니다. 아니, 오히려 자신이 옳다고 믿는 바를 따라 자신의 힘이 닿는 한 모든 것을 다하고 싶다는 그 기쁜 감격에 내 가슴은 지금 고동치고 있습니다. 이 점에 관해서는 아무 걱정 마시기 바랍니다.

운노 씨.

나도 당신을 빨리 만나보고 싶습니다. 정월에라도 시간이 나거든 한번 놀러 오시면 나는 참으로 기쁠 것입니다.

그럼 건강하시길.

12월 2일 밤

가네코 후미코 · 박열 연보*

연월일	가네코 후미코	박 열
1902		
3.12		경상북도 문경군 마성면 오천리 양반 집에서 태어나다. 어린 시절 이름은 혁식(爀植)이며 아버지는 박영수(朴英洙), 어머니는 정선동(鄭仙洞).
1903		
1.25	요코하마시에서 장녀로 태어나다. 아버지는 당시 요코하마시 슈경찰서 순사였던 사에키 분이지(佐伯文一). 어머니는 가네코 기쿠노(호적상의 이름은 기리).	
1904		
2.8	러일전쟁 발발.	
1905		
9.5	러일강화조약 조인.	
1906		아버지 사망. 형 박정식(朴庭植) 상속.
1908		
3.8	동생 다카토시 태어나다.	서당에 다니기 시작하다. 박열이라는 이름으로 불리다.
연월 미상	어머니 기쿠노, 대장장이 나카무라 아무개와 동거. 시즈오카로 옮긴 아버지 분이치가 동생 다카토시를 떠맡다.	

* ( )의 숫자는 날짜에 관하여 설이 다른 사료가 있다는 것을 표시한다. 예를 들면 1 · 25(26)은 25일이라고 하는 사료 이외에 26일이라고 말하는 사료가 있다는 뜻이다.

연월일	가네코 후미코	박 열
연월 미상	어머니 기쿠노, 항만노동자 고바야시 나가요시와 동거.	
1909		호적법 시행에 맞춰 준식(準植)으로 이름 바꾸다.
1910 8. 29	한국 병합. 가을, 어머니와 함께 고바야시 나가요시의 고향 야마나시현 기타쓰루군 단바야마촌 고소데로 이주, 고바야시의 친척 고바야시 미키의 집 헛간에서 살다.	
1911 봄	고바야시 나가요시의 딸이자 여동생인 하루코와 이별하고 어머니와 함께 야마나시현 히가시야마나시군 스와촌(현재의 마키오카쵸牧丘町) 소마구치에 있는 어머니의 친정인 가네코 도미타로의 집으로 오다.	경상북도 상주군 함창공립보통학교에 입학하다.
연월 미상	어머니 기쿠노는 가네코 후미코를 친정에 남겨두고 엔잔역 근처에서 잡화상을 하던 후루야 쇼헤이(古屋庄平)와 결혼하다.	
1912 10. 14	가네코 후미코는 외할아버지 가네코 도미타로의 5녀로 입적하고 이 무렵 아버지 누이 가메가 시집간 이와시타가에 맡겨져 충청북도 청주군(현 청원군) 부용면 부강리로 가서 살게 되다.	
12. 11	부강공립심상소학교 4학년에 입학.	
1915 3. 25	부강공립심상소학교 졸업.	

연월일	가네코 후미코	박 열
1916		경성고등보통학교 사범과에 입학
1917 3. 24	부강공립고등소학교 졸업.	
1919 3. 1	3 · 1운동 일어나다. 가네코 후미코는 남의 일이 아니라고 생각할 정도로 이에 감동하다.	3 · 1운동에 참가.
4. 12	부강을 떠나 야마나시에 있는 외가로 가다.	
연월 미상	하마마쓰에 있는 아버지에게 가다.	
10		탄압을 피하기 위해 도쿄로 오다.
1920 4	아버지와 충돌하여 도쿄로 나와, 시타야구 미와마치에 사는 작은외할아버지 구보다 가메타로(窪田龜太郎)의 집에서 살다.	
연월 미상	도쿄시 시타야구 우에노에 있는 신문가게에 기숙하면서 신문을 팔다. 동시에 세이소쿠영어학교와 연수학관에 다니다.	
연월 미상	도쿄시 혼고구 유시마 신하나마치에 사는 고마쓰라는 사람의 집에 셋방을 얻어 살면서 밤에 가루비누를 팔다.	재경조선인유학생과 함께 혈권단을 결성하여 조선인 친일파와 일본인 차별자를 공격. 반년 정도 있다가 해산.
8	아사쿠사구 히지리가와마치에 있던 사탕가게 주인 스즈키 구니사토(鈴木邦達. 통명은 錠三郎)의 가정부로 들어가다.	
11		김약수, 원종린, 정태성 등과 함께 고학생동우회 결성.

연월일	가네코 후미코	박 열
1921		
1	도쿄 혼고구 오이와케마치에서 인쇄소를 경영하고 있던 사회주의자 호리 기요토시(堀清俊)의 집에서 기숙하며 일하다.	
2	호리의 생활방식에 염증을 느끼고 구보다의 집으로 돌아오다.	
여름	원종린과 알게 되다. 그 후 원종린의 소개로 공산주의자인 정우영, 김약수, 아나키스트인 정태성과 교류하다.	
11	하라사와 다케노스케의 도움으로 고지마치구 유라쿠쵸에 있는 이와사키 오뎅집일명 '사회주의 오뎅'에서 일하다.	정태성, 김약수 등과 함께 흑도회(黑濤會) 창립.
11월 말 ~12월 초		선원 스기모토 데이치에게 외국에서 폭탄을 입수하여 달라고 부탁하다.
1922		
1~2	세이소쿠영어학교에서 니야마 하쓰요와 알게 되다.	
2.25		조선인 청년들의 모임에 아키타 우자쿠(秋田雨雀)를 초청하다.
2~3	박열과 만나다(박열의 기억으로는 1월 아니면 2월).	상하이 임시정부의 최혁진, 도쿄·서울 파괴 계획을 연락하기 위해 박열을 찾아와 에도가와공원에서 밀회.
3.7		아키타 우자쿠 방문.
4~5	박열과 가네코 후미코, 도쿄부 에바라군 세타가야쵸 데이지리에서 신발가게를 운영하는 아이카와 신사쿠의 집에 셋방을 얻어 동거에 들어가다.	
5.1	흑도회, 도쿄의 메이데이에 참가.	
7.10	박열, 가네코 후미코, 흑도회 기관지 『흑도』 창간.	
7.29	『요미우리신문』, 니가타현 나카쓰가와조선인학살사건 보도.	

연월일	가네코 후미코	박 열
8 .10	『흑도』 제2호 간행.	
연월 미상	박열, 나카쓰가와학살사건 현장 조사.	
9. 7	도쿄시 간다구 미토시로쵸에 있는 조선기독교청년회관에서 니가타현 조선인노동자학살사건조사회 주최로 '니가타현 조선인노동자학살 문제 연설회' 개최. 박열도 연설. 중도에 경찰에 의해 해산.	
9	박열, 서울 경운동 천도교당에서 나카쓰가와조선인학살사건에 관해 연설. 또 무정부주의자동맹 위원인 김한과 면회.	
11	백무, 김약수 등 재경조선인 공산주의자, 북성회(北星會) 조직. 박열 등 재경조선인 아나키스트, 흑우회(黑友會) 조직. 박열, 서울로 가 김한에게 의열단에서 보내올 예정인 폭탄의 분여를 의뢰. 도쿄노동자동맹회 창립. 박열, 가네코 후미코, 『뻔뻔스러운 조선인』 창간.	
12월 말	『뻔뻔스러운 조선인』 제2호 간행.	
1923		
1. 12	의열단원 김상옥, 서울 종로경찰서에 폭탄 투척(이 때문에 김한은 관련 혐의로 체포되었고, 박열의 계획도 좌절).	
3. 15	박열과 가네코 후미코, 『현사회』(『뻔뻔스러운 조선인』 게재) 제3호 간행.	
3	박열과 후미코, 도쿄부 도요타마군 요요하타쵸 요요기 도미카야의 셋집으로 이사.	
4	박열과 가네코 후미코, 불령사 설립.	
4. 26	서울에서 온 김중한, 박열의 집 방문.	
5. 20	김중한에게 폭탄 입수를 위해 상하이로 갈 것을 의뢰.	
6. 20	박열, 김중한에게 한 부탁 취소.	
6. 30	『현사회』 제4호 간행.	
8. 11	불령사 제6차 정례회의, 박열의 집에서 개최. 김중한, 박열에 대한 불만으로 단도를 휘두르며 소란을 피우다.	
9. 1	간토대지진 발생하다.	
9. 3	박열과 가네코 후미코, '보호검속'되다.	

<table>
<tr><th>연월일</th><th>가네코 후미코</th><th>박 열</th></tr>
<tr><td>9. 4</td><td colspan="2">박열과 가네코 후미코, '경찰범처벌령'에 따라 구류가 연장되다.</td></tr>
<tr><td>10. 20</td><td colspan="2">도쿄지방재판소 검사국, 박열과 가네코 후미코 등 불령사 동인 16명을 치안경찰법위반 혐의로 기소.
『오사카아사히신문』 호외, "지진의 혼란을 틈타 제국의 도시에서 대관 암살을 기도한 불령선인의 비밀결사 대검거"라고 보도.
조선인학살사건 보도, 금지되다.</td></tr>
<tr><td>11. 27(28)</td><td colspan="2">니야마 하쓰요, 시바구 협조회병원에서 사망.</td></tr>
<tr><td>12. 27</td><td colspan="2">난바 다이스케(難波大助), 도라에몬에서 황태자를 저격했으나 실패(도라에몬 사건).</td></tr>
<tr><td>1924</td><td colspan="2"></td></tr>
<tr><td>1. 25</td><td colspan="2">가네코 후미코, 황족과 정치 실권자에게 폭탄을 투척하기 위해 자신과 박열이 논의한 후, 김중한에게 상하이에서 폭탄을 입수해달라는 의뢰를 한 적이 있다고 예심신문에서 증언.</td></tr>
<tr><td>2. 4</td><td colspan="2">박열, 예심신문에서 폭탄입수계획과 불령사는 관계가 없다고 말한 다음, 지금까지 있었던 폭탄입수계획을 얘기하다.</td></tr>
<tr><td>2. 15</td><td colspan="2">박열, 가네코 후미코, 김중한, 폭발물단속벌칙위반 혐의로 추가 기소. 다른 불령사 동인들은 불기소.</td></tr>
<tr><td>11. 13</td><td colspan="2">대심원, 난바 다이스케에게 사형 판결.</td></tr>
<tr><td>1925</td><td colspan="2"></td></tr>
<tr><td>5. 4</td><td colspan="2">다테마쓰 가이세이(立松懷淸) 예심판사, 제15차 신문에서 피고의 지금까지 진술을 종합하면 피고의 소행은 형법 제73조에 해당하는 것으로 이 사건은 대심원 관할로 넘어간다며 후미코에게 전향을 요구하다. 후미코는 전향을 거부.</td></tr>
<tr><td>여름(가을)</td><td colspan="2">가네코 후미코, 자서전 집필 시작.</td></tr>
<tr><td>7. 17</td><td colspan="2">검사국장, 형법 제73조 및 폭발물단속벌칙 위반 혐의로 기소.</td></tr>
<tr><td>12. 4</td><td colspan="2">『조선일보』 특파원, 이치가야형무소에서 박열과 가네코 후미코 면회.</td></tr>
<tr><td>1926</td><td colspan="2"></td></tr>
<tr><td>2. 14</td><td colspan="2">『도쿄아사히신문』, 가네코 후미코가 자서전을 1,000매 이상 썼다고 보도.</td></tr>
<tr><td>2. 26</td><td colspan="2">대심원에서 박열과 가네코 후미코 제1회 공판.</td></tr>
<tr><td>2. 27</td><td colspan="2">제2회 공판.</td></tr>
</table>

연월일	가네코 후미코	박 열
2. 28	제3회 공판.	
3. 1	제4회 공판.	
3. 8	『조선일보』 기자 1명과 기타 남녀 각 1명의 조선인이 옥중에 있던 가네코 후미코 면회.	
3. 17	『조선일보』, 안재홍이 집필한 사설 「박열 사건을 보고」 게재.	
3. 23	도쿄시 우시고메구청에 박열과 가네코 후미코의 결혼신고서 제출.	
3. 25	대심원, 박열과 가네코 후미코에게 사형 판결. 어머니 기쿠노, 판결 후 이치가야형무소에서 후미코 면회.	
4. 5	박열과 가네코 후미코, '은사'에 의해 무기징역으로 감형.	
4. 6(12)	박열, 이치가야형무소에서 지바형무소로 이감.	
4. 8(7)	가네코 후미코, 이치가야형무소에서 도치기현 시모쓰가군 도치기쵸(현재의 도치시기栃木市)에 있는 우쓰노미야형무소 도치기지소로 옮기다.	
7. 23(22)	가네코 후미코, 우쓰노미야형무소 도치기지소에서 목매달아 죽다. 나이 23세.	
7. 31	후세 다쓰시 등, 도치기현 시모쓰가군 이에나가촌 갓센바에 있는 형무소 공동묘지에서 후미코의 유해 발굴. 가네코 후미코의 유골, 도쿄 조시가야에 있는 후세 다쓰시의 집에 도착.	
8. 1	동지들이 경관의 감시를 피해 가네코 후미코의 유골을 후세 다쓰시의 집에서 가지고 나가는 사건이 일어나다.	
8. 14	박열의 형 박정식, 장남 박형래를 데리고 후미코의 유골을 가져가기 위해 경상북도 상주를 출발, 8월 16일 도쿄에 도착하다.	
8. ?	가네코 후미코의 유골을 박정식에게 건네지 않고, 이케부쿠로경찰서에서 상주경찰서로 보내기로 결정하다.	
11. 5	후미코의 유골을 경상북도 문경군 문경면(현 문경읍) 팔령리(현 팔령1리)에 매장하다.	
1931 7. 10	슌쥬샤(春秋社)에서 가네코 후미코의 자서전 『무엇이 나를 이렇게 만들었는가』 간행되다.	

연월일	가네코 후미코	박 열
1945		
10. 27	박열, 아키타형무소에서 출옥.	
1946		
1. 20	신조선건설동맹 결성. 박열, 위원장으로 취임.	
3. 25	박열후원회 일본총본부 주최로 '박열 선생 부인 고 가네코 후미코 여사 추도회', 도쿄 간다에 있는 히토쓰바시공립강당에서 개최.	
10. 3	재일본조선거류민단 결성. 박열, 단장으로 취임.	
12. 10	박열, 일본에 온 이승만과 데이코쿠호텔에서 회담. 이승만, 남조선 단독정부 수립 방침을 시사하다.	
1949		
4. 1~2	민단 제6차대회 개최. 박열, 선거에서 패해 단장직 사임. 한국으로 귀국.	
1950		
6. 25	한국전쟁 발발. 박열, 3일째 이후 행방불명(북한으로 연행되어, 재북평화통일촉진협회 회장에 취임했다고 한다).	
1973		
7. 23	후미코의 묘소에서 '금자문자여사지묘(金子文子女史之墓)' 제막식 거행.	
1974		
1. 17	박열, 조선민주주의인민공화국에서 사망.	
1976		
3. 20	야마나시현 히가시야마나시군 마키오카쵸 소마구치에 있는 가네코가 정원에서 '금자문자비(金子文子碑)' 제막식 거행.	
1989	박열, 3 · 1절에 건국훈장 대통령장 추서.	
2003		
12	박열의사기념사업회가 팔령의 산속에 있던 가네코 후미코 묘소를 박열의사기념공원 경내로 이장.	
2012		
10. 9	문경시에 있는 박열의 생가 터에 박열의사기념관 건립.	

박열 · 가네코 후미코 사건 재판 연표*

연월일	사항
1923	
9. 3	**요요기 도미카야에 있던 집에서 박열, 가네코 후미코, 육군 병참부대 소속 하사관 스즈키 가메오에게 체포되어**(『현대사자료 6: 관동대진재와 조선인』, 137쪽). **보호검속이라는 명목으로 세타가야경찰서에 검속**(후세 다쓰시 외, 『운명의 승리자 박열』, 11쪽).
9. 4	**보호검속 24시간이 지나자, 경찰범처벌령의 '일정한 거주지 또는 생업이 없이 이곳저곳을 배회하는 자'에 해당하는 자라 하여 구류 29일 즉결**(후세 다쓰시 외, 앞의 책, 11쪽).
9. 24	아침, 경시청 특고형사 이노우에, 니야마 하쓰요 연행(『호치신문(報知新聞)』 1923년 10월 16일 자).
월일 불명	경시청의 취조에서 니야마 하쓰요, 박열이 황태자의 결혼식이 예정되어 있는 금년 가을이 혁명의 호기라고 말했다는 것과 김중한이 박열로부터 상하이에 갈 것을 부탁받았다는 것과 관련하여 "박열이 금년 가을의 경사에 즈음하여 직접행동을 하기 위해 폭탄입수를 김중한에게 의뢰했다"고 진술(376) 〔499〕.
9. 28	최영환, 시부야경찰서에 검속(141) 〔304〕.
10. 2	한현상, 경시청 내선과 형사에게 체포(고마쓰 류지, 『재일한국인의 궤적: 65년간 재일생활의 견문』, 『미다(三田)학회잡지』 78권 6호, 1986년 2월, 82쪽)
10. 6	최영환 검사청취①「시부야경찰서」(353-355) 〔483-484〕.
10. 8	니야마 하쓰요 검사청취①「시부야경찰서」(367-371) 〔492-496〕.
10. 10	니야마 하쓰요 검사청취②「도쿄지방검사국」(372-374) 〔496-497〕.

* ①②③…은 청취 횟수를 가리킨다.
* ( ) 안의 숫자는 재심준비위원회 편, 『박열 · 가네코 후미코 재판기록』의 쪽수이다.
* 〔 〕 안의 숫자는 고마쓰 류지(小松隆二) 해설, 『속현대사 자료: 아나키즘』의 쪽수이다.
* 「 」 안은 신문과 청취가 있었던 장소를 가리킨다.
* 강조 부분은 재판 과정의 중요 사건들을 가리킨다.

연월일	사항
10. 14	니야마 하쓰요 검사청취③「이치가야형무소」(374-379) 〔497-501〕. 니야마 하쓰요, "혁명을 하려면 이번 가을이 좋겠다"고 박열이 말했다는 것과 김중한이 "조선으로 돌아가는 길에 상하이로 가서 박열의 용무를 전달해주었다"고 말했다는 것을 진술.
10. 15	오가와 다케시, 고향 고치시에서 체포(『오사카아사히신문』 1923년 10월 20일자).
10. 16	구리하라 가즈오, 요도바시경찰서에 검속(184) 〔341〕.
10. 19	최영환 검사청취②「시부야경찰서」(356-361) 〔484-488〕. 최영환, 1923년 8월 10일 이케부쿠로에 있던 흑우회 사무실에서 김중한이, 박열이 그에게 상하이의 의열단으로 가서 폭탄을 입수해주면 자신이 금년 가을 황태자 결혼식 때에 폭탄을 던지고 죽을 생각이라는 말을 했다고 진술.
10. 20	**도쿄지방재판소 검사국, 아래 불령사 참가자 16명을 치안경찰법 위반 혐의로 기소**(303-304) 〔442-444〕. **피기소자: 박열·가네코 후미코·홍진유·최규종·육홍균·서동성·정태성·오가와 다케시·김중한·니야마 하쓰요·장찬수(장상중)·한현상·서상경(서상일)·하세명(하일)·노구치 시나니·구리하라 가즈오.**
10. 21	도쿄지방재판소, 도쿄시 혼고구 호라이초에 있는 니야마 하쓰요의 집 및 혼고구 기쿠사카초에 있는 니야마 씨(니야마 하쓰요의 어머니)의 집 가택수사, 압수물건 발견하지 못함(299-300) 〔440-441〕. 도쿄지방재판소, 도쿄부 도요타마군 요요기 도미카야에 있는 박열의 집 수색, 물건 압수(305-306) 〔444-445〕.
10. 22	최영환 검사청취③「시부야경찰서」(361-366) 〔488-492〕. 정태성 신문①「도쿄지방재판소」(327-328) 〔464-465〕.
10. 24	박열 신문①②「도쿄지방재판소」(6-7) 〔190〕. 박열, 진술 거부. 구리하라 가즈오 신문①「도쿄지방재판소」(177-178) 〔335〕
10. 25	가네코 후미코 신문①「도쿄지방재판소」(8) 〔190-191〕.
10. 26	홍진유 신문①「도쿄지방재판소」(157-158) 〔318-319〕.
10. 27	니야마 하쓰요 신문「도쿄지방재판소」(301-302) 〔441-442〕. 김중한 신문「도쿄지방재판소」(192-193) 〔348〕.

연월일	사항
11. 19	최영환 증인신문①「도쿄지방재판소」(140-150) 〔303-312〕. 최영환, 8월 10일 흑우회 사무실에서 있었던 김중한의 발언 및 같은 달 11일 불령사 정기모임에서 있었던 김중한과 박열의 대립에 관하여 상세하게 진술.
11. 20	홍진유 신문②「도쿄지방재판소」③「이치가야형무소」(158-168) 〔319-327〕. 홍진유, 8월 10일 흑우회 사무실에서 있었던 김중한의 발언에 관해 진술.
11. 21	홍진유 신문④「도쿄지방재판소」(168-176) 〔327-334〕. 홍진유, 8월 11일 불령사 정기모임에서 있었던 김중한과 박열의 대립에 관하여 진술.
11. 22	정태성 신문②「도쿄지방재판소」(328-335) 〔465-471〕.
11. 24	정태성 신문③「도쿄지방재판소」(336-342) 〔471-475〕. 정태성, 8월 10일 흑우회 사무실에서 있었던 김중한의 발언에 관하여 진술.
11. 26	정태성 신문④「도쿄지방재판소」(343-346) 〔475-478〕. 정태성, 8월 11일 불령사 정기모임에서 있었던 김중한과 박열의 대립에 관하여 진술.
11. 27	나가타 게이자부로 증인신문①「도쿄지방재판소」(151-156) 〔312-318〕. 나가타, 8월 10일 흑우회 사무실에서 있었던 김중한의 발언에 관하여 진술.
11. 28	니야마 하쓰요, 시바구협조회병원에서 사망(『호치신문』 11월 2일 자 석간. 1925년 11월 25일 자 『도쿄니치니치(東京日日)』는 27일 옥사했다고 보도).
11. 29	정태성, 예심판사에게 상신서(上申書) 제출(352) 〔481-482〕.
12. 4	구리하라 가즈오 신문②「도쿄지방재판소」(178-184) 〔335-341〕.
1924	
1. 17	가네코 후미코 신문②「도쿄지방재판소」(9-15) 〔191-197〕.
1. 22	가네코 후미코 신문③「도쿄지방재판소」(15-19) 〔197-201〕. 가네코, 황족과 정치 실권자에게 폭탄을 던지겠다고 생각했으며, 이에 관해 박열과 함께 얘기한 적도 있었다고 진술.
1. 23	가네코 후미코 신문④「도쿄지방재판소」(19-20) 〔201-202〕.
1. 24	가네코 후미코 신⑤「도쿄지방재판소」(21-22) 〔202-204〕.

연월일	사항
1.25	가네코 후미코 신문⑥⑦「도쿄지방재판소」(23-28) [204-209]. 가네코, 황족과 정치 실권자들에게 폭탄을 던지기 위해 자신과 박열이 상의를 했고, 박열이 김중한에게 상하이에서 폭탄을 입수해줄 것을 부탁했다고 진술.
1.29	가네코 후미코 신문⑧「도쿄지방재판소」(29) [209].
1.30	박열 신문③「도쿄지방재판소」(29-32) [209-211]. **박열, 자신이 말을 하지 않으면 불령사 동료들에게 폐를 끼칠 수 있기 때문에 지금부터 자진하여 말을 하겠다고 선언.**
2.2	박열 신문④「도쿄시방재판소」(32-33) [211-213].
2.3	박열 신문⑤「이치가야형무소」(34-37) [213-216].
2.4	박열 신문⑥「이치가야형무소」(38-42) [216-220]. 박열, 폭탄입수계획과 불령사는 관계가 없다고 단언하고 나서, 지금까지의 폭탄입수계획에 관해 진술.
2.5	박열 신문⑦「이치가야형무소」(43-46) [220-223]. 폭탄입수에 관하여 후미코와 상의했는지 여부, 폭탄입수계획 관계자들의 이름에 관하여 신문.
2.8	김중한 신문②「도쿄지방재판소」(193-198) [348-352]. 김중한, 1923년 5월 20일경, 박열에게서 상하이에서 폭탄을 입수하는 방법을 상의받고 김중한은 이를 위해 연락을 취할 것을 승낙했는데, 박열은 6월 20일경 상하이로 갈 계획을 중단했다고 말했다고 진술.
2.15	**도쿄지방재판소 검사국, 박열·가네코 후미코·김중한 3명에 대하여 폭발물단속벌칙위반 혐의로 추가기소 (304-305) [444]. 다른 불령사원은 면소(免訴).**
3.19	가네코 후미코 신문⑨「도쿄지방재판소」(46-48) [223-225]. 가네코, 폭탄입수계획을 니야마 하쓰요가 털어놓아 사건이 새로운 방향으로 진전되어서는 안 된다고 생각하고, 경시청의 주의를 니야마로부터 자신에게 향하도록, 폭탄계획이 있었던 것을 인정한다고 발언.
3.31	가네코 후미코 신문⑩「도쿄지방재판소」(48-49) [225-226].
4.2	박열 신문⑧「도쿄지방재판소」(50-51) [226-227].
4.10	가네코 후미코 신문⑪「이치가야형무소」(52) [227-228]. 박열 신문⑨「이치가야형무소」(53-54) [228-230].
5.8	스기모토 데이치 검사청취「도쿄지방재판소」(284-287) [426-429].

연월일	사항
5. 9	스기모토 데이치 증인신문①「도쿄지방재판소」(276-283) 〔420-426〕.
5. 10	스기모토 데이치 증인신문②「도쿄지방재판소」(283-284) 〔426〕.
5. 12	박열 신문⑩「이치가야형무소」(54-57) 〔230-232〕.
5. 14	가네코 후미코 신문⑫「이치가야형무소」(57-62) 〔232-237〕.
5. 20	박열 신문⑪「이치가야형무소」(63-64) 〔237-238〕.
5. 21	가네코 후미코 신문⑬「이치가야형무소」(65) 〔238〕.
6. 18	구리하라 가즈오 신문③「도쿄지방재판소」(185-187) 〔341-343〕.
6. 19	구리하라 가즈오 신문④「도쿄지방재판소」(187-192) 〔343-347〕.
6. 25	정태성 신문⑤「도쿄지방재판소」(347-350) 〔478-481〕.
6. 27	홍진유 신문⑤「도쿄지방재판소」(176-177) 〔334-335〕.
6. 28	정태성, 예심판사에게 상신서 제출(352-353) 〔482-483〕.
7. 3	이소암(이소홍) 증인신문①「도쿄지방재판소」(287-291) 〔429-432〕.
7. 15	이소암 증인신문②「이치가야형무소」(291-293) 〔432-434〕.
7. 16	이소암 증인신문③「도쿄지방재판소」(293-297) 〔434-438〕.
8. 20	김한 증인신문①「경성지방법원」(114-116) 〔281-284〕.
8. 21	김한 증인신문②「경성지방법원」(117-123) 〔284-289〕.
8. 22	김한 증인신문③「경성지방법원」(123-126) 〔289-292〕.
10. 16	김한 증인신문④「경성지방법원」(126-128) 〔292-293〕.
12. 12	김한 증인신문⑤「도쿄지방재판소」(128-129) 〔293-294〕.
1925	
2. 23	김한 증인신문⑥「도쿄지방재판소」(129-132) 〔294-296〕.
2. 24	김한 증인신문⑦「도쿄지방재판소」(132-134) 〔296-298〕.
2. 25	김한 증인신문⑧「도쿄지방재판소」(134-136) 〔298-300〕.
2. 28	김한 증인신문⑨「도쿄지방재판소」(136-138) 〔300-301〕.
3. 5	가네코 후미코 신문⑭「도쿄지방재판소」(65-66) 〔238-239〕.

연월일	사항
3.6	김한 증인신문⑩「도쿄지방재판소」(138-139) 〔301-302〕.
3.9	박열 신문⑬⑭「도쿄지방재판소」(66-67) 〔239-240〕.
3.23	스기모토 데이치 증인신문③「도쿄지방재판소」(297) 〔438〕. 김한 증인신문⑪「도쿄지방재판소」(139) 〔302〕.
4.30	김중한 신문③「이치가야형무소」(198-199) 〔352-354〕.
5.1	김중한 신문④「도쿄지방재판소」(200-201) 〔354-355〕. 박열 신문⑮「도쿄지방재판소」(68-69) 〔241-242〕.
5.2	박열 신문⑯「이치가야형무소」(70-71) 〔242-243〕.
5.3	박열 신문⑰「이치가야형무소」(71-73) 〔243-245〕.
5.4	가네코 후미코 신문⑮「이치가야형무소」(100-101) 〔270-271〕.
5.5	가네코 후미코 신문⑯「이치가야형무소」(101-102) 〔271-272〕.
5.9	가네코 후미코 신문⑰⑱「이치가야형무소」(102-104) 〔272-273〕. 박열 신문⑱「이치가야형무소」(103) 〔272〕
5.21	가네코 후미코 신문⑲「이치가야형무소」(105-106) 〔273-274〕.
5.26	김중한 신문⑤「도쿄지방재판소」(201-203) 〔355-357〕.
5.27	김중한 신문⑥「도쿄지방재판소」(204-205) 〔357-359〕.
5.28	김중한 신문⑦「도쿄지방재판소」(206-210) 〔359-362〕.
5.29	김중한 신문⑧「이치가야형무소」(210-212) 〔362-365〕. 박열 신문⑲「이치가야형무소」(108-109) 〔275-277〕. 박열 신문⑳ 결락.
5.30	가네코 후미코 신문⑳「이치가야형무소」(109-110) 〔277-278〕. 가네코 후미코 신문㉑㉒ 결락.
6.6	가네코 후미코 신문㉓「도쿄지방재판소」(112) 〔279-280〕. 박열 신문㉑「도쿄지방재판소」(111) (278-279〕.
6.19	김중한 신문⑨⑩「이치가야형무소」(213-214) 〔365-366〕.
6.20	정태성 신문⑥「도쿄지방재판소」(351) 〔481〕.
7.7	예심종결 결정(216-218) 〔367-369〕.

연월일	사항
7. 17	**검사총장, 박열과 가네코 후미코를 형법 제73조(대역죄)와 폭발물단속벌칙위반으로 기소**(219-220 또는 381-383) 〔369-371〕.
7. 18	판사, 박열과 가네코 후미코에 대하여 타인과의 접견, 서류, 기타 물건의 수취를 금함(390). 박열 신문①「이치가야형무소」(220-221 또는 383-386) 〔371-372〕. 가네코 후미코①「이치가야형무소」(222-223 또는 387-389) 〔372-373〕.
8. 10	사에키 분이치(가네코 후미코의 아버지) 증인신문①「이치가야형무소」(224-228 또는 393-404) 〔373-377〕.
8. 11	가네코 기리(통명 기쿠노. 가네코 후미코의 어머니) 증인신문①「고슈지방재판소」(228-233 또는 405-419) 〔377-382〕.
8. 12	가네코 기리 증인신문②「고슈지방재판소」(234-237 또는 419-429) 〔382-386〕.
8. 13	가네코 세이(후미코의 외할머니) 증인신문「구사카베경찰서 스와순사부장파출소」(238-240 또는 430-435) 〔386-388〕. 가네코 교지(후미코의 외삼촌) 증인신문「구사카베경찰서 스와순사부장파출소」(240-241 또는 436-438) 〔388-389〕.
8. 18	구보다 가메타로(후미코의 작은외할아버지) 증인신문「도쿄지방재판소」(241-243 또는 438-444) 〔389-391〕.
8. 19	사에키 분이치 증인신문②「도쿄지방재판소」(243-244 또는 444-446) 〔391-392〕. 사이토 오토마쓰(가네코 후미코의 도쿄시대의 애인) 증인신문「도쿄지방재판소」(244-245 또는 448-452) 〔392-393〕. 스즈키 가네자부로(가네코 후미코가 도쿄 시절에 가정부로 일했던 스즈키 구니사토의 아들) 증인신문「도쿄지방재판소」(246-247 또는 453-456) 〔393-395〕.
8. 20	이와사키 젠에몬(가네코 후미코가 일했던 오뎅집의 주인) 증인신문「도쿄지방재판소」(247-248 또는 457-461) 〔395-396〕
8. 22	박정식(박열의 형) 증인신문「대구지방법원상주지청」(261-265 또는 496-506 또는 507-517) 〔405-409〕. 아이카와 신사쿠(박열 · 가네코 후미코의 하숙집 주인) 증인신문「도쿄지방재판소」(249-250 또는 462-465) 〔396-397〕.

연월일	사항
8. 25	후리하타 가즈요시(가네코 후미코가 일했던 신문판매점 주인) 증인신문 「도쿄지방재판소」(250-251 또는 466-470) 〔397-399〕.
8. 26	김중한 증인신문 「이치가야형무소」(252-254 또는 470-476) 〔399-401〕.
8. 28	김한 증인신문 「이치가야형무소」(254-255 또는 476-479) 〔401-402〕.
8. 29	가네코 후미코 신문② 「이치가야형무소」(256-257 또는 482-487) 〔402-403〕.
9. 2	가네코 후미코 신문③ 「이치가야형무소」(258-259 또는 487-490) 〔403-404〕.
9. 3	박열 신문② 「이치가야형무소」(259-260 또는 490-493) 〔404-405〕.
9. 5	박열 신문③ 「이치가야형무소」(265-269 또는 518-528) 〔409-413〕.
9. 21	가네코 후미코 신문④ 「도쿄지방재판소」(269-270 또는 531-534) 〔413-414〕.
9. 22	박열 신문④ 「도쿄지방재판소」(271-272 또는 535-538) 〔414-415〕. 가네코 후미코 신문⑤ 「도쿄지방재판소」(272-273 또는 538-540) 〔415-416〕.
9. 30	다테마쓰 가이세이 도쿄항소원 판사, 형법 제73조와 폭발물단속벌칙 제4조에 해당하는 박열 · 가네코 후미코의 범죄 혐의가 충분하다는 의견서를 대심원장에게 제출(544-549) 〔416-418〕.
10. 9	대심원 제2특별형사부 재판장 도요시마 나오미치, 검사총장 고야마 마쓰키치에게 의견을 구함(550).
10. 12	**검사총장 고야마, 대심원 제2특별형사부 재판장 판사 도요시마에게 대심원 공판에 회부해야 한다는 의견서 제출**(550).
10. 22	대심원 제2특별형사부 재판장 판사 요코타 히데오, 아라이 요타로를 변호인에 선임(551).
10. 23	대심원 제2특별형사부 재판장 판사 요코타 히데오, 다사카 사다오를 변호인에 선임(551)
10. 28	대심원, 공판 개시 결정(274-275 또는 552-553) 〔419-420〕.
11. 11	박열 · 가네코 후미코에 대한 접견 및 물품 접수 금지 해제(555-556).
11. 12	박열과 가네코 후미코, 대심원 제1특별형사부에 야마자키 게사야를 사선변호인으로 신청(562-563).

연월일	사항
11. 14	박열과 가네코 후미코, 대심원 제1특별형사부에 후세 다쓰시와 우에무라 스스무를 사선변호인으로 신청(563-564). 야마자키 게사야, 후세 다쓰시, 우에무라 스스무, 대심원 제1특별형사부에 공판 기일인 19일까지는 준비를 충분히 할 수 없다는 이유로 공판 기일 연기 신청(561).
11. 17	공판준비조서 작성을 위해 박열에게 신문(566-570). 공판준비조서 작성을 위해 가네코 후미코에게 신문(571-576).
11. 20	박열과 가네코 후미코, 나카무라 다카이치를 사선변호인으로 신청(576-577).
11. 21	공판준비조서 작성을 위해 가네코 후미코에게 신문(577-580). 가네코 후미코, 수기 제출(581-589).
12. 1	다사카 사다오, 야마자키 게사야, 후세 다쓰시, 박열과 가네코에 대한 감정(鑑定) 신청(590-591). 대심원 제1특별형사부 재판장 마키노 기쿠노스케, 12월 8일, 9일로 예정된 공판일 변경(591).
12. 2	마키노 재판장, 감정 결정(592).
12. 3	박열과 가네코 후미코, 진직현을 사선변호인으로 신청(595). 스기타 나오키, 감정 승낙(594).
12. 22	박열, 『소위 재판에 대한 나의 태도』 기록(600-605).
1926 2. 1	스기타 나오키, 가네코 후미코의 감정서 제출(612-636).
2. 8	스기타 나오키, 박열의 감정서 제출(637-658).
2. 13	박열, 전보로 대구의 김완섭에게 공판 출석 요청(671).
2. 15	가네코 후미코, 생리로 인해 16, 17일 출정 불가 통지(659).
2. 22	김완섭, 대구의 재판을 위해 대심원 공판 기일 변경 신청(671).
2. 25	박열과 가네코 후미코, 김완섭을 사선변호인으로 신청(670).
2. 26	공판①. 박열, 『소위 재판에 대한 나의 태도』 낭독. 가네코 후미코, "김중한과의 관계는 박열이 단독으로 교섭했기 때문에 나는 그에 관해서 정말 모른다. 다만, 나중에 양해를 구하면서 처음으로 나에게 알렸다"고 진술(673-694).
2. 27	공판②. 가네코 후미코, 「26일 밤」을 낭독하고 제출(695-748).

연월일	사항
2. 28	공판 ③. (748-760).
3. 1	공판 ④. (760-774).
3. 25	**판결: 박열과 가네코 후미코에게 사형(783-790).** 와카쓰키 레이지로 총리, 박열과 가네코 후미코를 사형에서 한 등급 감형해줄 것을 섭정궁에 상주(『지지신문』 1926년 3월 26일 자). 검사총장 고야마 마쓰키치, 에기 다쓰쿠 사법대신에게 은사 신청서 제출(『공문별록(公文別錄)』).
3. 26	에기 사법대신, 와카쓰키 총리에게 「은사를 건의하는 상주」 제출(『공문별록』).
3. 29	조선총독부 사이토 마코토, 총리관저를 방문하여 와카쓰키 총리, 에기 사법대신과 간담(『도쿄아사히신문』 1926년 3월 30일 자).
4. 5	'은사'에 의해 박열과 가네코 후미코, 무기징역으로 감형(791). 와카쓰키 총리는 "이번 박준식 및 가네코 후미코가 각별한 은명(恩命)에 따라 감형된 데 대해서는 참으로 넓으신 성은에 황공할 따름"이라는 내용의 담화 발표. 에기 사법대신은 "고마우신 은명에 의해 감형된 것은 우리 황실의 인의(仁義)가 참으로 광대하다는 것을 증명하는 것"이라는 내용의 담화 발표 (『도쿄아사히신문』 1926년 3월 30일 자). 가네코 후미코, 건네받은 감형장을 찢어버림. 그러나 아키야마 가나메 이치가야형무소 소장은 박열과 가네코 후미코가 감형장을 감사히 여기며 받았다고 기자단에 발표 (『이 사람 저 사람 방문기 제21회: 아키야마 가나메 씨』, 『법조(法曹)』 101호, 1959년 3월).
7. 23	**가네코 후미코, 우쓰노미야형무도 도치기지소에서 자살**(자살 날짜를 22일이라고 하는 신문 보도도 있음).
10. 14	도쿄지방재판소, 김중한에 대한 공판 개시(『동아일보』 1926년 10월 16일 자).
10. 26	김중한에 대해 징역 3년 판결. 다만 미결구류 기간 2년을 계산에 넣어 실형은 1년 반(『동아일보』 1926년 10월 28일 자).
1927 2. 1	도쿄항소원, 김중한에 대한 항소심 개시(『동아일보』 1927년 2월 4일 자).
2. 4	김중한에 대한 항소심 판결 징역 1년 반(『동아일보』 1927년 2월 5일 자).
2. 5	김중한, 석방(『동아일보』 1927년 2월 10일 자).

미주

제1장 어린 시절 가네코 후미코의 일본 체험

1. 이와 관련해서는 이 책의 부록「가네코 후미코 · 박열 서간집」, 308쪽 참조.

제2장 가네코 후미코의 조선 체험

1. 朝鮮總督府鐵道局 編,『鐵道驛勢一斑』上卷, 朝鮮總督府, 1914, 345~347쪽.
2. 같은 책, 347쪽.
3. 같은 책, 181쪽.
4. 朝鮮總督府庶務部調査課 編,『朝鮮に於ける內地人』, 朝鮮總督府, 1923, 1쪽.
5. 岸野淳子,「芙江を訪れて」,『季刊 三千里』26호, 1981.
6. 朝鮮總督府鐵道局 編, 앞의 책, 345쪽.
7. 庄司文雄,「世の母たる人へ二人の反逆兒を育んだ忠北の一寒村 ―金子文子と佐鄕屋留雄の朝鮮時代」其の二,『朝鮮公論』263호, 1935년 2월, 107쪽.
8. 岸野淳子, 앞의 글 참조.
9. 庄司文雄, 앞의 글, 112쪽.
10. 『자서전』에서는 이 사람의 이름을 찾아볼 수 없다. '가네코 후미코가 죽기 전에 은사에게 보낸 편지'(『東京朝日』 1926년 7월 31일 자)에서는 이 편지의 수신인을 '7년간 사랑으로 가르치신 현 청주심상고등소학교장 핫토리 도미에 씨'라고 소개하고 있다.
11. 岸庄淳子, 앞의 글, 16쪽.
12. 이 책의 부록「가네코 후미코 · 박열 서간집」1A. 이 편지의 집필 연월에 관한 논증은 15장 참조.
13. 이 책의 부록「가네코 후미코 · 박열 서간집」1B.
14. 栗原一男,「取り殘された母親: 金子文子の母親を訪う」,『赤いつつじの花: 金子文子の思い出と歌集』,『河北新書』, 1931, 53쪽.
15. 瀨戶內晴美,『餘白の春』, 中央公論社, 1972, 77쪽.
16. 栗原一男, 앞의 글, 78쪽.
17. 같은 글, 53쪽.
18. 中西伊之助,『赭土に芽ぐむもの』, 改造社, 1922, 126쪽.

19. 賀來佐賀太郎의 『일본제국의 아편정책(日本帝國の阿片政策)』(1928. 9)에 따르면, 일본은 1912년에 조선형사령(朝鮮刑事令)을 제정하여 아편연 흡입 습속을 금압하기에 노력하는 한편, 약용 아편에 대해서는 같은 해 '약품 및 약품영업자취절령'을 내려 아편의 판매수수를 관리 감독했다. 나아가 1919년에는 조선아편령를 발포하여 아편을 정부의 전매로 하고 개인의 수출입을 엄금했으며, 그 판매수수와 사용에 관해서도 한층 엄중한 제한을 가했다. 또 양귀비 재배는 일정 지역으로 한정하되 특히 지정된 자에 대한 주도면밀한 감독하에 이를 허가하였으며, 생산품은 모두 정부가 매수하기로 했다. 약용 아편에 관해서는 지정 회사에 한하여 정부가 불하하는 원료를 사용하되 마약류 제조에 준하도록 하였고 그 원료 및 제품의 출납을 기록하도록 관리했다. 1920년에는 모르핀, 코카인 및 염류(鹽類)에 관한 규칙을 제정했다고 한다. (『續現代史資料 12: 阿片問題』, みすず書房, 34, 35쪽)

그러나 실상은 그렇지 않았던 듯하다. 박열은 조선총독부의 아편 및 모르핀 정책에 관하여 다음과 같이 증언하고 있다. "무엇보다 분통터지게 한 것은 뾰족머리 데라우치 총독 시대의 아편정책과 매독정책이다. 외국에 대한 체면상 일본 정부는 아편 판매를 금지하고 있지만, 겉으로만 그러할 뿐이고 안으로는 그 판매를 공인하고 있다. 아편은 대개 일본인 의사로부터 흘러나오는데 주로 도쿄호시(東京星) 제품이 사용되고 있다. 또 중류 이하의 조선인들에게는 아편 대신 모르핀을 팔고 있다. 뜻있는 조선인이 현재 횡횡하고 있는 아편매매 사실을 알고서 관헌에게 고발하면 관헌은 시늉만으로 위반자를 2, 3일간 구류에 처하는 것으로 끝나고 만다.(『재판기록』, 34쪽)

20. 「思ったこと二つ三つ」, 『黑濤』 제2호, 1922년 8월 10일.

21. 岸野淳子, 앞의 글, 17쪽.

22. 朴慶植, 『朝鮮 3·1獨立運動』, 平凡社, 1976, 132쪽.

23. 金一勉, 「金子文子の朝鮮體驗: 何が彼女をああさせたか」, 『アジア女性交流史研究』 제11호, 1972년 3월. 후에 『日本人と朝鮮人』에 재수록. 같은 책, 130쪽.

24. 小松隆二, 「反逆の女性金子文子: '朴烈事件'はしがき」, 『自由思想』 6호, 1961년 7월, 40쪽.

25. 『難波大助大逆事件: 虎ノ門で 現天皇を狙擊』 增補版, 黑色戰線社, 1979, 129쪽.

26. 岸野淳子, 「金子文子と朝鮮」, 『季刊 三千里』 31호, 1982, 194쪽.

27. 岸野淳子, 「金子文子の戀愛」, 『思想の科學』, 1982년 1월호, 31쪽.

28. 岸野淳子, 앞의 글, 191쪽.

29. 栗原一男, 앞의 글, 12쪽.

30. 岸野淳子, 앞의 글, 195쪽.

제3장 자립의 모색

1. 이 책의 부록 「가네코 후미코 · 박열 서간집」 1A 및 1B에서 볼 수 있는 후미코의 편지에는 모두 그녀가 조선에서 일본으로 간 날이 '1920년 4월 12일'이라고 기록되어 있다. 4월 12일이라는 날짜는 자서전에 기록되어 있는 부강 출발 시점과 일치한다. 그러나 부강을 출발한 연도를 1920년이라고 한 것은 후미코의 착각일 것이다.

 앞서 서술했듯이 후미코가 부강심상소학교로 전입한 것은 1912년 12월 11일이다. 후미코는 부강에서 산 기간을 '햇수로 7년'이라고 자서전에 기록하고 있다.(『자서전』, 196쪽) 그 기억이 틀림없다면 후미코는 1919년까지 부강에 머무른 셈이 된다.

 한편 후미코는 예심 당시, 하마마쓰에 있는 아버지의 집에서 도쿄로 올라온 것은 '1920년 4월'이었다고 증언한 바 있다.(『재판기록』, 12쪽) 그리고 후미코가 도쿄로 올라와 잠시 구보다 가메타로(窪田龜太郎)의 집에 머문 후에 취직한 신문판매점 주인 후리하타 가즈요시(降旗一誠)는 "1920년 여름 약 2개월간 가네코 후미코를 판매원으로 고용했다"고 증언했다.(『재판기록』, 250쪽) 따라서 1920년 4월에 도쿄로 왔다는 후미코의 기억은 틀림이 없다.

 후미코는 귀국하여 가네코가와 아버지 집에서 지낸 후에 도쿄로 올라왔기 때문에 부강을 출발한 것은 그 전년인 1919년 4월 12일이라는 얘기가 된다. 지금까지의 연구에서는 후미코가 3·1운동을 보았는지 여부가 명확하지 않았지만 이상의 이유로 나는 그녀가 분명히 3·1운동을 본 것으로 판단하다. 자서전에 3·1운동에 관한 기록이 없는 것은 자서전이 구리하라 가즈오(栗原一男)에게 전해지기 전에 사법 당국에 의해 삭제되었기 때문일 것이다.
2. 『難波大助大逆事件 : 虎ノ門で現天皇を狙擊』 增補版, 黑色戰線社, 1979, 151, 162쪽.

제4장 기성 가치관과 결별하다

1. 出口競, 『東京 · 遊學案內 一九二二年版』, 大明堂, 1922, 98쪽.
2. 朴慶植 編, 『在日朝鮮人關係資料集成』 1권, 三一書房, 1975, 302쪽.
3. ニム ウェールズ 著, 松平いを子 譯, 『アリランの歌 : 朝鮮革命家の生涯』, 岩波文庫, 87~90쪽.
4. 內務省警保局, 『朝鮮人近況概要』, 1922 ; 박경식 편, 앞의 책, 124쪽.
5. 朝鮮總督府警務局東京出張員, 『在京朝鮮人近況』, 1924 ; 박경식 편, 같은 책, 145쪽.
6. 같은 책, 140쪽.

7. 같은 책, 145쪽. 흑도회의 창립 연월일은 吉浦大藏의 『朝鮮人の共産主義運動』(司法省刑事局, 『思想研究資料』 특집 71호, 1940) 31쪽을 따른다.
8. 『報知新聞』 1923년 12월 2일 자 석간. 단, 『東京日日』 1925년 11월 25일 자 석간은 11월 27일 옥사했다고 보도하고 있다. 이는 『報知新聞』의 보도와 하루 차이가 난다.
9. 『ひとすじの道: 婦人解放運動のたたかい五十年』, 67쪽.
10. エンゲルス 著, 戸原四郎 譯, 『家族・私有財産・國家の起源』, 岩波文庫版, 235쪽.
11. 알티바셰프, 『노동자 세이료프』, 13쪽.
12. 같은 책, 109쪽.

제5장 박열과 만나다

1. 후미코와 박열의 만남에 관해서 후미코는 2월 아니면 3월이라고 말한 것과 달리(『재판기록』, 13, 19쪽), 박열은 1, 2월경이었다고 기억한다.(『재판기록』, 44쪽)
2. 金一勉, 『朴烈』, 合同出版, 1973, 54쪽.
3. 호적등본에는 박열의 생년월일이 1902년 2월 3일로 되어 있다고 한다.(대심원 예심문조서 제1회, 『재판기록』, 220쪽) 그러나 형 박정식이 증인신문을 받는 자리에서 밝힌 증언에 따르면 2월 3일은 음력이라고 한다.(『재판기록』, 261쪽) 이날을 양력으로 환산하면 3월 12일이 된다.
4. 이는 박정식의 「증인신문조서(제1회)」에 의한 것이다.(『재판기록』, 262쪽) 그러나 변호사가 기록한 것으로 보이는 박정식의 담화에는 박열이 일곱 살에서 열 살까지 서당에 다닌 것으로 적혀 있다.(『재판기록』, 774쪽)
5. 이는 박정식의 「증인신문조서(제1회)」에 의거한다.(『재판기록』, 262쪽) 그러나 변호사가 기록한 것으로 보이는 박정식의 담화에는 11세 때 박열이 함창공립보통학교에 입학한 것으로 되어 있다.(『재판기록』, 775쪽)
6. 손인수, 『한국근대교육사: 한말 일제치하의 사학사 연구』, 연세대학교 출판부, 1971, 140쪽.
7. 吳天錫 著, 渡部學・阿部洋共 譯, 『韓國近代教育史』, 高麗書林, 1979, 186쪽.
8. 같은 책, 210~221쪽 및 256~267쪽.
9. 宋建鎬 著, 朴燦鎬 譯, 『日帝支配下の韓國現代史』, 風濤社, 1984, 29쪽.
10. 윤병석・신용하・안병직, 『한국근대사론 II』, 지식산업사, 1977, 158쪽.
11. 같은 책, 157쪽.
12. 大澤正道, 『大杉榮研究』, 同成社, 1968, 311쪽.

13. 1924년 2월 10일 자 경시청 특별고등과 경부 이노우에 산지로(井上次三郎)의 「혈권단에 관한 건 보고」에 따르면 혈권단의 결성 연월은 박열이 기억하고 있는 연월보다 훨씬 늦은 1921년 11월경이라고 한다. 그리고 제1기의 명칭이 의권단, 제2기의 명칭은 철권단, 그리고 제3기의 명칭은 혈권단이었다고 한다.(『재판기록』, 306쪽) 이 보고가 정확하다면 박열이 1920년 6, 7월경에 결성했다는 것은 혈권단이 아니라 의권단이나 철권단이었을 가능성이 높다.
14. 座談會, 「純勞動組合, 南葛勞動會および亀戸事件」, 『勞動運動史研究』 36호, 1963, 36쪽.
15. 『秋田雨雀日記』 I, 未來社, 1965, 279쪽.
16. 같은 책, 194쪽.
17. 같은 책, 280쪽.

제6장 가네코 후미코와 박열의 공동투쟁

1. 동거 시기에 대하여 후미코는 5월 또는 4월 말이라고 말하고 있다.(『재판기록』, 8, 13, 20쪽) 그리고 박열은 5월 혹은 5월 상순이라고 말한다.(『재판기록』, 6, 44쪽)
2. 이 책의 부록 「가네코 후미코·박열 서간집」 11.
3. 朝鮮總督府警務局東京出張員, 『在京朝鮮人近況』, 1924; 朴慶植 編, 『在日朝鮮人關係資料集成』 1巻, 三一書房, 1975, 139쪽. 후미코의 기억에 따르면 흑도회의 분열은 1922년 9월이라고 한다.(『재판기록』, 21쪽) 그러나 이것은 기억 착오일 것이다.
4. 『뻔뻔스러운 조선인』에는 제1호와 제2호 모두 간행 일자가 기재되어 있지 않은데, 후미코의 기억에 따르면 1922년 11월에 창간했다고 한다.(『재판기록』, 21쪽) 제2호의 편집후기 「찢긴 미닫이문에서」에 "또 10일쯤 지나면 새로운 해가 올 것이다"는 기록이 있는 것으로 보아 이 호는 1922년 말에 간행된 것으로 추정할 수 있다.
5. 朝鮮總督府警務局資料; 朴慶植, 『朝鮮人强制連行の記錄』, 未來社, 1965, 225쪽.
6. 朴慶植 編, 『在日朝鮮人關係資料集成』 1巻, 23, 24쪽.
7. 『뻔뻔스러운 조선인』 제1호.
8. 『秋田鬼』, 1945년 10월 20일.
9. 「찢어진 미닫이문에서」, 『뻔뻔스러운 조선인』 제2호.
10. 『五十年生活年譜』, ナウカ社, 1936, 90쪽.
11. 『難波大助大逆事件: 虎ノ門で現天皇を狙撃』 增補版, 黑色戰線社, 1979, 153~154쪽.
12. 『朝日新聞』 1923년 5월 2일 자.

13. 「찢어진 미닫이문에서」, 『현사회』 제4호.

14. 이 책의 부록 「가네코 후미코 · 박열 서간집」 6 및 같은 곳의 주석.

15. 栗原一男, 『取り殘された母親: 金子文子の母親を訪う』, 『河北新報』, 1931, 54쪽.

16. 布施辰治 · 張祥重 · 鄭泰成, 『運命の勝利者朴烈』, 世系乙書房, 1946, 173쪽.

17. 金一勉, 『朴烈』, 合同出版, 1973, 123쪽.

18. 姜德相 · 琴秉洞 編, 『關東大震災と朝鮮人』, 現代史資料 6, みすず書房, 137쪽.

19. 望月桂에 관해서는 小松隆二, 『大正自由人物語: 望月桂とその周邊』, 岩波書店, 1988 참조.

20. 加藤一夫에 관해서는 小松隆二, 「土の叫び地の囁き: 加藤一夫の生涯と思想」, 『三田學會雜誌』 78권 4호, 1985년 10월 참조.

제7장 박열의 나카쓰가와조선인학살사건 조사에서 제3차 폭탄입수계획까지

1. 『在日朝鮮人史研究』 15호, 1985년 10월.

2. 『동아일보』 8월 6일 자.

3. 『동아일보』 8월 7일 자.

4. 『동아일보』 8월 8일 자.

5. 『동아일보』 8월 13일 자.

6. 朴慶植, 『朝鮮人强制連行の記錄』, 未來社, 1965, 224쪽.

7. 金一勉, 『朴烈』, 合同出版, 1973, 67쪽.

8. 『동아일보』 8월 17일 자.

9. 金一勉, 앞의 책, 74쪽.

10. 吉岡吉典, 「朝鮮人が はじめて參加した第三回メ－デ－前後: 白武氏に聞く」, 『朝鮮研究』, 1952년 6월호, 32쪽.

11. 박경식, 앞의 책, 225쪽.

12. 『동아일보』 9월 9일 자; 박경식, 앞의 책, 226~228쪽.

13. 이상의 『동아일보』 기사는 張明秀, 「中津川水力發電所にあける朝鮮人虐待虐殺事件: 『동아일보』 게재 자료 소개」, 『新潟近代史研究』 3호, 1982년 10월을 따랐다.

14. 梶村秀樹, 「義烈團と金元鳳」, 『朝鮮史の構造と思想』, 研文出版, 1982, 206쪽.

제8장 파국의 서곡

1. 『현사회』 제3호, 1923년 3월.

2. 김중한이 흑우회 모임 때 『민중운동』 편집인 사임을 신청한 날짜에 관해서는 6월 3일설, 6월 초순 김중한이 흑우회 사무소로 이전하자마자 사임했다는 설, 6월 말 아니면 7월 1일이라는 설 등, 최영환, 니야마 하쓰요 등 김중한이 사임을 신청한 흑우회 회합에 참석한 사람들의 기억이 각자 다르다. 또 동일인이라도 발언 시기에 따라 날짜가 달라 일치하지 않는다. 여기에서는 제7차 예심신문 석상에서 김중한 본인의 진술을 따랐다.

3. 이때 김중한이 상하이행 얘기를 했다는 증거는 『재판기록』 142～145, 154～156, 166～171, 338～341, 357～359, 371쪽에서 볼 수 있다.

4. 이상 제6차 불령사 정기모임의 전거는 『재판기록』 22, 145～147, 172～174, 181～183, 187～191, 344～346, 359, 360쪽에서 찾을 수 있다.

5. 山崎今朝彌, 『地震 · 憲兵 · 火事 · 巡査』, 岩派文庫版, 223쪽.

6. 『報知新聞』 1923년 10월 29일 자 시내판.

7. 「鮮人騷ぎの調査」, 『日本辯護士協會錄事』, 1924년 9월; 姜德相 · 琴秉洞 編, 『關東大震災と朝鮮人』, 現代史資料 6, 1963, 589쪽.

8. 『東京日日』 1923년 10월 22일 자 「投書」.

9. 姜德相 · 琴秉洞 編, 앞의 책, 359쪽.

10. 『岩手日報』 9월 6일 자.

11. 『北越新報』 9월 5일 자 석간.

12. 『因伯時報』 9월 5일 자.

13. 山田昭次, 『關東大震災期朝鮮人暴動流言をめぐる地方新聞と民衆』, 「朝鮮問題」 간담회, 1982.

14. 千葉縣의 關東大震災と朝鮮人犧牲者追悼 · 調査實行委員會, 『いわれなく殺された人びと: 關東大震災と朝鮮人』, 青木書店, 1983, 94～116쪽.

15. 『東京朝日』 1919년 10월 23일 자.

16. 「朝鮮事情」, 『越後タイムス』 1925년 4월 26일 자. 이 잡지는 가시와사키(柏崎)에서 발행된 자유주의적 주간지이다.

17. 朴慶植 編, 『在日朝鮮人關係資料集成』 1卷, 三一書房, 1975, 83쪽.

18. 같은 책, 92쪽.

19. 같은 책, 122쪽 및 123쪽.

20. 같은 책, 38쪽.

21. 『東京朝日』 1923년 3월 1일 자.

22. 「朝鮮人のために辯ず」, 『婦人公論』 1923년 11 · 12월 합병호; 現代史會 編, 『ドキュメン

ト關東大震災』, 草風館, 1983, 179쪽.
23. 『東京朝日』 1923년 4월 25일 자.
24. 『東京朝日』 1921년 10월 28일 자.
25. 『東京朝日』 1921년 3월 3일 자. 양근환은 친일파였던 민원식을 1921년 2월 11일에 살해한 재일조선인이다.
26. 『東京朝日』 1921년 5월 23일 자.
27. 關東大震災60周年朝鮮人犧牲者調査追悼事業實行委員會 編 刊, 『かくされていた歷史: 關東大震災と埼玉の朝鮮人虐殺事件』 增補保存版, 1987, 427쪽.
28. 같은 책, 102쪽.
29. 横濱市編纂係, 『横濱震災誌』 5책, 1927, 431쪽.
30. 『福岡日日新聞』 1923년 10월 21일 자.
31. 『かくされていた歷史』, 61쪽.
32. 姜德相 · 琴秉洞 編, 앞의 책, 79쪽.
33. 같은 책, 80쪽.
34. 같은 책, 80쪽.
35. 같은 책, 80쪽.
36. 같은 책, 82쪽.
37. 같은 책, 74쪽.
38. 같은 책, 82쪽.
39. 山田昭次, 「關東大震災時の朝鮮人虐殺事件裁判と虐殺責任の行方」, 『在日朝鮮人史研究』 20호, 1990년 10월.

제9장 박열 · 가네코 후미코와 불령사 동인의 체포 및 기소

1. 이 책의 부록 「가네코 후미코 · 박열 서간집」 10.
2. 「鮮高秘乙第3號: 震火災に伴う朝鮮人に關する件」, 姜德相 · 琴秉洞 編, 『關東大震災と朝鮮人』 現代史資料 6, 1963, 263쪽.
3. 布施辰治 · 張祥重 · 鄭泰成, 『運命の勝利者朴烈』, 世紀書房, 1946, 4쪽.
4. 姜德相 · 琴秉洞 編, 앞의 책, 137쪽.
5. 布施辰治 外, 앞의 책, 11쪽.
6. 같은 책, 11, 12쪽.
7. 「鮮高秘乙 第3號: 震火災に伴う朝鮮人に關する件」, 姜德相 · 琴秉洞 編, 앞의 책, 264,

265쪽.
8. 『報知新聞』 1923년 10월 16일 자.
9. 小松隆二, 「一在日韓國人の軌跡: 六五年の在日生活の聞き書き」, 『三田學會雜誌』 78권 6호, 1986년 2월, 80～82쪽.
10. 『大阪每日』 1923년 10월 20일 자.
11. 『大阪每日』 1923년 10월 20일 자.
12. 布施辰治 外, 앞의 책, 39쪽.
13. 같은 책, 12쪽.
14. 「豫審請求書」, 『재판기록』, 304쪽.
15. 布施辰治 外, 앞의 책, 12쪽.
16. 『동아일보』 1924년 7월 1일 자.

제10장 천황제와 대결하다

1. 『동아일보』 1924년 7월 1일 자.
2. 布施辰治 · 張祥重 · 鄭泰成, 『運命の勝利者朴烈』, 世紀書房, 1946, 246쪽.
3. 「朴烈文子大逆事件」, 『文藝春秋』 임시증간호, 1955년 8월, 18쪽. 뒤에 『奇怪な七つの物語』에 수록.
4. 金一勉, 『朴烈』, 合同出版, 1973, 177쪽.
5. 松本淸張, 「朴烈大逆事件」, 『昭和史發掘』 1권, 文藝春秋, 1965, 187쪽.
6. 같은 글, 187～188쪽.
7. 李順愛, 「日本女性と天皇制」, 鈴木裕子 · 近藤和子 編, 『女 · 天皇制 · 戰爭』, オリジン出版センタ-, 1989, 82～83쪽.
8. 『東京日日』 1926년 9월 14일 자.
9. 『國民新聞』 1927년 1월 20일 자.
10. 山浦貫一 編修, 『森烙』, 森烙傳記編纂會, 1940, 514쪽.
11. 『東京日日』 1926년 9월 3일 자.
12. 「朴烈 · 金子文子事件」 2, 『法律時報』 1963년 4월호, 67쪽.
13. 金一勉, 앞의 책, 187～190쪽.
14. 『都新聞』 1927년 1월 20일 자.
15. 『東京日日』 1926년 9월 3일 자.
16. 『大阪朝日』 1926년 10월 25일 자.

17. 단, 『재판기록』에 의하면 두 사람이 함께 예심을 받은 것은 5월 9일이다.

18. 金一勉, 앞의 책, 189, 190쪽.

19. 本田靖春, 『不當逮捕』, 137, 146쪽.

20. 이 책의 부록 「가네코 후미코 · 박열 서간집」 16.

제11장 죽음을 준비하다

1. 이 책의 부록 「가네코 후미코 · 박열 서간집」 13.

2. 「가네코 후미코 · 박열 서간집」 14.

3. 「架空の大逆罪」, 『わたしを呼ぶ朝鮮』, 157쪽.

4. 金子文子, 『獄窓に想う : 金子ふみ子全歌集』, 黑色戰線社, 1987, 48쪽.

5. 『辻潤全集 第6卷 唯一者とその所有(自我經)』, 五月書房, 1982, 346, 347쪽.

6. 「가네코 후미코 · 박열 서간집」 3.

7. 金子文子, 앞의 책, 23쪽.

8. 『조선일보』 1925년 12월 9일 자.

9. 『東京日日』 1926년 9월 3일 자.

10. 布施辰治 · 張祥重 · 鄭泰成, 『運命の勝利者朴烈』, 世紀書房, 1946, 80, 81쪽.

11. 瀨戶內晴美, 『餘白の春』, 中央公論社, 1972, 361쪽.

제12장 대심원 법정에서 박열과 가네코 후미코

1. 『東京朝日』 1926년 2월 27일 자.

2. 같은 기사.

3. 『동아일보』 1926년 1월 20일 자.

4. 布施辰治 · 張祥重 · 鄭泰成, 『運命の勝利者朴烈』, 世紀書房, 1946, 45, 46쪽.

5. 같은 책.

6. 朴慶植 編, 『在日朝鮮人關係資料集成』 1卷, 三一書房, 1975, 162, 163쪽

7. 『東京朝日』 1926년 2월 27일 자.

8. 『時事新聞』 1926년 2월 27일 자.

9. 『東京朝日』 1926년 2월 28일 자.

10. 瀨戶內晴美, 『餘白の春』, 中央公論社, 1972, 330쪽.

11. 李順愛, 「日本女性と天皇制」, 鈴木裕子 · 近藤和子 編, 『女 · 天皇制 · 戰爭』, オリジン出版センター, 1989, 71쪽.

12. 이 책의 부록, 「가네코 후미코 · 박열 서간집」 9.

13. 金子文子, 『獄窓に想う: 金子ふみ子全歌集』, 黑色戰線社, 1987, 52, 53쪽.

14. 『東京朝日』 1926년 3월 1일 자.

15. 『國民新聞』 1926년 3월 1일 자.

16. 『東京朝日』 1926년 3월 2일 자.

17. 「가네코 후미코 · 박열 서간집」 12.

18. 같은 글.

제13장 사형 판결과 '은사(恩赦)'

1. 『東京朝日』 1926년 3월 2일 자.

2. 안재홍선집간행위원회 편, 『민세안재홍선집』 1, 지식산업사, 1981, 5쪽.

3. 「金子文子: 無籍者として生きる」, 『ひとが生まれる: 五人の日本人の肖像』, ちくま文庫版, 208쪽.

4. 『朝鮮時論』에 관해서는 다음 논문 참조. 高柳俊男, 「在日朝鮮人の雜誌『朝鮮時論』をめぐって」, 『鐘聲通信』 29호, 1982년 3월 8일; 牛口順二, 「『朝鮮時論』 一年」, 『海峽』 제11호, 1982년 11월.

5. 「思ひ出す朴烈君の顏」, 『文藝戰線』 3권 5호, 1926년 5월, 56쪽.

6. 瀨戶內晴美, 『餘白の春』, 中央公論社, 1972, 74쪽.

7. 『東京朝日』 1926년 3월 26일 자.

8. 『報知新聞』 1926년 3월 26일 자.

9. 『東京朝日』 앞의 기사.

10. 같은 기사.

11. 「金子文子に會いに上京した母親」, 『婦人公論』, 1926년 5월, 162, 163쪽.

12. 金子文子, 『獄窓に想う: 金子ふみ子全歌集』, 黑色戰線社, 1987, 49쪽.

13. 國立公文書館 所藏, 『公文別錄: 大藏省 · 陸軍省 · 海軍省 · 司法省 · 大東亞省自大正十二年至昭和十九年』.

14. 같은 문서.

15. 『동아일보』 1926년 3월 28일 자.

16. 『東京朝日』 1926년 3월 30일 자.

17. 『東京朝日』 1926년 4월 6일 자.

18. 같은 기사.

19. 같은 기사.

20. 「あの人この人訪問記: 秋山要さん」, 『法曹』 제101호, 1959년 3월, 26쪽.

21. 『東京朝日』 1926년 4월 6일 자.

22. 布施辰治 · 張祥重 · 鄭泰成, 『運命の勝利者朴烈』, 世紀書房, 1946, 21, 23쪽.

제14장 가네코 후미코의 죽음

1. 布施辰治 · 張祥重 · 鄭泰成, 『運命の勝利者朴烈』, 世紀書房, 1946, 17. 그런데 4월 15일 자 『東京朝日』를 보면 12일 밤에 옮긴 것으로 되어 있다.

2. 「第五十二帝國議會衆議院議事速記錄」 5호, 『官報號外』 1927년 1월 20일, 42쪽.

3. 下都賀郡教育會 編 · 刊, 『下都賀郡誌』, 1934, 1405, 1406쪽.

4. 瀨戶內晴美, 『餘白の春』, 中央公論社, 1972, 338쪽.

5. 松本清張, 「朴烈大逆事件」, 『昭和史發掘』 1권, 文藝春秋, 1965, 208쪽.

6. 「いのちを賭けて'國家'を越えて: 金子文子と朴烈」, 『アジア女性交流史明治 · 大正編』, 220쪽.

7. 「第五十二帝國議會衆議院議事速記錄」 5호, 『官報號外』, 42쪽.

8. 『東京朝日』 1926년 7월 30일 자.

9. 『國民新聞』 1926년 7월 30일 자 석간.

10. 같은 기사.

11. 『國民新聞』 1926년 7월 31일 자.

12. 같은 기사.

13. 布施辰治, 「金子文子の自殺と恩赦前后の處遇」, 朝鮮大學校所藏布施辰治文書.

14. 『國民新聞』 1926년 7월 31일 자.

15. 『報知新聞』 1926년 7월 31일 자 시내 2판.

16. 『東京朝日』 1926년 8월 1일 자.

17. 松本清張, 앞의 글, 209쪽.

18. 『東京朝日』 1926년 8월 1일 자.

19. 瀨戶內晴美, 앞의 책, 338쪽

20. 松本清張, 앞의 글, 210쪽.

21. 山崎朋子, 「いのちを賭けて'國家'を越えて: 金子文子と朴烈」, 220, 221쪽.

22. 『東京朝日』 1926년 7월 31일 자.

23. 『國民新聞』 1926년 7월 30일 자 석간.

24. 같은 기사.

25. 「第五十二帝國議會衆議院議事速記錄」5호, 『官報號外』, 42쪽.

26. 『國民新聞』 1926년 7월 30일 자 석간.

27. 布施辰治, 앞의 문서.

28. 金子文子, 『獄窓に想う: 金子ふみ子全歌集』, 黑色戰線社, 1987, 66, 67쪽.

29. 같은 책, 65, 66쪽.

30. 내가 전화를 해서 도치기형무소에 처음으로 가네코 후미코 관계자료 열람을 요청한 것은 1993년 2월 20일 무렵이었다. 그때 형무소 측에서는 "문서로 열람원(閱覽願)을 제출하라"고 말했다. 그래서 나는 2월 26일 「우쓰노미야형무소 도치기지소 수인(囚人) 가네코 후미코 관계 기록 열람원」을 도치기형무소 소장 앞으로 보냈다. 이에 대해 요청을 거부하는 제1차 회답을 보내왔다. "당사자의 명예와 인권을 침해할 우려가 있어 열람을 허락할 수 없다"는 내용이었다.

나는 3월 1일 나카구마(中熊) 총무부장에게 재차 열람을 요청했다. 후미코의 복권을 위해 조사 및 연구를 하고 있는 나에게 당사자의 명예 운운하는 것은 납득할 수 없다, 동봉하는 나의 논문 「가네코 후미코론 노트」(『歷史評論』 1991년 3월)를 보고 명예나 인권을 침해한 점이 있으면 지적해달라, 만약 지적하지 않는다면 납득할 수 없다는 것이 내 편지의 취지였다. 그러나 또다시 열람을 거부하는 답장이 왔다. "해당 서류에는 피수용자의 명예와 인권에 관한 사항 및 당 형무소의 적정한 관리 운영에 필요한 사항이 기재되어 있어 열람을 허용할 수 없다"는 내용이었다.

그 후 나는 다른 일로 분주했고, 도치기형무소에 다시 전화를 한 것은 2년 후인 1995년 3월 15일 오전 10시경이었다. 바뀐 총무부장 마쓰모토 아키라(松本烈)가 전화를 받았다. 지난번 교섭 과정을 얘기하고 직접 면담을 신청했다. 마쓰모토 총무부장은 나중에 회답하기로 약속했다. 그날 오전 11시 50분경, 마쓰모토 총무부장으로부터 전화가 왔다. 그는 "보존 기한 50년이 지나면 문서를 폐기한다는 규칙에 따라 가네코 후미코 관련 자료는 폐기되었기 때문에 현재 남아 있지 않다"고 말했다. 내가 "나카구마 전 총무부장은 보여주지 않겠다고 말했지 없다고 하지는 않았다. 앞뒤가 맞지 않는다"고 말하자, 마쓰모토 부장은 "나카구마 전 부장이 뭐라고 했든 없는 것을 어떻게 있다고 하겠느냐"라며 퉁명스럽게 말했다 나는 "2년 전에 얘기한 것을 갑자기 뒤집는 게 납득이 가지 않는다. 후미코가 자살할 때도 형무소 측이 변호사와 후미코 관계자들에게 정확히 대응하지 않았기 때문에, 후미코가 언제 자살했는지 그 날짜마저 지금까지 애매하게 남아 있다. 도치기형무소 입소 날짜와 자살 날짜만이라도 확실하게 알고 싶다, 자살 상황을 정확하게 밝히는 게 고인에 대한 최소한의 예의가 아니겠는가"라고 말했다. 그러자 마쓰모토 부장은 "설령 자료가 있다 해도 나카구마 씨가 말한 그런 이유 때문에 보여줄 수가 없다"고 말했다. 속마음을 드러냈다고나 할까. 나는 "그렇다면 당신의 말한 것을 그대로 책에 써도 괜찮겠느냐"고 묻자 그는 "괜찮다"고 대답했다. 이것으로 그와의 교섭을 중단했다.

나는 여기에서 체념하지 않고, 나의 열람은 친족으로서 아무런 지장이 없다는 취지를 담고 있는, 후미코의 종제(從弟) 가네코 마사아키(金子正明) 씨의 미망인 가네코 고마에 씨가 쓴 첨부서와 함께 5월 10일 자로 열람원을 우송했다. 나는 이 편지에 후미코의 자살 상황을 은폐하고자 노력하고 있는 우쓰노미야형무소 도치기지소의 태도를 보도한 1926년 7월 31일 자 『고쿠민신문(國民新聞)』 기사 복사본을 동봉하고, "내년은 가네코 후미코가 죽은 지 70년이 되는 해이다. 전후 일본은 민주화되었으며 인권을 존중하게 되었다고들 말한다. 그러나 도치기형무소의 태도를 보건대 70년이 지난 현재 정말로 그러한가 다시 생각하지 않을 수 없다"라고 성토했다.

그러나 다시 열람을 거부하는 답장을 보내왔다. 이 편지에서 마쓰모토는 가네코 후미코와 관련된 자료는 없으며 50년이 지난 문서는 폐기하기로 되어 있다는 말을 되풀이했다.

31. 『東京日日』 1926년 8월 1일 자.
32. 『東京朝日』 1926년 8월 1일 자.
33. 『東京朝日』 1926년 8월 2일 자.
34. 『東京朝日』 1926년 8월 1일 자.
35. 『조선일보』 1926년 8월 5일 자.
36. 『조선일보』 1926년 8월 17일 자; 『東京朝日』 1926년 8월 15일 및 17일 자.
37. 『조선일보』 1926년 8월 19일 자.
38. 宋相燾, 『騎驢隨筆』, 大韓民國文教部國史編纂委員會 編 · 刊, 『韓國史資料叢書』 2卷, 1971, 335쪽.
39. 瀨戶內晴美, 앞의 책, 265쪽.
40. 「金子文子女史墓碑除幕式 및 碑銘」.
41. 『東京朝日』 1926년 4월 15일 자.
42. 布施辰治 外, 앞의 책, 7쪽.
43. 『동아일보』 1926년 10월 26일 자.
44. 『山形新聞』 1945년 10월 19일 자.
45. 『山形魁新聞』 1945년 10월 28일 자.
46. 『山形新聞』 1945년 11월 21일 자.

47.「對日協力者戰爭犯罪人의 處罰에 관한 法案을 둘러싸고」,『신조선혁명론』, 1948.

48. 臼井吉見,「春一番」,『展望』, 1975년 8월, 266, 297쪽.

49. 李泰昊 著, 青柳純一 譯,『鴨綠江の冬: 北に消えた韓國の指導者』, 社會評論社, 1993, 352쪽.

50.『毎日新聞』1974년 1월 18일 자 석간.

51.『동아일보』1926년 10월 16일 자.

52.『동아일보』1926년 10월 28일 자.

53.『동아일보』1927년 2월 4, 5, 6, 10, 25일 자.

제15장 일본 근대사상사와 가네코 후미코의 위치

1. 이 책의 부록「가네코 후미코 · 박열 서간집」1A.

2. 福澤諭吉,『福翁自傳』, 岩波文庫版, 1978, 316쪽.

3. 福澤諭吉,『福翁百餘話』, 1901,『福澤諭吉全集』6권, 419쪽.

4. 福澤諭吉, 앞의 책, 316쪽.

5. 福澤諭吉,『文明論之概略』, 岩波文庫版, 258～259쪽.

6.「日清戰爭は文と野の戰爭なり」,『時事新報』1894년 7월 29일 자.

7.「要, 朝鮮を獨立せしむるにあり」,『毎日新聞』1894년 6월 15일 자.

8.「守舊と進步の衝突」,『毎日新聞』1894년 7월 10일 자.

9.「守舊と進步の衝突」,『郵便報知新聞』1894년 8월 21일 자.

10.「興亞會に於て循環日報を駁するの演說」,『朝野新聞』1880년 6월 15, 17, 18일 자.

11.「再論朝鮮事變」,『朝野新聞』1882년 8월 3일 자.

12. 淺野乾,「朝鮮鎖攘家の亂」,『朝野新聞』1882년 8월 8일 자.

13.「今日の形勢」,『自由新聞』1882년 11월 21일 자.

14.『団団珍聞』1007호, 1895년 3월 30일, 7, 8쪽.

15. 같은 잡지, 8쪽.

16.『団団珍聞』1047호, 1896년 2월 15일, 13쪽.

17. 福澤諭吉,『福翁自傳』, 258쪽.

18.『団団珍聞』975호, 1894년 8월 18일, 1쪽.

19. 相澤榮久 編 · 刊,『續相澤日記』81쪽.

20. 廣瀨玲子,「日清 · 日露戰爭間の國家意識:『二六新聞』の主張を中心に」, 鹿野政直 · 由井正臣 編,『近代日本の統合と抵抗』2, 日本評論社, 1982, 124쪽.

21. 『每日新聞』 1894년 11월 5일 자.

22. 『每日新聞』 1894년 11월 8일 자.

23. 鹽田庄兵衛 · 渡邊順三 編, 『秘錄大逆事件』 上卷, 春秋社, 160, 161쪽.

24. 小川爲治, 『開化問答』 初篇, 『明治文化全集』, 文明開化篇, 日本評論社 舊版, 116쪽.

25. 같은 책, 147쪽.

26. 井上幸治 外 編, 『秩父事件史料集成』 1권, 二玄社, 1984, 363쪽.

27. 井出孫六, 『秩父困民黨』, 講談社現代新書, 1979, 211~213쪽.

28. 大內兵衛 · 土屋喬雄 編, 『明治前期財政經濟史料集成』 제17-1권, 明治文獻資料刊行會, 220쪽.

29. 『每日新聞』 1894년 8월 18일 자.

30. 『日韓通商協會報告』 8호, 1896년 4월, 34쪽.

31. 『田中正造全集』 7권, 岩波書店, 1977, 56쪽.

32. 1907년 7월 20일 大山喜平과 그 외 사람들에게 보낸 편지, 『田中正造全集』 17권, 55쪽.

33. 『田中正造全集』 16권, 40쪽.

34. 같은 책, 95쪽.

35. 『田中正造全集』 2권, 190쪽.

36. 『田中正造全集』 14권, 346쪽.

37. 『田中正造全集』 2권, 198쪽.

38. 『田中正造全集』 16권, 605쪽.

39. 같은 책, 248쪽.

40. 같은 책, 449쪽.

41. 『田中正造全集』 12권, 426쪽.

42. 『田中正造全集』 16권, 232쪽.

43. 栗原一男, 『取り殘された母親: 金子文子の母親を訪う』, 『河北新報』, 1931, 52, 55쪽.

가네코 후미코 · 박열 관계 문헌목록*

일본어 문헌

연구문헌

- 『民衆の法律』記者, 「涙なくて讀まれぬ金子文子の血涙史: 現代思想の批判的解說」, 『民衆の法律』4卷 5, 6號, 5卷 1號, 1925. 5~6, 1926. 1.
- 中村義一, 「大逆事件の女二人」, 『婦人公論』, 1926. 1.
- 『主婦之友』 記者, 「纖細な女性の身で大逆犯人の金子文子の數奇な半生」, 『主婦之友』, 1926. 3.
- 布施辰治, 「怪寫眞事件の主點と批判」, 『改造』, 1926. 10.
- 吉野作造, 「所謂怪寫眞事件」(無署名), 『中央公論』, 1926. 10(吉野作造, 『古い政治の新しい觀方』, 生活硏究會, 1927. みすず書房의 1988 복각판).
- 吉野作造, 「朝野兩派の新しい陳立て」, 『婦人公論』, 1926. 11(吉野作造, 앞의 책).
- 吉野作造, 「陰謀に因る內閣總辭職の可能」, 『婦人公論』, 1926. 11(吉野作造, 앞의 책).
- 吉野作造, 「朴烈問題に關する責任の所在」, 『婦人公論』, 1926. 11(吉野作造, 앞의 책).
- 吉野作造, 「金重漢君の日本語」, 『婦人公論』, 1927. 3.
- 黑龍生, 「政界に風雲を卷起した朴烈問題の眞相」, 『東京』3卷 12號, 1926. 12.
- 坂本眞琴 · 高群逸枝 他, 「'問題の怪寫眞'を見た刹那の感想」, 『婦人公論』, 1927. 3(黑色戰線社版 『何が私をかうさせたか』에 수록).
- 細田民樹, 「黑の死刑女囚」, 『中央公論』, 1929. 12(細田民樹, 『黑の死刑女囚』, 千倉書房, 1930에 수록).
- 布施辰治 · 張祥重 · 鄭泰成, 『運命の勝利子朴烈』, 世紀書房, 1946(1987년 黑色戰線社에서 복각판 간행).
- 田中惣五郎, 『日本ファシズムの源流: 北一輝の思想と生涯』, 白揚社, 1949.

* 가네코 후미코나 박열에 대해 몇 줄 정도만 언급하고 있는 문헌은, 다른 문헌에서 볼 수 없는 내용이 들어 있는 경우를 제외하고, 생략했다. 또 신문 기사와 논설, 의회의사속기록은 특별히 중요한 것을 제외하고 뺐다. 야마모토 가쓰노스케(山本勝之助)의 『일본을 망하게 한 것』(1969)에도 박열에 관한 언급이 있다고 하는데 아직 보지 못했다.

- 小泉輝三郎,「朴烈事件」(小泉輝三郎,『大正犯罪史正談』, 大學書房, 1955).
- 江口煥,「朴烈・文子大逆事件」,『文藝春秋』, 1955. 8, 臨時增刊號.
- ______, 「朴烈・文子の大役事件と怪寫眞」(江口煥, 『奇怪な七つの物語り』(三一文庫), 三一書房, 1956).
- 江口煥,「朴烈秘話: 死の法廷に結ぶ戀」,『特輯人物往來』, 1957. 1.
- 「特赦狀を破りすてた金子文子」,『朝日ジャーナル』1巻 5號, 1959. 4. 12.
- 臼井吉見,「15年目のエンマ帳その一 朝鮮の人朴義淑さん」,『婦人公論』, 1960. 1.
- ねずまさし, 「朴烈事件」(ねずまさし, 『大日本帝國の崩壞: 天皇昭和紀』 上巻, 至誠堂, 1961.
- 小松隆二,「反逆の女性 金子文子: '朴烈事件'はしがき」,『自由思想』6號, 1961. 7.
- 室伏哲郎, 「'朴烈事件'の眞相: '大正天皇暗殺計劃'のウラ側」(室伏哲郎, 『日本のテロリストー: 暗殺とクーデターの歴史』, 弘文堂, 1962. 1986년에 潮出版社에서 潮文庫 중 한 권으로 간행).
- 森永英三郎,「朴烈・金子文子事件」,『法律時報』35巻 3, 4號, 1963. 3, 4.
- 佐野光津男,「金子文子: 大いなる反逆」(佐野光津男,『日本の女たち』(三一文庫), 三一書房, 1964).
- 松本清張,「朴烈大逆事件」(松本清張,『昭和史發掘』1巻, 文藝春秋, 1965).
- 鄭哲,『民團: 在日韓國人の民族運動』, 洋洋社, 1967.
- 許世皆,「朴烈事件: 虐げられたものの反逆」(我妻榮 他 編,『日本政治裁判史錄: 大正』, 1法規, 1965 수록).
- 秋山清,「金子文子の回想錄」(秋山清,『ニヒルとテロル』, 川島書店, 1968).
- ______,「はるかに金子文子を」,『季刊 三千里』13號, 1978. 2.
- 井上光晴・鶴見俊輔 對談,「金子文子をめぐって」(鶴見俊輔 編,『現代日本記錄全集』14巻,「生活の記錄」, 筑摩書房, 1970).
- はた さとる,「金子文子のこと」,『夜明け』6號, 1971. 11. 20(『チンダルレ』4호에 재수록).
- 鶴見俊輔,「金子文子: 無籍者として生きる」(『ひとが生まれる: 五人の日本人の肖像』, 筑摩少年圖書館 19, 筑摩書房, 1972. 1994년 筑摩文庫 중 한 권으로 筑摩書房에서 간행).
- 森永英三郎,『山崎今朝彌』(紀伊國屋新書), 紀伊國屋, 1972.
- 岩村登志夫,『在日朝鮮人と日本勞動者階級』, 校倉書房, 1972.
- 瀨戶內晴美,『餘白の春』, 中央公論社, 1972.
- ________,『餘白の春』(中公文庫), 中央公論社, 1975.

• ________, 『餘白の春』(瀨戸内晴美作品集 2巻), 筑摩書房, 1983.
• ________, 「金子文子」(瀨戸内晴美 編, 『女の一生: 人物近代女性史 6巻 反逆の女のロマン』, 講談社, 1980; 瀨戸内晴美 編, 『反逆の女のロマン』(講談社文庫), 講談社, 1989).
• 金一勉, 「金子文子の朝鮮體驗: 何が彼女をああさせたか」(『アジア女性交流史研究』 11號, 1972. 3; 金一勉, 『日本人と朝鮮人』, 三一書房, 1975 수록).
• 金一勉, 『朴烈』, 合同出版, 1973.
• ________, 「朴烈・金子文子大逆事件の眞實: 關東大震災朝鮮人大量虐殺のいけにえ」(金一勉, 『天皇と朝鮮人と總督府』, 田畑書店, 1984).
• 神谷次郎, 「評傳金子文子」, 『流動』 臨時增刊號, 1974. 11.
• 臼井吉見, 「春一番」, 『展望』 200號, 1975. 8.
• 森川哲郎, 『朝鮮獨立運動暗殺史』, 三一書房, 1976.
• 甲府連帶新聞社, 『連帶』, 金子文子建碑特輯號, 1976. 4. 15.
• 和田春樹, 「金子文子のこと」, 『リベルテール』, 1978. 5(和田春樹, 『韓國民衆をみつめること』, 創樹社, 1981 수록).
• 崔凡述, 「立松判事と朴烈大逆事件」(尹青光 編, 『忘れえぬ日本人: 朝鮮人の怨恨と哀情』, 六興出版, 1979 수록).
• 「人物小傳 金子文子」(『圖說人物日本の女性史』 10巻, 『新時代の知性と行動』, 小學館, 1980).
• もろさわようこ, 「先驅者たち, 福田英子・相馬黑光・金子文子: 自傳によせて」(平凡社에서 간행한 『日本人の自傳』 6巻 解題를 가필한 글. もろさわ ようこ, 『おんなろん序說』, 未來社, 1981).
• 竹山護夫, 「大正後期における社會心理の一面: 朴烈・文子大逆事件に見られる意識類型 ― その一」, 山梨大學教育學部, 『研究報告』(人文・社會系) 32號, 1981.
• 小池眞理子, 「金子文子: 革命と反權力に殉じた女」(小池眞理子, 『惡女と呼ばれた女たち: 阿部定から永田洋子・伊藤素子まで』, 主婦と生活社, 1982. 1986년 集英社에서 集英社文庫 중 한 권으로 간행).
• 岸野淳子, 「芙江を訪れて」, 『季刊 三千里』 26號, 1981. 5.
• _______, 「金子文子の戀愛」, 『思想の科學』, 1982. 1.
• _______, 「金子文子と朝鮮」, 『季刊 三千里』 31號, 1982. 8.
• 田中澄江, 「菅野スガと金子文子」(田中澄江, 『愛の近代女性史』, ミリオン書房, 1984).
• 岩橋邦枝, 「金子文子」, 『ウイズ』, 1984. 5.

- 山田昭次, 「1920年代日本人と朝鮮人: 金子文子について」, 『世界』, 1984. 4.
- _______, 「金子文子と家, 國家, 朝鮮人(1)~(15)」, 『ソウル－東京』 2~16號, 1986. 2 ~1991. 4.
- _______, 「金子文子と家・朝鮮人・天皇制國家」, 『朝鮮史研究會報』 90號, 1988. 3. 25.
- _______, 「金子文子論ノート: 金子文子の自己形成にとつての近代日本と朝鮮」, 『歴史評論』 491號, 1991. 3.
- _______, 「近代日本の朝鮮觀: その研究課題と方法」, 『史苑』 55卷 2號, 1995. 3.
- _______, 「戰後五十年 私と朝鮮: 金子文子との出會いから朝鮮民族との連帶を學んだ」, 『朝鮮時報』, 1995. 5. 15.
- _______, 「インタ-ビュ－金子文子の生き方を遷つて」, 『We』 4卷 6號, 1995. 10.
- 本田靖春, 『不當逮捕』, 講談社, 1983(1986년 講談社文庫 중 한 권으로 간행).
- 山梨女性史の會, 「時代のあかし金子文子」(山梨女性史の會, 『山梨の女性』, 東洋インターフェイス, 1986 수록).
- 新藤謙, 『女性史として自傳』, ミネルブァ書房, 1988.
- 小松伸六, 「愛と美の墓標」, 講談社, 1988.
- 北野彩, 「金子文子の生: 性」, 『コリア研究』 11號, 1988. 8.
- 李順愛, 「日本女性と天皇制」(鈴木裕子・近藤和子 編, 『女・天皇制・戰爭』, オリジン出版センタ-, 1989 수록).
- 圓谷眞護, 『言挙 けせぬ女たち: 近代女性の思想と文學』, 社會評論社, 1989.
- 河野俊幸, 「金子文子歌集 『獄窓に想う』について」, 『チンダル』(山梨朝鮮問題學習講座會報), 4號, 1989. 2. 24.
- 平林久枝, 「架空の大逆罪: 金子文子」(平林久枝, 『わたしを呼ぶ朝鮮』, 社會評論社, 1991 수록).
- 李泰昊 著, 青山純一 譯, 『鴨綠江の冬: 北に消えた 韓國の指導者』, 社會評論社, 1993.
- 田中清玄, 『田中清玄自傳』, 文藝春秋, 1993.
- 趙善姫, 「反逆と野合, 屈折するアナ-キズム: 大逆事件主犯が燃也した政治的野心」(한겨레신문사 편, 高贊侑 譯, 『산하여 우리를 안아라: 발굴 한국현대사의 군상』, 해방출판사, 1994.)
- 山崎朋子, 「いのちを賭けて'國家'を越えて: 金子文子と朴烈」(山崎朋子, 『アジア女性交流史: 明治大正編』, 筑摩書房, 1995.
- 宮内正義, 「ガイドブックの 餘白に'慶尙北道 編': 金子文子の墓に參る」, 『MMyM』 14號,

1996. 3. 23.

사료

- 芙江公立尋常高等小學教 金子文子學籍簿(芙江初等學校 所藏).
- 海野友壽에게 보낸 朴烈의 편지(1922. 12. 2. 이 책의 부록).
- 金子文子의 短歌 5수(朝鮮大學校 所藏 布施辰治文書).
- 布施辰治, 「金子文子の自殺と恩赦前後の處遇」, 날짜 불명(草稿本과 正書本 2통. 朝鮮大學校 所藏 布施辰治文書).
- 布施辰治, 無題口述筆記原稿 (내용은 金子文子의 자살에 관한 1947, 48년 무렵의 회상)(朝鮮大學校 所藏 布施辰治文書).
- 金子文子, 山崎今朝彌에게 보낸 편지, 1926. 1. 22(이 책의 부록).
- 金子文子, 布施辰治에게 보낸 편지, 1926. 3. 31(이 책의 부록).
- 金子文子, 上村進에게 보낸 편지, 1926. 3. 31(1926년 7월 30일 자 『國民新聞』. 이 책의 부록).
- 中西伊之助, 「朴烈君の記憶のことなど: 冬日記」, 『文藝戰線』 3卷 1號, 1926. 1.
- 里村欣二, 「思出の朴烈君の顏」, 『文藝戰線』, 3卷 5號, 1926. 5.
- 飯田德太郎, 「金子文子に會ひに上京した母親」, 『婦人公論』, 1926. 5.
- 金子文子, 「獄中雜詠」, 『婦人公論』, 1926. 5.
- 朝鮮日報社, 「朴烈事件に鑑みて; 『朝鮮日報』 3月 17日 社說」, 『朝鮮時論』 1號, 1926. 6.
- 田坂貞雄, 「金子文子に 對する批判」, 『民衆の法律』 5卷 1號, 1926. 8.
- 中西伊之助, 「柏木より」, 『朝鮮時論』 1卷 4號, 1926. 9.
- 金子文子가 죽기 전에 은사에게 보낸 편지, 『東京朝日新聞』 1926. 7. 31(이 책의 부록).
- 朴庭植 口述書, 1926. 8. 27(朝鮮大學校所藏 布施辰治文書).
- 齋藤實에게 보낸 中島淸太郎의 편지(朴烈과 金子文子의 감형을 요청한 것), 1926. 3. 31(國會圖書館憲政資料室所藏 齋藤實文書).
- 小川平吉, 聲明書(이른바 괴사진에 관한 내용), 1926. 9. 7(小川平吉文書硏究會 編, 『小川平吉關係文書』 2, みすず書房, 1973).
- 立憲政友會院外團, 「大逆犯人朴烈 · 文子の事件に關する政府の責任を糾す」, 1926. 9. 9(小川平吉文書硏究會 編, 『小川平吉關係文書』 2).
- 大乘會 등 4團體, 「朴烈事件についての申し入れ書」(立松懷淸에게) 1926. 9. 10(小川平吉文書硏究會 編, 『小川平吉關係文書』 2).

• 高田秀也, 「朴烈事件意見書」(小川平吉文書研究會 編, 『小川平吉關係文書』 2).
• 小川平吉, 朴烈 · 松島事件についての演說原稿, 1927. 1. 18(國會圖書館憲政資料室所藏 小川平吉文書).
• 朴烈事件關係メモ(國會圖書館憲政資料室所藏 小川平吉文書).
• 金子文子, 『獄窓に想う』, 自我人社, 1927.
• 行動社同人 編, 『反逆者の獄中手記』, 行動社出版部, 1928(復刻版, 黑色戰線社, 1971. 金子文子の短歌と朴烈の'强者の宣言' 수록).
• 栗原一男, 「取り殘された母親: 金子文子の母を訪う」, 『河北新報』, 1931. 4. 1 · 2(『赤いつつじの花: 金子文子の思い出と歌集』, 黑色戰線社, 1984 및 金子文子, 『獄窓に想う: 金子文子全歌集』, 黑色戰線社, 1987 수록).
• 金子文子, 『何が私をかうさせたか』, 春秋社, 1931.
• _______, 『何が私をかうさせたか』(鶴見俊輔 編, 『現代日本記錄全集』 14卷, 『生活の記錄』, 筑摩書房, 1970).
• _______, 『何が私をかうさせたか』, 黑色戰線社, 1972(增補版), 1975(增補決定版).
• _______, 『何が私をかうさせたか』(『日本人の自傳』 6卷, 平凡社, 1980).
• _______, 『何が私をかうさせたか』(筑摩叢書 286), 筑摩書房, 1984.
• _______, 『何が私をかうさせたか』(抄), 『獄中雜詠』(鈴木裕子 編, 『思想の海へ: '解放と變革'』 21卷, 『女性: 反逆と革命と抵抗』, 社會評論社, 1990 수록).
• 女死刑囚の手紙, 「金子文子より某氏への獄中通信」, 『婦人サロン』 3卷 4號, 1931. 4(이 책의 부록).
• 庄司文雄, 「世の母たる人へ: 二人の反逆兒を育ぐむだ忠北の一寒村 ― 金子文子と佐鄉屋留雄の朝鮮時節」, 『朝鮮公論』 262, 263號, 1935. 1, 2.
• 「大逆事件犯人朴烈の思想轉向」, 內務省警報局, 『社會運動の狀況』, 1935.
• 「入監中のアナキスト朴烈の動靜」, 內務省警報局保安課, 『特高月報』, 1934. 12.
• 「入監中のアナキスト朴準植の思想轉向」, 內務省警報局保安課, 『特高月報』, 1935. 4.
• 「朴烈の所感」, 朝鮮總督府高等法院檢事局思想部, 『思想彙報』 16號, 1938. 9.
• 鄭泰成, 『獨立の指導者朴烈』, 新朝鮮建設同盟宣傳部, 1946.
• 朴 烈, 『政黨人に望を』, 朴烈文化研究所, 1948.
• ____, 『新朝鮮革命論』, 中外出版株式會社, 1948.
• ____, 「神戶事件の敎訓: 我等は子第を如何に敎育すべきか」, 朴烈文化研究所, 1948(金慶海 編, 『在日朝鮮人民族敎育擁護鬪爭資料集 1: 4 · 24阪神敎育鬪爭を中心に』, 明石

書店, 1988 수록).

• _____, 「共産主義と私」, 『統一評論』, 1966. 6.
• 三浦寅吉 構成, 「特種寫眞傑作集」(所謂 怪寫眞 收錄), 『文藝春秋』 臨時增刊號, 1955. 10.
• 「あの人この人訪問記 21回: 秋山要さん」, 『法曹』 101號, 1959. 3.
• 木下宗一, 「朴烈 · 文子の不逞事件」(木下宗一 編, 『日本百年の記錄』 下, 人物往來社, 1960 수록).
• 今井清一 · 高橋政衛 篇, 『國家主義運動』 1, 『現代史資料』 4, みすず書房, 1963.
• 姜德相 · 琴秉洞 編, 『關東大震災と朝鮮人』, 『現代史資料』 6, みすず書房, 1963.
• 田島ひで, 『ひとすじの道: 婦人解放のたたかい五十年』, 青木書店, 1968.
• 大島英三郎 編, 『金子文子歌集』, 黑色戰線社, 1976.
• 再審準備會 編, 『朴烈 · 金子文子裁判記錄』, 黑色戰線社, 1977.
• 瀨戶內晴美 解說, 『赤いつつじの花: 金子文子の 思い出と歌集』, 黑色戰線社, 1984.
• 金子文子, 『獄窓に想う: 金子文子全歌集』, 黑色戰線社, 1987.
• 小松隆二 編, 『續現代史資料 3: アナーキズム』, みすず書房, 1988.
• 金子文子, 第12回訊問調書(加納實紀代 · 天野惠一 編, 『思想の海へ: '解放と變革'』 16 卷, 『反天皇制: '非國民' '大逆' '不逞'の思想』, 社會評論社, 1990 수록).
• 山田昭次, 「金子文子の獄中書簡」, 『ソウル-東京』 17號, 1991. 12(「女死刑囚の手紙: 金子文子より某氏への獄中通信」의 소개. 단, 복각한 글 가운데 탈자가 있음).

한국어 문헌

• 오봉빈 편, 『각계 인사가 본 박열』, 재단법인박열장학회출판부, 1949년.
• 송상도, 『기려(騎驢)수필』, 대한민국 문교부 국사편찬위원회 편·간, 『한국사자료총서』 제2권, 1971년.
• 민단30년사편찬위원회, 『민단30년사』, 재일대한민국거류민단, 1977년.
• 박종열, 「박열: 운명의 승리자」, 『민족지성』 9호, 1986년 11월.
• 조선희, 「발굴 한국현대사인물(35): 박열—무정부주의자의 고난과 굴절의 '신화'」, 『한겨레신문』, 1990년 8월 3일.

사료

- 「박열의 사상행위와 환경: 마키노(牧野) 재판장의 관찰」, 『동아일보』 1926년 3월 5일 자 사설.
- 안재홍, 「박열사건에 감(鑑)하여」, 『조선일보』 1926년 3월 17일(조선일보사출판국 편, 『조선일보 명사설 500선』, 조선일보사, 1972년).
- 가네코 후미코, 「박열 애인의 최후 유서: 감옥에서 모씨에게 보낸」, 『삼천리』, 1930년 5월.
- 가네코 후미코, 「감옥의 밤은 무덤이오: 감옥에서 모씨에게 보내는 최후 유서」, 『월간대화』, 1976년 12월.
- 가네코 후미코, 「마지막 유서에 담은 삶의 소리」(최주영 편저, 『근내사의 증언』, 동광출판사, 1987년(위의 유서는 모두 「여사형수의 편지: 가네코 후미코가 모씨에게 보낸 옥중통신」을 번역한 것).

영문 문헌

- Kaneko Fumiko(translator Jean Inglis), The Prison Memoirs of a Japanese Woman, M. E. Sharpe, Inc., 1991.

저자 후기

이 책은 전후 일본인의 한 사람으로서 내가 걸어온 사상적 편력의 산물이다.

내가 1945년 8월 15일을 맞이한 것은 열다섯 살 때였다. 당시 나는 도쿄로자와상업학교 4학년이었으며, 도요오카육군항공사관학교에 학도병으로 근로동원을 나가 있었다. 운동신경이 둔한 나로서는 바랄 게 못 되었기 때문에 군인이 될 생각은 아예 없었지만, '본토결전本土決戰'을 외치던 전쟁 말기에는 별 도리 없이 총을 메고 전장에 나가 죽을 수밖에 없다고 각오하고 있었다. 그 정도로 천황제 국가에 갇혀 있었던 것이다.

상업학교 졸업 후 취직할 생각이었는데 어머니의 권유로 예기치 않게 진로를 바꿔, 1947년에 릿쿄대학 예과에 들어갔다가 1950년에 이 대학 사학과에 입학했다. 그 무렵부터 나는 민족적 자신감 상실증에 걸리게 되었다. 당시 아시아에 대한 가해자 의식이 명확하게 자리 잡고 있었던 것은 아니다. 그러나 일본이 부끄러운 전쟁을 치렀다는 사실만을 알고서도 일본인이라는 것에 자신감이 없어졌다. 그러던 중 후쿠자와 유키치의 저작을 통하여 근대 일본의 합리주의의 존재를 알고 위로를 받았다.

『문명론의 개략』에는 다음과 같이 씌어 있다.

> 원래 우리 일본이라는 나라도 개국 초기에는 세계 여느 나라들과 마찬가지로 약간의 인민이 무리를 이루어 살고 있었으며, 그 무리 안에서 완력이 가장 강하고 지력이 가장 두드러진 자가 있어 이 무리를 지배했는가 하면 혹은 다른 지방에서 와서 이 무리를 정복하여 무리의 추장이 된 적도 있었다. 역사에 의거해보건대, 진무천황 때에는 서쪽에서 전쟁을 일으키기도 했다.(이와나미문고판, 185, 186쪽)

후쿠자와가 일본의 역사를 세계 각국의 역사와 다르지 않은 것으로 생각하고 진무천황도 정복자인 추장으로 간주한 것 등은, 소학교 시절부터 천황제 신화밖에 배울 수 없었던 나에게는 참으로 신선했으며, 한편으로는 일본의 근대 초기에 이렇듯 합리적인 생각이 있었다는 것을 안 것이 기쁘기도 했다. 그러나 후쿠자와 유키치도 결국은 조선침략론을 주장했으며 천황제를 이용하기도 했다는 사실을 알고서 나는 또다시 암담한 기분에 사로잡혔다. 그 후, 우에키 에모리植木枝盛(1857~1892)와 나카에 쵸민中江兆民(1847~1901)에게 도움을 구했으나 마찬가지 결과밖에 얻지 못했다.

한일조약반대운동에 참가한 후 운동에 대한 반성을 발판으로 삼아, 나는 일본의 침략과 식민지지배의 피해자인 조선인의 눈을 매개로 하여 일본인의 사상을 재검토하기 시작했다. 그것은 「8·15를 둘러싼 일본인과 조선인의 단층」(『조선연구』 제69호, 1968년 1월)과 「정한론·자유민권론·문명개화론: 강화도사건과 자유민권운동」(『조선사연구회 논문집』 제7집, 1970년 6월) 등으로 결실을 보았다. 그 후, 조선인강제연

행연구와 간토대지진 당시 조선인학살사건연구 등도 했다. 일본인이 조선에 대한 근·현대 일본의 침략과 식민지지배에 관해 연구한다는 것은 고통스러운 일이긴 하지만, 우리 자신을 객관적으로 파악하기 위해서라도 회피해서는 안 된다.

얼마 지나지 않아 나는 재일한국인 정치범 서승徐勝·서준식徐俊植 형제 교수와 관계를 맺게 되었다. 한국육군보안사령부에서는 1971년 4월 그들이 모국인 한국에서 유학하던 중 북조선 '간첩' 노릇을 했다는 이유로 체포되었다고 발표했다. 나는 서승 씨의 항소심을 방청하기 위해 1972년 11월 처음으로 한국으로 건너갔다. 아우 서준식 씨는 1988년 5월에, 서승 씨는 1990년 2월에 출옥했다. 나는 그때까지 줄곧 구원운동을 하면서 종종 한국으로 건너갔다. 구원운동을 한 동기 중 하나는 한국의 민주화와 통일을 위해 투쟁해온 옥중의 서승 형제 및 그 가족과 한국 사람들의 인간미에 공감했기 때문이다. 뿐만 아니라 서승 형제 사건이 일본 국가가 지원하고 있는 한국의 독재정권에서 일어난 것이어서 일본인으로서의 책임감도 가졌다.

가네코 후미코와 만난 것은 서승 형제 구원운동이 한창이던 1970년대 말쯤이었던 것으로 기억한다. 내가 가네코 후미코에게 끌린 가장 큰 이유는 조선인의 고통과 해방을 위한 그녀의 투쟁이 형식적이지 않고 마음속 깊이 공감해서 나온 행동이었기 때문이었다. 이 책에서 지적한 바와 같이 가네코 후미코가 그럴 수 있었던 것은, 그녀가 무적자였고, 여자라는 이유로 차별을 받았으며, 나아가 자기의 의지를 무시당한 아픔이 있었기 때문일 것이다. 가네코 후미코는 "사람은 겉모습만 보고 타인을 사랑하지는 않는다. 그 이상을 사랑한다. 그리고 사랑받고 있는 것은 타인이 아니다. 자신이다. 타인 속에서 발견할 수 있는 것은 자신이다. 즉, 그것은 자아의 확대라 할 수 있다"고 말한다(「무제 옥중수기」, 『재판기록』, 581, 582쪽). 가네코 후미코에게 조선은 확대된 자아였다. 바로 그러했기 때문에 가네코 후미코는 지금보다 훨씬 혹독한 상황 속에서 황민화를 강요하는 천황제에 조선인과 함께 저항하면서 자기를 관철했던 것이다. 그녀의 행동은 미래를 향한 일본인의 가능성을 보여주는 것이기도 하다. 다행스럽게도 나는 민족적 자신감 상실증에서 벗어날 수 있게 되었다.

조선 문제는 일본인이 부채로 안고 있는 유신인 까닭에 일본인으로서는 참으로 괴로운 것이었다. 그래서 서승 형제 구원운동을 하면서도 가끔씩 고독에 빠져들 때가 있었다. 그럴 때마다 나를 격려해준 사람이 바로 가네코 후미코였다. 이러한 일이 계기가 되어 가네코 후미코와의 대화도 훨씬 깊어졌다고 생각한다. 논문은 써도 단행본으로 묶을 생각은 하지도 못할 만큼 게으른 내가 이 책을 쓸 수 있었던 것은 가네코 후미코의 격려와 매력 덕분이다. 내가 쓴 것이 아니라 그녀가 내게 쓰도록 한 것이라는 게 나의 실감이다. 말하자면 이 책은 그녀의 힘으로 씌어진 작품이다.

일본인이 조선을 가해한 사실을 외면하지 않고 그것을 직시해야 한다는 것은 말할 필요조차 없지만, 동시에 세계를 향하여 일본인의 민족적 자긍심으로 삼기에 충분하다는 것도 분명히 하지 않으면 안 된다. 그렇게 함으로써 떳떳하지 못한 속죄의식 때문만이 아니라 적극적으로 조선에 대한 일본인의 민족적 책임을 완수할 수 있을 것이다. 그렇지 않은 한, 일본인의 내셔널리즘은 이후에도 타민족 억압에 동원될 위험성이 있다. 가네코 후미코의 사상과 행동을 명확하게 하는 하나의 의미는 바로 여기에 있다.

이 책에서 나는 가네코 후미코의 조선관만을 다루는 데 그치지 않고, 후미코의 생활과 사상의 전모를 밝히려고 애썼다. 그 이유는 「근

대 일본의 조선관: 그 연구과제와 방법」(『사원史苑』 제55권 제2호, 1995년 3월)에서 서술한 바와 같이, 어떤 일본인의 조선관은 일본 국내에서 차지하고 있는 그 사람의 사회적 위치나 일본 국가에 대결하는 자세와 무관하지 않을 것이며 또한 전자와 후자는 상호 규정적인 것이어서, 특정한 일본인의 조선관을 생활과 사상 전체로부터 분리, 추출하여 논하는 것은 사상사의 방법으로서 타당하지 않다고 생각했기 때문이다. 이러한 방법 말고는 후미코가 마음에서부터 조선인에게 공감한 원인이 무엇이었는가를 해명할 도리가 없다.

막스 슈티르너와 알티바셰프 등을 비롯한 유럽 사상가나 문학자의 사상과 가네코 후미코 사상의 관계에 관해서는 내 능력을 벗어난 것이라 상세하게 논구할 수가 없었다. 앞으로의 연구를 기대하고 싶다.

이 책은 이른바 학술서라고도 할 수 없으며 계몽적인 책도 아니다. 힘이 닿는 범위 안에서 학문적인 엄밀함은 유지하려고 노력했지만 그렇다고 학계에 내놓으려고 쓴 것은 아니다. 일본인으로서 성실하게 살아가고자 애쓰는 사람들에게 이 책이 격려와 위로가 될 수 있다면 내게 그 이상 다행스러울 게 없을 것이다. 결국 나는 내가 가네코 후미코에게 받은 것을 다른 일본인들에게 되돌려주고 싶었던 것이다. 가네코 후미코는 그 옥중서간이 세 차례나 조선어로 번역·발표된 것을 보아도 알 수 있듯, 조선인들로부터는 깊은 관심과 사랑을 받아왔지만, 일본인들에게는 알려진 것이 거의 없다. 이제부터라도 가네코 후미코가 일본인에게 좀더 널리 알려지기를 바란다. 그럼으로써 가네코 후미코를 조선땅에 묻은 일본이 뿌리에서부터 좋은 방향으로 바뀔 것이며, 일본인과 조선 한국인의 화해를 이룰 수 있을 것이다.

이 책은 『서울-도쿄』 제2호(1986년 2월)부터 제16호(1991년 4월)까지 15회에 걸쳐 연재되었던 「가네코 후미코와 가정·국가·조선인」

이 기초가 되었다. 이 잡지에 가네코 후미코론을 정기적으로 연재했기 때문에 붓이 정밀하지 못한 나도 계속 써 나가면서 전체적인 윤곽을 잡을 수가 있었다. 『서울-도쿄』의 발행인이었던 이케다 스스무 씨에게 감사의 뜻을 전하고 싶다.

사료와 문서를 수집하는 데에는 다음과 같은 분들과 기관으로부터 가르침과 협조를 얻었다.

국립공문서관, 국립국회도서관, 부강초등학교, 조선대학교도서관, 조선일보사, 미야모토 가즈미, 미야모토 마사나, 미즈노 나오키, 소노베 히로유키, 스미야 미키오, 오쿠보 가즈노, 오하라 사토루, 요시이 마사오미, 이시자카 고이치, 젠교 지호케이, 가네코 고마에, 가야모토 류호, 고바야시 유키, 고마쓰 류지, 다나카 이쿠미쓰, 도노무라 다카시, 다카야나기 도시오, 금병동, 김은희, 박정순, 장택수 등에게 깊은 감사를 드린다.

나의 연구에 오랜 기간 관심을 기울였을 뿐 아니라 이 책의 완성을 따뜻한 마음으로 지켜봐주신 김광지 선생께 이 자리를 빌려 감사의 마음을 전하고 싶다.

서승 형제 교수의 부산물이기도 한 이 책이 두 분의 구원에 협력해주신 에이쇼보影書房에서 간행할 수 있게 된 것을 매우 기쁘게 생각한다. 특히 편집을 담당하면서 조언을 해주신 에이쇼보의 마쓰모토 쇼지 씨와 요네다 오사무 씨에게도 깊은 감사를 드린다.

옮기고 나서

저는 일본인이긴 하지만 일본인이 너무 증오스러워 화가 치밀곤 합니다. 그때 그저 눈에 비쳤을 뿐인 사건들이 지금은 크나큰 반항의 뿌리가 되어 제 가슴속에 깊이 새겨져 있습니다. 조선 생활 동안의 견문 때문에 저는 조선인들의 일본제국주의를 향한 모든 반항운동에 동정심을 갖게 되었습니다. 저는 도쿄로 올라오자마자 많은 조선인 사회주의자 혹은 민족운동자와 벗이 되었습니다.(가네코 후미코의 『옥중수기』에서)

자신의 삶을 초점으로 하여 사회적 모순을 자각하는 순간, 실천적 삶을 통해 모든 억압에 저항하는 발걸음을 내딛는 순간 개인의 삶은 '역사적 삶'으로 비약한다. 그리고 역사적 삶을 살아낸 사람들은 지금-여기에 살고 있는 우리들에게 쉼 없이 질문을 던짐으로써 그 생명력을 유지한다. 당신들은 당신의 생명과 정신의 진정한 주인인가? 주어진 삶을 아무런 저항 없이 받아들이는 노예인가?

우리가 익히 알고 있는 인물들, 예컨대 로자 룩셈부르크나 체 게바라 그리고 사파티스타의 지도자 마르코스 등은 기존의 제도와 가치관이 부여한 삶이 '노예적'이라는 것을 자각하고 기꺼이 탈주의 길을 선택한다. 그들은 정신의 파르티잔이다. 새로운 삶과 사유를 꿈꾸고 이를 실천에 옮기는 정신의 파르티잔! 그들은 필연적으로 이상주의자일 수밖에 없다. 그러나 그것은 일상적인 삶에 안주하는 범인凡人들의 눈에 그렇게 비칠 따름이다. 그들에게 이상은 현실처럼 구체적인 모습이었을 터, 도스토예프스키는 『악령』과 『미성년』에서 낙원에 대한 그리움 없이는 인간으로서 살 자격은 물론이고 죽을 자격도 없노라고 예언한 바 있지 않은가.

우리는 이 책에서, 근대 일본제국을 지탱한 천황제와 대결하면서 자신의 사상을 펼쳐보인 인물 가네코 후미코의 삶과 사상을 만날 수 있다. 가네코 후미코는 우리에게 비교적 낯선 인물이다. 그녀는 식민지시대의 아나키스트 혹은 허무주의자로 알려져 있는 박열의 동지이자 아내였다. 그러나 박열의 동지이자 아내이기 전에 후미코는 포기할 수 없는 자신의 '자율성'을 천황제 국가의 폭력에서 지키기 위해 각고의 투쟁을 전개한 '전사'였다.

1903년 일본 요코하마에서 태어난 가네코 후미코는 '무적자無籍者'로서 삶을 시작한다. 후미코는 천황제 국가와 이를 내면화한 가족제도의 희생물로서 이 세상에 던져진 것이며, 무적자–여성이라는 이중의 억압을 돌파하기 위한 힘겨운 싸움은 이미 태어나면서부터 그 '조건'이 마련되었다고 할 수 있을 것이다. 그녀는 '대일본제국의 국민'이었음에도 불구하고 그 안에 편입되지 못한 자신의 삶을 저주하지 않는다. 오히려 '인형'이나 '장난감'이 아니라 한 인간으로서의 자신을 발견할 수 있는 계기가 되었다는 점에서 '축복'으로 인식한다. 그녀는 옥중에서 보낸 '수취인불명'의 편지에서 이렇게 말한다.

"지금 내가 찾고 있는 것은 남자가 아닙니다. 여자도 아닙니다. 인간일 뿐입니다. 나는 인간으로서 살고 있습니다. 나는 이상의 이유에 기초하여 '연약한 성을 지닌' 여성으로 간주되는 것을 거부함과 동시에 그런 전제 위에서 내게 제공되는 모든 은혜를 단호하게 거절합니다. 상대를 주인으로 간주하여 시중드는 노예, 상대를 노예로 간주하여 딱하게 여기는 주인, 이 둘 모두를 나는 배척합니다. 개인의 가치와 평등한 권리 위에 선 결속 그것만을, 오로지 그것만을 긍정합니다. 그것이 바로 인간 상호 간의 정당한 관계이기 때문입니다. 따라서 나와 타인의 모든 교섭을 그 기초 위에서 구할 것임을 나는 다시금 소리 높여 선언합니다."

'비국민'이자 가족제도의 희생물로서 내팽개쳐진 후미코가 자신을 발견하기 시작한 것은 사회주의자들과 아나키스트들을 만나면서부터였다. 특히 조선인 '주의자'들과의 만남이 그녀의 사상을 형성하는 데 결정적인 기여를 했다. 약 7년 동안 조선에서 생활한 경험이 있는 그녀는 피억압민족 조선과 만나면서 사상의 전환점을 맞이한다. 자신이 가족제도의 희생물로서 고통을 받으며 노예처럼 살아왔다는 것과 식민지 조선이 제국주의 일본의 희생물로서 고통받고 있다는 점을 등가로 파악한 그녀는 일본국가 시스템의 정점에 천황이 있다는 것을 인식하기에 이른다.

박열과 만나 함께 생활하면서 '불령사' 등을 만들어 투쟁을 전개하던 그녀가 체포된 것은 1923년 9월 1일 간토대지진 이후였다. 잘 알려져 있는 바와 같이 지진의 피해로 인한 '국민'의 불안을 잠재우기 위해 조선인학살을 선동했던 일본의 국가권력은 그 폭력성을 은폐하기 위해 박열 등 조선인들이 주축이 되어 결성한 '불령사' 멤버들을 구속했으며, 후미코와 박열에게는 천황을 폭살하려는 대역죄를 모의했다는 이유로 사형을 선고한다. 사형을 선고받기 전까지 후미코와 박열이 전개한 법정 투쟁은 그들의 삶과 국가권력의 부당성 전체를 아우르는 한 편의 드라마라 할 수 있다. 얼마 후 그들은 '은사恩赦'와 무기형으로 감형되지만 몇 달 후인 1926년 7월 23일 후미코는 감옥의 독방에서 의문의 자살을 한다. 자살 직전에 쓴 편지에서 후미코는 이렇게 말하고 있다.

"여기는 지옥의 맨 밑바닥—지하 몇천 척의 갱 안으로 끌려들어가고 있는 듯한, 뭔가 위압하는 듯한 기분, 이제는 도저히 돌이킬 수 없는 최후의 한 점에 서 있습니다. 바로 오늘에야 그러한 상황에 처해 있는 나 자신을 진실한 눈길로 응시합니다."

결국 후미코의 삶과 투쟁은 진실한 눈길로 자신을 응시하기 위한 과정이었던 것이다.

천황제는 일본 근대국가를 형성하고 지탱한 근간이며, 일본은 이를 구심점으로 하여 작동해왔다. 천황제를 바탕으로 하여 내셔널리즘을 강화했으며 곧바로 제국주의로 나아갔던 것이다. 그런 까닭에 천황제에 대한 저항은 일본 근대 전체에 대한 비판과 대결을 함축하는 것이다. 사회주의자 고토쿠 슈스이의 천황암살 모의, 난바 다이스케의 폭탄투척, 가네코 후미코와 박열의 천황과 황태자에 대한 폭탄투척 계획 등 메이지 말기에서 쇼와 초기에 걸치는 일련의 '대역사건'은 천황을 중심으로 한 일본 근대의 폭력성을 은폐하고 내부의 결속을 강화하기 위해 조작되거나 과장된 경우가 대부분이었다. 감시와 처벌, 공포 분위기의 조성, '국민'의 결속을 일련의 과정으로 파악할 수 있는 것도 이 때문이다. 이른바 '대역사상大逆思想'이 일본적 근대 비판과 맞물리는 것은 바로 이 지점에서이다.

후미코가 박열과 함께 천황을 폭살하려 했던 것도 일본 근대의 폭력성을 알리기 위한 시위의 일환이었다. 뿐만 아니라, 저자가 말하고 있는 바와 같이, 천황제 국가에 대한 후미코의 투쟁은 자기의 자율을 건 싸움이었다. 이러한 저항이 박열과 차이 나는 점이기도 하지만 한편으로는 그의 실패를 넘어 천황제 국가에 대한 박열의 민족적 저항과 공동투쟁하는 접점이 되기도 했다.

동시에 후미코는 자신이 '개인주의적 아나키스트'라고 불리길 원했다. 옥중에서 막스 슈티르너의 영향을 강하게 받은 그녀는 국가와 개인은 서로 용납할 수 없는 존재라는 것을 명확히 인식하고 있었다. 그리곤 이렇게 선언한다. "개인이 자아에 눈을 뜰 때 국가는 무너집니다. 물론 나는 안에서 타오르는 질서 아닌 질서 아니 참된 질서 외에, 국가나 정부의 간섭을 거절하고 싶습니다."

이처럼 그들의 계획이 설령 실현 불가능한 꿈에 불과했다 하더라도, 대역사상을 품고 민족을 달리하는 사람들, 특히 억압민족의 일원으로서 피억압민족의 구성원들과 적극적인 공통투쟁을 전개했다는 것만으로도 후미코는 일본 근대사상사에 뚜렷한 위치를 차지한다.

역사적 개인들이 그 삶을 통해 입증하듯, 노예로서의 삶을 거부하고 개인의 꿈/이상을 발견, 확장하려는 정신적 고투는 시대상황이 엄혹할수록 그 긴장도가 높을 수밖에 없다. 생명을 포함한 모든 것을 건 싸움에서 개인은 기존의 제도/권력에 균열을 일으킨다. 그리고 스스로 파열한다. 광인, 정신병자, 마녀, 신경쇠약증 환자, 과대망상증 환자 등등의 이름을 안고서…. 개인과 시대의 대결에서 개인의 패배는 숙명적인지도 모른다. 하지만 그것을 패배라 부를 수 없는 이유는 그들의 삶과 사상이 끊임없이 부활하여 다시 꿈을 꾸는 사람들의 정신과 영혼을 지탱하는 버팀목이 되기 때문이다. 그들이 구상한 삶에 점근선을 그려가는 과정, 그 여정을 일컬어 우리는 '진실한 눈으로 자신을 응시하는' 삶이라 일컬을 수 있을 것이다. 이제 우리는 후미코의 삶과 사상을 이해함으로써 근대가 구성한 내셔널리즘이 얼마나 폭력적인 허구이며 그것이 인간을 얼마나 치밀하고 조직적으로 억압해왔는가를 알아차릴 수 있을 것이다.

이 책을 번역하면서 저자의 성실한 자세에 혀를 내두를 수밖에 없었다. 역사학자인 저자 야마다 쇼지는 재판기록과 후미코의 자서전, 당대의 신문과 잡지 등 방대한 양의 자료들을 치밀하게 추적하여 가네코 후미코의 삶을 재구성한다. 일본 근대사상사 속의 가네코 후미코를 자리 매김하는 저자의 치열한 연구 자세뿐만 아니라 후미코와의 만남을 통해 일본의 천황제 국가와 식민지 조선을 바라보는 그의 시야 또한 진지하기 그지없다. 그리고 이를 역사에서 불러내어 현실과의 내적 연관성을 파악하려는 노력도 예사롭지가 않다.

「저자 후기」에서 그는 이렇게 말한다. "일본인이 조선에 대한 가해를 외면하지 않고 그것을 직시해야 한다는 것은 말할 필요조차 없지만, 동시에 세계를 향하여 일본인의 민족적 자긍심으로 삼기에 충분하다는 것도 분명히 하지 않으면 안 된다. 그렇게 함으로써 떳떳하지 못한 속죄의식 때문만이 아니라 적극적으로 조선에 대한 일본인의 민족적 책임을 완수할 수 있을 것이다. 그렇지 않는 한, 일본인의 내셔널리즘은 이후에도 타민족 억압에 동원될 위험성을 지닐 것이다. 가네코 후미코의 사상과 행동을 명확하게 하는 하나의 의미는 바로 여기에 있다." 비극적 역사를 직시함으로써 이를 되풀이하지 않아야 한다는 그의 말은 학자의 양심을 다시 생각하게 한다.

이 책의 부록에 실린 후미코의 편지들을 옮기면서 몇 번이나 호흡을 고르곤 했다. 문학적 감수성이 풍부하게 살아 있는 후미코의 편지들은 스물세 살의 나이로 생을 마감하기까지 그녀의 삶과 투쟁이 얼마나 힘겹고 지난한 것이었는지를 오롯이 보여주기도 한다. 후미코를 연구해온 세토우치 하루미는 후미코가 살아 있었다면 문인이 되었을 것이라고 했는데, 참으로 공감하지 않을 수 없다. 여기에서 상상력과 자기 발견의 함수관계 운운한다면 지나친 억측일까.

일본의 근대를 얘기하면서도 천황제를 소홀히 했던 역자에게 가네코 후미코의 삶과 사상은 많은 자극을 주었다. 이젠 가네코 후미코의 삶이 보여주는 '비극적 드라마'에 많은 독자들이 함께하길 바랄 뿐이다. 원고를 검토하면서 코끝이 시큰해지곤 했다는 윤양미 사장의 독려로 번역을 마칠 수 있었다. 감사의 마음을 전한다. 무엇보다 박열의 고향인 문경에 홀로 묻혀 있는 가네코 후미코의 묘소를 눈발이 흩날리는 일기에도 흔쾌히 나서서 안내해주시고, 소장 자료들을 책을 출간하는 데에 적극 협조해주신 박정순 선생님에게 다시 한 번 깊은 감사를 드린다.

2003년 년 3월 7일

봄비가 흩뿌리는 흑석동 옥탑방에서

옮긴이 정선태